De l'inclusion financière à la croissance inclusive en Afrique

Sous la direction de
Issidor NOUMBA

De l'inclusion financière à la croissance inclusive en Afrique

Préface d'Hubert Ngnodjom

L'Harmattan
Cameroun

5-7, rue de l'Ecole-Polytechnique, 75005 Paris

http://www.editions-harmattan.fr

ISBN : 978-2-14-028591-2
EAN : 9782140285912

AVANT-PROPOS

La vulgarisation des travaux des chercheurs juniors, qui font leurs premiers pas dans le métier, est un défi que la communauté universitaire devrait pouvoir relever. Ainsi, l'un des objectifs de cet ouvrage est d'amener, d'encourager les jeunes chercheurs ayant rédigé et soutenu publiquement un mémoire de Master, ou une thèse de Doctorat, à publier leurs travaux. Cet exercice d'entraînement à la conduite d'un projet de recherche jusqu'à la publication des résultats peut être considéré aujourd'hui comme un succès dans la mesure où nous avons réussi à impliquer quelques étudiants titulaires d'un Master en Macroéconomie Monétaire et Bancaire et en Ingénierie Financière et Finance d'Entreprise, dans ce jeu. Nous ne sommes pas déçus –au contraire– par leur participation à cette œuvre, ils apportent une contribution non négligeable au débat sur la problématique pertinente de l'inclusion financière et la croissance inclusive en Afrique.

Nous remercions chaleureusement tous les collègues, Professeurs et Docteurs, qui ont accepté de nous accompagner dans la mise en œuvre de cette démarche ayant permis d'atteindre l'un des objectifs de départ avec la finalisation de l'ouvrage que vous tenez aujourd'hui entre vos mains.

Il s'agit de :

Luc **NDEFFO NEMBOT**,

Paul **NINGAYE**,

Jean **TCHITCHOUA**,

Gérard **TCHOUASSI**.

Nos remerciements vont également aux Docteurs :

André Arnauld **ENGUÉNÉ**,

Eric Brice **FOTSO NGATSI**,

Chrysleine Chantale **KAMGA KAMGA**,

Quentin Lebrun **NZOUESSAH FEUNKE**,

Gautier **TAMEKO TCHOFFO**.

On n'oublie pas les autres auteurs dont la contribution a été très appréciée comme indiqué plus haut.

Nous témoignons notre reconnaissance et notre gratitude appuyées au collègue, le Professeur Hubert **Ngnodjom** pour avoir accepté de rédiger la préface de l'ouvrage dont il a relu quelques chapitres.

Le schéma en première de couverture a été proposé par le Professeur Jean Tchitchoua.

Issidor NOUMBA.

SOMMAIRE

PRÉFACE

Plus de soixante ans après les indépendances, la plupart des pays d'Afrique balbutient toujours face aux mécanismes devant favoriser la transformation structurelle, la croissance économique et la réduction significative de la pauvreté. Ces pays font face aux défis majeurs qui freinent le décollage du continent : mauvaise gouvernance, corruption, violence politique due notamment à la contestation des élections, menaces asymétriques, domination extérieure, etc.

L'une des faiblesses essentielles du continent noir par rapport à cette problématique qu'aborde cet ouvrage est le faible niveau du développement financier, la fragilité des systèmes financier et bancaire qui ont du mal à financer l'économie.

Cet ouvrage collectif, co-écrit par des enseignants-chercheurs africains, jette un éclairage sur l'état des lieux et les perspectives de l'inclusion financière et de la croissance économique en Afrique. Comme nous le savons, l'inclusion financière désigne l'offre de services tant financiers que bancaires de base, à un coût abordable, à des populations en situation de précarité économique. Lesdites populations, vulnérables pour la plupart, sont de fait exclues des services financiers traditionnels, en raison de l'instabilité de leurs revenus, de leur faible surface financière et des conditions très difficiles d'accès au système bancaire par de nombreux opérateurs du secteur informel.

Les crises qui se succèdent au niveau mondial en général et africain en particulier, depuis plus d'une décennie, aux plans financier, sanitaire et environnemental (effets du changement climatique), ne facilitent pas l'implémentation des solutions proposées pour renforcer l'inclusion financière sur le continent. C'est pourquoi les pays africains sont accompagnés par les partenaires au développement dans la conception et la mise en œuvre de leurs stratégies en la matière.

Lorsqu'on aborde cette problématique particulière, tant au sein de la communauté des chercheurs que dans celle des praticiens, on se rend très vite compte qu'il n'est pas facile d'importer des modèles qui ont fonctionné ailleurs pour les implémenter sur le continent noir. Ce continent a des spécificités et des particularités qui en font un terrain très singulier comparé au reste du monde. D'ailleurs, même la Banque mondiale reconnaît la complexité des mécanismes de la croissance, et que les réformes mises en œuvre dans les années 1990 ont davantage mis l'accent sur la stabilisation macroéconomique sans réellement prendre en compte les conditions locales. La suite de l'histoire est que les Programmes d'Ajustement Structurels (PAS) en vogue à l'époque n'ont pas réussi à sortir les pays africains de l'ornière.

Les auteurs nous présentent un éventail de situations et de réflexions qui nous instruisent sur les difficultés passées, présentes et à venir qu'il convient de transcender pour favoriser l'inclusion financière, la croissance économique et la prospérité sur ce continent africain qui voit chaque jour, l'écart qui le sépare des autres s'agrandir.

Ces réflexions s'ajoutent à d'autres qui ont déjà eu lieu sur cette thématique très importante ; elles n'ont pas vocation à clore le débat, loin s'en faut. Leur mérite principal est de contribuer à renseigner la prise de décision chez les politiques (dans le cadre des politiques économiques), mais aussi chez les professionnels de la banque et de la finance et même chez les universitaires.

Prof. **Hubert NGNODJOM**

Université Catholique d'Afrique Centrale (UCAC)

INTRODUCTION GÉNÉRALE

Issidor NOUMBA

L'inclusion financière, la finance inclusive ou encore ''la finance pour tous'', est un thème désormais largement débattu lorsqu'on aborde les questions de développement tant dans les pays industrialisés que dans les pays en voie de développement. L'inclusion financière est une composante essentielle de l'inclusion sociale qui intègre l'accès aux services sociaux de base comme l'eau, la santé, l'éducation, le logement, l'emploi, l'assainissement, etc. Il est incontestable que ces composantes du bien-être des individus, des ménages et des États concernent tous les pays du monde confrontés de manière structurelle notamment aux problèmes de chômage et des inégalités dans l'accès au logement.

En effet, la proportion d'adultes disposant d'un compte bancaire est passée de 62 % en 2014 à 69 % en 2017. En d'autres termes, en 2017, près de 515 millions d'adultes supplémentaires dans le monde ont accès aux services et instruments financiers (Demirgüç-Kunt, 2017). Malgré cette évolution notable, il existe encore 2,5 milliards d'adultes dans le monde qui n'ont toujours pas accès aux services financiers de base ; en particulier, près de 75 % des adultes gagnant moins de deux dollars par jour n'ont pas de compte en banque ; en mai 2013, 58 millions de personnes ne disposaient pas d'un compte bancaire de base au sein de l'Union européenne ; plus 50 % de la population vivant dans les pays en développement et 10 % dans les pays riches et développés n'ont pas de compte en banque, etc. (Better Than Cash Alliance, 2018).

C'est justement à cause de ce niveau de développement financier relativement faible que le G20 est parvenu à instaurer un consensus autour du ''caractère souhaitable et prioritaire de l'inclusion financière numérique en ce qu'elle peut stimuler la productivité et la croissance, améliorer la transparence, accroître les recettes fiscales et renforcer l'efficacité des dépenses et des transferts publics''. Dans le même ordre d'idées, la Banque Européenne d'Investissement (BEI) a organisé la Journée de l'Afrique à Berlin (Allemagne) le 06 juillet 2017 pour montrer que les Technologies de l'Information et de Communication (TIC) peuvent contribuer à une plus grande inclusion financière en Afrique sub-saharienne : c'est la solution par l'inclusion financière numérique (Stijns, 2018).

La table ronde organisée au cours de cette journée-là visait à déterminer comment atteindre les populations à la base exclues des circuits financiers traditionnels, particulièrement les Femmes-entrepreneurs. C'est sans doute cette préoccupation toujours constante, qui a conduit le FMI à reconnaître le système de tontine bien ancré dans certaines communautés camerounaises, comme un instrument d'inclusion financière des pauvres. (cf. *file:///Users/admin/Downloads/cr18235f%20(5).pdf*).

L'un des enjeux de l'inclusion financière est son utilisation pour promouvoir efficacement la croissance et le développement, lutter contre la pauvreté et améliorer les conditions et le cadre de vie des citoyens. En effet, il est de plus en plus reconnu que les services financiers peuvent stimuler le développement. En favorisant l'accès des citoyens au financement de l'éducation, la santé et les activités économiques, les services financiers peuvent les sortir de la pauvreté (Demirgüç-Kunt, 2017).

La problématique de cet ouvrage tourne autour des défis que les pays de l'Afrique subsaharienne doivent relever pour faire de l'inclusion financière un instrument efficace de promotion du développement. En effet, les données disponibles montrent que cette sous-région est relativement la moins intégrée sur le plan financier. Par exemple, en 2017, seulement 43 % de la population âgée de plus de 15 ans entretiennent un compte dans une institution financière classique, y compris les établissements de la microfinance (Demirgüç-Kunt, 2017)[1]. Parmi les populations vivant avec moins de 2 dollars US par jour en Afrique sub-saharienne, environ 60 % sont exclus des services financiers (Demirguc-Kunt et Klapper, 2012). C'est également dans cette région que se situent la plupart des pays classés par Collier (2009) dans un ensemble qu'il a baptisé de pays du ''Bottom billion''. En 2016, l'espérance de vie à la naissance était en moyenne de 61,2 ans en Afrique en général, inférieure à la moyenne mondiale (72 ans) et inférieure à la moyenne des pays de l'Asie du Sud-Ouest s'élevant à 69,5 ans (WHO, World Health Statistics, 2020). Par ailleurs, en 2017,

[1] Il s'agit des pays de l'Afrique sub-saharienne dont l'indice de développement humain est dit faible.

en Afrique sub-saharienne, l'indice de développement humain demeure relativement faible (0,537) par rapport, par exemple, à la moyenne de la région Amérique Latine et Caraïbes (0,758) (PNUD, 2018). En un mot comme en mille, l'Afrique continue d'être confrontée à de nombreux défis de développement.

C'est dans ce contexte, que le présent ouvrage aborde des questions en rapport avec le thème de l'inclusion financière dans ses différents aspects et certains sujets liés aux activités des banques qui pourraient déterminer l'inclusion ou l'exclusion financière des populations et/ou des régions.

Les différentes contributions sont organisées autour de deux thèmes centraux :

I/ L'inclusion financière en Afrique : Concept, faits stylisés et déterminants ;

II/ L'inclusion financière en Afrique : Quel lien avec la croissance et le développement ?

Références

Better Than Cash Alliance. 2018. ''*Igniting SDG Progress through digital financial inclusion: A look at the transformative power of digital financial inclusion*'', The World Bank.

Collier, P. 2009. ''*The bottom billion: Why the poorest countries are failing and what can be done about it?*'' Oxford University Press, Oxford, UK, 207 pages.

Demirgúc-Kunt, A. et Klapper, L. 2012. ''*Financial Inclusion in Africa: an Overview*'', World Bank, Policy Research Paper, N°. 6088.

Demirgúc-Kunt, A., Klapper, L., Singer, D., Ansar, S., Hess, J. 2017. ''*Measuring financial inclusion and Fintech revolution*'', The World Bank.

Programme des Nations Unies pour le Développement (PNUD). 2018. *Rapport sur le développement humain.*

Stijns, J. P. 2018. (Introduction) ''*Banking in Africa: Delivering on Financial Inclusion, Supporting Financial Stability*''. European Investment Bank,

World Health Organization (WHO). 2020. ‘‘*World health statistics 2020: Monitoring health for the SDGs, sustainable development goals*’’. Geneva: World Health Organization. Licence : CC BY-NC-SA 3.0 IGO.

PREMIÈRE PARTIE

L'INCLUSION FINANCIÈRE EN AFRIQUE : CONCEPT, FAITS STYLISÉS ET DÉTERMINANTS

Chapitre 1 :

De la concentration spatiale des banques à l'exclusion géographique des services financiers : cas de Yaoundé – Cameroun

Hermann NDOYA HEGUEU

Introduction

Le milieu des années 1980 a été marqué par une crise bancaire qui a touché quasiment tous les pays du monde. Suite à l'instabilité du système monétaire international et à la volatilité des taux de change, depuis l'abandon du système des changes fixes en 1971, les effets des chocs pétroliers et la forte chute de près de 50 % par rapport à 1980 des cours des principaux produits d'exportation, l'environnement bancaire s'est peu à peu dégradé. Les grandes banques internationales ont commencé à faire face à des ruées bancaires et la crise a dû se prolonger dans les autres pays qui abritaient les filiales de ces banques. Ces crises avaient des origines diverses dans le monde et selon les pays. Krugman (1979) montrait déjà que certains pays sont arrivés à des situations de crise parce que l'évolution de la dette publique s'avérait incompatible avec l'arbitrage de la finance internationale. Ainsi, on va, par exemple, assister à la crise financière des pays de l'Amérique latine, notamment la crise Mexicaine en 1980, suite à la non-soutenabilité de la dette publique.

La crise financière et bancaire qui a frappé les pays de l'Afrique subsaharienne au cours des années 80 a laissé de nombreuses séquelles. Les banques étant devenues peu liquides suite à des fonds qu'elles ont prêtés sans toutefois les gager sur des garanties solides, la faillite du système a suivi et les banques se sont lancées dans une longue vague de restructurations comme au Cameroun, par exemple, où la première vague intervient en 1985.

Après une décennie 80 « tragique » sur le plan bancaire, l'émergence d'acteurs continentaux, profitant notamment d'un renchérissement inédit des matières premières, a dessiné les contours d'un nouveau paysage bancaire subsaharien tout au long des années 1990 (Revue Banque, 2013).

Au Cameroun, l'activité bancaire a connu un bouleversement qui s'est soldé par la fermeture de plusieurs banques. Ce qui a fait chuter le taux de bancarisation qui était déjà assez faible. Après une quinzaine d'années de réformes profondes, les autorités monétaires ont mis en place les jalons d'un développement plus sécurisé du secteur bancaire (Avom et Eyeffa, 2007). Mais la prépondérance de l'informel et la crise de confiance continuent de mettre une majorité d'habitants et d'agents économiques à l'écart de la banque. Le grand défi des autorités monétaires et politiques est de réaliser la bancarisation de masse, source d'inclusion financière. Il s'agit d'un chantier gigantesque qui nécessite des actions diligentes de tous les acteurs à quelque niveau que ce soit.

Après la décennie 1980, les banques devraient trouver de nouvelles stratégies de conquête des marchés ; elles devraient mettre en œuvre des stratégies d'implantation et de répartition géographique de leurs agences. Or, selon Miller et Parkhe (1998), Blandon (1998 et 2000), Muntinelli et Piscitello (2001), Focarelli et Pozzolo (2001 et 2005), Tschoegl (2004) et Curetti et al. (2005), les facteurs économiques, financiers et réglementaires constituent les principaux déterminants du choix de la forme d'implantation bancaire.

Depuis le milieu des années 2000, la recomposition du paysage bancaire africain s'est accélérée avec le décloisonnement des zones géographiques. À Yaoundé, par exemple, avec l'augmentation du nombre de banques par rapport aux années qui ont suivi la crise bancaire de 1989 et qui se sont soldées par de nombreuses restructurations, la fermeture de plusieurs banques et le désenclavement de plusieurs milieux urbains et périphériques, on a assisté à une bonne reprise de l'activité bancaire, notamment grâce à une plus grande extension spatiale des banques.

Notons que la répartition géographique des banques se traduit par le nombre de guichets ou d'agences bancaires répartis sur un territoire ; mieux encore, c'est le nombre de banques opérationnelles sur un espace géographique donné. La bancarisation de la ville de Yaoundé s'est faite progressivement. En effet, à l'indépendance du pays en 1960, le paysage bancaire n'est constitué que d'un petit nombre de banques françaises qui servaient à établir les échanges entre la France et ses correspondants au Cameroun. Peu après, d'autres banques vont s'installer et améliorer le niveau de la bancarisation du pays. Selon un rapport de la COBAC, au 31 décembre 2011, le Cameroun comptait treize banques réparties sur l'ensemble de son territoire, pour un taux de bancarisation de 5 % contre, par exemple, 7 % en Côte D'Ivoire et 40 % au Maroc (MINFI, 2011). Ce taux va évoluer assez rapidement, car en 2014, on enregistre un taux de bancarisation de 17,9 % correspondant à 3,5 millions de personnes environ bénéficiant des services bancaires (COBAC, 2014). Le Cameroun comptant environ 22 millions d'habitants, on note à travers ces chiffres qu'une bonne partie de la population est exclue du système bancaire. Depuis lors, le secteur bancaire au Cameroun est caractérisé par un très faible taux de pénétration, avec une agence de banque pour 149 000 habitants. Par ailleurs, ces établissements sont beaucoup plus concentrés dans les villes de Yaoundé et Douala[2].

L'évolution du contexte économique tant au plan international (mondialisation, renforcement de l'intégration sous-régionale) que national (conséquences de la crise économique des années 80, des mouvements de restructuration et de privatisation des entreprises ou de l'ajustement structurel), auquel s'ajoutent les nouvelles préoccupations en matière d'aménagement de l'espace urbain et de développement durable, va obliger désormais à adopter de nouvelles méthodes de connaissance et de veille susceptibles de permettre une meilleure anticipation des mutations à venir (Essombè Edimo, 2007).

C'est dans cette optique que la ville de Yaoundé, avec un niveau d'accessibilité plus favorable comparé aux autres régions du Cameroun, et à l'exception de Douala, a connu une évolution notable sur le plan de l'aménagement du territoire, notamment à travers les travaux menés par la communauté urbaine de Yaoundé et ceux à venir mentionnés dans le plan directeur d'urbanisation (PDU) de la ville. L'objectif de ces travaux est de préparer chaque territoire de la ville à accueillir l'implantation de nouvelles entreprises.

---

[2] Selon l'Association professionnelle des établissements de crédit du Cameroun (APECCAM), les deux grandes métropoles concentrent à elles seules plus de la moitié des agences bancaires que compte le pays.

Depuis 2014, Yaoundé est desservie par plusieurs nouvelles agences bancaires qui sont venues augmenter la production des services bancaires et favoriser l'inclusion financière dans la capitale camerounaise. Mais il faut noter que l'augmentation de ces agences n'a pas résolu le problème d'exclusion spatiale des services financiers observé dans la ville, car ces nouvelles agences sont venues se concentrer sur des espaces déjà bancarisés. Cette évolution pose le problème de sur-bancarisation de certains espaces dans la ville de Yaoundé et de délaissement (sous-bancarisation) d'autres espaces.

Par ailleurs, on peut estimer le niveau de pénétration des services bancaires en se basant sur la densité du réseau d'agences bancaires. Cette mesure part du principe que les services bancaires se développent lorsque le nombre de guichets où les utilisateurs sont accueillis et servis est élevé. Les banques ne créant des guichets que lorsque le besoin se justifie et que les moyens le permettent, on convient que plus il existe de guichets bancaires dans un espace, plus les populations consomment des services bancaires et plus le niveau de bancarisation sera croissant[3], plus le niveau d'inclusion financière sera appréciable.

En outre, le niveau de bancarisation d'un pays qui détermine la profondeur de l'inclusion financière dépend de son niveau de développement économique. Il existe donc une corrélation positive entre ce taux et le PIB par habitant. De façon générale, le taux est élevé pour les pays développés et très bas pour les pays moins développés. En France, il est estimé à 99 % pour les ménages (Daniel et Simon, 2001) et à 92 % pour les adultes (Gloukoviezoff, 2004). En Angleterre, il est estimé à 87 % (Brown et Thomas, 2005). Dans l'UEMOA, le même taux est en moyenne estimé à 3,02 % (BCEAO, 2005a) et à 3,4 % en zone CEMAC) (BEAC, 2005).

Ces données semblent indiquer qu'un pays ayant un niveau de développement économique élevé a plus d'aisance et de facilité à développer ses activités bancaires qu'un pays moins développé. L'accès difficile ou l'absence d'accès aux services bancaires (entretien d'un compte bancaire, obtention d'un crédit, etc.) vient mettre en exergue ce qu'il est convenu d'appeler « exclusion financière ». Les banques étant concentrées dans certains espaces (concentration

[3] Voir Mouvement Nkul Béti (MNB 2011) sur l'analyse de la problématique du taux de bancarisation au Cameroun.

géographique ou spatiale)[4], seules les populations vivant dans ces espaces peuvent aisément bénéficier des services offerts alors que celles vivant dans les zones non couvertes seront exclues. On peut alors s'intéresser pertinemment à l'effet de la concentration spatiale des banques sur l'inclusion financière. Autrement dit, la concentration spatiale des banques conduit-elle à l'exclusion géographique des services financiers ?

L'objectif de ce chapitre est de mettre en relief l'effet de la concentration spatiale des banques sur l'inclusion financière dans la ville de Yaoundé. Il s'agira de montrer que les agences bancaires sont concentrées dans certains espaces de la ville, et cette concentration conduit à l'exclusion géographique des services financiers et représente ce que Honohan (2004) qualifie de barrière physique à l'offre des services bancaires.

La première partie du travail aborde le cadre conceptuel et méthodologique de l'étude dont les résultats sont présentés dans la deuxième partie.

1. Cadre conceptuel et méthodologique

Une brève revue de la littérature permettra de dessiner les contours du concept d'inclusion financière, de même que les enjeux théoriques et empiriques qu'elle revêt. La méthodologie mise en œuvre pour obtenir les résultats de l'étude sera également présentée.

1.1 Revue de la littérature

Les réseaux bancaires tendent à se déployer sur certains lieux au détriment d'autres. Cette répartition spatiale différenciée pose souvent un problème de discrimination à la fois de l'espace et du territoire. On peut donc analyser la géographie du rapport entre les lieux de prestation et de vente de services bancaires, les agences et leur espace environnant. Autrement dit, il s'agira d'établir la relation qui existerait entre les firmes bancaires, l'espace dans lequel elles sont implantées et les différents services fournis par ces dernières. Cette thématique à la fois économique, commerciale et urbaine suscite quelques questions : existe-t-il des espaces « sur-bancarisés » et des espaces « sous-bancarisés » ? Quels sont les facteurs susceptibles d'expliquer ces

[4] Nous utiliserons également le terme ''polarisation bancaire''.

différences dans la répartition spatiale et donc d'accès aux services bancaires ? Enfin, les évolutions récentes conduisent-elles à une convergence des niveaux de bancarisation ou bien observe-t-on un mouvement de polarisation[5] sur certains espaces et de délaissement d'autres ?

Une réponse à ces questions est proposée par la théorie fondamentale de la localisation qui s'intéresse notamment à la localisation géographique des activités économiques. Cette théorie est devenue une partie intégrante de la géographie économique, des sciences régionales et de l'économie spatiale. Elle voudrait répondre à la question : « où et pourquoi les activités économiques se localisent-elles ? ». On s'accorde à dire que le « où » se réfère à un lieu, voire, plus généralement, à un espace géographique alors que le « pourquoi » renvoie à diverses autres interrogations dont, par exemple, les facteurs de choix de localisation. Cette théorie est fondée notamment sur l'hypothèse de la rationalité qui veut que les acteurs économiques agissent dans leur propre intérêt. Ainsi, les firmes choisissent des situations qui maximisent leurs profits et les individus choisissent celles qui maximisent leur utilité. On commence alors à voir que la banque ne va pas s'implanter dans un espace par simple plaisir ou alors par simple fait du hasard ; elle va se comporter comme un agent économique rationnel dont l'objectif est de maximiser ses profits.

La théorie de la localisation s'est construite dans le temps à partir de l'école allemande (Courlet, 2008). En effet, c'est surtout dans le premier livre « Der Isolierte Staat » de Von Thünen (1826), qu'on peut situer la naissance de la théorie de la localisation. D'ailleurs, selon le principal spécialiste des sciences régionales Isard (1956, p. 27), Von Thünen serait « le père de la théorie de la localisation ». Ses travaux ouvrent la voie à l'intégration de l'espace dans l'analyse de la localisation des firmes. Essombè (2015) estime que les approches de l'économie spatiale, quelles qu'elles soient, sont basées sur des principes communs selon lesquels la localisation des activités dans un espace plutôt que sur un autre s'explique par :

- Les différences de coûts de production et/ou du profit ;

[5] La polarisation est le résultat de l'interaction entre un centre, dénommé pôle (là où se concentrent les activités humaines), et son aire d'influence. On parle parfois aussi d'attractivité ou encore de territorialisation.

- La nécessité pour une entreprise de se localiser dans un endroit lui permettant de générer des revenus capables soit de couvrir, soit de dépasser ses coûts de production ;
- La concurrence entre les producteurs comme un moteur de régulation des comportements économiques, dont les comportements en matière de localisation.

C'est ainsi que les différentes théories vont s'inspirer de l'analyse classique suivant deux écoles : l'école de la minimisation des coûts et celle de la maximisation des profits (Merenne-Schoumaker, 2002, *op. cit*).

Von Thünen (1826, *op. cit.*) va développer une théorie de la localisation des activités agricoles autour d'une ville considérée comme le lieu central d'échanges. Il essaye de comprendre comment vont se localiser les activités agricoles par rapport au marché. En référence à la théorie Ricardienne, il trouve que chaque parcelle est affectée à une production selon une logique de maximisation de la rente foncière nette des coûts de transport des biens vers le centre. Ainsi, pour Thünen, la production d'un bien ne vaut la peine que si elle se fait à une distance raisonnable du marché. En dehors de cette distance, soit les coûts fixes sont très élevés, soit la production d'un autre bien devient rentable. Ainsi, le zonage des activités se fait par un arbitrage entre rente et distance au marché. On comprend alors, avec le modèle de Von Thünen que, plus on s'éloigne de la ville, plus la rente foncière devient faible, mais le prix du bien produit sera élevé, car la distance avec le marché est grande, par conséquent les coûts de transport seront élevés.

Or selon Weber (1909), la localisation optimale est celle qui réduit les coûts de production. Ainsi, chaque entreprise industrielle doit se localiser le plus proche possible de sa source de matière première utilisée. Pour simplifier son modèle, il va utiliser un triangle appelé « triangle de Weber », avec un bien produit et deux facteurs de production dont la combinaison nous donne la localisation optimale. Dans une seconde simplification de son modèle, il fait intervenir trois facteurs de production qui influencent largement la localisation des activités industrielles : deux facteurs régionaux (le coût de transport et le coût de la main-d'œuvre) et un facteur local (les forces d'agglomération). Cette analyse de Weber va apporter beaucoup d'éclaircissements dans la compréhension de la localisation des activités économiques, mais va en même temps faire l'objet de beaucoup de critiques. D'abord, il est reproché à son modèle d'avoir utilisé trois points distincts qui ont conduit à la présentation de son modèle sous la forme triangulaire avec trois principaux axes (le marché, l'énergie et les matières premières).

Or plusieurs autres points variables peuvent intervenir, notamment la demande et ses variations (Lösch, 1940, Essombè, 2015, *idem*). Belhedi (2010, *op. cit.* pp. 90-91) va résumer ces limites en affirmant que la firme a souvent recours aux matières premières et autres produits semi-finis qui peuvent être d'origines diverses,et là, le problème devient beaucoup plus complexe qu'une simple combinaison de deux facteurs ou d'un simple triangle. La main-d'œuvre devrait être prise en compte en matière de localisation. Au final, en proposant le modèle sur la base de trois facteurs, il rend l'analyse du choix de localisation beaucoup plus simple par rapport à la réalité ; non seulement il omet plusieurs autres éléments qui rentrent dans le processus de production et qui jouent un rôle important (main-d'œuvre, consommations intermédiaires), mais aussi il néglige le fait que la localisation des matières premières et des consommations intermédiaires à des endroits différents donne lieu à une localisation ayant la forme différente de la forme triangulaire.

Ces critiques vont permettre un prolongement de l'analyse dont les jalons ont déjà été posés par Weber. Palander (1935), va prolonger l'analyse de Weber en introduisant la notion de compétition ; il part de l'analyse de l'effet de variation des prix sur l'aire de marché. En prenant deux firmes (situation de duopole), il arrive ainsi à déterminer la limite de l'aire de marché en fonction du coût de production.

Il arrive alors à la conclusion que : d'une part, le producteur est sensible plutôt au profit global et pas seulement au coût de transport, et d'autre part il suffit que le coût de production baisse pour qu'à la fois l'aire du marché et le profit augmentent. Lösch (1938 et 1940), en s'appuyant sur les mêmes critiques, va proposer une théorie en réponse à Weber. Il va s'appuyer sur la critique selon laquelle Weber fait l'hypothèse de moindre coût et contrairement à celui-ci, il considère comme fondement de la localisation optimale le point de « profit maximum » et suppose aussi que c'est la demande qui constitue la variable clé dans les décisions de localisation. Il va ainsi intégrer la « théorie de l'équilibre partiel » d'une part, pour montrer que toutes les localisations sont données, à part une qui reste à démontrer par le calcul du profit maximum ; et la théorie de l'équilibre général d'autre part pour montrer que les conséquences de toute localisation particulière sur les autres induisent leur interdépendance particulière.

Mais l'on peut aussi reprocher à l'analyse de Lösch le fait d'ignorer dans l'ensemble les variations spatiales des coûts de production et leurs implications. C'est ainsi que Pred (1967, 1969 et 1977) dans son analyse en termes de « surface de profit » trouve que toute localisation s'effectue dans des aires de marché où l'entreprise peut réaliser des profits et ces aires sont délimitées par des marges spatiales de rentabilité.

En utilisant la distance géographique et la concurrence spatiale Hoteling (1929), va construire sa théorie autour de l'hypothèse selon laquelle la localisation génère une différenciation des biens, car pour le consommateur qui supporte des coûts de transport, deux biens homogènes sont différents s'ils ne sont pas proposés au même endroit. Le modèle de Hoteling a donc un objectif double : d'une part, il met en évidence les interactions existantes entre les concurrents sur le marché et qui conditionnent leur choix de localisation, et d'autre part, il explique la tendance des entreprises à se concentrer. Ainsi, comme la clientèle a un comportement de minimisation des coûts, l'air de chalandise[6] de chaque vendeur sera donc représenté par la partie du segment de droite où le consommateur trouve qu'il supportera les coûts les moins élevés.

Selon Hoteling, l'optimalité est donc atteinte lorsque les deux vendeurs sont situés à équidistance par rapport au centre : c'est le « principe de la différenciation minimale » encore appelé « loi de Hoteling » et que l'on peut énoncer comme suit : « les entreprises qui offrent les produits homogènes ont tendance à se concentrer géographiquement ». Cette loi de Hoteling, bien qu'appréciée pour ses nombreuses implications, comporte de nombreuses insuffisances, car lorsque les entreprises produisent et vendent les mêmes biens, elles ont plutôt tendance à s'implanter à des endroits différents afin de se tailler de grandes parts de marché en échappant à la concurrence. C'est ainsi que les résultats de Hoteling ont été contestés par plusieurs auteurs, s'appuyant sur la non-existence en théorie des jeux d'un équilibre en stratégie pure dans un jeu non coopératif (Perreur, 2003).

---

[6] Entendu ici comme la zone de domination d'une firme, c'est-à-dire la zone où son profit est maximal.

On peut donc retenir de l'analyse des auteurs susmentionnés, considérés comme les précurseurs de la théorie de la localisation, que l'espace est ce qui doit être pris en compte et maîtrisé pour obtenir une localisation dite « optimale ». Seulement, ces théories mettent totalement de côté le rôle que joue l'information dans le choix d'implantation d'une entreprise, et aussi ces théories négligent la place du décideur, ou alors de l'entrepreneur dans le processus d'implantation de la firme. Ainsi, on pourra comprendre aisément les raisons qui poussent les firmes à se concentrer dans un endroit plutôt que dans un autre si on prend en compte la place du décideur. C'est justement des prolongements qui vont être effectués par deux grands courants d'analyse : le courant behavioriste ou comportemental, et le courant institutionnaliste.

L'apport de l'analyse behavioriste est qu'elle suppose la rationalité limitée de l'entrepreneur et le rôle majeur joué par l'information. Dès lors, afin de s'assurer un choix rationnel de localisation, l'entrepreneur doit avoir une connaissance parfaite de toutes les alternatives possibles, notamment avec ce qu'elles pourraient comporter comme conséquences (Simon, 1955 et 1957), et comme le souligne Pred (1967 et 1969, cité par Essombè, 2015), la localisation optimale dépend de deux facteurs majeurs à savoir, la disponibilité de l'information et la capacité de l'entrepreneur à décider. Dans le même sillage, Merenne-Schoumaker (2002, *p. 185*) ajoute : « seuls les entrepreneurs bien formés et aptes à bien utiliser les informations peuvent choisir une localisation rentable, c'est-à-dire dans une aire délimitée par des nuages spatiaux de rentabilité ».

Or l'information est toujours limitée et toute recherche de données complémentaires consomme temps et argent. Aussi, contrairement aux analyses précédentes qui mettaient l'accent sur la localisation optimale, l'approche behavioriste stipule que le choix optimal n'est en fait qu'un choix satisfaisant et acceptable, sous contrainte qu'un certain nombre de conditions soient acceptées (augmentation des parts de marchés, augmentation du profit...). Pour les behavioristes en réalité, la localisation est affectée par la dimension psychologique du décideur, et d'un point de vue théorique, l'approche behavioriste va substituer « l'homo économicus » par « l'homo stochasticus » qui choisit entre les possibilités, prend les risques : d'où une démarche plus probabiliste (Essombè, 2015, *ibidem*). Enfin selon cette approche, la recherche d'une localisation potentielle obéit à certains stimuli (Lloyd et Dicken,

1972) et est donc précédée par la connaissance des besoins de la future localisation, ce qui permet de sélectionner les alternatives possibles et le choix s'effectue souvent en deux temps : d'abord la sélection de quelques zones favorables, puis la recherche d'un ou de plusieurs sites favorables.

L'approche institutionnelle par contre stipule que le facteur le plus important dans cette analyse comportementale de la firme réside dans la considération que la localisation des firmes peut aussi être considérée comme un « processus stratégique ». Cette école va donc proposer le processus stratégique de localisation ou les rapports de force entre les firmes et le territoire. Pour Pecqueur (2007) : « dans le monde actuel, ce qui est bon pour la firme ne l'est plus forcément pour le territoire et réciproquement. Les territoires s'autonomisent par rapport au diktat de l'implantation des entreprises. Cette dichotomie entre le territoire et les entreprises constitue clairement une nouveauté et ouvre des perspectives aux politiques locales de développement territorial ».

Partant du principe que, le choix de localisation n'est pas seulement la résultante d'un processus rationnel logique, mais qu'il est aussi le résultat de discussions de marchandages voire de compromis avec les institutions des pays ou des régions d'implantation, selon l'approche institutionnaliste, trois principales composantes affectent les rapports de force entre les États : il s'agit de la demande relative de chaque organisation en termes de ressources que l'autre contrôle et des contraintes rencontrées par chaque organisation qui affectent leur pouvoir dans l'échange, et leur habileté à négocier. Au total, selon l'approche organisationnelle, la localisation d'une firme va donc dépendre de facteurs aussi bien économiques (calculs de rentabilité) que d'autres diverses variables comme les informations dont dispose le décideur de la firme, la représentation imagée que ces derniers se font de leur entreprise, de l'existence ou non de la concurrence et enfin des territoires pour lesquels est envisagée une décision d'implantation.

On peut donc noter que la localisation d'une firme sur un territoire doit prendre en compte plusieurs paramètres obéissant aux principes microéconomiques de maximisation des profits et de minimisation des coûts, de la prise en compte de l'espace pour trouver la localisation optimale, du rôle majeur joué par l'information et des interactions entre le territoire, la firme, et les institutions étatiques, on se pose toujours la question de savoir qu'est-ce qui pousse les entreprises à se regrouper ou alors à se concentrer dans un même espace ? Les tentatives de réponses à ces questions vont nous être fournies par les théories de l'économie urbaine et de la nouvelle économie géographique (NEG) de Krugman. En effet, comme le rappellent Fujita et Thisse (1997, op. cit.), l'objectif de l'économie géographique est d'expliquer pourquoi certaines activités économiques se localisent dans des endroits particuliers ainsi que l'impact que ces multiples décisions ont sur l'organisation territoriale de l'économie.

On pourrait de ce fait comprendre ce qui conduit à la concentration des firmes dans un même espace. En étudiant les économies d'agglomérations, on note que toutes les configurations spatiales peuvent être vues comme le résultat d'un processus impliquant deux types de forces opposées : les forces d'agglomération (ou forces centripètes) et les forces de dispersion (ou forces centrifuges). Une force centripète majeure réside dans les externalités qui apparaissent dans le système productif. La concentration géographique des activités économiques dans certains lieux donne naissance à un « effet boule de neige » (Lecoq, 1995). Ainsi, les économies d'agglomération (externalités marshalliennes de type 2, Marshall, 1890 ; op. cit.), expliquent pour une large part la croissance et le succès des « districts industriels [7]».

Dès lors, la NEG initiée par Krugman va tenter de nous expliquer le phénomène de concentration des firmes en trois étapes : d'abord, elle va expliquer le choix de localisation de la première entreprise sur un territoire à travers l'accident historique (Krugman, 1991) et l'existence des aménités territoriales (Mucchieli, 1998, pp.168) et cela consiste « à raccorder l'implantation d'un type d'activité aux atouts initiaux du territoire en termes d'avantage géographique comme l'existence des mines ou des fleuves… ». Cela signifie que ce qui guide l'entrepreneur dans son choix de localisation sur un territoire et pas un autre c'est finalement son propre « flair », on reconnait là que l'entrepreneur est le seul acteur qui agit et choisit indépendamment de la firme qu'il crée ou qu'il dirige. Une explication qui aura pour mérite d'éviter à la science économique d'avoir à éditer une nouvelle version de l'histoire de « l'antériorité de l'œuf et de la poule » (Essombè, 2015, p. 86). La NEG va par la suite expliquer pourquoi les firmes suivantes vont se concentrer sur le même territoire. Il en ressort que lorsque le « first

[7] C'est-à-dire des sites qui accueillent essentiellement les entreprises de petite taille, produisant des biens similaires et qui tirent profit de l'accumulation localisée des compétences associées aux travailleurs résidant en ces lieux.

moover » s'est installé, en principe les « suiveuses » arrivent à leur tour. Mais la question est, pourquoi suivent-elles ?

Deux réponses sont données à cette question : d'abord, par suivisme, et ici, seules quelques firmes vont effectivement suivre par nécessité ou par simple imitation. Ensuite, par effet de seuil[8], c'est-à-dire que si le phénomène de concentration dépasse un certain seuil, on parle d'une véritable attraction qui peut déboucher ou se consolider en agglomération, qui à son tour va générer des externalités d'agglomération selon la conception en termes de « tipping point » ou « seuil de basculement » que l'on doit à Gladwell (2000), « ce sont les petites causes qui engendrent par contingences les grandes différences » (G.E.I, 2012). Dans ce cas, cette petite chose qui fait la grande différence dans un autre territoire réside dans l'économie réalisée par chaque « suiveuse » grâce au fait que le « first moover » et le petit groupe de firmes qui a commencé à s'organiser autour de lui vont diffuser une information par le simple fait de leur réussite.

La NEG va enfin montrer les limites de ce phénomène de concentration ou alors d'agglomération, en concluant que les agglomérations présentent de nombreux inconvénients par le fait notamment qu'elles génèrent des congestions. La surabondance de firmes dans une agglomération va susciter des comportements de retrait ou de désistement. Certaines firmes, au lieu de continuer à s'agglomérer, vont préférer aller s'installer ailleurs, c'est ce qui va conduire à la formation des « centres secondaires » d'où le phénomène de « désagglomération ». C'est d'ailleurs la conclusion à laquelle est également arrivé Essombè (2015) en prenant l'exemple de Bonabéri, Douala au Cameroun qui au début des années 60 présentait des conditions favorables pour la déconcentration industrielle de la ville de Douala, mais connaît aujourd'hui les mêmes problèmes qu'elle était censée résoudre. Dans la ville de Yaoundé, l'on peut observer la concentration des banques dans un endroit dit « Avenue des banques » et le plein des banques dans cet espace va pousser d'autres banques à aller s'implanter ailleurs et à conquérir d'autres territoires.

In fine, Krugman et la NEG vont montrer que la localisation d'une activité sur un espace repose sur quatre piliers que sont : les rendements croissants, définis par les profits que la firme dégage sur ce territoire ; les coûts de transport, qui constituent le facteur clé surtout lorsqu'il y a

---

[8] On le reconnait aussi sous l'appellation de « tipping point ».

concurrence sur le marché, (des explications pertinentes nous ont été proposées ici par les modèles de « shopping [9]» à travers le principe de différenciation minimale de Hoteling et les modèles de « livraison [10]») ; la taille du marché et enfin la différenciation des biens. La NEG nous permet donc de retenir que l'agglomération est un facteur d'attraction. En d'autres termes, les entreprises attirent les entreprises. Chaque territoire possède des caractéristiques naturelles et immuables propres qui attirent ou repoussent les firmes. Ces différents facteurs jouent un rôle important dans la concentration des entreprises en un lieu. Une des limites de ce modèle est qu'il n'explique pas l'essor des régions que rien ne prédisposait à devenir des centres d'attraction économique importants ou alors, pour reprendre l'expression de Benko et Liepietz (1992), l'essor des « régions qui gagnent ».

Nous pouvons alors voir comment le phénomène de concentration conduit à l'exclusion. On note que lorsque les banques sont concentrées sur un territoire, cette action traduit en même temps un délaissement des autres territoires où réside pourtant une population. Les banques en se concentrant implantent alors des barrières qui limitent l'accès des populations aux services bancaires et financiers. Chamberlain et Walker (2005) définissent l'accès comme étant *« l'habilité d'un individu à obtenir et sur une base soutenable, à utiliser des services bancaires et financiers (abordables et utilisables) qui satisfont ses besoins financiers »*.

Or, lorsque ce problème d'accès devient limité du fait de la concentration des banques uniquement dans certains espaces, le problème des coûts de transport refait surface ici, car les individus sont obligés de se déplacer vers les endroits où les services qu'ils désirent sont offerts et cela peut entraîner chez eux un manque à gagner, car lorsque ces coûts de transport deviennent importants, cela peut pousser ces agents à désister et être évincés du système bancaire. Le problème d'accès a donc fait l'objet de deux analyses majeures : la théorie des frontières des possibilités d'accès et la théorie des barrières à l'accès.

La théorie des frontières des possibilités d'accès a été développée par Beck et De la Torre (2006). Ils définissent la frontière des

---

[9] Ici ce sont les consommateurs qui supportent les coûts de transport en se déplaçant vers l'entreprise productrice du bien qu'ils désirent acquérir.

[10] Ici, ce sont les entreprises qui assurent les coûts de transport qui par conséquent deviennent une variable de leur processus de production.

possibilités d'accès des services de paiement et d'épargne comme « la part maximale de population (ménage et entreprise) qui pourrait être servie par les institutions bancaires et financières pour un ensemble donné de variables d'état ». Leur analyse couvre les deux aspects les plus importants de la problématique d'accès aux services bancaires et financiers que sont, d'une part, l'accès aux services d'épargne et de paiement et d'autre part, l'accès au crédit.

Ces deux auteurs intègrent dans l'analyse les coûts de transactions fixes. Ils montrent alors que dans un marché de libre concurrence, les coûts de transactions sont déterminés suivant les caractéristiques et la nature des services offerts. Lorsque les coûts des transactions financières sont fixés soit par l'établissement, soit par les autorités de régulation, les économies d'échelle réalisées ne sont plus répercutées sur le marché. Cela maintient artificiellement les coûts à la hausse et constitue de ce fait un important point de blocage à la démocratisation de l'accès aux services.

Les coûts fixes constituent donc une importante limitation à l'accès aux services d'épargne et de paiement et une importante barrière à l'étendue de l'accès à ces services. Ainsi, à cause des économies d'échelle et des externalités de réseau, les problèmes d'accès aux services d'épargne et de paiement dans plusieurs PED[11] sont liés au triple problème de petites transactions, petites institutions financières, et petite taille du marché (Beck et De La Torre, 2006, *idem*). D'autre part, ils vont analyser ces problèmes d'accès par les risques systémiques et particuliers. Les risques systémiques sont fonction du marché ou du pays. Ils s'imposent à tous les agents économiques sous forme de contraintes à gérer. Les risques identifiés sont la taille du marché, les fondamentaux macro-économiques, la technologie disponible, le niveau moyen du revenu par habitant, la qualité des infrastructures de transport et de communication et le cadre juridique et sécuritaire. Ils constituent les variables d'état. Les risques particuliers par contre sont liés à chaque institution, au style de management, aux décisions d'investissement, etc. Ces risques définissent le coût de gestion. Ils peuvent et doivent être maîtrisés par la direction de l'établissement.

Beck et De La Torre (cités plus haut) vont donc arriver à la conclusion que certains facteurs économiques et non économiques très importants comme l'illettrisme financier ainsi que les barrières

[11] Pays En Développement.

culturelles et religieuses vont donc conduire à la limitation d'accès aux services bancaires et financiers, des facteurs qui amènent souvent à l'auto-exclusion. Le vrai problème des difficultés d'accès aux services bancaires se situe au niveau des droits réels. Il ne suffit pas d'être autorisé, il faut pouvoir exercer son droit. Les personnes confrontées à des difficultés d'ordre cognitif (connaissance) ou émotionnel (vécu) s'auto-excluent (Beck et De la Torre, 2006, *ibidem*). L'auto-exclusion constitue d'ailleurs selon Kempson (2001) et Kempson et Whyley (1999) cités par Gloukoviezoff (2004a) la principale source de non-accès aux services bancaires. À côté de cette catégorie d'exclus, existe une autre constituée d'individus capables d'utiliser les services, mais qui en sont écartés par des pratiques de sélection de la clientèle organisées par les établissements de crédit (Eber, 2000).

La théorie des barrières à l'accès quant à elle a été développée par plusieurs auteurs qui ont procédé à des études comparatives concernant le niveau de pénétration des services bancaires et financiers dans différents pays. En effet, la notion de barrière à l'accès fait référence à l'ensemble des obstacles susceptibles de gêner, voire de bloquer le processus de démocratisation des services bancaires et financiers au sein de la population. Honohan (2004) identifie trois barrières à l'accès des services bancaires et financiers, à savoir la barrière de prix, la barrière de l'information et la barrière du produit et du service. Ketley, Davis et Truen (2005) identifient des barrières pécuniaires et d'autres non pécuniaires. Beck, Demirguc-Kunt et Peria (2006) mettent en exergue des barrières liées à l'accessibilité (physique et financière) et à l'éligibilité.

Ces différentes distinctions permettent de ressortir les facteurs explicatifs principaux de la non-utilisation des services bancaires et financiers. Beck, Demirguc-Kunt et Peria (2005) ont construit un indicateur composite constitué de quatre informations, à savoir la pénétration géographique des agences (nombre d'agences bancaires sur 1000 km^2), la pénétration démographique des agences (nombre d'agences bancaires pour 100 000 habitants), la pénétration géographique des distributeurs automatiques de billets ou DAB (nombre de DAB sur 1000 km^2) et la pénétration démographique des

DAB (nombre de DAB pour 100 000 habitants) ; ils ont construit un indicateur qui mesure cette barrière[12].

Ils vont par la suite mesurer la barrière financière à l'accès par un indicateur qui représente la part du PIB/habitant nécessaire à l'ouverture d'un compte et à son entretien. Chamberlain et Walker (2005) estiment à 2 % la part maximale de revenu qu'une personne peut consacrer aux frais bancaires. Au-delà se crée un obstacle. Ketley, Davis et Truen (2005) insistent particulièrement sur la barrière financière en détaillant davantage son contenu. Ils y incluent notamment les charges liées au retrait à un distributeur automatique (DAB) ou dans une agence, et les charges liées aux opérations de transfert électronique, aux paiements par carte, etc. Honohan (2004, *idem*), identifie la barrière de l'information en évoquant le problème de l'asymétrie d'information, notamment dans la distribution des crédits. Néanmoins, les différentes barrières ci-dessus énumérées ne sont pas exclusives. Certaines d'entre elles sont liées. Ainsi pour Chamberlain et Walker (2005, *idem*), la barrière de l'éligibilité est déterminée par la barrière financière (dépôt minimal) et la barrière physique à l'accès (coût du transport vers l'agence la plus proche). Il existe donc une corrélation entre ces barrières. Chacun des auteurs, restant dans la limite des barrières identifiées et des informations traitées, met en évidence des relations plus ou moins fortes entre plusieurs variables. Beck, Demirguc-Kunt et Peria (2006), qui ont travaillé sur trois barrières (barrière financière, d'accès physique et d'éligibilité) montrent une corrélation négative entre ces barrières et le niveau de développement économique et financier.

1.2 Approche méthodologique

Lorsqu'on évoque le terme concentration, on retrouve dans la littérature plusieurs approches différentes pour expliquer le phénomène. De nombreux auteurs ont travaillé sur le concept de concentration et à travers des approches différentes, seulement on s'intéresse aux différents résultats.

En ce qui concerne notre travail, nous allons travailler en plusieurs étapes. D'abord, il s'agira de relever le caractère concentrique des agences bancaires dans la ville de Yaoundé. Pour ce faire, nous aurons

---

[12] Beck, Demirgruc-Kunt et Peria (2006), ont travaillé sur les informations de 193 banques réparties dans 58 pays du monde.

recours à trois approches : le calcul de l'indice de concentration de Herfindahl (H_k), ensuite le calcul de l'indice global de Moran et enfin nous ferons une représentation cartographique de la localisation des banques à Yaoundé afin de faire ressortir son caractère concentrique.

Par la suite, nous allons montrer au travers de la statistique descriptive comment cette concentration des banques conduit à l'exclusion bancaire et spatiale des populations de cette ville.

1.2.1 L'indice de concentration de Herfindahl (H_k)

Il compare la répartition des effectifs de chaque secteur suivant un découpage géographique en n zones. Il vaut 1 quand tous les effectifs du secteur sont concentrés dans une seule zone et est minimal quand les effectifs sont répartis équitablement entre les zones.

L'indice de Herfindahl est donné par la formule : $H_k = \sum(S^i_k)^2$, où

k représente le secteur bancaire ; i = 1, 2,…7, les arrondissements de la ville de Yaoundé et S^i_k la part de l'effectif du secteur k présente dans l'arrondissement i.

Ainsi, une valeur proche de 1 est synonyme de concentration et une valeur proche de 0 traduit la dispersion.

Il est utile de rappeler que la simplicité de cet indicateur présente, toutefois, l'inconvénient de ne pas tenir compte de la structure globale des effectifs par secteur et par zone. En effet, dans ce calcul de la concentration géographique, deux zones jouent un rôle identique, même si elles ont des tailles très différentes. Alors, les zones les plus grandes déterminent le degré de concentration géographique d'un secteur, puisque, par leur taille, elles attirent plus d'activités, et ce, indépendamment du secteur (Houbedine, 1999).

Pour essayer de nous rapprocher de la réalité, nous utilisons un indice désagrégé, pour chaque arrondissement de la ville de Yaoundé, donné par : le rapport nombre d'agences bancaires présentes dans chaque arrondissement sur le nombre d'agences totales présentes dans toute la ville.

1.2.2 L'indice global de Moran

Son calcul passe d'abord par la construction de la matrice d'interaction spatiale. La méthode la plus utilisée est celle des matrices de contiguïté, fréquemment utilisées quand les données portent sur des zones géographiques. Deux zones sont contiguës quand elles ont une frontière commune. De façon générale, la distance de contiguïté entre deux zones est définie comme le nombre minimal de frontières qu'il faut franchir pour aller de l'intérieur de l'une à l'intérieur de l'autre. Deux zones sont contiguës à l'ordre *k* quand leur distance de contiguïté est égale à *k*. Pour un ensemble de *N* zones géographiques, la matrice de contiguïté sera $C^{(k)}$ à l'ordre k. La matrice de contiguïté est éventuellement normalisée en divisant chacune de ses lignes par la somme de ses éléments. La matrice normalisée est une matrice stochastique[13].

Une famille de matrices d'interactions spatiales est alors définie sur la base des contiguïtés d'ordre au plus égal à *K* tel que $W(\rho_{1,...,}\rho_k)=\sum_{k=1}^{K}\rho_k C^{(k)}$ où $\rho_{1,...,}\rho_k$ sont les paramètres à estimer.

Les matrices de contiguïtés usuelles ont cependant pour inconvénient que, lorsque $C_{ij}^{(k)}$ et $C_{il}^{\ k}$ diffèrent tous deux de zéro $C_{ij}^{(k)}=C_{il}^{\ k}$. Ce qui signifie que toutes les observations contiguës à une zone donnée influencent de la même manière. On retrouve une homogénéité des interactions qui n'est pas plus vraisemblable que l'homogénéité des observations elles-mêmes. Le correcteur classiquement employé est l'utilisation de coefficients proportionnels à la longueur des frontières communes. Il permet de résoudre le problème posé en faisant des $C_{ij}^{(k)}$ des fonctions caractéristiques des zones *j* qui influencent *i*. D'autres déterminants de l'intensité des interactions peuvent également être utilisés. Il s'agit notamment de la distance entre les centres des deux zones, de la taille de la zone émettrice de l'interaction, de la capacité des réseaux de transport entre les zones, etc.

Cependant, il existe de nombreuses analyses où l'utilisation de la contiguïté s'avère inadaptée ou impossible. C'est le cas particulier des données portant sur des points. Ces points sont plus ou moins éloignés les uns des autres et la détermination de la contiguïté entre eux n'a pas

[13] C'est-à-dire une matrice dont la somme des éléments de chaque ligne est égale à l'unité. On a $C_{ij}^{(k)}=1/m_i^{(k)}$, où $m_i^{(k)}$ est le nombre d'observations contiguës à la zone i à l'ordre n.

de sens. Dans ce cas, une autre formulation est adoptée. Les fonctions les plus utilisées sont :

$f(d_{ij}) = e^{-dij}$, $f(d_{ij}) = d_{ij}^{-1}$, et dans le prolongement des modèles gravitaires, $f(d_{ij}) = d_{ij}^{-2}$.

On a donc, $W_{ij} = \begin{cases} d_{ij}^{-1} si \text{ i} \neq \text{j} \\ 0 \text{ sinon} \end{cases}$ avec $d_{ij} = \sqrt{(x_i - x_j)^2 + (y_i - y_j)^2}$, la distance euclidienne.

La structure d'interaction est alors la suivante :

$$W_{ij} = \begin{pmatrix} 0 & d_{12}^{-1} & \cdots & d_{1n}^{-1} \\ d_{12}^{-1} & \ddots & \cdots & d_{2n}^{-1} \\ \vdots & \cdots & \ddots & \vdots \\ d_{n1}^{-1} & \mathrm{d}_{n2}^{-1} & \cdots & 0 \end{pmatrix}$$

Les postulats sur lesquels repose la construction de cette matrice sont :

(1) $d_{ij}^{-1} \geq 0$: La matrice contient des nombres positifs ;

(2) $d_{ij}^{-1} = 0 \rightarrow i = j$: La matrice a des éléments nuls sur la diagonale ;

(3) $d_{ij}^{-1} = d_{ji}^{-1}$: La matrice est symétrique ;

(4) $d_{ij}^{-1} \leq d_{ik}^{-1} + d_{kj}^{-1}$.

Pour un ensemble de *N* observations localisées, une matrice carrée *W* de dimension *N x N*, est définie de manière exogène en établissant des pondérations issues d'une relation mathématique permettant de traduire, pour toutes les paires d'observations, l'idée de proximité spatiale entre les observations i et j ainsi que leur intensité (Dube & Al., 2011).

De façon analytique, $W_{ij} = \begin{cases} d_{ij}^{-1} si \text{ i} \neq \text{j} \\ 0 \text{ sinon} \end{cases}$, $d_{ij} = \sqrt{(x_i - x_j)^2 + (y_i - y_j)^2}$, la distance euclidienne.

Ainsi, l'indice de Moran utilise au numérateur un terme de covariance pondérée entre les observations contiguës, covariance nulle en l'absence d'autocorrélation spatiale positive, dans le cas d'une autocorrélation positive ; et négative en cas d'autocorrélation négative. Quant au dénominateur, il est constitué d'une mesure de la variance des observations (Anselin, 1995 ; Le Gallop, 2000a, 2000b ; Jayet, 2001 ; Oliveau, 2004, 2005).

L'indicateur global de Moran se présente alors sous la formule suivante :

$$I_M = \frac{\sum_i \sum_j w_{ij}(x_i - \bar{x})(x_j - \bar{x})}{\sum_i (x_i - \bar{x})^2} \quad \text{Où :}$$

x_i = valeur de la variable au point i et de moyenne $\bar{x}$;

i = unité de référence et *j* = unité voisine du point *i,* définie par la matrice W_{ij};

W_{ij}= la matrice d'interactions spatiales.

L'indice de Moran est généralement situé dans l'intervalle [-1 ; 1], mais parfois on peut trouver une valeur supérieure à 1 ou inférieure à -1.

Au total, une valeur négative de l'indice de Moran traduit la présence d'autocorrélation négative et une valeur positive traduit la présence d'autocorrélation positive. Il y a donc concentration lorsque la valeur de l'indice global de Moran est proche de l'unité et dispersion dans le cas contraire.

1.2.3 Cartographie

La cartographie de localisation des agences bancaires de la ville de Yaoundé se fera grâce à la collecte à l'aide d'un GPS des coordonnées géographiques de chaque agence bancaire de la ville de Yaoundé et le traitement de ces données à l'aide du logiciel « Map info » qui nous permettra de faire le géo référencement de notre carte de la ville de Yaoundé fournie par la communauté urbaine de Yaoundé. Nous allons par la suite faire une projection des coordonnées des différentes banques sur la carte, et après s'en suivra la digitalisation de la carte à l'échelle 1/20000, sur laquelle on peut observer la concentration des agences bancaires et la convergence de ces agences vers le centre.

1.2.4 Sources des données

Les données utilisées pour la réalisation de ce travail proviennent de plusieurs sources :

- Des enquêtes effectuées auprès des différentes agences bancaires de la ville de Yaoundé ;
- Des rapports du Conseil National du Crédit (CNC) ;
- De l'Institut National de la Statistique (INS) ;
- Des rapports d'activités des différentes banques ;
- De la Communauté Urbaine de Yaoundé (CUY).

Nous avons recensé 63 agences bancaires dans la ville de Yaoundé en 2016. Ce sont ces chiffres que nous utiliserons pour le calcul de l'indice de concentration de Herfindahl, mais en ce qui concerne le calcul de l'indice de Moran et de la cartographie représentée, nous avons travaillé avec 50 des 63 agences bancaires dont nous avons collecté les coordonnées géographiques.

2. Présentation et discussion des résultats

Les indices de concentration et la cartographie sont deux formats utilisés pour ressortir les résultats.

2.1 Indices de concentration

L'analyse des données collectées nous a permis de calculer deux indices de concentration bancaires : l'indice de Herfindahl et l'indice global de Moran.

2.1.1 Indice de concentration de Herfindahl

Nous rappelons que l'indice de Herfindahl compare la répartition des effectifs de chaque secteur suivant un découpage géographique en n zones. Il vaut 1 quand tous les effectifs du secteur sont concentrés dans une seule zone et est minimal quand les effectifs sont répartis équitablement entre les zones. En utilisant la formule : $H_k = \sum(S^i_k)^2$ où K représente le secteur bancaire, i = 1, 2,…7, représentant les communes d'arrondissement de la ville de Yaoundé et S^{i}_{k} la part de l'effectif du secteur k présente dans l'arrondissement i ; nous avons alors trouvé que l'indice de concentration de Herfindahl du secteur bancaire dans la ville de Yaoundé est de 0,71. Cette valeur proche de l'unité traduit la concentration des agences bancaires dans la ville de Yaoundé. Autrement dit, cette valeur signifie que dans la ville de Yaoundé il existe des zones sur-bancarisées, tandis que d'autres sont sous-bancarisées.

Nous avons désagrégé cet indice afin de trouver le degré de concentration au niveau local et la part de marché de chaque Arrondissement, unité administrative de la ville. Les résultats sont repris dans le tableau suivant :

Tableau 1 : indice de Herfindahl dans les arrondissements de Yaoundé

Communes	Indice de concentration
Yaoundé 1	0,55555556
Yaoundé 2	0,11111111
Yaoundé 3	0,01587302
Yaoundé 4	0,14285714
Yaoundé 5	0,07936508
Yaoundé 6	0,0952381
Yaoundé 7	0

Source : Données collectées auprès des banques et traitement de l'auteur

Ainsi, on peut aisément voir que la commune de Yaoundé 1er est celle qui concentre le plus grand nombre d'agences bancaires ; elle cristallise plus de la moitié des agences bancaires de la ville de Yaoundé. Avec plus de la moitié des agences bancaires de la ville, cet arrondissement est celui qui détient la plus grande part de marché comme nous pouvons le voir sur le graphique suivant.

Graphique 1 : Concentration des agences bancaires par arrondissement

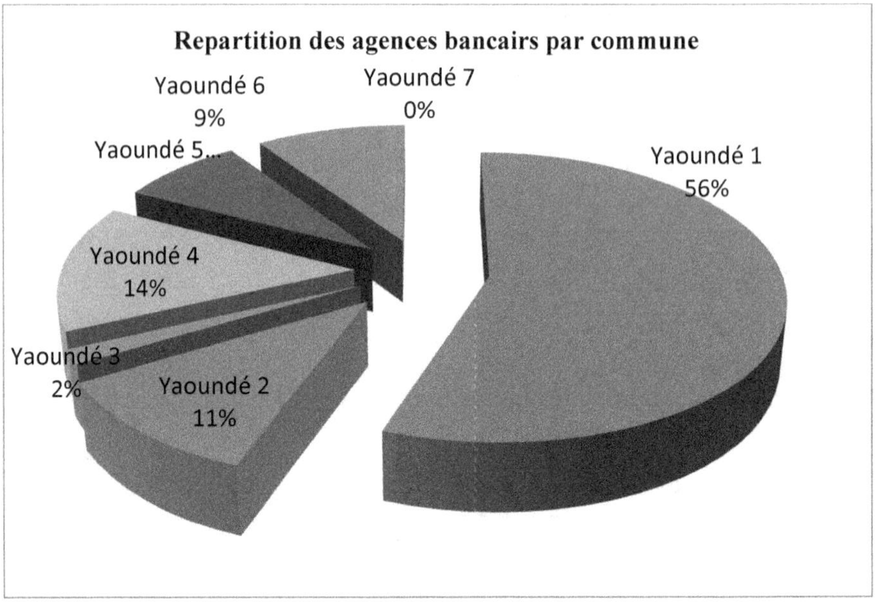

Source : L'auteur, à partir des données collectées auprès des banques et traitement de l'auteur.

2.1.2 Indice de Moran

Comme nous l'avons dit plus haut, le calcul de l'indice global de Moran passe d'abord par la construction des matrices de distance euclidienne et d'interactions spatiales. Ainsi, la matrice des distances euclidiennes entre les arrondissements de la ville de Yaoundé est :

$$D = \begin{bmatrix} 0 & 1,61 & 3,71 & 2,04 & 4,22 & 3,95 \\ 1,61 & 0 & 3,01 & 3,45 & 5,80 & 2,66 \\ 3,71 & 3,01 & 0 & 4,24 & 6,70 & 1,58 \\ 2,04 & 3,45 & 4,24 & 0 & 2,53 & 5,12 \\ 4,22 & 5,80 & 6,70 & 2,53 & 0 & 7,65 \\ 3,95 & 2,66 & 1,58 & 5,12 & 7,65 & 0 \end{bmatrix}$$

La matrice d'interactions spatiales construite à partir de la matrice précédente est donc :

$$W = \begin{bmatrix} 0 & 0,62 & 0,27 & 0,49 & 0,24 & 0,25 \\ 0,62 & 0 & 0,33 & 0,29 & 0,17 & 0,38 \\ 0,27 & 0,33 & 0 & 0,24 & 0,15 & 0,63 \\ 0,49 & 0,29 & 0,24 & 0 & 0,40 & 0,20 \\ 0,24 & 0,17 & 0,15 & 0,40 & 0 & 0,13 \\ 0,25 & 0,38 & 0,63 & 0,20 & 0,13 & 0 \end{bmatrix}$$

Cette matrice définit l'interaction spatiale qui existe entre les différents arrondissements de la ville de Yaoundé. Cette interaction est déterminée par le calcul de la distance euclidienne entre deux points (les sous-préfectures) de chaque arrondissement. L'indicateur global de Moran se présente sous la formule suivante :

$$I_M = \frac{\sum_i \sum_j w_{ij}(x_i - \bar{x})(x_j - \bar{x})}{\sum_i (x_i - \bar{x})^2} \text{, où :}$$

x_i = valeur de la variable au point i et de moyenne $\bar{x}$;

i = unité de référence et j= unité voisine du point i, définie par la matrice W_{ij};

W_{ij}= la matrice d'interactions spatiales.

In fine, il en ressort que l'indice global de Moran des activités bancaires à Yaoundé est I_M = 0,871 et présente l'existence d'autocorrélation spatiale positive. Cette valeur de l'indice montre une forte corrélation et présente une structure concentrique des agences bancaires dans les différents arrondissements de la ville de Yaoundé.

Avec une valeur très proche de l'unité, on en déduit que les agences bancaires dans la ville de Yaoundé sont fortement concentrées. Cela est valable au niveau local. En effet, même au niveau de chaque arrondissement, il existe des zones où les agences bancaires sont concentrées à l'instar de la zone dite « avenue des banques » au niveau de l'arrondissement de Yaoundé 1er. On peut donc apprécier aisément ce résultat de l'indice de Moran sur la figure suivante :

Figure 1 : Indice global de Moran à Yaoundé

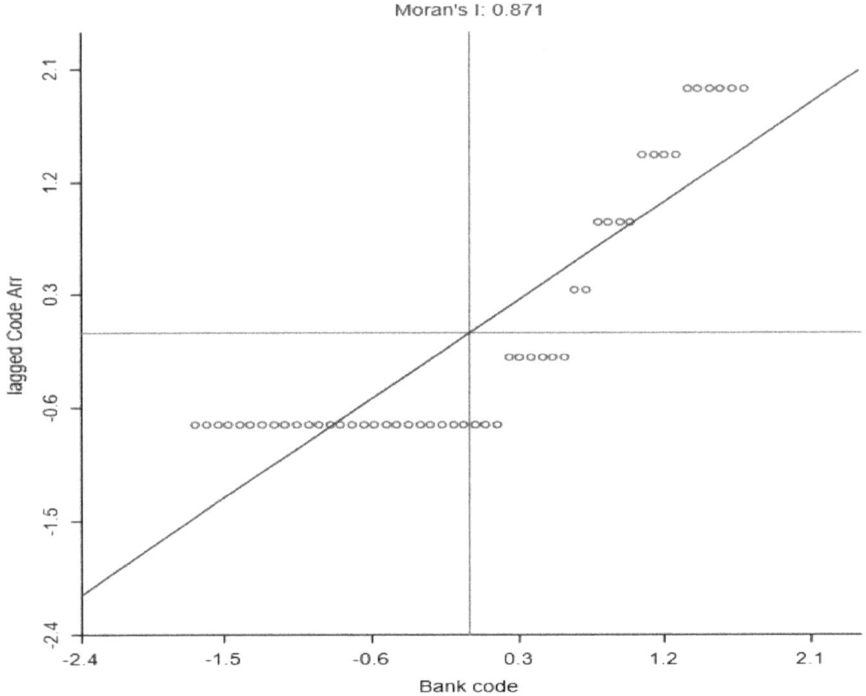

Source : Construction de l'auteur sur le logiciel ''Geoda''.

2.2 Cartographie des agences bancaires à Yaoundé

Après le calcul des indices de Herfindahl et de Moran qui sont tous arrivés à la même conclusion à savoir, la concentration des agences bancaires dans la ville de Yaoundé, nous pouvons également vérifier ces résultats à travers la cartographie de localisation des agences bancaires de cette ville que nous avons représentée en projetant sur une carte géo référencée obtenue auprès de la CUY[14].

Nous avons pris un échantillon de 50 agences bancaires sur les 63 qui sont installées dans la ville de Yaoundé. Nous avons donc obtenu la carte suivante :

[14] Sigle habituellement utilisé pour désigner la communauté urbaine de Yaoundé.

Carte 1 : Localisation et répartition des agences bancaires à Yaoundé

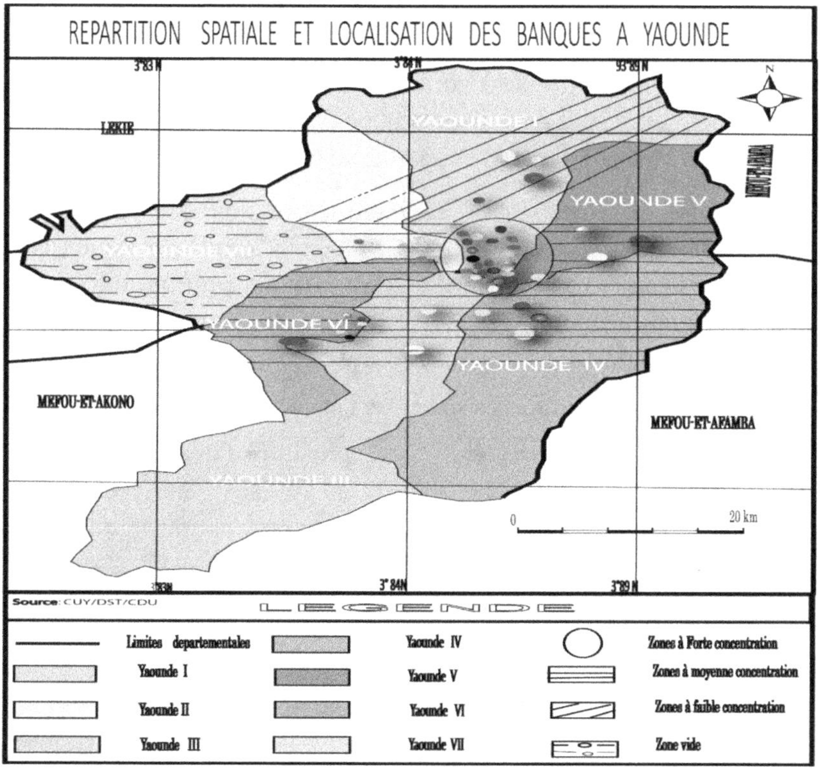

Source : L'auteur sur logiciel MapInfo

Cette carte présente quatre grandes zones : une zone de forte concentration, constituée du centre administratif, de l'avenue des banques et des arrondissements de Yaoundé II et Yaoundé VI ; une zone de moyenne concentration, au niveau des arrondissements de Yaoundé IV et Yaoundé V ; une zone de faible concentration, dans l'arrondissement de Yaoundé III et enfin une zone vide, dépourvue de banque, c'est au niveau de l'arrondissement de Yaoundé VII. Sur cette carte également, les points sont représentés avec plusieurs couleurs, pour différencier les banques. Les couleurs les plus présentes sont : le jaune, le marron et le rose représentant respectivement : SCB Bank, Afriland First Bank et Ecobank, les trois banques ayant le plus grand réseau d'agences à Yaoundé.

Au total, la carte met en exergue une forte concentration des agences bancaires à Yaoundé comme l'indiquait déjà l'indice global de Moran et toutes ces banques ont tendance à converger vers le centre.

2.3 Exclusion bancaire et spatiale des populations à Yaoundé

Comme nous avons vu plus haut, les agences bancaires sont concentrées dans la ville de Yaoundé, ce qui conduit à un délaissement de certaines zones. La conséquence directe à ce phénomène est l'exclusion à la fois bancaire et spatiale des populations de cette ville.

Le premier constat est que les banques ne sont pas uniformément réparties sur l'étendue de la ville ; il existe des zones sur-bancarisées et d'autres sous-bancarisées, et cela tant au niveau global que local. Le tableau ci-après nous montre la répartition des agences bancaires par arrondissements dans la ville de Yaoundé.

Tableau 2 : Nombres d'agences bancaires par commune à Yaoundé

Communes d'arrondissements	Nombre d'agences
Yaoundé 1	35
Yaoundé 2	07
Yaoundé 3	01
Yaoundé 4	09
Yaoundé 5	05
Yaoundé 6	06
Yaoundé 7	00
TOTAL	**63**

Source : Données collectées par l'auteur auprès des banques.

On peut rapidement observer que les arrondissements de Yaoundé 1 et Yaoundé 4 concentrent le plus d'agences pendant que ceux de Yaoundé 3 et Yaoundé 7 sont délaissés. Les habitants vivant dans l'arrondissement de Yaoundé 7 sont pratiquement exclus du système bancaire, car il n'existe aucune banque pour desservir les individus y résidant. Pour avoir accès à un service bancaire, ils sont obligés de se rapprocher des agences situées dans les arrondissements voisins comme Yaoundé 2 et Yaoundé 6.

Cette exclusion est marquée par une barrière physique au sens de Beck, Demirguc-Kunt et Peria (2005)[15]. Cette barrière mesure la distance parcourue par le client pour accéder au guichet d'un

[15] Beck, Demirgúc-Kunt et Peria (2005), ont travaillé sur les informations bancaires de 99 pays en 2003 et 2004.

établissement bancaire, ou alors c'est la distance qui sépare la banque de son client ou d'un potentiel client. Cela traduit un manque à gagner chez les personnes obligées de se déplacer pour obtenir un service bancaire ailleurs, car elles doivent désormais supporter des coûts de transport du fait de la distance qui les sépare de leurs banques.

En nous inspirant aux travaux de ces auteurs, nous avons alors calculé le niveau de pénétration géographique des agences (nombre d'agences bancaires au km²), ainsi que le niveau de la pénétration géographique des GAB[16] (nombre de GAB au km²) pour mieux traduire le phénomène d'exclusion géographique des services financiers dont sont victimes les habitants de la ville de Yaoundé. Il en ressort que le nombre de banques par arrondissement est insuffisant pour desservir les populations y résidant. Le tableau suivant montre le nombre d'habitants par arrondissement en 2011.

Tableau 3 : Répartition de la population par arrondissement dans la ville de Yaoundé.

Arrondissements	Habitants
Yaoundé 1er	281 586
Yaoundé 2	247 184
Yaoundé 3	252 501
Yaoundé 4	477 350
Yaoundé 5	265 087
Yaoundé 6	268 971
Yaoundé 7	89 197

Source : BUCREP (2011), 3è RGPH, Répertoire actualisé des localités du Cameroun.

On constate rapidement que les arrondissements les plus peuplés sont ceux qui ont le plus d'agences bancaires. Ainsi, en faisant simplement le rapport entre la population totale de chaque arrondissement sur le nombre d'agences bancaires de cet arrondissement, on obtient le niveau de pénétration des agences bancaires dans les arrondissements de Yaoundé, donné par le tableau suivant.

[16] Qui signifie « Guichet Automatique de Banque ».

Tableau 4 : Niveau de pénétration de la population de Yaoundé par les banques

Arrondissements	Niveau de pénétration
Yaoundé 1er	8045
Yaoundé 2	35313
Yaoundé 3	252501
Yaoundé 4	53038
Yaoundé 5	53017
Yaoundé 6	44811
Yaoundé 7	00

Source : l'auteur, à partir des données collectées auprès des banques et de la base du BUCREP (2011)

On constate, à partir de la carte ci-dessus, que l'arrondissement de Yaoundé 1er est celui qui a le meilleur niveau de pénétration des agences bancaires, ce qui n'est pas étonnant vu que c'est l'arrondissement qui compte le plus grand nombre d'agences bancaires de la ville. Nous nous proposons alors de déterminer la pénétration géographique de ces agences à Yaoundé à partir de la superficie de chaque arrondissement donnée dans le tableau suivant.

Tableau 5 : Superficie de la ville de Yaoundé par arrondissement

Arrondissements	Superficie (en km²)
Yaoundé 1er	55,52
Yaoundé 2	21,91
Yaoundé 3	69,41
Yaoundé 4	59,61
Yaoundé 5	26,95
Yaoundé 6	22,71
Yaoundé 7	36,45

Source : CUY (2011)

En divisant alors le nombre d'agences par arrondissement de la ville de Yaoundé par la superficie de chaque arrondissement, on obtient alors la pénétration géographique des agences (nombre d'agences au km²) bancaires par arrondissement à Yaoundé. On a ainsi trouvé :

Tableau 6 : Couverture géographique des agences bancaires par arrondissement

Arrondissements	**Niveau de couverture géographique des agences**
Yaoundé 1er	0,63
Yaoundé 2	0,32
Yaoundé 3	0,01
Yaoundé 4	0,15
Yaoundé 5	0,18
Yaoundé 6	0,26
Yaoundé 7	00

Source : CUY (2011) et traitement de l'auteur.

Il en ressort que les arrondissements de Yaoundé 1er, Yaoundé 2 et Yaoundé 6 ont les niveaux couverture géographique des agences bancaires les plus élevés avec respectivement 0,63, 0,32 et 0,26 agence au km² et les arrondissements de Yaoundé 5, Yaoundé 4 et Yaoundé 3 sont les moins desservis, avec respectivement 0,18, 0,15 et 0,01 agence bancaire au km². L'arrondissement de Yaoundé 7, quant à lui, est plutôt vierge, car ne comporte aucune agence.

On note cependant un niveau de pénétration des agences bancaires très faible dans la ville de Yaoundé, car dans aucun arrondissement on compte au moins une agence au km² ; on assiste plutôt à une concentration de ces agences dans certains espaces au détriment d'autres, ce qui conduit alors au problème d'exclusion spatiale que nous dénonçons. Par exemple, Yaoundé 1er qui a une superficie de 55,52 km² compte 35 agences bancaires concentrées dans 3 principales zones : d'abord au niveau de l'avenue des banques où on trouve le siège de ces banques, ensuite au niveau du centre administratif en passant par ses deux principaux marchés (le marché central et le marché Mfoundi), et enfin vers la périphérie (Etoudi) où on trouve trois agences. Le reste des espaces qui constituent cet arrondissement demeure inoccupé.

Or, cet espace territorial recouvre l'un des arrondissements qui compte le plus de quartiers et est le deuxième arrondissement le plus peuplé de la ville. On se rend donc compte que les populations de cet arrondissement ne se situant pas dans l'une de ces trois zones de concentration sont naturellement exclues du système bancaire, car il n'existe pas d'agence bancaire dans leur zone pour les desservir. Pourtant, comme le confirment Beck, Demirgúc-Kunt et Peria (2005, *idem*), le fait pour un potentiel client de parcourir une longue distance pour accéder aux services d'une banque constitue une barrière pour lui, car il serait plus facile pour ce client d'intégrer l'activité bancaire s'il y avait une agence bancaire localisée près de lui. Ce qui reviendrait alors à réduire ses coûts de déplacements pour accéder à ces mêmes services dans une autre zone où les agences bancaires sont présentes.

De même, pour Yaoundé 6 où ses six agences bancaires ne sont installées que dans deux quartiers : le quartier Mendong et le quartier Biyem-Assi. Or ces deux quartiers ne comptent qu'à peine les 1/3 de la population de cet arrondissement, le reste des 268 971 habitants de cet arrondissement sont éloignés de ces agences bancaires et doivent faire face à des coûts de transport si ces derniers doivent se déplacer vers leur banque pour acquérir un service. Le problème est que ces coûts de déplacements viennent ajouter des dépenses supplémentaires dans le programme de consommation d'un habitant victime de la sous-bancarisation de l'espace dans lequel il se trouve, et lorsque ces coûts de transports commencent à devenir importants, surtout si son revenu n'est pas assez élevé pour pallier ce problème, l'individu pourrait décider de fermer son compte et s'auto-exclure du système bancaire.

Les banques ont néanmoins fait des efforts pour circonscrire ce problème d'exclusion en disposant des distributeurs automatiques de billets (DAB) et des guichets automatiques des banques (GAB) pour réduire les déplacements et les migrations vers les agences bancaires pour des clients qui veulent effectuer des opérations de retrait d'espèces. Seulement cela n'a pas réduit pour autant le problème d'exclusion, car la plupart de ces DAB/GAB sont situés au sein des agences mêmes, ce qui oblige toujours les individus à se déplacer. Or, le déplacement coûte à ces individus à la fois temps et argent.

Nous avons obtenu le niveau de pénétration des DAB/GAB dans la ville de Yaoundé en 2016, et cela s'élève à 1 GAB pour près de 20000 habitants, ce qui est très faible. Bien que ce service innovant ait été mis sur pied pour faciliter l'accès aux liquidités, de nombreuses populations se trouvent toujours désavantagées, car un seul guichet est insignifiant pour desservir 20000 personnes, en plus du fait que, comme nous l'avons dit plus haut, ces guichets sont pour la plupart situés au sein même des agences bancaires. Les populations sont donc obligées de se déplacer et de subir le même coût de transport que pour se rendre à l'agence. On peut alors relever que les mêmes populations géographiquement exclues des services offerts par la banque le seront encore lorsqu'il s'agira d'utiliser un DAB/GAB pour se faciliter une opération.

D'autre part, les DAB/GAB situés hors des agences ne sont pas le plus souvent connus des populations. Il existe certains GAB dans des stations-service, des supermarchés, des hôtels... où un individu peut aisément faire des opérations de retrait d'espèces ou de transfert d'argent. Seulement la banque n'a pas mis suffisamment d'informations à la disposition de la population pour aider celle-ci à savoir par exemple dans quelle station-service ou dans quel supermarché un individu peut utiliser un GAB mis en service par sa banque, et ce problème d'informations traduit aussi une forme d'exclusion, car représente une barrière d'accès aux services financiers, que Honohan (2004, *idem*) va appeler *« barrière de l'information »*.

Conclusion

L'objectif de ce travail était de mettre en évidence l'effet de la concentration spatiale des banques sur l'inclusion financière dans la ville de Yaoundé. À cet effet, nous nous sommes posé la question de savoir quel est l'effet de la concentration spatiale des banques sur l'inclusion financière. Avant d'y répondre, nous avons identifié la localisation de ces banques.

On est arrivé à la conclusion que les banques les banques sont fortement concentrées dans certains espaces de la ville de Yaoundé comme le montre l'indice de Herfindahl obtenu, soit 0,71 ; un résultat qui a été vérifié avec le calcul de l'indice de Moran, qui nous a donné 0,871 qui est proche de l'unité, synonyme de concentration. La projection des agences bancaires sur une carte nous a alors permis de ressortir les zones de concentration et à montrer que toute ces agences bancaires ont tendance à se concentrer au niveau du centre de la ville. On peut ainsi conclure qu'il existe des forces centripètes dans la ville de Yaoundé qui poussent les banques à se localiser les unes à côté des autres, d'où le phénomène de concentration. Certains espaces sont parfaitement aménagés pour accueillir l'implantation de ces agences, c'est le cas, par exemple, de l'avenue des banques qui concentre le siège social des différentes banques implantées dans la ville, disposant ainsi d'une bonne accessibilité, notamment des facilités en transport. C'est aussi un espace proche du centre des affaires et des services administratifs de la ville, qui lui garantissent en même temps la sécurité et la qualité des bâtiments, en fait tout le nécessaire pour qu'une banque s'installe aisément.

De plus, les banques implantées dans la ville de Yaoundé ont tendance à se concentrer à cause du fait qu'il existe des espaces dans cette ville qui diffusent des externalités positives pour ces banques. Elles préfèrent alors se concentrer dans cet espace qui constitue pour elles des zones de chalandise, pour tirer tout le bénéfice que leur offre leur implantation dans ces zones. On verra par exemple dans l'arrondissement de Yaoundé 4, notamment à Mvogbi, où tout au long d'une rue près du marché sont concentrées six agences bancaires sur moins d'un Km^2, ces banques bénéficiant des ressources produites par les commerçants du marché et des entreprises de services qui sont aux environs. C'est le même cas dans l'arrondissement de Yaoundé 6 et notamment au quartier Biyem-Assi où sont concentrées les unes près des autres cinq des six agences bancaires implantées dans cet arrondissement.

Seulement, ce phénomène de concentration constitue une barrière physique pour les populations, car celles-ci doivent supporter des coûts de transport supplémentaires pour bénéficier du même service offert ailleurs. La statistique descriptive des données collectées dans cette ville nous indique ainsi qu'à cause de ce problème de concentration, dans différents espaces de la ville il existe moins d'une agence bancaire au km^2, car bien que le nombre d'agences soit déjà faible, le peu qu'on retrouve se localise dans la même zone excluant totalement les autres. L'arrondissement de Yaoundé 7 est un parfait exemple d'exclusion géographique des services financiers, car dans cet arrondissement on ne compte aucune agence bancaire, ses populations sont naturellement exclues de l'activité bancaire, et pour bénéficier des services offerts par les banques, les habitants de cet arrondissement sont obligés de se déplacer vers les arrondissements voisins, et outre les coûts de déplacements subis, ils s'exposent également aux problèmes d'insécurité surtout lorsqu'ils doivent se déplacer avec les liquidités obtenues auprès de leurs banques.

Nous pouvons ainsi conclure que la concentration spatiale des banques est une barrière à l'accès aux services bancaires et par conséquent conduit à l'exclusion géographique de certaines populations de la ville de Yaoundé aux services financiers. Cela n'est pas sans conséquence, car ce problème d'exclusion met en exergue l'importance de certains facteurs tels que :

i/ **La distance** : qui sépare un individu géographiquement exclu du lieu de prestation des services financiers dont il a besoin. Plus elle est grande, plus l'individu va s'auto-exclure du système bancaire.

ii/ **Les coûts de déplacements** : ce sont les coûts qu'un individu géographiquement exclu des services financiers doit subir pour se rendre dans une agence offrant les services financiers dont il ne peut pas bénéficier dans la zone où il se trouve. On note également que si ces coûts commencent à devenir élevés, l'individu serait obligé de quitter le système bancaire et de chercher des services complémentaires auprès des établissements de microfinance, ou auprès de la finance informelle comme la tontine qui sont généralement plus proches des populations.

iii/ **Les asymétries d'information** : car les populations vivant dans certaines zones n'ont pas la même information que d'autres et comme nous l'avons dit plus haut, beaucoup de personnes ne connaissent pas par exemple dans quelle station-service ou dans quel supermarché se rendre pour utiliser un GAB mis à disposition par leur banque. Or, si l'information était disponible et complète chez tout le monde, cela réduirait considérablement le problème d'exclusion.

iv/ **Le temps**, qu'un individu géographiquement exclu met pour se déplacer de sa zone de résidence pour la zone où il aura accès aux services financiers. Ce temps n'est pas forcément pris en compte dans son programme et s'il doit se déplacer plusieurs fois au cours d'une certaine période, cela commence à devenir un problème pour lui.

v/ **L'insécurité** : lorsque la distance devient grande, l'individu qui se déplace soit pour aller effectuer une opération de dépôt, soit pour une opération de retrait d'espèces s'expose à tout danger, car il doit parcourir une grande distance avec des liquidités sur lui.

Toutefois, le problème d'inclusion financière reste un grand chantier. Nous avons essayé d'apporter notre contribution dans la lutte contre l'exclusion financière. Il est vrai que vu la réalité du monde dans lequel nous vivons, les problèmes d'inégalités animeront toujours les débats. Il serait donc difficile de trouver un endroit où toutes les populations sont parfaitement desservies par les services financiers ou alors où les banques sont équitablement réparties. On donnerait donc raison à Lösch (1940, op. cit.) affirme que : « même si le monde était une boule lisse, les localisations des activités économiques ne seraient pas dispersées uniformément », comme pour dire qu'il serait difficile de voir les banques réparties uniformément dans un territoire. Des efforts devraient être faits pour réduire ces problèmes d'exclusion en mettant en œuvre tous les moyens nécessaires. C'est la raison pour laquelle nous pouvons formuler les deux recommandations suivantes à la fois aux autorités administratives et aux banques :

i/ L'État devrait concevoir et mettre en œuvre une politique d'aménagement au niveau de chaque arrondissement et veiller à son application, afin de rendre chaque espace accessible et attractif pour attirer les banques et autres entreprises de service.

ii/ À l'heure de la mondialisation, avec les nouvelles technologies de l'information et de la communication, les banques pourraient, par exemple, offrir à leur clientèle des services mobiles et des services en ligne, ce qui n'obligerait plus les individus à se déplacer pour obtenir de tels services financiers.

Références

Alonso, W. 1964. *Location and Trade Use.* Harvard University Press, Cambridge, Massachusetts.

Anselin, L. 1995. Local indicators of spatial association–LISA. *Geographical Analysis*, Vol. 27, N°. 2, pp. 93-113.

Avom, D., et M. L. Eyeffa Ekomo. 2007. 15 ans de restructuration bancaire dans la CEMAC : qu'avons-nous appris ? *Revue d'Économie Financière*, N°. 89, Juillet, pp. 183-205.

Beck, T., et A. De la Torre. 2006. *The Basic Analytics to Financial Services.* World Bank Policy Research Working Paper 4026, 57 pages.

Beck, T., A. Demirguc-Kunt, et M. Peria. 2005. *Reaching Out: Access to Use of Banking Services Across Countries.* World Bank, WPS3754, 52 pages.

Beck, T., A. Demirguc-Kunt, et M. Peria. 2006. *Banking Services for Everyone? Barriers to Bank Access and Use around the World.* World Bank Policy Research Working Paper 4079, 59 pages.

Benko, G., et A. Lipietz. 1992. L*es régions qui gagnent. Districts et réseaux : les nouveaux paradigmes de la géographie économique.* PUF, coll. Économie et liberté, Paris.

Belhedi, A. 2010. *Les modèles de localisation.* Typo, http://mlae.site.voila.net, http://amorbelhedi.250free.com, 203 pages.

BUCREP. 2005. *Recensement Général de la Population et de l'Habitat*, Rapport général, Yaoundé.

BUCREP. 2011. *Projections démographiques,* 3è RGPH, Vol. 3, Tome 3.

Chamberlain, D., et R. Walker. 2005. *Measuring Access to Transaction Banking Services in Southern Customs Union : An index Approach.* Vorna Valley, South Africa: FinMark.

COBAC. 2007. R*apport d'activités annuelles*, BEAC, Yaoundé.

Conseil National du Crédit. 2013. *Rapport sur la monnaie et le crédit*, Secrétariat du CNC, Yaoundé 2013.

Courlet, C. 2008. *Territoire et développement économique au Maroc : le cas des systèmes productifs localisés*, l'Harmattan, Paris.

Dube, J. et al. 2011. *Utilisation des matrices de pondérations en économétrie spatiale : Proposition dans un contexte spatio-temporelle.* Documents de travail, équipe Analyse et Modélisation des Interactions Economiques, Laboratoire d'Économie et de Gestion, Université de Bourgogne.

Essombè Edimo J. R. Nya Bonabébé. 2007. *Spatialité et développement économique à Douala : entre le hasard et la nécessité,* L'Harmattan, Paris.

Essombè Edimo J. R. Nya Bonabébé. 2014. Dynamique territoriale de la concentration et de la déconcentration des entreprises à Douala : polarisation et effets de diffusion. *Revue Innovation & Développement,* N°. 1, Genève.

Essombè Edimo, J. R. Nya Bonabébé. 2015. *Douala et la répartition spatiale des entreprises : polarisation et fragmentation,* L'Harmattan, Paris.

Fujita, M., et J. F. Thisse. 1997. Économie géographique : problèmes anciens et perspectives nouvelles. *Annales d'économie et de Statistiques*, N°. 45. pp. 37–87. JSTOR, www.jstor.org/stable/20076050.

Fujita, M., et J. F. Thisse. 2003. *Économie des villes et de la localisation.* De Boeck, Bruxelles.

Gladwell M. 2000. *The Tipping Points, how Little Things Make a Big Difference*, London, Abacus.

Gloukoviezoff G. 2004. L'exclusion bancaire et financière des particuliers. L*'observatoire national de la pauvreté et de l'exclusion sociale, les travaux de l'Observatoire*, Paris : La Documentation française, pp. 167-205.

Gloukoviezoff, G. 2005, *Banques et "Banques sociales" aux États-Unis*, Compte-rendu du voyage d'études du 5 au 11 novembre aux États-Unis.

Honohan, P. 2004. Measuring microfinance access: building on existing cross-country data, prepared for the UNDP, *World Bank and IMF Workshop*, Washington, DC.

Hoteling, H. 1929. Stability in Competition, *Economic Journal*, N°. 39.

Hoover, E. 1937. *Location theory and the Shore and leather industries*, Cambridge, Harvard University Press.

Isard, W. 1956. *Location and Space Economy: A General Theory Relating to Industrial Location, Market Areas, Land Use, Trade and Urban Structure*. New York, MIT and J. Wiley and Sons.

Jayet, H. 2001. Économétrie et données spatiales : une introduction à la pratique, *Cahiers d'Économie et Sociologie Rurales*, N°. 58-59.

Krugman, P. 1979. A Model of Balance of Payments Crises, *Journal of Money, Credit, and Banking*, vol. 11, N°. 3, pp. 311-25.

Krugman, P. 1991. Increasing Returns and Economic Geography. *Journal of Political Economy*, 99 (3), pp. 483-499.

Krugman, P. 1991a. History and Industry Location: the case of manufacturing belt, *American Economic Review*, Vol 81, pp. 80-83.

Krugman, P. 1991b. Rendements croissants et géographie économique. *Journal of Political Economy*, Vol. 3, N°. 99, pp 483 – 499.

Lecoq, B. 1995. Des formes locales d'organisation productive aux dynamiques industrielles localisées : bilans et perspectives. *Économie Industrielle et Économie Spatiale*, Economica, Paris, pp. 233-252.

Le Gallop, J. 2000a. *Économétrie Spatiale 1 : l'autocorrélation spatiale dans les modèles de régression linéaire*. Document de travail du Latec, N°. 2000–05, Université de Bourgogne, Pôle d'Économie et de Gestion, Dijon.

Le Gallop, J. 2000b. *Économétrie Spatiale 2 : Hétérogénéité Spatiale*. Document de travail du Latec, N°. 2001 – 01, Université de Bourgogne, Pôle d'Économie et de Gestion, Dijon.

Lösch, A. 1940. *Die Raumlische Ordnung der Wirdschaft*, Iéna ou *The Economics of Location,* New Haven, UP.

Llyod, P. et Dicken P. 1972. Location in space: a theoretical approach to Economic Geography, Ed. Harper and Row, N. Y.

Marshall, A. 1890. *Principles of Economics*, traduction française de la 4e édition 1871, LGDJ, Paris.

Merenne-Schoumacher, B. 1991. *Des zones industrielles aux parcs scientifiques, techniques et d'affaires : trente ans de mutations des sites d'entreprises*, *Hommes et Terres du Nord,* Université de Lille, fascicule 2-3.

Merenne-Schoumaker, B. 2002. *La localisation des industries : enjeux dynamiques*, Presses Universitaires de Rennes (P.U.R.), Rennes.

Merenne-Schoumaker, B. 2003. *Géographie des services et des commerces*, Rennes : Presses Universitaires de Rennes.

Mucchieli, J. L. 2003. L*es déterminants et les impacts de la multinationalisation des entreprises, archives audiovisuelles de la recherche en sciences humaines et sociales*, cité par G.E.I (2002).

Muth, M. F. 1961. The Spatial Structure of the Housing Market, *Papers and proceedings of the Regional Science Association*, N°. 98.

Muth, M. F. 1969. *Cities and housing: the spatial pattern of urban residential land use*, The University of Chicago Press, Chicago.

Oliveau, S. 2004. *Modernisation villageoise et distance à la ville en Inde du Sud*. Thèse de Doctorat, UFR de Géographie, Université de Paris I Panthéon – Sorbonne.

Oliveau, S. 2005. *Les indicateurs locaux d'association spatiale (LISA) comme méthode de régionalisation : Une application en Inde*. UMR Géographie, Université de Provence.

Palander, T. 1935. Seitrâge sur standorts theorie, Uppsala, Almqvist und Wicksells Boktryckery A. B.

Pecqueur, B. 2007. L'économie territoriale : une autre analyse de la globalisation, *Revue d'Économie politique*, N°. 33, février - mars.

Perreur, J. 2003. La localisation industrielle : les approches des économistes, in Cliquet G. et Josselin J. M. (sous la direction de), *Stratégies de localisations des entreprises commerciales et industrielles : de nouvelles perspectives*, De Boeck, Bruxelles.

Pred, A. 1969. Behaviour and location: foundations for a geographic and dynamic location theory. Lund studies in geography, Series B, *Human geography*, 27-28, part I&II.

Scitovsky, T. 1954. Two Concepts of External Economies. *Journal of Political Economy*, Vol. 62.

Simon, H. 1955. A Behavioural Model of Rational Choice. *Quarterly Journal of Economics,* N°. 69.

Torre, A., et A. Rallet. 1995. *Économie spatiale et économie industrielle*, Economica, Paris.

Thünen Von, J. H. 1826. *Der Isolierte staat*, Éditions de Hambourg ou de Düsseldorf.

Weber, A. 1909. ''*Theory of location of industry*'', Chicago University Press, Chicago, 1929. Traduction de ''Uber Standort der Industrien'', 1909.

Chapitre 2 :

Les effets du risque de crédit et de liquidité sur la performance du système bancaire tunisien

Dimitri Quentin NOUMBA NOUMBA

Introduction

Les crises financières internationales des années 2007, 2008 et 2009 ont entraîné des faillites bancaires qui ont affaibli l'économie réelle dans de nombreux pays. Comme conséquence immédiate, une attention renouvelée a été accordée aux conséquences de l'instabilité financière sur l'économie réelle. C'est dans cette perspective qu'Agnello et Sousa (2012), par exemple, ont étudié la manière dont les crises financières affectent les inégalités de revenus. De plus, dans un environnement caractérisé par les imperfections du marché, il est impératif de protéger les déposants contre les faillites bancaires susceptibles de les exclure des services financiers en général et du marché des crédits en particulier (Dewatripont et Tirole, 1994)[17]. Identifier les sources de fragilité bancaire devient ainsi une préoccupation pertinente pour les autorités monétaires, le système bancaire et même les firmes bancaires prises individuellement.

En effet, les banques font face, elles aussi, à de nombreux risques au rang desquels, les risques financiers. Selon Cecchetti et Schoenholtz (2015), ces risques financiers incluent la possibilité que les déposants retirent soudainement leurs dépôts (risque de liquidité), que les emprunteurs ne remboursent pas leurs prêts à temps (risque de crédit ou de contrepartie), les taux d'intérêt changent (risque de taux d'intérêt), le taux de change varie (risque de change). En dehors de ces risques financiers, les systèmes informatiques de la banque pourraient subir des attaques malveillantes, les bâtiments pourraient, par exemple, brûler

---

[17]On soutient alors que la réalisation des différents risques bancaires peut constituer un facteur d'exclusion financière de certains agents économiques.

(risque opérationnel), le climat politique ou social du pays pourrait se détériorer (risque pays).

On va insister davantage sur l'importance des risques de crédit et de liquidité dans le fonctionnement harmonieux des banques et la survie du métier de banquier. Il s'agit par conséquent de savoir comment le risque de crédit et/ou de liquidité pourrait affecter la stabilité bancaire (performance du système bancaire). De nombreuses recherches entreprises dans le domaine de l'économie bancaire suggèrent l'existence d'une relation étroite entre le risque de crédit et le risque de liquidité. Les auteurs tels qu'He et Xiong (2012), Heider et al. (2009) et Acharya et Viswanathan (2011) se sont intéressés à cette question et ont abouti à la conclusion qu'il existe un lien fort entre les deux risques et un effet conjoint sur la stabilité bancaire.

Notre travail se situe dans cette mouvance en abordant le cas de la Tunisie. Nous voulons humblement enrichir la littérature sur la relation conjointe entre le risque de crédit – liquidité, ainsi que leurs influences sur la stabilité bancaire en étudiant un panel de banques tunisiennes sur une période allant de 2006 à 2016. On sait que ce pays a connu des mutations importantes sur cette période au cours de laquelle le taux de croissance du PIB a enregistré une tendance négative, avec un pic observé en 2007. De même, le taux d'inflation est resté supérieur au taux de croissance du PIB entre 2008 et 2016 (Banque centrale de Tunisie, 2017).

Deux autres évènements majeurs ont marqué le pays sur cette période. En premier lieu, on signalera la révolution des Jasmins qui a emporté le régime alors en place en 2011 et le Printemps Arabe qui a touché successivement la Libye et l'Égypte. En second lieu, la Tunisie a subi de plein fouet les effets de la crise des dettes souveraines des pays de la zone euro survenue à partir de 2010.

Dans ce contexte, l'objectif principal de ce chapitre est de déterminer l'effet du risque de crédit et de liquidité sur la performance bancaire. Pour atteindre cet objectif, on passera par trois objectifs intermédiaires. i) établir une relation entre risque de crédit et risque de liquidité ; ii) examiner l'impact séparé de chaque type de risque sur la performance bancaire ; iii) examiner l'effet conjoint du risque de liquidité et du risque de crédit sur la performance. Plusieurs travaux ont été consacrés à ce sujet sans toutefois utiliser les modèles dynamiques. Dans ce travail, nous utilisons un modèle dynamique de détermination de la performance bancaire qui prend également en compte la dimension transversale.

Le reste du chapitre s'articule autour de cinq sections. La section 1 résume quelques faits stylisés en rapport avec l'économie tunisienne. La section 2 rappelle rapidement le cadre conceptuel et la littérature pertinente. La section 3 élabore la méthodologie de la recherche. La section 4 présente les résultats. Le chapitre se termine par une conclusion et quelques recommandations (section 5).

1. L'économie tunisienne : faits stylisés

Ces faits portent sur le secteur économique et le secteur financier.

1.1 Le secteur réel

Il convient de relever que la Tunisie est un pays à revenu intermédiaire de la tranche supérieure. On peut noter également que l'économie tunisienne est relativement diversifiée et qu'elle est axée sur les exportations, également diversifiées.[18]

Les faits stylisés que nous présentons ici décrivent l'évolution de deux indicateurs ayant un lien direct avec le thème de ce chapitre, à savoir le taux de croissance réel du (PIB) et le taux d'inflation (TI). Par rapport au premier de ces deux indicateurs, on notera que le taux de croissance du produit intérieur brut est resté très modeste, passant de 1,1 % en 2015 à 1 % seulement en 2016) (Banque centrale de Tunisie, 2017). L'évolution du taux de croissance réel (%) entre 2006 et 2016 est présentée sur le graphique 1 ci-dessous qui trace aussi l'évolution du taux d'inflation.

[18] wwwperspective.usherbrooke.ca/bilan/statistiques/

Graphique 1 : Evolution du taux de croissance du PIB et du taux d'inflation entre 2006 et 2016

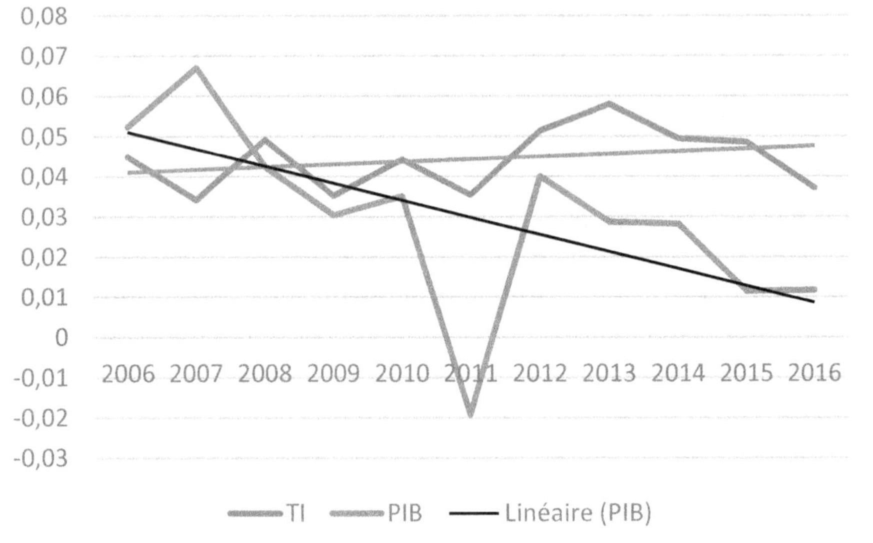

Source : L'auteur

Il ressort du graphique 1 que, sur la période étudiée, le taux de croissance du PIB a enregistré un pic en 2007 et un plancher en 2011. Malgré la situation internationale difficile, l'économie tunisienne a réalisé un taux de croissance du PIB de 6,3 % en termes réels en 2007 contre 5,5 % en 2006. Ces performances peuvent être attribuées aux impacts positifs des réformes structurelles qui ont permis l'amélioration de la compétitivité et le développement des secteurs prometteurs et à haute valeur ajoutée. Ces réformes auraient favorisé la diversification du tissu économique et l'accélération du rythme de progression des exportations de biens et services (Banque centrale de Tunisie, 2007).[19] L'affermissement de la croissance a touché surtout les industries manufacturières (6,7 % en 2007 contre 4,5 % en 2006), et, particulièrement, le secteur des industries du textile et de l'habillement, des cuirs et des chaussures (5,4 % contre -2,5 %).

Cinq années après la révolution, on a observé un frémissement de l'activité économique dès le début de l'année 2012 avec un PIB qui croît de 4 %. Ce retour à la croissance de courte durée est

[19] Rapport annuel de la Banque centrale 2007 de Tunisie, pp. 45-47.

essentiellement dû à la résilience du secteur de l'agriculture et de la pêche (8,45 % en moyenne contre 7,47 % en 2010). De plus, la campagne agricole 2012-2013 a bénéficié de conditions climatiques assez favorables, la bonne récolte d'olives à huile réalisée cette année a été certainement propice à de meilleurs résultats que la campagne précédente. Par ailleurs, durant cette période intermédiaire, on constate une domination accrue de la part des services publics dans les activités non marchandes (16,78 % en moyenne contre 15,06 % en 2010).

Plusieurs facteurs peuvent expliquer la tendance négative qu'on observe sur le graphique 1 (courbe en orange foncée). On citera les évènements sociopolitiques (Révolution des Jasmins) qui ont abouti à la chute du régime en place du président Ben Ali. L'activité économique a été également touchée par l'ampleur de la crise de la dette souveraine dans la zone euro et le printemps arabe qui prend sa source en Libye.

Mais l'analyse d'autres indicateurs économiques montre des déficiences au niveau de la production et des échanges internationaux de la plupart des produits exportés, une détérioration des principaux indices du secteur touristique et du transport aérien. Les secteurs les plus touchés sont ceux des industries extractives et les industries chimiques. Tous ces événements ont entraîné l'amplification du déficit courant et conduit à une croissance économique négative de 1,8 % en 2011 contre une évolution positive de 3 % en 2010 (Banque centrale de Tunisie, 2013).

S'agissant de l'évolution des prix à la consommation, on relève que le taux d'inflation est revenu de 4,5 % en 2006 à 3,1 % en 2007. La maîtrise des prix a été assurée grâce surtout à la poursuite d'une politique monétaire appropriée et une gestion rigoureuse des finances publiques.[20] Mais on note un rebond de l'inflation entre 2007 et 2008, année à partir de laquelle le taux d'inflation est supérieur au taux de croissance du PIB, avec une tendance légèrement à la hausse sur la période.[21]

Sur tout un autre plan, il faut relever qu'après la révolution des Jasmins en 2011, la situation socio-économique de la Tunisie a changé. En effet, on a constaté un problème persistant de liquidité dans le

[20] Rapport annuel de la banque centrale de Tunisie 2007 pp. 45-47.

[21] Rapport annuel de l'Association professionnelle tunisienne des banques et établissements financiers, pp. 7-9.

secteur bancaire. De telle sorte que les banques se seraient refinancées auprès de la banque centrale pour couvrir les créances douteuses (faire des provisions pour risques de crédit). On peut donc comprendre la pertinence et les enjeux de l'analyse de l'effet du risque de liquidité sur la stabilité bancaire. Malgré l'importance du sujet, très peu d'études empiriques récentes ont examiné l'impact du risque de crédit de crédit et de liquidité sur la stabilité des banques tunisiennes. Il en est de même de l'impact du risque de crédit, sachant qu'il pourrait y avoir une relation réciproque entre les deux catégories de risques.

1.2 Le secteur monétaire

Rappelons que la Tunisie dispose d'une banque centrale créée par la Loi n°1958-00301 du 19 septembre 1958 qui confère au pays l'autonomie monétaire. C'est un institut d'émission dont les principales missions sont : la conception et la mise en œuvre de la politique monétaire, le contrôle des banques et des établissements financiers, la régulation de l'activité bancaire.

À la fin de l'année 2016, le secteur bancaire tunisien est constitué de 43 établissements bancaires et financiers, dont 23 établissements bancaires résidents, 8 sociétés de leasing, 3 sociétés de factoring, 2 banques d'affaires et 7 banques non-résidentes.

On note, à partir du graphique un accroissement de l'activité du secteur bancaire entre 2015 et 2016, période au cours de laquelle le total des actifs a progressé de 7,2 % à 10,3 % et la part des actifs des banques et établissements financiers dans le PIB s'est accrue de 6 points de pourcentage pour s'établir à 120,3 %. Parallèlement, le réseau d'agences bancaires s'est fortement densifié. Le nombre d'agences bancaires est passé de 73 à 1774 agences en 2016, soit une agence pour 6369 habitants contre une agence pour 6558 habitants en fin 2015.[22]

En outre, le volume de refinancement des banques auprès de la Banque centrale a connu une tendance à la hausse entre 2006 et 2015 comme on peut l'observer à partir du graphique 2.

[22] Rapport annuel de la Banque centrale de Tunisie de 2016, pp. 126-130.

Graphique 2 : Evolution du volume de refinancement des banques

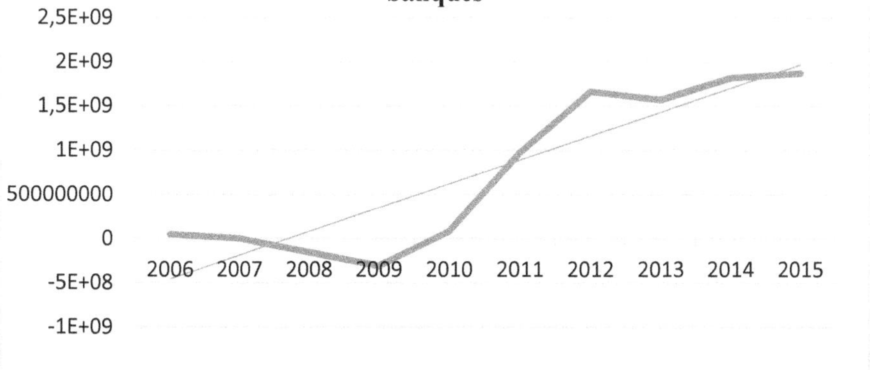

Source : L'auteur, à partir des données obtenues auprès de la Banque centrale de Tunisie

La courbe de refinancement traduit, dans le temps, la politique monétaire menée par la Banque centrale de Tunisie. On constate qu'entre 2006 et 2009, le refinancement de l'économie par la Banque centrale a régressé de manière drastique avant de croître légèrement entre 2009 et 2010. La période qui va de 2010 à 2015 est marquée par une très forte tendance à la hausse de cet indicateur. Dans l'ensemble, on peut relever que le refinancement a connu une tendance à l'augmentation entre 2009 et 2015. Par contre, l'évolution du taux du marché monétaire (taux à court terme) a connu une tendance à la baisse comme il ressort du graphique 3 ci-dessous.

Graphique 3 : Evolution du taux moyen du marché monétaire

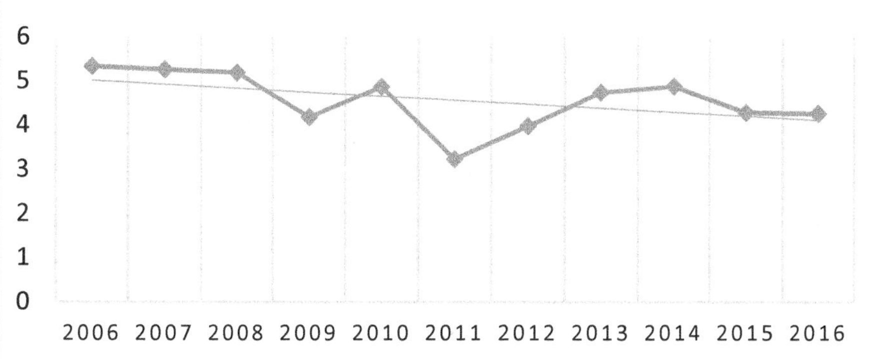

Source : L'auteur, à partir des données fournies par la Banque centrale de Tunisie

Cette tendance, qui indique une baisse du taux moyen du marché monétaire, traduit la volonté de relance de l'économie par la politique monétaire. En effet, la baisse du taux moyen du marché monétaire viserait à réduire le coût du crédit, avec pour but de relancer l'économie. Malheureusement, dans le cas de la Tunisie, l'augmentation du refinancement s'est accompagnée plutôt par l'augmentation de l'inflation avec un du taux de croissance bien modeste. Il paraît donc que le refinancement a favorisé les tensions inflationnistes.

2. Cadre conceptuel et revue de la littérature

On abordera tour à tour la performance bancaire, le risque de crédit, le risque de liquidité, le lien entre les deux risques et leur effet sur la performance bancaire.

2.1 La performance bancaire

La performance des capitaux propres occupe une place prépondérante dans la stratégie des banques. Celles-ci, dans le souci d'expansion de leur taille, doivent également maintenir un niveau de bénéfice acceptable et durable d'un exercice à l'autre pour satisfaire les besoins des actionnaires.

La performance bancaire a toujours joué un rôle prépondérant pour la récolte des capitaux propres. Les travaux comparatifs entre le rendement attribué par la banque et le rendement exigé par le marché ont permis de définir les modalités d'appel au marché (comme la différence entre un taux de rendement et un taux de placement sans risque). D'où l'intérêt des gestionnaires de l'industrie bancaire à promouvoir l'accroissement de la rentabilité financière de leurs établissements, parce que les actionnaires préfèrent ceux qui maximisent leurs profits. Plusieurs approches sont utilisées par les autorités prudentielles pour mesurer la rentabilité. Ces approches se répartissent en trois grandes catégories.

La première approche consiste à mettre en évidence les soldes intermédiaires de gestion. Cela permet d'assimiler les éléments ayant participé à la production du résultat final. La seconde approche consiste à examiner les coûts, la productivité et les marges. Cette approche voudrait prendre en compte l'ensemble des activités bancaires, y compris les activités hors bilan et services pour choisir un indicateur simple et facilement comparable à l'international. La troisième approche consiste à calculer un certain nombre de ratios d'exploitation qui vont permettre d'obtenir la décomposition de l'activité de la banque.

Plusieurs indicateurs peuvent ainsi être utilisés pour mesurer la performance bancaire, mais on va présenter uniquement les quatre indicateurs les plus utilisés dans la littérature.

2.1.1 Produit net bancaire

Le produit net bancaire (PNB) est une mesure qui rend compte de l'ensemble des activités de la banque dans ses différentes fonctions d'intermédiation, de marché, etc. Il détermine la marge brute de la banque. Le PNB est la différence entre la somme des produits d'exploitation et la somme des charges d'exploitation (Agbo-Djagli, 2007).

2.1.2 Retour sur fonds propres

Le retour sur fonds propres, *Return on Equity (ROE)* en Anglais, est le ratio du résultat net sur le montant des capitaux propres inscrits au passif du bilan. Il représente donc la capacité de la banque à générer du profit à partir des apports de ses actionnaires ou *le rendement du capital investi par les propriétaires de la banque* (Noumba et Enguene, 2017). C'est un ratio très intéressant dans la mesure où plus il est élevé, plus la banque arrive à générer du profit avec un Dinar supplémentaire investi. C'est donc un « bon » indicateur de performance du capital et des réserves investis.

Toutefois, cet indicateur comporte quelques faiblesses relevées notamment par Dietrich et Wanzenried (2011). En effet, le ROE est communément considéré comme le multiple bancaire des capitaux propres et reflète ainsi le levier financier de la banque, c'est-à-dire le ratio dette sur capitaux propres. *Plus le multiple des capitaux propres est élevé, plus le levier financier est élevé, et inversement* (Cousin, 2011). En particulier, le ROE ne tient pas compte du risque qu'entraîne un levier financier trop important, et ce levier financier est souvent fixé par la réglementation (notamment Bâle II et Bâle III).

2.1.3 Retour sur actifs

Le retour sur actifs, *Return on assets, ROA* en Anglais, est utilisé pour évaluer la performance opérationnelle des banques parce qu'il capte les bénéfices générés par les actifs investis. C'est le profit net exprimé en pourcentage de l'actif. Il indique la mesure dans laquelle les actifs de la banque sont fructifiés par la technostructure administrative (Rahman et al. 2015 ; Jahan, 2012 ; Golin, 2001). En effet, ce ratio mesure la capacité d'un système bancaire à générer des revenus en utilisant tous les actifs mis à sa disposition par les actionnaires. Heikal et al. (2014) indique qu'un ROA élevé signale qu'une firme bancaire est très efficace dans l'utilisation de ses ressources. Autrement dit, plus ce ratio est élevé, plus la banque est performante, puisque cela signifie qu'avec le même dinar d'actif, elle arrivera à générer davantage de profits. Bien que ce ratio ne soit pas sans faiblesse, en ce qu'il ne prend pas en compte les actifs dits "hors bilan", il est, comme le rappelle Golin (2001), l'indicateur de la performance le plus utilisé.

2.1.4 Ratio de marge d'intérêt nette

Selon Dietrich et Wanzenried (2011), le ratio de marge d'intérêt nette (MIN) indique les bénéfices réalisés sur les activités susceptibles de générer les intérêts. En général, les études empiriques existantes estiment que l'impact projeté des variables organisationnelles sur la rentabilité bancaire mesurée par la marge d'intérêt soit conforme aux prédictions de la théorie économique. Les frais d'exploitation bancaire, l'octroi des crédits, le montant des fonds propres et la taille de la banque exercent des effets positifs sur la marge d'intérêt nette. Les charges massives supportées par la banque sont généralement répercutées sur la clientèle, ce qui entraîne un effet positif sur les marges d'intérêt (Ghenimi et al. 2017).

Les dépenses d'exploitation ne seront cependant favorables à l'amélioration des marges d'intérêt que dans le cas où les banques respecteraient un niveau optimum et tolérable de dépenses permettant d'éviter le laxisme et le gaspillage des ressources financières disponibles. Une politique de crédit bien maitrisée favorise l'augmentation des marges d'intérêt. La nature de l'effet positif de cette variable est analysée de façon approfondie par Tan (2016).

La maîtrise de la politique de crédit nécessite cependant le maintien de l'équilibre entre la collecte des dépôts et la distribution des crédits. La politique de capitalisation permet à la banque de préserver des fonds de garantie afin d'octroyer des emprunts, en cas d'une crise imprévue, ce qui stimule la rentabilité bancaire (Bashir, 2001).

Doliente (2005) examine les déterminants de la MIN des banques dans quatre pays d'Asie du Sud-Est en utilisant le modèle de distributeur développé par Ho et Saunders (1981) et en exécutant des régressions en deux étapes. Les résultats de la régression, première étape, montrent que les MIN de la région sont en partie expliquées par le capital, les charges d'exploitation, les garanties, les liquidités et la qualité des prêts. Les résultats de la régression, deuxième étape, montrent que les MIN sont expliquées en grande partie par la structure non concurrentielle des systèmes bancaires de la région.

2.2 Risque de crédit

Du point de vue de la banque, le risque de crédit se définit comme la probabilité que la contrepartie d'un engagement ne puisse ou ne veuille plus, à un moment donné, remplir ses obligations comme stipulé dans un contrat initial. Toutefois, ce risque ne se limite pas seulement au risque de défaillance. En effet, le risque de crédit peut se décomposer en trois catégories : *i)* risque de défaut qui intervient en cas de manquement ou de retard de la part de l'emprunteur sur le paiement du principal et/ou des intérêts de sa dette ; *ii)* risque sur le taux de recouvrement en cas de défaut ; *iii)* risque de dégradation de la qualité du portefeuille de crédit. Il s'agit de la forme la plus ancienne du risque sur les marchés des capitaux.

Concernant la relation entre le risque de défaillance et la rentabilité, les résultats de plusieurs travaux ont mis clairement en évidence l'effet négatif de ce risque sur performance de la banque. En particulier, Athanasoglou et al. (2006), Miller et Noulas (1997), Miller (1997), Liu (2010) trouvent qu'une détérioration de la qualité du crédit réduit le ROA et le ROE. Ces résultats pourraient s'expliquer par le fait que, plus le risque de crédit est élevé, plus le volume ou la valeur des crédits non payés augmentent et, par conséquent, le rendement des actifs diminue. Pour se prémunir contre ce risque, les banques font appel de plus en plus aux techniques nouvelles de transfert du risque telles que les CDS (Credit default swaps) qui alourdissent les coûts de transactions. L'impact sur le MIN pourrait être positif si les banques cherchent à augmenter leurs marges pour compenser d'une part le risque de défaut et, d'autre part, les coûts additionnels nécessaires pour gérer (surveiller) ces crédits.

En effet, la théorie de l'intermédiation financière considère que les intermédiaires financiers, les banques notamment, sont des opérateurs spécialisés auxquels les prêteurs délèguent la surveillance des crédits(Diamond, 1984). L'augmentation du prix de l'action d'une entreprise suite à l'obtention d'un crédit bancaire ou le fait que les entreprises obtiennent plus facilement des capitaux auprès des banques (Diamond, 1991), semblent indiquer que les banques sont tout particulièrement compétentes dans l'octroi et la surveillance des crédits.

Fama (1985), ajoute que le signal envoyé par le crédit bancaire est d'autant plus crédible que le coût des ressources bancaires est élevé. Il remarque également que les banques bénéficient d'informations particulières. Cette compétence bancaire en matière de crédit peut s'expliquer par le pouvoir de négociation des banques, leur expérience du crédit ou l'acquisition d'informations spécifiques du fait de leurs activités (Nakamura, 1993). Cela conduit à l'idée que l'étude des instruments bancaires de gestion du risque de crédit serait bénéfique à toute organisation qui peut être amenée à prêter. Dans cette optique, il convient de comprendre comment sont utilisées ces techniques bancaires, en fonction du cycle de vie du crédit (Rougès, 2003).

2.3 Risque de liquidité

Le système bancaire est exposé à de multiples vulnérabilités, dont le risque de liquidité. Il y'a plusieurs définitions de la notion de risque de liquidité, mais pour l'essentiel, on dira qu'une institution est en risque de liquidité si elle peut être mise en difficulté par une perte de confiance brutale et inattendue de ses préteurs. Les premiers symptômes d'une crise de liquidité affectant le système bancaire se manifestent généralement par une insuffisance de liquidité dans les banques. Les prêteurs (déposants et épargnants) auront alors des difficultés à retirer de l'argent liquide de leurs comptes pourtant créditeurs.

Depuis la contribution majeure de Diamond et Dybvig (1983), de nombreux travaux ont été consacrés au mécanisme de la ruée bancaire ou « ruée sur les guichets » (''bank runs''). Le risque de liquidité peut se déclencher dans un ou plusieurs établissements et entraîner un phénomène de contagion. On parlera alors de risque systémique qui pourrait menacer la stabilité macroéconomique et financière.

Les phénomènes de contagion ont été décrits dans le cadre de la surveillance mutuelle du marché monétaire (Rochet et Tirole, 1996). Allen et Gale (2000) ont décrit le même phénomène dans le cas de la liquidation des dépôts interbancaires en réponse à des retraits imprévus de dépôts.

La littérature récente relative aux crises de liquidité et aux crises bancaires a mis en évidence quelques facteurs à l'origine des défaillances contagieuses au niveau des établissements financiers. Les phénomènes liés aux variations des prix des actifs appartiennent à l'ensemble de ces facteurs. Par exemple, la valorisation du portefeuille d'actifs à la valeur de marché peut entraîner des cessions d'actifs endogènes et aboutir à des défaillances contagieuses. Dans ce contexte, les exigences en matière de liquidité peuvent, à la différence des exigences de fonds propres, se révéler efficaces pour éviter ces défaillances (Cifuentes et al. 2005). Non seulement cette crise de confiance auto-réalisatrice peut aboutir à la faillite de l'institution concernée, mais la baisse générale du prix des actifs peu liquides et l'aggravation de leur liquidité fragiliseraient en retour les autres institutions financières.

2.4 Risque de liquidité, risque de crédit et stabilité bancaire

Dans un premier temps, on se penche sur l'éventuelle relation pouvant exister entre le risque de crédit et le risque de liquidité avant d'examiner, dans un second temps, la relation entre ces deux risques et la performance bancaire.

2.4.1 Relation entre le risque de crédit et le risque de liquidité

Selon Dermine (1986), le risque de liquidité est considéré comme un coût qui contribue à la diminution des bénéfices. Le non remboursement des prêts, c'est-à-dire la réalisation d'un risque de crédit, augmente le risque de liquidité du fait que l'afflux de liquidités est réduit ou limité.

En se fondant sur la théorie de l'intermédiation financière, on peut postuler l'existence d'une relation réciproque entre la liquidité et le risque de crédit (Bryant, 1980 ; Diamant & Dybvig, 1983 ; Prisma et al. 1986). En effet, sur la base de ces travaux, Samartin (2003), Iyer et Puri (2012) montrent que les actifs bancaires à risque peuvent déclencher des chocs susceptibles de perturber l'équilibre financier des banques. Diamond et Rajan (2005) soutiennent qu'il existerait un lien positif et significatif entre les risques de liquidité et de crédit, de telle sorte que ces deux risques devraient contribuer conjointement à l'instabilité bancaire. Ils précisent, pour soutenir leurs propos, que si beaucoup trop de projets économiques sont financés par les prêts bancaires, à un moment donné, il arrivera que la banque ne soit plus en mesure de répondre à la demande des déposants. La généralisation ou la persistance de cette situation peuvent entraîner la ruée bancaire et l'écroulement de tout le système en l'absence d'une intervention étatique, par exemple.

Sur le plan empirique, les travaux de Nikomara et al. (2013) menés sur les banques iraniennes, ceux de Ejoh et al. (2014) examinant le cas des banques nigérianes ont vérifié cette hypothèse. Imbierowicz et Rauch (2014) étudient les banques américaines et réussissent à établir une relation entre le risque de liquidité et le risque de crédit, mais aucun lien réciproque entre les deux risques n'est établi.

2.4.2 Risque de crédit, risque de liquidité et performance bancaire

Meyer et Pfifer (1970), Martin (1977), Merton (1977) et Kolari et al. (2002) montrent que le risque de défaut est principalement dû à une faible capitalisation, de faibles revenus, une surexposition à certaines catégories de prêts et le faible taux de remboursement des prêts excessifs. En se fondant sur ces éléments notamment, De Young et Torna (2013) ont mis en évidence le rôle que le risque de crédit joue dans la stabilité bancaire. Vazquez et Federico (2015) ont analysé la relation entre la structure de liquidité et l'effet de levier pratiqué par les banques et l'impact sur leur stabilité pendant la crise financière. Ils ont montré que les banques ayant une structure à faible liquidité (niveau de risque de liquidité élevé) et un effet de levier élevé avant la crise, étaient les plus à risque de faillite. Imbierowicz et Rauch (2014) étudient la relation entre la liquidité et les risques de crédit et leur impact sur la solidité de 4300 banques commerciales américaines, sur la période 1998 à 2010. Les résultats montrent que les risques de crédit et de liquidité influencent conjointement la probabilité de défaut et la stabilité des banques.

Pour conclure cette section, on dira que la performance des banques peut s'appréhender à travers plusieurs indicateurs qui sont influencés par des facteurs internes et externes à la banque. De même, de nombreuses études empiriques et théoriques ont établi une relation réciproque entre le risque de crédit et le risque de liquidité. Par ailleurs, d'autres études ont établi une relation entre le risque de crédit, le risque de liquidité et la performance bancaire dans plusieurs pays et régions du monde. En effet, si le risque de crédit et le risque de liquidité sont réciproquement liés, si chaque risque pris individuellement affecte la performance, il y a de fortes chances que leurs effets combinés se fassent ressentir sur la performance bancaire. Serait-il le cas des banques tunisiennes ?

3. Méthodologie

3.1 Source des données

Les données utilisées proviennent de plusieurs sources. Elles ont été collectées sur les sites web des banques de l'échantillon d'où on a tiré les variables d'intérêt comme le montant des dépôts, le capital, les actifs, les résultats, les fonds propres, etc. Nous avons également exploité les rapports annuels des banques tunisiennes concernées au cours de la période 2006-2016. Des informations complémentaires ont été fournies par l'Association Professionnelle Tunisienne des Banques et des Établissements Financiers (total des prêts notamment).

La Banque Centrale de Tunisie et la Banque mondiale ont aussi été exploitées pour obtenir les données macroéconomiques (PIB, inflation, taux d'intérêt).

3.2 Stratégie empirique

Puisque nous effectuons une analyse en données de panel, nous avons testé un modèle à effet individuel fixe et un modèle à effet individuel aléatoire. La différence entre ces deux modèles porte sur les hypothèses faites sur l'hétérogénéité individuelle. Pour le modèle à effet individuel fixe, l'hétérogénéité individuelle est spécifiée sous la forme d'une constante spécifique à chaque individu. Sa forme générale s'écrit comme suit.

$$y_{it} = \alpha_i + \beta x_{it} + \varepsilon_{it} \qquad (1)$$

Quant au modèle à effet aléatoire, il prend en compte un effet spécifique individuel au niveau du résidu. Ce dernier est donc constitué de deux composantes : la composante aléatoire standard ε_{it} et la composante aléatoire μ_i qui capture l'hétérogénéité individuelle. Le modèle s'écrit alors sous la forme suivante.

$$y_{it} = \alpha + \beta x_{it} + w_{it}, \; avec \; w_{it} = \mu_i + \varepsilon_{it} \quad (2)$$

Le test de spécification de Hausman permet de choisir l'une de ces deux hypothèses. Dans les deux équations, Y_{it} représente le vecteur des variables à expliquer, X_{it}, le vecteur des variables explicatives, ε_{it} et $w_{it,}$ sont des constantes, α et β sont des paramètres à estimer.

3.2.1 Lien entre risque de crédit et risque de liquidité

Pour essayer de capter la relation réciproque qui pourrait exister entre le risque de crédit et le risque de liquidité et l'impact des variables retardées, on a spécifié le système d'équations simultanées ci-dessous.

$$CR_{i,t} = C + \beta_1 CR_{i,t-1} + \beta_2 LR_{i,t} + \sum_{j=1}^{J} \beta j \; bankj \; i,t \; + PIB_{i,t} + U_{i,,t} \quad (3)$$

$$LR_{i,t} = C + \beta_1 LR_{i,t-1} + \beta_2 LR_{i,t} + \sum_{p=1}^{P} \beta p \; bankp \; i,t \; + PIB_{i,t} + U_{i,,t} \quad (4)$$

Dans ces équations, $CR_{i,t}$ et $LR_{i,t}$ sont respectivement le risque de crédit et le risque de liquidité de la banque i l'année t ; $bank_{ji,t}$ et $bank_{pi,t}$ sont des variables spécifiques aux banques. Ce sont des variables de contrôle qui comprennent les résultats (ROE), (ROA), (MIN), la taille de la banque (T), le cash (liquidité), l'efficacité opérationnelle (EO), le degré de diversification (DD), les dépôts bancaires (DB), le ratio d'adéquation du capital (CAR), les prêts (EP), allocation des ressources (AR). Mais nous avons également intégré trois variables captant l'impact de croissance du PIB (PIB), le taux d'inflation (TI), et le taux d'intérêt observé sur le marché monétaire (TMM).

3.2.2 Spécification du modèle empirique de détermination de la stabilité bancaire

La performance ou la stabilité bancaire est mesurée par le Z-score proposé par Blair et Heggestad (1978) et Boyd et Graham (1988) à travers la formule qui suit.

Z-score = $(ROA_{it} - m)/\delta$, ROA_{it} étant le rendement des actifs de la $i^{ème}$ banque l'année t ; m la moyenne arithmétique générale dans le secteur et δ l'écart type standard. Suite aux travaux Imbierowicz et Rauch (2014), le modèle empirique est spécifié comme suit.

$$Z\text{-}score_{i,t} = \beta_0 + \beta_1 Z\text{-}score_{i,t} + \beta_2 RL_{i,t} + \beta_3 RC_{i,t} + \beta_4 CR_{i,t} * RL_{i,t} + \beta_5 T_{i,t} + \beta_6 ROA_{i,t} + \beta_7 CAR_{i,t} + \beta_8 MIN_{i,t} + \beta_9 EP_{i,t} + \beta_{10} Cash_{i,t} + \beta_{11} EO_{i,t} + \beta_{12} DD_{i,t} + \beta_{13} AR_{i,t} + \beta_{14} DB_{i,t} + \beta_{15} PIB_t + \beta_{16} TMM_t + \beta_{17} Crisis \quad (5)$$

Dans cette équation, RL désigne le risque de liquidité égal au rapport entre les actifs liquides et le total actif ou total des prêts/ total des actifs ; RC est le risque de crédit mesuré par le ratio provisions / total crédits et (total crédits + provisions)/total actifs ; RL*RL capte l'effet combiné du risque de liquidité et le risque de crédit ; T est la taille de la banque capturée par le total des actifs ; ROA est défini plus haut ; CAR, le ratio d'adéquation du capital mesuré par le montant des capitaux propres/total actifs **;** MIN est définie plus haut ; EP est le taux de croissance des prêts ; Cash est le solde de trésorerie divisé par le total des actifs ; EO est l'efficacité opérationnelle égale au rapport charges d'exploitation + frais de personnel au total des actifs ; DD est le degré de diversification mesuré par le rapport entre le résultat hors intérêt sur prêts et le PNB ; AR qui capte l'allocation des ressources, est mesuré par le rapport du total des dépôts sur les actifs productifs ; DB désigne le logarithme du total des dépôts bancaires ; PIB est le taux de croissance du PIB ; TMM est le taux moyen du marché monétaire ; Crise capte l'effet de la révolution de jasmins de 2011. Le tableau suivant reprend les variables du modèle et leurs sources respectives et les signes attendus des paramètres estimés.

Tableau 1 : Récapitulatif des données du modèle

Variables	Notation	Définition	Sources	Hypothèses
Risque de liquidité	RL	Total des prêts/total des actifs	APTBEF	+/-
Risque de crédit	RC	Provisions sur créances/total des créances	BCT	+/-
La taille	T	Ln total actifs	BCT	+/-
Retour sur actifs	ROA	Résultat net/total des actifs	APTBEF	n/d*
Ratio adéquation du capital	CAR	Capitaux propres/total actifs	APTBEF	+/-
Marge d'intérêt nette	MIN	Revenu nets d'intérêts/total actif productifs	APTBEF	n/d
Évolution de prêts	EP	Taux de croissance des prêts	L'auteur	n/d
Cash	cash	Solde de trésorerie/total actif	BCT	+
Efficacité opérationnelle	EO	(charge d'exploitation + frais du personnel) sur le total des actifs	APTBEF	+
Degré de diversification	DD	résultat hors d'intérêts liés au prêt / PNB	APTBEF	+
Allocation des Ressources	AR	Total dépôts/Actifs productifs	APTBEF	+/-
Dépôts bancaires	DB	Log Total des dépôts	APTBEF	+
Produit intérieur brut	PIB	Le taux de croissance du PIB	BM	n/d
Taux du marché monétaire	TMM	Taux moyen sur le marché monétaire	BCT	-
Taux d'inflation	TI	Indice des prix à la consommation	BM	n/d
Crise	Crise	1 après la révolution de 2011 et 0 ailleurs	L'auteur	n/d
Z-score	Z-score	$(roa_{it} - m)/\delta$	APTBEF	

*Source : L'auteur   * Non déterminé   a priori*

4. Résultats

On présentera tour à tour les statistiques décrivant les variables en présence et les résultats des estimations des modèles spécifiés.

4.1. Statistiques descriptives des variables

Elles sont présentées sur le tableau 2.

Tableau 2 : Statistiques descriptives

Variables	Observations	Moyennes	Écarts-types
ROE	110	0,0714545	0,132165
ROA	110	0,0082727	0,0165268
MIN	110	0,024	0,0106831
CAR	110	0,0901818	0,0282512
T	110	17,63339	4,235434
Cash	110	0,0659496	0,275923
RL	110	0,7777985	0,06487
RC	110	0,0152956	0,0260682
EO	110	0,0200137	0,0086906
DD	110	0,4539859	0,1455025
Ar	110	0,925676	0,8210168
EP	110	0,0955933	0,0917448
TI	110	0,0445191	0,0078763
PIB	110	0,0300155	0,0226531
TMM	110	0,0454773	0,0049827
DB	110	17,10164	3,424935
Z-score	110	-2,27e-09	0,0913252

Source : L'auteur, à l'aide du logiciel Stata 13

Quelques informations intéressantes ressortent du tableau 2 lorsqu'on observe les moyennes. On note que le risque de crédit paraît relativement faible pour l'ensemble des banques (1,529 %). A contrario, le risque de liquidité semble très élevé (77,77 %). En outre, le rendement des actifs (ROA) est très faible (0,82 %) par rapport au retour sur les titres (ROE) qui s'élève à 9,02 %. La taille et les dépôts bancaires, en moyenne, se situent autour de 17,63 et 17,101. Ces deux indicateurs sont très proches, ce qui laisserait penser qu'une grande partie du total des actifs est constituée de dépôts bancaires. Cette information pourrait être en train de renseigner sur l'origine des ressources bancaires. Le niveau de diversification de l'activité bancaire tourne autour d'une moyenne de 45,4 %, c'est-à-dire que 54,6 % de l'activité bancaire est faite de crédit. En moyenne, les banques utilisent 92,56 % de leurs ressources pour financer leurs activités et nous remarquons une croissance annuelle des prêts qui se situe à 9,55 %.

4.2 Résultats des estimations du lien entre risque de crédit et risque de liquidité

La relation entre le risque de crédit et le risque de liquidité est estimée par la méthode des doubles moindres carrés. Nous avons conduit le test de spécification de Haussman à partir de l'équation suivante.

$$W = (\beta f - \beta a)'\ var(\beta f - \beta a)\ \text{-}\ 1\ (\beta f - \beta a) \qquad (6)$$

Où W est la valeur du test ; βf, le coefficient de l'estimateur à effet fixe ; βa, le coefficient de l'estimateur à effet aléatoire et le résultat suit une loi de Chi2 à K-1 degrés de liberté. Les résultats du test sont présentés dans le tableau 3.

Tableau 3 : Résultat du test de spécification de Haussman

Variables indépendantes	**Coefficients**		**Différence**
	Effet fixe (1)	Effet aléatoire (2)	(1) – (2)
ROE	-0,0003422	-0,0009075	0,0005652
ROA	-0,446116	-0,5232257	0,0771098
MIN	0,6432877	0,4913933	0,1518945
CAR	0,0409886	0,500203	-0,0090317
T	-0,0075374	-0,0014171	-0,0061203
Cash	-0,0050875	-0,0075104	0,0024229
RL	-0,0310897	-0,0578285	0,0267389
EO	0,1206925	0,0170534	0,1036391
DD	-0,0015256	-0,0760325	0,0745069
AR	0,0013137	-0,0025787	0,0038923
EP	-0,0276172	-0,0049869	-0,0226302
PIB	0,0513109	0,1905021	-0,1391613
DB	-0,0043795	0,0026981	-0,0070776
	H0 : la différence entre les coefficients n'est pas significative. Chi2 (13) = W = 28,19 ; Prob > Chi2 = 0,0085.		

Source : L'auteur

La valeur du Chi2 et la p-value (4,52 % < 5 %) permettent de retenir le modèle à effet fixe dont les résultats des estimations sont présentés dans le tableau 4.

Tableau 4 : Résultats des estimations du lien entre risque de crédit et risque de liquidité

Variable expliquée	Risque de crédit Équation (3)		Risque de liquidité Équation (4)	
	Coefficient	P-value	Coefficient	P-value
Constante	0,0681	0,051	0,75	0,0000
Risque de crédit	-	-	-1,049	0,085
Risque de liquidité	-0,087	0,032	-	-
ROE	0,0019	0,663	0,0203	0,159
ROA	-0,481	0,000	-1,184	0,010
MIN	0,60	0,060	2,623	0,011
CAR	-0,037	0,635	-0,183	0,486
T	-0,0007	0,465	0,0044	0,170
Cash	-0,038	0,66	-0,202	0,002
EO	0,271	0,4	1,89	0,068
DD	-0,09225	0,0000	-0,178	0,06
EP	0,0278	0,264	0,224	0,004
DB	0,0027	0,003	-0,0018	0,618
PIB	0,15027	0,112	-0,0253	0,938
Test d'endogénéité de Hausman	40,77	0,0001	6,42	0,9294
Test de Fisher	5,09	0,000	2,87	0,0017
Test d'effet individuel (Fisher)	4,33	0,0001	8,87	0,0000

Source : L'auteur, à l'aide du logiciel Stata 13

Sur un plan technique et au regard de la valeur du test de Haussman, on peut affirmer que l'hypothèse d'endogénéité des variables en jeu est rejetée pour l'équation 1 et confirmée pour l'équation 2. Ces résultats pourraient s'expliquer théoriquement par le fait que le risque de crédit, qui découle de l'activité d'intermédiation bancaire, favoriserait la liquidité bancaire.

De même, les résultats du test de Fisher indiquent une significativité et la qualité globale des deux modèles spécifiés. En ce qui concerne le risque de liquidité, on constate qu'il est influencé par la marge d'intérêt net (MIN), le CASH, l'évolution des prêts et la rentabilité financière

(ROA), avec des coefficients significatifs s'élevant respectivement à 2,623 ; -0,202 ; 0,224 et -1,184. En outre, le risque de crédit semble influencé par le risque de liquidité, la rentabilité financière (ROA), degré de diversification des banques, et les dépôts bancaires.

Les données du tableau semblent indiquer un lien négatif et significatif entre risque de crédit et risque de liquidité (coefficient négatif et significatif au seuil de 10 %). De même, l'effet du risque de liquidité bancaire sur le risque de crédit est significativement négatif au seuil de 5 %. Ceci ne corrobore pas, par exemple, les résultats obtenus par Imbierowicz et Rauch (2014) qui n'ont pas pu établir une relation réciproque entre le risque de crédit et le risque liquidité.

4.3 Estimations du lien entre risque de crédit, risque de liquidité et stabilité bancaire

Comme dans Arellano et Bover (1995), Blundel et Bond (1998), la méthode des moments généralisés est utilisée à cet effet. Le tableau ci-dessous présente les résultats obtenus.

Tableau 5 : Résultats des estimations de l'effet du risque de crédit et liquidité sur la stabilité bancaire (Z-score)

Variable indépendante	Coefficient	P-value
constante	-4,41	0,039**
Z-score$_{t-1}$	0,026182	0,739
ROA	37,44	0,000*
CAR	10,20149	0,034***
T	0,6045	0,3867
RL	-0,5750	0,705
RC	-51,37457	0,014***
EO	38,325	0,002**
DD	1,6299	0,164
EP	1,4029	0,126
TI	1,971	0,828
PIB	-2,884	0,413
Crise	-0,494	0,024***
LC	68,3530	0,008**
Wald chi2(14)	183,33	0,0000*

Source : L'auteur, à l'aide du logiciel Stata 13

Par rapport aux préoccupations du départ, nous insisterons sur trois éléments. Premièrement, on note que le coefficient associé au risque de liquidité n'est pas significatif. Il semble donc que, dans le cas tunisien et sur la période retenue, le risque de crédit n'aurait pas affecté la stabilité bancaire. Il se pourrait que, avec la crise, les Tunisiens aient perdu confiance au système bancaire, ce qui pourrait les avoir poussés à placer leur argent dans des circuits parallèles ou à la thésaurisation. Ce comportement rationnel des agents économiques a sans doute aggravé la crise de liquidité due à la baisse des dépôts bancaires et contribué à la baisse du crédit bancaire. C'est dans ce contexte que la Banque centrale de Tunisie est intervenue plus massivement qu'avant pour alimenter les banques en liquidité. Malheureusement et conformément aux résultats des travaux de Merton (1977), les banques soutenues massivement auraient tendance à prendre plus de risque, ce qui constitue une menace pour la stabilité bancaire.

Deuxièmement, le coefficient associé au risque de crédit est négatif et significatif au seuil de 10 %. Le risque de crédit exercerait donc un effet négatif sur la performance bancaire. Autrement dit, l'accroissement du risque de crédit entrainerait le risque de faillite ou de déstabilisation du système bancaire. Ce résultat vient conforter ceux trouvés par Ghenimi et al. (2017), Imbierowicz et Rauch (2014), et Easley et O'Hara (2010).

Troisièmement, le coefficient associé à la variable d'interaction (risque de crédit * risque de liquidité) symbolisée dans le tableau par LC, est positif et significatif au seuil de 5 %. L'effet combiné du risque de crédit et du risque de liquidité sur la stabilité bancaire serait positif et fort. Dans le cas de la Tunisie, il semble que l'effet positif du risque de crédit aurait compensé l'effet négatif du risque de liquidité. Ce résultat n'est pas vraiment surprenant, car on sait que l'effet du risque de liquidité est particulièrement préjudiciable à la stabilité des banques lorsque le risque de crédit est élevé, et vice versa.

Conclusion

Au début de ce travail, on voulait répondre à trois questions. 1) existerait-il une relation réciproque entre le risque de crédit et le risque de liquidité ? 2) Les deux types de risque influenceraient-ils chacun la stabilité bancaire ? 3) Le risque conjoint de crédit et de liquidité aurait-il un effet significatif sur la stabilité bancaire ? Pour répondre à ces questions, nous avons mobilisé les données secondaires venant principalement de la Banque centrale de Tunisie, l'Association Professionnelle de la Banque et de la Finance de Tunisie et la Banque mondiale.

La relation entre le risque de crédit et le risque de liquidité a été estimée par la méthode des doubles moindres carrés. La méthode des moments généralisés a été utilisée pour établir un lien entre le risque de crédit, le risque de liquidité et la stabilité bancaire.

La mobilisation de ces différentes méthodes a permis d'obtenir trois résultats intéressants. D'abord, le risque de crédit semble influencer significativement et négativement le risque de liquidité et vice versa. Autrement dit, il existerait une relation réciproque forte entre les deux types de risques, ce qui corrobore les résultats obtenus par Dermine (1986), Samartin (2003), Iyer et Puri (2012).

Ensuite, le risque de crédit exercerait un effet négatif important sur la stabilité bancaire alors que l'effet du risque de liquidité ne serait pas significatif. Ces résultats semblent aller dans le sens de ceux trouvés notamment par Ghenimi et al. (2017).

Enfin, l'effet combiné du risque de crédit et du risque de liquidité sur la performance bancaire est positif et significatif, ce qui corrobore les résultats trouvés antérieurement notamment par He et Xiong (2012), Ejoh et al. (2014).

Par rapport aux variables dites de contrôle, les résultats obtenus mettent en évidence l'effet positif et significatif du rendement des actifs (ROA) sur la stabilité bancaire. Ce résultat est pertinent au regard de l'effet significatif et négatif du risque de crédit et de liquidité sur ROA.

Au total, ces résultats suggèrent que les autorités de contrôle veillent à ce que les firmes bancaires pratiquent effectivement la politique de gestion conjointe des risques de liquidité et de crédit préconisée par les accords de Bales III. Cette politique est de nature à préserver la stabilité bancaire et protéger le secteur de l'économie réelle.

Références

Acharya, V. V., et S. Viswabathan. 2011. Leverage, Moral Hazard, and Liquidity. *Journal of Finance*, Vol. 66, N°. 1, pp. 99-138.

Agbo-Djagli, K. L. 2007. *Analyse de la structure financière et de la rentabilité de Ecobank Bénin*, Mémoire, DESS en finance et contrôle de gestion, Université Abomey Calavi, Benin.

Agnello, L., and Sousa, R. M. 2012. How do banking crises impact on income inequality? *Applied Economics Letters*, Vol. 19, N°. 15, pp. 1425-1429.

Allen, F. et D. Gale. 2000. Financial Contagion. *Journal of Political Economy*, Vol. 108, pp. 1-33, https://doi.org/10.1086/262109.

Arellano, M., et S. Bond. 1991. Some Tests of Specification for Panel Data. Monte Carlo Evidence and Application to Employment Equations. *The Review of Economic Studies*, Vol. 58, N°. 2, pp. 277-297.

Athanasoglou, P. P., Delis, M. D., et Staikouras, C. K. 2006. Determinants of Bank Profitability in the South-Eastern European Region. *Journal of Financial Decision Making*, Vol. 2, N°. 2, pp. 1-17.

Banque centrale de Tunisie. 2007, 2008, 2009. *Rapports annuels*.

Banque centrale de Tunisie. 2017. *Annuaire statistique de la Tunisie* 2014 - 2017.

Bashir. A. H. M. 2001. *Assessing the Performance of Islamic Banks: Some Evidence from the Middle East*. Grambling State University, pp. 1-11.

Blair, R. D., et A. A. Heggestad. 1978. Bank Portfolio Regulation and Probability of Bank Failure. *Journal of Money, Credit, and Banking*, Vol. 10, N°. 1, pp. 88-93.

Blundel, R., et S. Bond. 1998. Initial Conditions and Moment Restrictions in Dynamic Panel Data Models. *Journal of Econometrics*, Vol. 87, N°. 1, pp 115-143.

Boyd, J. H., et S. L. Graham. 1988. The Profitability and Risk Effects of Allowing Bank Holding Companies to Merge with other Financial Firms: A Simulation Study. *Quarterly Review*, Federal Reserve Bank of Minneapolis, Vol. 12, pp. 3-20.

Bryant, J. 1980. A Model of Reserves, Bank Runs and Deposit Insurance. *Journal of Banking and Finance*, Vol. 4, pp. 335-344.

Cecchetti, S. G., Schoenholtz, K. L. 2015. *Money, banking, and financial markets*, 4th edition, McGraw-Hill education, New York, 753 pages.

Cifuentes, R., G. Ferrucci, et H. S. Shin. 2005. *Liquidity Risk and Contagion*. Bank of England Working Paper Series N°. 264, 31 pages.

Cousin, S. 2011. *Quels sont les facteurs qui permettent d'expliquer les différences de performance entre banques de détail françaises, pendant la crise, de 2007 à 2009* ? Mémoire, HEC, Paris, 49 pages.

Dermine, J. 1986. Deposit Rates, Credit Rates and Bank Capital: The Klein-Monti Model Revisited. *Journal of Banking and Finance*, Vol. 10, N°. 1, pp. 99-114.

Dewatripont, M., and J. Tirole. 1994. *The Prudential Regulation of Banks*, Walras–Pareto Lectures. The M.I.T Press, 282 pages.

DeYoung, R. G. Torna. 2013. Nontraditional banking activities and bank failures During the Financial Crisis. *Journal of Financial Intermediation*, Vol. 22, pp. 397-421.

Diamond, D. W. 1984. Financial Intermediation and Delegated Monitoring. *The Review of Economic Studies*, Vol. 51, N°. 3, pp. 393-414, http://dx.doi.org/10.2307/2297430.

_______.1991. Monitoring and Reputation: The Choice between Bank Loans and Directly Placed Debt. *The Journal of Political Economy*, Vol. 99, No. 4, pp. 689- 721, http://www.jstor.org/stable/2937777.

_______et Dybvig, P. H. 1983. Bank Runs, Deposit Insurance, and Liquidity. *The Journal of Political Economy*, Vol. 91, N°. 3, pp- 401-419.

_______ et R. G. Rajan. 2005. Liquidity Shortage and Banking Crises. *Journal of Finance*, Vol. 91, N°. 3, pp. 615-647.

Dietrich, A., et G. Wanzenried. 2011. Determinants of bank profitability before and during the crisis: Evidence from Switzerland. Journal of International Financial Markets, Institutions and Money, Vol. 21, N°. 3, pp. 307-327.

Doliente, J. S. 2005. Determinants of Bank Net Interest Margins in Southeast Asia. *Applied Financial Economics Letters*. Vol. 1, N°. 1, pp. 53-57. http://dx.doi.org/10.1080/1744654042000303629.

Easley, D., et M. O'Hara. 2010. Liquidity and Valuation in an Uncertain World. *Journal of Financial Economics*, Vol. 97, N°. 1, pp. 1-11.

Ejoh, N. O., O. I. Bassey, et E. A. Awo. 2014. The Impact of Credit and Liquidity Risk Management on the Profitability of Deposit Money Banks in Nigeria. *International Journal of Economics, Commerce and Management*, Vol. II, N°. 9, pp. 1-15, http://ijecm.co.uk/ISSN 2348 0386.

Fama, Eugene F. 1985. What's Different about Banks? *Journal of Monetary Economics*, Vol. 15, pp. 29–39.

Ghenimi, A., H. Chaibi, et M. A. B. Omri. 2017. The Effects of Liquidity Risk and Credit Risk on Bank Stability : Evidence from the MENA Region. *Borsa Istambul Review*, Vol. 17, N°. 4, pp. 238-248.

Golin, J. 2001. *The Bank Credit Analysis Handbook: A Guide for Analysts, Bankers and Investors*. John Wiley and Sons (Asia) Press Ltd.

He, Z. et W. Xiong. 2012. Rollover Risk and Credit Risk. *Journal of Finance*, Vol. 67, N°. 2, pp. 391-430.

Heider, F., M. Hoerova, et C. Holthausen. 2015. Liquidity Hoarding and Interbank Market Spreads: The Role of Counterparty Risk. *Journal of Financial Economics*, Vol. 118, pp. 336 -354.

Heikal, M., Khaddafi, M., et Ummah, A. 2014. Influence Analysis of Return on Assets (ROA), Return on Equity (ROE), Net Profit Margin (NPM), Debt to Equity Ratio (DER), and Current Ratio (CR), Against Corporate Profit Growth in Automotive in Indonesia Stock Exchange. *International Journal of Academic Research in Business and Social Sciences*, Vol. 4, N°. 12, pp. 101-114. DOI: 10.6007/IJARBSS/v4-i12/1331URL: http://dx.doi.org/10.6007/IJARBSS/v4-i12/1331

Ho Thomas, S. Y., et Saunders, A. 1981. *The Determinants of Bank Interest Margin: Theory and Empirical Evidence. The Journal of Financial and Quantitative Analysis*, Vol. 16, N°. 4, pp. 581-600.

Imbierowicz, B., et Rauch, C. 2014. The Relationship between Liquidity Risk and Credit Risk Bank. *Journal of Banking and Finance*, Vol. 40, pp. 242-256.

Iyer, R., et Puri, M. 2012. Understanding Bank Runs: The Importance of Depositor-bank Relationships and Networks, *American Economic Review*, Vol.102, pp. 1414-1445.

Jahan, N. 2012. Determinants of Bank's Profitability: Evidence from Bangladesh. *Indian Journal of Finance*. Vol. 6, N°. 2, pp. 32-38.

Kolari, J., D. Glennon, D., Shin, H., et Caputo, M. 2002. Predicting large US commercial bank failures. *Journal of Economics and Business*, Vol. 54, pp. 361-387.

Liu, W., 2010. *Liquidity risk and asset pricing: Evidence from Daily Data, 1926–2009*. Working Paper, University of Nottingham.

Martin, D. 1977. Early warning of bank failure: A logit regression approach. *Journal of Banking & Finance*, Vol. 1, pp. 249-276.

Merton, R. C. 1977. An Analytic Derivation of the Cost of Deposit Insurance and Loan Guarantees: An Application of Modern Option Pricing Theory. *Journal of Banking & Finance*, Vol. 1, pp. 3-11.

Meyer, P. A., et Pfifer, H. W. 1970. Prediction of Bank Failures. *Journal of Finance*, Vol. 25, pp. 853-868.

Miller, S., et Noulas, A. 1997. Portfolio Mix and Large-Bank Profitability in the USA. *Applied Economics*, Vol. 29, pp. 505-512, http://dx.doi.org/10.1080/000368497326994.

Nakamura, L. 1993. Commercial Bank Information : Implications for the Structure of Banking. In *Structural Change in Banking*, M. Klausner and L. White, eds. Homewood, IL: Business One/Irwin.

Nikomaram, H., Taghavi, M., and Diman, S. K. 2013. The relationship between liquidity risk and credit risk in Islamic banking industry of Iran. *Management Science Letters*, Vol. 3, pp. 1223-1232.

Noumba, I., et Enguene, A. A. 2017. Hétérogénéité des effets du capital bancaire sur la performance de l'industrie bancaire de la zone CEMAC. *Cahiers du LAREM*, Vol. 1, N°. 1, pp. 67-91.

Prisman, E. Z., Slovin, M. B., et Sushka, M. E. 1986. A General Model of the Banking Firm under Conditions of Monopoly, Uncertainty, and Recourse. Journal of Monetary Economics, Vol. 17, N°. 2, pp. 293-304. https://doi.org/10.1016/0304-3932(86)90033-4.

Rahman, M. M., Hamid, K., and Khan, A. M. 2015. Determinants of Bank Profitability: Empirical Evidence from Bangladesh. *International Journal of Business and Management.* Vol. 10, No.8, pp. 135-150.

Rochet, J. C., and Tirole, J. 1996. Interbank Lending and Systemic Risk. *Money Credit Bank*, Vol. 28, pp. 733-762. https://doi.org/10.2307/2077918.

Rougès, V. 2003. *Gestion bancaire du risque de non-remboursement des crédits aux entreprises : une revue de la littérature. Identification et maîtrise des risques. Enjeux pour l'audit, la comptabilité et le contrôle de gestion.* Belgique, pp. CD-Rom. halshs-00582816. HAL Id : halshs-00582816 https://halshs.archives-ouvertes.fr/ halshs-00582816.

Samartin, M. 2003. Should Bank Runs be prevented? *Journal of Banking & Finance*, Vol. 27, pp. 977-1000.

Tan, Y. 2016. The Impacts of Risk and Competition on Bank Profitability in China. Journal of International Financial Markets, Institutions and Money, Vol. 40, pp. 85-110.

Vazquez, F., et Federico, P. 2015. Bank Funding Structures and Risk: Evidence from the Global Financial Crises. *Journal of Banking and Finance*, Vol. 61, pp. 1-14.

Chapitre 3 :

Les facteurs explicatifs de l'inclusion financière au Cameroun

Luc NEMBOT NDEFFO, Gautier TCHOFFO TAMEKO et André MELACHIO TAMEKO

Introduction

L'inclusion financière est un concept qui fait de plus en plus l'objet d'investigations en sciences économiques. Elle est reconnue comme un moyen efficace pour lutter contre la pauvreté, en favorisant la croissance inclusive (UNCDF, 2015). Selon Sarma (2008), l'inclusion financière est un processus qui assure la facilité d'accès, la disponibilité, et l'usage du système financier formel à tous les membres d'une économie. Elle se caractérise par l'offre des services financiers et bancaires de base à faible coût aux consommateurs en difficulté et aux exclus des services traditionnels. L'inclusion financière est donc le contraire de « l'exclusion bancaire » (Avom et Bobbo, 2012) qui est directement liée à l'exclusion sociale.

L'inclusion financière accroît l'accès des pauvres aux services financiers. Elle est très souvent considérée comme un instrument capable de réduire la pauvreté et les inégalités (Cyn-Young Park et Rogelio, 2015). Les pays en développement en général, et le Cameroun en particulier enregistrent des taux d'inclusion croissants qui se matérialisent non seulement par une multiplication des guichets dans les institutions financières, mais aussi par l'augmentation du taux de bancarisation et le développement des produits et services innovants dans le secteur de la finance.

Selon la Banque mondiale (2015), plus de 50 pays dans le monde se sont engagés en faveur de l'inclusion financière. Nous avons par exemple le Nigeria dont le but est d'accroitre l'utilisation des services de paiements des adultes de 21,6 % en 2010 à 70 % en 2020 (stratégie d'inclusion financière de 2012). Suivant Aguera (2015), le Rwanda veut augmenter l'accès aux services financiers formels de 21 % à 80 % d'ici 2017. Ce pays s'est également engagé vis-à-vis du programme d'apprentissage par les pairs du G20[23]. Le président du groupe de la Banque mondiale, Jim Yong Kim lance un défi mondial de l'accès financier universel d'ici 2020 ; et c'est ainsi que la communauté mondiale de développement a maintenu son appui à la microfinance tout en s'employant en faveur de l'objectif global d'atteinte de l'inclusion financière (Aguera, 2015).

En Afrique subsaharienne, la technologie mobile pourrait fortement renforcer l'inclusion financière. Désormais, 34 % des adultes possèdent un compte contre 24 % en 2011. 12 % d'adultes possèdent un compte bancaire par téléphonie mobile contre seulement 2 % à l'échelle mondiale. Le Kenya arrive en tête avec 58 % de taux de détention de comptes par téléphone contre des taux d'environ 35 % pour la Tanzanie et l'Ouganda (CGAP, 2016).

Le Cameroun a connu une progression remarquable au cours de ces dix dernières années avec le taux de pénétration du téléphone portable qui est passé de 9,8 % en 2004 à près de 50 % en 2014 (Agence de régulation des télécommunications du pays). Cependant, les services du *mobile-banking,* qui comprennent les comptes bancaires mobiles, le transfert d'argent, et le retrait d'espèces restent utilisés par une partie infime de la population, notamment celle possédant un téléphone portable. Cette explosion de l'usage de téléphone dans le pays apparait comme une excellente occasion pour développer les services de *mobile banking*[24], capables d'augmenter le taux de bancarisation au Cameroun (Groupe de la Banque mondiale, 2016).

Malgré cette évolution, il reste encore à atteindre le stade des pays comme le Kenya où le paiement mobile comptait en 2012, près de 15 millions d'utilisateurs sur une population d'environ 43 millions

---

[23]Programme d'apprentissage des pairs du G20 (G20 est un groupe composé de dix-neuf pays et de l'Union européenne dont les ministres, les chefs des banques centrales et les chefs d'État se réunissent régulièrement). Ce programme consiste à élever l'inclusion financière au rang des priorités politiques mondiales dans le cadre de sa réponse à l'instabilité financière actuelle et de ses efforts pour stimuler le développement économique. (Rapport annuel UNCDF 2012).

[24] Service offert par les agences de téléphonie mobile permettant aux individus de faire des opérations de dépôt et de retrait dans leur compte sans passer par un intermédiaire financier bancaire.

d'habitants, grâce à un service développé par un opérateur de service mobile, notamment la M-PESA[25]. En Côte d'Ivoire, en Somalie, en Tanzanie, en Ouganda et au Zimbabwe, plus d'adultes utilisent un compte bancaire par téléphone qu'un compte auprès d'une institution financière.

Dans la littérature empirique sur la question, les résultats de recherche sont controversés en ce qui concerne les déterminants de l'inclusion financière. C'est ainsi que Allen et al (2012) ; Demirgüç - Kunt et Klapper (2013) ; Fungáčová et Weill (2014) soutiennent que les variables socioéconomiques, géographiques et démographiques influencent positivement l'inclusion financière. Cependant, d'autres travaux montrent que ces variables influencent négativement la politique d'inclusion financière (Bélisle, 2012 ; Beck et al. 2012 ; Kacem et Zouaril, 2010).

Selon la Banque mondiale (2015), 700 millions d'adultes à travers le monde ont ouvert un compte en banque entre 2011 et 2014 ; la population non bancarisée a reculé de 20 % (*Global findex*, 2014).

Avec un taux de croissance de 6 % (FMI, 2015), le Cameroun observe une progression du nombre de déposants pour 1000 adultes dans les banques commerciales passant de 45,18 % en 2005 à 65,59 % en 2014. De même, les encours de dépôts auprès des banques commerciales en pourcentage du PIB se sont accrus dans la même période passant ainsi de 12,5 % à 16,21 % (*FAS*, 2015). Selon *Global Findex* (2014), la clientèle des banques et d'autres institutions financières formelles du Cameroun s'est ajustée, passant de 962627 en 2007 à environ 1500000 clients à nos jours. De plus, le nombre d'individus bancarisés est estimé à environ 3,5 millions, soit 1,6 millions de personnes pour les microfinances.

La Commission Bancaire de l'Afrique Centrale (COBAC), estime une hausse remarquable du nombre de personnes ayant un compte bancaire au Cameroun. Il ressort de la base de données de Financial

[25] M-pesa avec M désignant « mobile » et PESA pour « Argent » est un système de micro-financement et de transfert d'argent par téléphone mobile lancé depuis 2007 par les opérateurs de téléphonie mobile au Kenya et en Tanzanie. Il permet de déposer, retirer et transférer facilement de l'argent par l'intermédiaire d'un appareil mobile notamment le téléphone portable. Ces dépôts et retraits se font auprès des agents qui revendent du crédit téléphonique à des points de vente agissant comme les intermédiaires bancaires. Il a permis l'accès des millions de personnes au système financier formel ainsi que la réduction de la criminalité. (Voir Ignacio et Olga (2009)).

Access Survey (FAS, 2015) que le nombre de guichets automatiques est passé de 31 en 2004 à 460 en 2014. Les mêmes progressions sont observées au niveau du nombre de guichets des banques commerciales, du nombre de comptes de dépôts auprès des banques commerciales, et du nombre de prêts octroyés par les banques commerciales qui sont passés respectivement de 36 ; 12305 ; et 3849 en 2004 à 241 ; 926208 et 442031 en 2014. Ces chiffres traduisent une amélioration impressionnante d'accès aux services financiers.

La présente étude a pour but principal de modéliser et d'estimer de façon dynamique les déterminants socioéconomiques et démographiques de l'inclusion financière au Cameroun. Il s'agit plus particulièrement d'apprécier l'influence des variables âge, sexe, éducation, revenu et zone de résidence sur l'accessibilité aux services financiers. Elle s'articule autour de cinq grandes sections. Après l'introduction, les sections 2 et 3 sont respectivement consacrées à la revue de la littérature et à la méthodologie. Les sections 4 et 5 présentent les résultats suivis de la conclusion ainsi que des recommandations de politique économique et financière.

1. Revue de la littérature

L'exposé des travaux théoriques permet de mieux appréhender les développements empiriques sur la question.

1.1 Revue théorique

La controverse théorique se situe tant sur la mesure que sur les déterminants de l'inclusion financière.

1.1.1 Débat sur la mesure de l'inclusion financière.

La mesure de l'inclusion financière constitue un défi étant donné qu'il faut différencier l'accès par rapport à l'utilisation des services financiers (CGAP et Banque Mondiale, 2009). En effet, les individus peuvent choisir de ne pas utiliser les services financiers en dépit de leur disponibilité (exclusion volontaire), réduisant ainsi l'utilisation relativement à l'accès. De ce fait, il faut de façon idéale prendre en compte l'exclusion volontaire pour estimer l'accessibilité réelle aux services financiers.

La distinction entre l'accès et l'utilisation des services financiers est difficile, car les données sur l'accès sont limitées (Claessens, 2006). Étant donné la relation délicate entre l'accès et l'utilisation, plusieurs études suggèrent de ne pas séparer les deux concepts et de considérer l'utilisation comme indicateur approximatif de l'accès (Chala et al. 2009). La large utilisation ou la grande disponibilité des services financiers formels en termes d'accessibilité n'implique pas nécessairement que le système est inclusif (Camara et Tuesta, 2014). Pour la Banque Mondiale (2008), l'amélioration de l'inclusion financière peut se réaliser lorsqu'on parvient à mesurer l'accès.

La précision faite par (Chidzero et al, 2006) est que l'inclusion financière peut être mesurée en fonction du type d'intermédiaire financier selon son degré de formalité. Étant donné l'importance du secteur informel dans les pays en développement, plusieurs études stipulent qu'il est pertinent de le considérer (CGAP et Banque Mondiale, 2009). D'autres proposent de mesurer l'accès en fonction des produits financiers utilisés (Banque Mondiale, 2005). Cependant, la mesure de l'inclusion financière n'est pas universellement la même. Les auteurs adoptent différents indicateurs pour mesurer l'inclusion financière. C'est par exemple le cas de Sarma (2008) qui a développé un indice composite pour mesurer l'inclusion financière en Inde. À ce jour, la mesure de l'inclusion financière est principalement abordée par l'utilisation et l'accès aux services financiers formels, en utilisant les données de l'offre globale (Sarma, 2008, 2012 ; Honohan, 2007) ; mais aussi certains travaux reposent sur la demande au niveau individuel. Cependant, le suivi des différents indicateurs individuels bien qu'important n'offre pas une compréhension uniforme de l'inclusion financière entre les pays. En fin de compte, la littérature distingue deux approches pour mesurer l'accès au service financier. La première consiste à utiliser des données détenues par les prestataires de services (offre) (Sarma, 2008, 2012 ; Honohan, 2007). La deuxième est d'enquêter directement auprès des ménages à propos de leur utilisation (demande) (Banque Mondiale, 2005 ; Honohan, 2006, 2008 ; Cull et Scott, 2009).

1.1.2 Débat relatif aux déterminants de l'inclusion financière

La littérature distingue trois grandes catégories des déterminants de l'inclusion financière. La première se situe au niveau du méso-environnement et macro-environnement. Dans cette catégorie, l'environnement conditionne l'interaction entre l'offre et la demande des services financiers. La structure financière et le cadre législatif, politique, réglementaire et économique influent sur la relation entre les clients et les intermédiaires financiers (Helms, 2006). Cette catégorie de déterminants rejoint les risques systémiques suggérés par Beck et De la Torres (2004). En ce qui concerne l'architecture financière, l'emplacement géographique des succursales et des points de services influence la facilité avec laquelle les clients peuvent accéder aux services financiers (Banque Mondiale, 2008 ; Beck et al. 2009).

De plus, les services de transports limités ou trop coûteux restreignent les déplacements de la population vers les organisations financières (IMCE, 2006). En outre, la localisation des prestataires est influencée par l'infrastructure physique dans les pays en développement (Beck et al. 2007b ; CGAP et Banque mondiale, 2010). C'est ainsi qu'avec la concurrence dans le secteur, les prestataires sont encouragés à innover pour augmenter leurs parts de marché en élaborant de nouveaux moyens pour rejoindre la clientèle et pour pallier le manque d'infrastructures physiques[26] (Claessens, 2006).

La deuxième catégorie porte sur la clientèle. La littérature distingue l'exclusion volontaire de l'exclusion involontaire. L'exclusion volontaire se réfère à une situation où les individus ont accès aux services financiers, mais ne les utilisent pas. D'abord, certains individus peuvent croire ne pas avoir besoin des produits financiers offerts (Kempson et al. 2000 ; Claessens, 2006). Ensuite, Chidzero et al. (2006) et Beck et Demirgüç-Kunt (2008) notent que certaines personnes ne cherchent pas à accéder elles-mêmes au système financier, car elles utilisent déjà les services financiers d'un membre de leur foyer ou d'un ami (accès indirect). De plus, il y'a les barrières psychologiques (Morvant-Roux et Servet, 2007). Enfin, les motifs religieux ou culturels, comme la langue, expliquent une part de l'exclusion volontaire (UNDCF, 2006 ; Beck et al. 2007a). Ce type d'exclusion cause problème quand il existe une faible alphabétisation ou une réaction due à une discrimination systématique (Beck et De la Torre, 2006).

Contrairement à l'exclusion volontaire, l'exclusion involontaire implique que les individus n'ont tout simplement pas accès aux services financiers. Car le coût et les caractéristiques des produits, de même que

[26] Télécommunications, Internet, messages textes.

les exigences des prestataires, peuvent ne pas leur convenir. Ceci se justifie généralement par les services qui peuvent être trop coûteux pour les clients (Banque Mondiale, 2009). La présence des produits financiers qui ne sont pas adaptés aux besoins des clients, ainsi que le manque de garantie sont à l'origine de l'exclusion (De Soto, 2000).

La troisième catégorie a trait aux prestataires[27]. L'exclusion financière peut être expliquée par l'offre limitée de services financiers. Rappelons que les organisations financières allouent du crédit sur la base de profits espérés (Gauthier et al. 2003). Les clients pauvres n'ont pas souvent de garantie tangible à offrir et ne peuvent pas emprunter sur leurs revenus futurs parce qu'ils ne possèdent pas toujours des emplois stables (Beck et Demirgüç-Kunt, 2008). En plus, l'information limitée sur les historiques de crédit des individus peut représenter un risque supplémentaire (Beck et De la Torre, 2004). Cependant, la barrière d'information à travers l'asymétrie d'information ou l'incertitude fait référence à la difficulté de mesure de la solvabilité des ménages (Honohan, 2005 ; Beck et De la Torre, 2006 ; Cull et Scott, 2009). Le risque d'offrir des services financiers à des individus plus pauvres est plus élevé étant donné l'incertitude concernant les facteurs spécifiques du ménage (maladie, emploi, décès) et à l'environnement (désastre naturel, crise économique nationale) (Matin et al. 2002). Cet éclairage des travaux théoriques constitue le socle de nombreux développements empiriques.

1.2 Revue des travaux empiriques

La littérature empirique se caractérise par une controverse sur les différents facteurs qui déterminent l'inclusion financière. Les débats portent tant sur les facteurs socioéconomiques, géographiques, démographiques que financiers.

Les facteurs socioéconomiques regroupent l'éducation, l'emploi, le revenu et la possession d'actifs. Pour ce qui est de l'emploi et de l'éducation, avoir un emploi accroit les probabilités d'utilisation des services financiers (Johnson et al. 2010). Ceci va de pair avec le niveau d'éducation. Un niveau d'instruction élevé accroît les chances d'inclusion financière (Campbell, 2006 ; IMCE, 2006 ; Honohan et King, 2009 ; Allen et al. 2012 ; Demirguc-Kunt et Levine, 2013). Par contre, Nino-Zarazua et Copestake, (2009) ; Tuesta et al. (2015) n'ont

---

[27] Personne qui reçoit un service.

trouvé aucun effet entre le niveau d'éducation et l'inclusion financière dans les pays en développement. Ce résultat a été confirmé par De Soto (2000) qui montre que l'emploi et le niveau d'éducation n'influencent pas l'inclusion financière.

Concernant le revenu, la majorité des travaux empiriques montrent qu'il est positivement corrélé au taux de bancarisation (Demirgüç-Kunt et Levine, 2008 ; Beck et al. 2009 ; Demirgüç-Kunt et Klapper, 2013). De plus, la possession d'actifs comme le téléphone portable, la voiture, la radio ou la télévision augmente les chances d'inclusion financière (Honohan et King, 2009 ; Johnson et Nino-Zarazua, 2009 ; Mago et Chitokwindo, 2014 ; Asfaw, 2015). Les travaux de Honohan (2004) et Najavas et al. (2000) montrent que l'utilisation des services financiers est encore très faible pour les pauvres. Les individus avec un niveau de revenu faible impactent négativement l'inclusion financière. Cependant, Zins et Weill (2016) ont trouvé une relation négative entre le revenu et l'épargne formelle et informelle.

En ce qui concerne les déterminants géographiques, la controverse existe entre les habitants des zones rurales et ceux des zones urbaines. Les individus vivant en zone rurale ont moins accès aux services financiers. Morvant-Roux et Servet (2007) ; Johnson et Nino-Zarazua (2009) et Honohan et King (2009) ont trouvé que la pénétration bancaire dans les régions urbaines est plus élevée que dans les régions rurales. Néanmoins, d'après Leyshon et Thrift (1995), l'exclusion bancaire est individuelle et n'a aucun lien avec la zone de résidence. Car, les catégories souffrant d'une certaine marginalisation sont aussi celles qui connaissent plus de difficultés à accéder aux services bancaires. Cela accroit leur vulnérabilité économique et sociale. L'OCDE (2006), montre à travers les chiffres que le taux de croissance de l'endettement des ménages dépend du niveau de leur revenu et non des zones géographiques.

Pour ce qui est des variables démographiques que sont le sexe et l'âge, les travaux empiriques ont montré que les femmes utilisent moins les services formels que les hommes. Elles sont très adverses à l'utilisation des services financiers. Ainsi, Honohan et King (2009) ; Johnson et Nino-Zarazua (2009) prouvent que les femmes utilisent moins de services formels que les hommes, mais davantage de services informels (Johnson et al. 2010). Elles préfèrent conserver leur argent sous les matelas ou le prêter auprès d'un proche ; de même, elles font recours aux emprunts auprès des leurs le plus souvent. C'est ainsi que

Demirguc-Kunt et Leora (2012) observent une relation négative entre l'utilisation d'un compte formel et le genre féminin. Cependant, les auteurs tels que Demirguc-Kunt et Klapper (2013) ont observé une relation positive entre le genre et l'inclusion financière. Ce résultat rejoint celui de Pitt et Khandker (1998), qui montrent que l'accès des femmes aux services financiers accroit l'inclusion financière en réduisant la pauvreté et promeut l'éducation des enfants. De plus, Allen et al. (2016) n'ont trouvé aucune relation significative entre le genre et la possession d'un compte. Ce résultat a été aussi observé par Fungácová et Weill (2015) portant sur la Chine.

Concernant l'âge, les individus de 25 à 44 ans ont moins de chances d'être financièrement exclus que les autres catégories d'âge ; plus on est âgé, plus on utilise les services financiers (Johnson et Nino-Zarazua, 2009 ; Johnson et al. 2010). Cependant, à plus de 45 ans comme le montre les travaux de Honohan et King (2009), les chances d'avoir un compte commencent à diminuer. Dans le même sens, ces auteurs précisent que les individus âgés de 18 à 24 ans sont exclus des services finances. En d'autres termes, leur effet sur la finance est négatif. En effet, l'étude de Caudill et al. (2009) portant sur les IMF de l'Europe de l'Est et d'Asie Centrale révèle une corrélation négative et significative entre l'âge des IMF et le niveau de leur coût de production. Ce résultat a un lien direct avec les individus qui ont plus de 45 ans, d'après les résultats de l'analyse de Johnson et al. (2010).

Quant aux facteurs financiers, ils portent sur les connaissances ainsi que les habitudes financières. Le manque de connaissances financières encourage la méfiance envers les organisations et les produits financiers et nuit à l'inclusion financière (Morvant-Roux et Servet, 2007 ; Beck et Demirgüç-Kunt, 2008). Ces auteurs montrent le rôle négatif que joue la non maitrise des connaissances financières sur l'inclusion financière. Ceux qui disposent des connaissances financières ne sont pas adverses à l'usage des services financiers. D'après Nino-Zarazua et Copestake (2009), les individus ayant appris à épargner, à gérer leurs fonds et à calculer des intérêts utilisent plus de services financiers. Et d'autre part, les habitudes financières excitent les individus à aimer les services financiers. C'est ainsi que Nino-Zarazua et Copestake (2009), démontrent que planifier ses dépenses encourage la discipline pour épargner. Ils ajoutent qu'un individu qui connait le rendement (intérêts) de son épargne est plus enclin à utiliser ce type de service financier.

Cependant, d'autres travaux montrent qu'il y'a des individus ayant des connaissances et les habitudes financières qui n'utilisent pas ces services financiers. Ceci s'explique par le fait qu'un membre de la famille l'utilise déjà. Cela affecte négativement le niveau d'accès et d'utilisation des services financiers et réduit ainsi l'inclusion financière (Chidzero et al. 2006 et Allen et al. 2016). La religion et la culture des clients réduisent l'accès aux services financiers malgré les connaissances financières dont disposent ces derniers (Allen et al. 2016).

Les divergences observées sont fonction soit de la qualité des données, soit des régions ou des pays où sont réalisées les études, soit de la méthodologie utilisée.

2. Méthodologie

La méthodologie est inspirée de Fungáčová et Weill (2014) et de Demirgüc-Kunt et Klapper (2013). Cependant, sous contrainte de la disponibilité de données, l'inclusion financière est mesurée par le compte mobile, le compte dans une institution financière et le type de crédit.

2.1 Spécification du modèle empirique

La forme fonctionnelle de ce modèle est la suivante :

$\mathrm{IF} = \mathrm{f}(\text{revenu}, \text{âge}, \text{sexe}, \text{éducation})$, l'équation explicite s'écrit :

$$IF_i = \beta_0 + \beta_1 REVENU_i + \beta_2 AGE_i + \beta_3 SEXE_i + \beta_4 EDUC_i + \varepsilon_i \qquad (1)$$

Où *IF* regroupe les trois indicateurs de l'inclusion financière ; β_0 est le terme constant ; β_i $(i=1, 2, 3, 4)$ représentent les coefficients des variables exogènes et ε_i est le terme d'erreur. Avant d'estimer le modèle, des tests statistiques préliminaires ainsi que le test de dépendance de khi-deux sont effectués en vue de garantir la robustesse des résultats.

2.2 Méthode d'estimation : la régression logistique

La méthode de régression logistique est mise en exergue. Cette méthode est le plus souvent utilisée lorsque la variable dépendante est de nature qualitative et aussi lorsque les variables explicatives ne suivent pas automatiquement une loi normale. En fait, elle donne la possibilité de connaitre non seulement l'ensemble des variables explicatives qui ont un effet significatif sur la variable dépendante, mais aussi le sens et la force de cette relation. De plus, l'intérêt de ce modèle réside dans la simplicité du passage de l'estimation d'un coefficient qui mesure la force d'association entre l'inclusion financière *(Yi)* et les variables explicatives (*Xi*).

2.3 Équation de la régression logistique

Le calcul de la probabilité de l'existence d'une relation entre l'inclusion financière et ses caractéristiques, REVENU, AGE, SEXE et ÉDUCATION, au Cameroun peut se faire selon la formule suivante :

$$Y_i = \frac{e^{a+b_1x_1+b_2x_2+b_3x_3+b_4x_4}}{1+e^{a+b_1x_1+b_2x_2+b_3x_3+b_4x_4}} \qquad (2)$$

Dans cette formule, Y_i= INCLUSION FINANCIÈRE est la variable dépendante appréhendée par trois variables que sont le type de crédit obtenu par un individu, la possession d'un compte dans une institution financière et la possession d'un compte ''mobile money''.

Le type de crédit est codé 1 pour formel et 0 pour informel ; la détention d'un compte dans une institution financière est codée 1 pour non et 0 pour oui et le compte mobile monnaie est codé 1 pour non et 0 pour oui.

« a » est l'ordonnée à l'origine ;

« e » est la base du logarithme naturel, soit la constante népérienne de 2,718 ;

« b » est la matrice des coefficients de régression respective de chaque modèle ;

« x_1 »= REVENU (plus pauvres, pauvres, moyennement pauvres, riches et plus riches) ;

« x_2 »= AGE ;

« x_3 »= SEXE (1 pour masculin et 0 pour féminin) ;

« x_4 »= ÉDUCATION (0 pour secondaire et 1 pour complète).

Étant donné que l'étude apprécie la relation entre l'inclusion financière et ses déterminants, la variable endogène est dichotomique. La régression logistique sert de cadre analytique. La probabilité d'inclusion financière (Pr (Y_i=1/X_i)) dépend d'un ensemble de variables explicatives (X_i). Il s'agit d'expliquer la réalisation (ou non) de chaque événement. Par exemple, l'événement type de crédit qui prend deux valeurs : y = {0 ; 1}. En effet, P (Y= y | X) ∈ [0 ; 1]

Notons que, quelles que soient les valeurs de X, la valeur de P reste toujours comprise entre 0 et 1.

$$Pi \equiv \Pr(yi = 1\ |Xi) = F(Xi\ \beta) \qquad (3)$$

Pour que P_i soit une probabilité, on prend la fonction exponentielle pour assurer la positivité et une norme pour assurer la borne supérieure. La probabilité que la relation revenu, âge, sexe, et éducation influence significativement l'inclusion financière dans une régression logistique est donnée par :

$$p_i = P(y_i = 1|X_i) = \frac{e^{\beta X_i}}{1 + e^{\beta X_i}} \quad et \quad (1 - p_i) = \frac{1}{1 + e^{\beta X_i}} \cdots \qquad (4)$$

Où $\boldsymbol{X_i}$ est le vecteur des variables indépendantes et β le vecteur des coefficients à estimer.

Comme dans tous les modèles non linéaires, l'interprétation des paramètres estimés dans un modèle logit nécessite de la prudence. En effet, les paramètres du modèle ne renseignent que sur l'effet positif $(\beta>0)$ ou négatif $(\beta<0)$ des variables indépendantes sur la probabilité. Pour ce qui est de la quantification de l'impact de chaque variable sur la probabilité p_i, l'on procède par le calcul des ratios de chance ou ***Odds ratio*** qui permettent de mesurer, pour chaque $\boldsymbol{X_i}$, le nombre ***n*** de chances qu'une variable indépendante influence significativement le résultat contre 1 fois de risque de ne pas l'être. Ce ratio correspond au rapport :

$$Oddsratio = \frac{Pr(y_i = 1|X_i)}{1 - Pr(y_i = 1|X_i)} = e^{\beta X_i}$$

$$\Leftrightarrow ln\left(\frac{Pr(y_i = 1|X_i)}{1 - Pr(y_i = 1|X_i)}\right) = \beta_0 + \beta_i X_i + \mu_i \qquad (5)$$

L'expression (3) mesure le nombre de fois de l'apparition de $y_i = 1$ pour une variable indépendante donnée contre une fois d'échec. En considérant l'expression (2), l'effet marginal de la $j^{ème}$ variable explicative $X_i^{[j]}$ est défini par :

$$\delta_i = \frac{\partial p_i}{\partial X_i^{[j]}} = \frac{e^{\beta X_i}}{(1 + e^{\beta X_i})^2}\beta_j \qquad (6)$$

Les δ_i sont plus faciles à interpréter directement ; ils décrivent l'effet de la modification unitaire d'une variable donnée sur la probabilité que l'inclusion financière soit jugée performante. Notons qu'il est aussi possible, pour les variables continues, d'évaluer des élasticités. Pour estimer le modèle logit, la méthode du maximum de vraisemblance est mise en évidence. Elle consiste à trouver la valeur des paramètres qui maximisent la vraisemblance des données. Comme elle est difficile à manipuler, on utilise généralement le logarithme pour faciliter les manipulations. Après manipulation, la fonction log de vraisemblance peut s'écrire :

$$L(\beta_0, \beta_1) = Log(\ell(\beta_0, \beta_1)) = Log[\prod_{i=1}^{n} \pi(x_i)^{y_i}(1 - \pi(x_i)^{1-y_i}]$$

$$= \sum_{i=1}^{n} y_i Log(\frac{\pi(x_i)}{1 - \pi(x_i)}) + Log(1 - \pi(x_i))$$

$$= \sum_{i=1}^{n} y_i(\beta_0 + \beta_1 x_i) - Log(1 + exp(\beta_0 + \beta_1 x_i)) \qquad (7)$$

Les estimateurs obtenus en maximisant la fonction de vraisemblance sont efficaces. Ces estimateurs peuvent également être obtenus en maximisant le log de la vraisemblance, car la fonction du maximum de vraisemblance et son logarithme atteignent leur maximum au même point.

Si $\beta > 0$ cela signifie que la probabilité de réalisation de l'événement augmente avec la variable correspondante ;

Si $\beta < 0$ cela signifie que la probabilité de réalisation de l'événement diminue avec la variable concernée.

2.4 Spécification du modèle empirique

Pour tester l'hypothèse émise sur les déterminants de l'inclusion financière, nous avons formulé le modèle économétrique (modèle logit[28] bivarié) inspiré des travaux de Fungáčová et Weill (2014), effectué dans le contexte de la chine. La forme fonctionnelle de nos différents modèles est donnée par :

Modèle1 : TCREDIT= f (revenu, âge, sexe, éducation) ;

Modèle 2 : CFI= f (revenu, âge, sexe, éducation) ;

Modèle 3 : CMM= f (revenu, âge, sexe, éducation).

TCREDIT est le type de crédit, CFI désigne le compte financier et CMM est le compte mobile monnaie.

A partir de ces formes précédentes, chacun de nos modèles aura la forme d'un modèle logit donné par la relation suivante :

$$Y_i = \frac{e^{\beta X}}{1+e^{\beta X}} \qquad (8)$$

Avec Y_i= inclusion financière qui est la variable dépendante de nature binaire pouvant prendre les valeurs « 1 » ou « 0 » ;

X = la matrice des variables explicatives correspondantes à chacun des modèles ;

β = matrice des coefficients de régression de chaque modèle.

2. 5 Données et sources

Les données utilisées dans le cadre de cette étude sont de sources secondaires. Elles sont de nature qualitative et quantitative et proviennent essentiellement de la base de données *Global Financial Inclusion* 2011 et 2014 (*Global Findex*). Ces données ont été recueillies en interrogeant un ensemble de 1000 adultes par pays nationalement significatifs. Nous allons faire une étude dynamique entre ces deux périodes.

---

[28] Le modèle logit multinomial a été introduit à la fin des années 1960 par McFadden (1968) et Theii (1969).

3. Résultats empiriques

Les principaux résultats sont regroupés dans les tableaux ci-dessous. Ceux de l'année 2011 sont synthétisés dans le tableau 1 et ceux de 2014 dans le tableau 2.

Tableau 1 : Synthèse des résultats des régressions logistiques pour 2011

	VARIABLE DÉPENDANTE : inclusion financière					
	Type de crédit		**Compte financier**		**Compte mobile**	
	Coefficients	**Odds ratio**	**Coefficients**	**Odds ratio**	**Coefficients**	**Odds ratio**
AGE	0.0258*** (0.002)	1.0261	0.0339*** (0.000)	1.0344	0.0071 (0.295)	1.0071
ÉDUCATION	-0.0264 (0.929)	0.9739	-0.3661* (0.086)	0.6934	-0.6912*** (0.002)	0.5009
SEXE	0.2087 (0.220)	1.2321	-0.2986 (0.102)	0.7418	-0.2548 (0.164)	0.7750
REVENU	-0.3262** (0.029)	0.7216	0.4533*** (0.000)	1.5735	0.3561*** (0.000)	1.4278
CONSTANTE	-3.7931*** (0.000)	0.0225	-3.5308*** (0.000)	0.0292	-4.0797*** (0.002)	0.0169
	LR chi2(4) =17.25 Prob > chi2 = 0.0017 Pseudo R2 = 0.0363 Nombre d'observations = 994		LR chi2(4) = 86.88 Prob > chi2 = 0.0000 Pseudo R2 = 0.0985 Nombre d'observations = 998		LR chi2(4) = 53.32 Prob > chi2 = 0.0000 Pseudo R2 = 0.0628 Nombre d'observations = 999	

Source : Construction des auteurs à partir de stata 13.

Note : * significatif à 10 %, ** significatif à 5 % et *** significatif à 1 % ; ( ) Probabilité associée à la statistique de la loi normale (P>|z|.

Tableau 2 : Synthèse des résultats des modèles de régression logistique pour 2014

	VARIABLE DÉPENDANTE : inclusion financière					
	Type de crédit		**Compte financier**		**Compte mobile**	
	Coefficients	**Odds ratio**	**Coefficients**	**Odds ratio**	**Coefficients**	**Odds ratio**
Age	0.0137* (0.082)	1.0138	0.0424*** (0.000)	1.0433	-0.0322 (0.121)	0.9682
Éducation	-0.1346 (0.615)	0.8739	-1.1046*** (0.000)	0.3313	-0.7301 (0.176)	0.4818
Sexe	0.2778 (0.246)	1.3202	0.3359* (0.098)	1.3992	-0.2241 (0.596)	0.7991
Revenu	0.2495*** (0.008)	1.2834	0.7569*** (0.000)	2.1318	0.6339*** (0.005)	1.885
Constante	-3.7255*** (0.000)	0.0240	-4.8144*** (0.000)	0.0081	-4.0797*** (0.002)	0.0169
	LR chi2(4) =14.86 Prob chi2=0.0050 Pseudo R^2=0.0267 Nombre d'observations = 992		LR chi2(4) =170.11 Prob chi2=0.0000 Pseudo R^2=0.2073 Nombre d'observations = 1000		LR chi2(4) =22.89 Prob chi2=0.0001 Pseudo R^2=0.1011 Nombre d'observations = 1000	

Source : Construction des auteurs à partir de stata 13.

Note : * significatif à 10 %, ** significatif à 5 % et *** significatif à 1 % ; ( ) Probabilité associée à la statistique de la loi normale (P>|z|).

Les résultats concernant les trois indicateurs d'inclusion financière montrent que le modèle est globalement significatif au seuil de 1 % tant en 2011 qu'en 2014 étant donné que les probabilités chi2 en 2011 et en 2014 donc sont inférieures au seuil de 1 %. Cependant, le pseudo R2 est relativement faible ; ce qui signifie qu'il existe d'autres variables indépendantes qui expliquent l'inclusion financière au Cameroun.

Il ressort des tableaux 1 et 2 ci-dessus que la variable âge a une influence positive et significative sur le type de crédit et la détention de compte dans une institution financière, respectivement au seuil de 1 % en 2011 (pour les deux indicateurs) et au seuil de 10 % pour le type de crédit et de 1 % pour le compte dans une institution financière en 2014. Donc, l'âge contribue à l'inclusion financière au Cameroun. Plus l'âge augmente, plus on a de la chance d'être inclus. En effet, Johnson et

Nino-Zarazua (2009) ont observé qu'en Ouganda, les individus de 25 à 44 ans ont plus de chance d'être financièrement inclus que ceux d'autres catégories d'âge. Cette tranche d'âge correspond à celle observée au Cameroun, l'âge moyen entre 2011 et 2014 étant compris entre 32 et 33 ans. Cette variable n'est pas linéaire. Il y'a un seuil au-dessus duquel la tendance s'inverse. C'est pourquoi Honohan et King (2009) observent que jusqu'à l'âge de 45 ans, les individus sont restreints aux services financiers en termes d'accès et d'utilisation. Plus une personne avance en âge, plus elle a de la chance d'être bancarisée, et à un certain seuil elle en est réticente, car ne dispose plus de ressources et d'emploi stable pour garantir les emprunts bancaires. Cette variable est négative et non significative avec le compte mobile pour les deux périodes.

Il en résulte que l'utilisation d'un compte mobile ne dépend pas de l'âge, mais d'autres variables comme la zone de résidence et de la proximité des institutions financières. L'éducation a une influence négative et non significative sur le type de crédit, et le compte mobile. Ces résultats sont contradictoires par rapport aux attentes. Ils s'accommodent avec ceux de Nino-Zarazua et Copestake (2009) qui n'ont observé aucune influence significative de l'éducation sur l'inclusion financière en Ouganda.

Par contre, elle influence négativement et significativement la détention de compte dans une institution financière au seuil de 10 % et 1 % entre 2011 et 2014. Plus on est instruit, moins on a accès au service financier informel, mais on a plutôt accès au service financier formel d'après les travaux de Allen et al. (2012). La littérature montre que les individus ayant des connaissances financières utilisent en permanence les services financiers. Par conséquent, le manque de connaissances concernant les produits et les procédures peut limiter l'inclusion financière (Beck et Demirgüç-Kunt, 2008).

Concernant le sexe, il est non significatif sur toutes les variables d'inclusion financière en 2011. Il est non significatif en 2014 sur le type de crédit et le compte mobile. Par contre, il influence positivement et significativement la détention d'un compte dans une institution financière au seuil de 10 % en 2014. Ce signe positif vient confirmer les résultats des travaux de Demirguc-Kunt et Klapper (2013) qui ont observé un niveau élevé d'inclusion financière avec le genre masculin et un faible taux d'inclusion financière avec le genre féminin.

Le revenu semble exercer une influence positive et significative sur toutes les variables d'inclusion financière pour les deux périodes à l'exception de la variable type de crédit pour l'année 2011. Ce résultat attendu vient confirmer ceux obtenus par Honohan et King (2009), Johnson et Nino-Zarazua (2009) qui ont montré que le taux de bancarisation est positivement lié au revenu et à l'inclusion financière en Ouganda et ceux de Demirgüç-Kunt et Klapper (2013) qui ont trouvé une relation positive entre le revenu et l'inclusion financière. Le signe négatif en 2011 par rapport au type de crédit est surprenant. Il rejoint néanmoins les résultats de Tuesta et al. (2015) qui trouvent une relation négative et significative entre l'inclusion financière et le revenu en Argentine. Le rôle positif observé en 2014 sur toutes les variables montre que l'inclusion financière est au service des pauvres et des démunis et joue son rôle principal en incluant les couches précarisées dans le système. On peut d'ailleurs relever que les ratios de vraisemblance sont très élevés pour cette année 2014. En effet, la hausse des revenus double le nombre de chances d'un individu de disposer d'un compte bancaire ou d'avoir un compte mobile monnaie.

Conclusions et recommandations

L'objectif de l'étude est d'identifier les facteurs explicatifs de l'inclusion financière au Cameroun en 2011 et en 2014. La méthode utilisée est celle du maximum de vraisemblance qui s'applique à un modèle de régression logistique. Les données utilisées sont de source secondaire et proviennent de la base du Global Findex 2011 et 2014. Les résultats obtenus suscitent un certain nombre de recommandations, aussi bien à l'endroit des institutions financières que de l'État en faveur de la stimulation de l'inclusion financière au Cameroun.

Les établissements financiers et micro financiers devraient encourager les populations, en particulier les femmes et les jeunes à disposer d'un compte dans un établissement financier à travers le marketing bancaire et la création des établissements de microfinance de proximité. Par ailleurs, des stratégies en faveur de la modernisation des tontines devraient être envisagées. Il s'agit par exemple de proposer aux membres des tontines de déposer chacun sa mise dans le compte ouvert par le bénéficiaire auprès d'un établissement financier. En ce qui concerne le compte mobile, les institutions financières devraient faciliter l'utilisation des nouvelles technologies, encourager le développement de la téléphonie mobile (mobile Banking) pour effectuer des opérations de dépôt, de retrait, de paiement et de transferts d'espèces. Les innovations technologiques sont susceptibles de réduire le coût et les obstacles liés à l'accès aux services financiers.

Les actions des institutions financières devraient être relayées par celles de l'État. Pour capitaliser le résultat selon lequel le niveau d'instruction encourage l'inclusion financière, l'État devrait encourager l'éducation financière des populations. Il s'agit de renforcer les cours d'éducation civique par des modules relatifs à l'inclusion financière et ses avantages dans une économie.

Par ailleurs, l'État devrait prendre des mesures pour limiter progressivement les transactions en espèces au profit des transactions par les instruments financiers. L'État peut limiter les paiements en espèces aux montants maximums de 50 000 francs par exemple. Au-delà de ce montant, toutes les transactions devraient s'opérer par des instruments financiers tels que les chèques, les cartes bancaires, les comptes ''mobile money'', etc. Pour rendre une telle décision contraignante, il faut instituer des pénalités pour les contrevenants. L'État peut également imposer que certaines transactions se fassent uniquement à travers les instruments financiers. Il s'agit par exemple du paiement des factures auprès des structures telles qu'ENEO (Energy of Cameroon) en charge de l'énergie électrique, CAMWATER (Cameroon Water Utilities) en charge de l'eau, du paiement des billets d'avion, de train et de divers impôts et taxes au profit du trésor public. En encourageant l'inclusion financière, ces mesures contribueraient également à la lutte contre la corruption.

Références

Aguera, P. 2015. *Inclusion financière, croissance et réduction de la pauvreté*, papier présenté à la Conférence régionale CEMAC Brazzaville, 23 mars.

Allen, F., Demirgüc-Kunt, A., Klapper L., et Peria, M. 2012. *The Foundations of Financial Inclusion: Understanding Ownership and Use of Formal Accounts*, World Bank Policy Research Paper 6290.

Allen, F., Demirgüc-Kunt, A., Klapper, L., et Peria, M. 2016. The Foundations of Financial Inclusion: Understanding Ownership and Use of formal accounts, *Journal of Financial Intermediation*, Vol. 27, Issue C, pp. 1-30.

Asfaw, H. 2015. Financial Inclusion through Mobile Banking: Challenges and Prospects, *Research Journal of Finance and Accounting*, Vol. 6, N°. 5, pp. 98-104.

Avom, D. et Bobbo, A. 2012. Réglementation Bancaire et Exclusion Financière dans la CEMAC, Document de travail, 12 pages.

Banque Mondiale. 2005. *Indicators of Financial Access – Household level survey*. Financial Sector vice Presidency, Washington, DC, 13 pages.

Banque Mondiale. 2008. *Finance for All ? Policies and Pitfalls in Expanding Access*. A World Bank Policy Research Report, Washington, DC, 265 pages.

Banque Mondiale. 2009. *«Banking the Poor: Measuring Banking Access in 54 Economie*. Washington, the International Bank for Reconstruction and Development, 104 pages.

Banque Mondiale. 2015. *Massive Drop in Number of Unbanked*. Rapport de la Banque Mondiale.

Beck, T. et De la Torre A. 2004. *«Broadening Access to Financial Services: Risks and Costs»*, The World Bank, Seminar Bancarizacion Una Herramienta para el Desarrollo, Cartagena, Colombia, 17 pages.

Beck, T. et De la Torre A. 2006. « The Basic Analytics of Access to Financial Services », *Document de travail, N°. 4026*, Washington DC, Banque Mondiale, 58 pages.

Beck, T. et Demirgüç-Kunt, A. 2008. Access to Finance: An Unfinished Agenda. *The World Bank Economic Review*, Vol. 22, N°. 3, pp. 383-396.

Beck, T., Berrak, Buyukkarabacak, F. 2012. Who Gets the Credit? And does it Matter? Households Firm Lending Across Countries. B. E. *Journal of macroeconomics*, contributions 12.

Beck, T., Demirgüç-Kunt, A. et Patrick, H. 2009. Access to Financial Services: Measurement, Impact, and Policies, *The World Bank Research Observer Advance Access*, 27 pages.

Beck, T., Demirgüc-Kunt, A., et Levine, R. 2007. Finance, Inequality and the Poor, *Journal of Economic Growth*, 12, pp. 27-49.

Beck, T., Demirgüç-Kunt, A., et Maria Soledad Martinez, P. 2007a. *Banking Services for Everyone? Barriers to Bank Access and Use around the World*. Document de travail. Washington DC, Banque Mondiale, 64 pages.

Beck, T., Demirgüç-Kunt, A., et Maria Soledad, P. 2007b. Reaching out: Access to and use of Banking Services across Countries, *Journal of Financial Economics*, No. 85, pp. 234-266.

Bélisle, M. 2012. *Accessibilité financière des individus et le rôle de la micro finance au Ghana et en Tanzanie*, Mémoire de Master, École des Hautes Études Commerciales Affiliée à l'Université de Montréal, 49 pages.

Bruhn, M. et Love, I. 2014. The Real Impact of Improved Access to Finance: Evidence from Mexico. *Journal of Finance*, Vol. 69, N°. 2, DOI: 10.1111/jofi.12091.

Cámara, N., Peña X. et Tuesta D. 2014. *Factors that Matter for Financial Inclusion: Evidence from Peru.* BBVA Research Working paper, N°. 14/09, Madrid, 26 pages.

Campbell. 2006. «Household Finance», *Journal of Finance*, Vol. 61, N°. 4, pp. 1553-1604.

Caudill, S., Gropper D. et Hartarska, V. 2009. Which Microfinance Institutions are becoming more Cost- Effective with Time? Evidence from a Mixture Model, *Journal of Money, Credit, and Banking*, Vol. 41, N°. 4, pp. 651-672.

CGAP et Banque Mondiale. 2009. *Financial Access 2009. Measuring Access to Financial Services around the World*, Washington, DC, Consultative Group to Assist the Poor (CGAP) et la Banque Mondiale, 92 pages.

CGAP et la Banque Mondiale. 2010. *Financial Access 2010. The State of Financial Inclusion Through the Crisis.*, Washington, DC, Consultative Group to Assist the Poor (CGAP) et la Banque Mondiale, 106 pages.

CGAP. 2016. Qu'est-ce que la microfinance ? www.camerpost.com.

Chala, A., Aparna, D., Tony, G., Maria Jose, G., Jonathan M., et Robert, S. 2009. *Half the World is Unbanked*, The Financial Access Initiative (FAI), 18 pages.

Chidzero, A. M., Karen, E., et Anjali, K. 2006. *Indicators of Access to Finance –Through Household Level Surveys – Comparisons of Data from Six Countries.* World Bank, The UK Department for International Development (DFID) et FinMark Trust, 10 pages.

Claessens, T. 2006. Access to Financial Services: A Review of the Issues and Public Policy Objectives. *The World Bank Research Observer*, Vol. 21, N°. 2, pp. 207-240.

Cull, R. et Scott, K. 2009. *Measuring Household Usage of Financial Services: Does it Matter How or Whom You Ask*? Document de travail, N°. 5048, Banque Mondiale, Washington, DC, 57 pages.

Cyn-Young, P. et Rogelio, V. 2015. *Financial Inclusion, Poverty, and Income inequality In Developing Asia*. ABD Economics Working paper series, N°. 426.

De Soto, H. 2000. *Le mystère du capital. Pourquoi le capitalisme triomphe en Occident et échoue partout ailleurs ?* Traduit de l'anglais par Michel Le Seac'h, titre original « The Mystery of capital. Why capitalism triumphs in the West and fails everywhere else », Paris, Flammarion, 303 pages.

Demirgüç-Kunt, A., et Leora, K. 2012. *Measuring Financial Inclusion: The Global Financial Inclusion Index*, Washington, D.C.: World Bank.

Demirgüç-Kunt, A., et Ross, L. 2008. *Finance and Economic Opportunity*. Document de travail, N°.4468, Banque Mondiale, Washington, DC, 34 pages.

Demirgüc-Kunt, A., Klapper, L. 2013. Measuring Financial Inclusion: Explaining Variation in Use of Financial Services across and Within Countries. *Brookings Papers on Economic Activity*, spring, pp. 279–340.

Fonds Monétaire International (FMI). 2015. Le FMI table sur un taux de croissance de 6 % au Cameroun en 2015, Rapport.

Fungáčová, Z., and Weill, L. 2014. Understanding Financial Inclusion in China, *Bank of Finland, BOFIT Institute for Economies in Transition.*

Fungácová, Z., et Weill, L. 2015. Understanding Financial Inclusion in China. *China Econ. Rev.*34, pp. 196–206.

Gauthier, B., Bigsten, A., Collier P., Stefan, D., Fafchamps, M., Willem Gunning, J., Oduro, A., Oostendorp, R., Pattillo, C., Soderbom, M., Teal, F., et Zeufack, A. 2003. Credit Constraints in Manufacturing Enterprises in Africa. *Journal of African Economies*, Vol. 12, N° 1, pp. 104-125.

Groupe de la Banque mondiale. 2016. U*n nouveau rapport révèle une forte baisse des populations non bancarisées.*

Helms, B. 2006. *Access for All: Building Inclusive Financial Systems.* Banque Mondiale, Washington, DC, 170 pages.

Honohan, P. et Michael K. 2009. *Cause and Effect of Financial Access: Cross-Country Evidence from the Finscope Surveys*, document préparé pour la conférence « Measurement, Promoting, and Impact of Access to Financial Services », Washington, DC, 12-13 mars, *Banque Mondiale*, 28 pages.

Honohan, P. 2004. *Financial Sector Policy and the Poor: Selected Findings and Issues.* World Bank Policy Research Paper 43, World Bank, Washington, D.C.

Honohan, P. 2005. *Measuring Microfinance Access: Building on Existing Cross-country Data.* Banque Mondiale. Document de travail, N°. 3606, Washington, DC, 31 pages.

Honohan, P. 2006. *Household Financial Assets in the Process of Development.* Document de travail N°. 3965, Washington, DC, Banque Mondiale, 50 pages.

Honohan, P. 2007. *Cross-country Variation in Household Access to Financial Services.* World Bank, Washington, D.C.

Honohan, P. 2008. Cross-country Variation in Household Access to Financial Services. *Journal of Banking and Finance*, N°. 32, pp. 2493-2500.

IMCE (Institut Mondial des Caisses d'Épargne). 2006. *L'accès aux services financiers en Afrique.*

Johnson, S. et Nino-Zarazua M. 2009. «Financial access and exclusion in Kenya and Uganda», *Papers in International Development*, N°.

1, Center for Development Studies (CDS), University of Bath, Bath, 34 pages.

Johnson, S., Markku, M. et Nino-Zarazua, M. 2010. The role of informal groups in financial markets: Evidence from Kenya. *Papers in International Development,* N°. 7, Bath, UK, Center for Development Studies (CDS), University of Bath, 36 pages.

Kacem, S., et, S. G. 2010. Analyse des déterminants de l'accès aux services financiers des associations de microcrédit dans la Tunisie rurale. Document de travail, Université de Sfax.

Kempson, E., Claire, W., John, C., et Sharon, C. 2000. *In our Out? Financial exclusion: A literature and research review*, Consumer research 3, FSA (Financial Services Authority), 100 pages.

Leyshon, A., et Thrift, N. 1995. Geographies of Financial Exclusion: Financial Abandonment in Britain and the United States. *Transactions of the Institute of British Geographers, New Series*, Vol. 20, N°. 3, pp. 312-341.

Mago, S., et Chitokwindo, S. 2014. The Impact of Mobile Banking on Financial Inclusion in Zimbabwe: A Case for Masvingo Province. *Mediterranean Journal of Social Sciences*, 5(9), pp. 221-230.

Matin, I., David, H., et Stuart, R. 2002. Finance for the Poor: From Microcredit to Micro financial services. *Journal of International Development*, N°. 14, pp. 273-294.

Morduch, J. 1999. The Microfinance Promise. *Journal of Economic Literature*, Vol. XXXVII, pp. 1569-614.

Morduch, J. 2000. The Microfinance Schism. *World Development*, Vol. 28, N°. 4, pp. 617-629.

Morvant-Roux, S., et Jean-Michel, S. 2007. De l'exclusion financière à l'inclusion par la microfinance, *Horizons bancaires*, N°. 334, décembre, pp. 55-70.

Navajas, S., Schreiner, M., Meyer, R., et Gonzalez-Vega, C. 2000. *Microcredit and the Poorest of the Poor: Theory and Evidence from Bolivia*, World Development, 28, 333-346.

Nino-Zarazua, M., et Copestake, J. 2009. *Financial inclusion, vulnerability, and mental models: From physical access to effective use of financial services in a low-income area of Mexico*

City. Document de travail, N°. 2, Bath, Center for Development Studies (CDS), University of Bath, Bath Papers in International Development, 27 pages.

OCDE. 2006. « Les ménages sont-ils plus vulnérables du fait de leur endettement croissant ? », *Perspectives économiques de l'OCDE*, 2006/2, N°. 80, pp.165-190.

Pitt, M., et Khandker, S. 1998. The Impact of Group-Based Credit on Poor Households in Bangladesh: Does the Gender of Participants Matter? *Journal of Political Economy*, Vol. 106 (5), pp. 958-996.

Sarma, M. 2008. *Index of Financial Inclusion*. ICRIER Working Paper.

Sarma, M. 2012. *Index of Financial Inclusion A measure of Financial Sector Inclusive*. Berlin working papers on money, finance, trade and Development, *working paper.* [Online]Available: http://finace-and-trade,titw-berlin.de (May 7, 2012)

Tuesta, D., Sorensen, G., Haring A., Cámara, N. 2015. *Financial inclusion and its Determinants: the case of Argentina*. Working Paper, No. 15/03 Madrid, January 2015.

UNCDF. 2006. *Building Inclusive Financial Sectors for Development*, United Nations Capital Development Fund (UNCDF), New York, 182 pages.

UNCDF. 2015. *Finance inclusive : Améliorer l'accès aux services financiers.*

Zins, A. et Weill, L. 2016. The Determinants of Financial Inclusion in Africa. *Review of Development Finance* 6, pp. 46–57.

Chapitre 4 :

Le capital bancaire et l'inclusion financière dans la communauté économique et monétaire de l'Afrique centrale

André Arnaud ENGUÉNÉ et Issidor NOUMBA

Introduction

Un nombre grandissant de pays a adopté des stratégies d'inclusion financière ces dernières années. Celles-ci s'inscrivent souvent dans le cadre des stratégies plus globales de développement financier et peuvent mobiliser divers types de partenaires multilatéraux ou bilatéraux au développement. D'après l'enquête « Global Financial Inclusion and Consumer Protection Survey 2017 » de la Banque Mondiale, un quart des pays du monde a élaboré des stratégies de ce type et un autre quart prépare de nouvelles stratégies. Il apparaît que certaines stratégies nationales portant sur le secteur financier ont dans l'ensemble contribué fortement à l'expansion des circuits financiers, à la stabilité financière et au renforcement de l'inclusion financière. Des exemples montrent que les principaux facteurs de réussite englobent une bonne coordination entre des organismes d'État et privés afin de mettre en place des réformes réglementaires appropriées. La réglementation des fonds propres des établissements de crédit marque un point d'ancrage sur ces réformes réglementaires.

La régulation des fonds propres des établissements de crédit reste la priorité du processus de Bâle. Ce processus vise à harmoniser les réglementations bancaires nationales (Gerhig, 2013). Ainsi, à la grave crise bancaire qui avait réduit la surface financière des établissements de crédit au cours des années 80/90, les autorités de la Communauté Economique et Monétaire de l'Afrique Centrale (CEMAC) décidèrent en octobre 1990 de mettre sur pied la Commission Bancaire de l'Afrique Centrale (COBAC). Celle-ci a pour mission de réglementer, contrôler et restructurer le secteur bancaire. La COBAC a ainsi permis l'établissement d'un cadre réglementaire proche des standards internationaux (COBAC, 2009).

Si l'industrie bancaire de la CEMAC se porte mieux depuis quelques années, c'est grâce à une surveillance prudentielle de la COBAC. Mais, on note la défaillance de financement de l'économie malgré la rentabilité avérée des établissements de crédit (Hugon, 2007). Ainsi, deux principales faiblesses peuvent être présentées. La première est la sous-capitalisation des établissements de crédit (Noumba et Enguene (2019) et la seconde faiblesse reste le niveau limité d'accès des agents économiques tant formels qu'informels aux services financiers.

S'agissant de la problématique relative à l'accès aux services financiers, elle demeure un enjeu important pour le développement des économies africaines en général et celles de la CEMAC en particulier. En effet, l'accès aux services financiers participe d'une meilleure attractivité de l'économie. L'un des grands enjeux reste ainsi l'inclusion financière. Pourtant, la libéralisation financière opérée dans les années 1980 a permis d'observer un certain développement financier. Cependant, dans les pays de la CEMAC, on note encore un faible niveau d'accès aux services financiers de base. Comme le soulignent Avom et Bobbo (2018, p. 175), *18 % seulement de la population adulte possèdent un compte bancaire, 10 % dispose d'une épargne et 4 % seulement bénéficie d'un emprunt auprès d'un établissement de crédit formel.*

L'inclusion financière peut être définie par opposition à l'exclusion financière, c'est-à-dire qu'il s'agit « d'un processus par lequel une personne ne rencontre pas de difficultés pour accéder et/ou utiliser des services et des produits financiers proposés par des prestataires classiques (banques et/ou établissements de crédit), adaptés à ses besoins et lui permettant de mener une vie sociale normale dans la société dans laquelle elle appartient » (Bayot et Jérusalmy, 2011). Autrement dit, l'inclusion financière renvoie à un meilleur accès et à une utilisation plus intensive des services financiers (Guérineau et Jacolin, 2013). À partir de cette dernière définition, l'existence d'une meilleure inclusion financière est une dimension importante de l'approfondissement du développement financier. Afin de remédier à cette exclusion financière, qui touche à des degrés différents les agents économiques les plus vulnérables aussi bien dans les pays développés que ceux en développement, les pays du G20 ont décidé de faire de l'inclusion financière un enjeu majeur de l'agenda international de développement. Les stratégies visées comprennent les réformes réglementaires facilitant l'accès aux services financiers innovants, et des mesures renforçant l'éducation financière.

S'agissant des réformes réglementaires mises en place au cours des dernières années, on note une évolution du niveau du capital bancaire à travers les différents accords de Bâle. Ainsi, Bâle I constitue un élément fondateur de la régulation bancaire internationale, car chaque risque doit être couvert par un certain montant de fonds propres pour assurer la sécurité globale du marché et minimiser les risques de nature systémique. Bâle II par contre vise une harmonisation des règles en matière d'exigence en capital bancaire. De ce fait, le pilier 2 de cette réglementation porte sur une exigence minimale de fonds propres. De plus, en réponse à la crise financière de 2007/2008 voire 2010, avec la crise de la dette souveraine, les autorités réglementaires internationales ont mis en place Bâle III. Cette dernière réglementation bancaire internationale vise à renforcer les exigences de fonds propres, notamment en matière de détention du capital bancaire. Cette dernière réglementation remet à l'ordre du jour la problématique de l'importance du capital bancaire dans le fonctionnement des activités des établissements de crédit.

Par conséquent, vu son importance, la notion de capital bancaire cristallise l'attention des chercheurs et des professionnels. En effet, le capital bancaire dérive de deux notions plurielles qui sont complémentaires. Ces deux notions sont celles du « capital économique » et « du capital réglementaire ». Le capital réglementaire vise à assurer la solidité et la stabilité des institutions bancaires individuelles et du système bancaire dans son ensemble (Tiesset et Troussard, 2005). C'est une mesure collective qui s'applique à tous les acteurs intervenant sur le marché. Le capital économique par contre est une mesure individuelle qui vise la prise en compte exhaustive des risques. Elle est d'une part, définie par chaque établissement de crédit, et d'autre part permet de mesurer chaque type de risque (Tiesset et Troussard, 2005). Ces deux ratios participent de la gouvernance financière dont l'enjeu est de protéger les dépôts des clients tout en améliorant l'activité d'intermédiation bancaire.

Le capital bancaire représente les ressources propres d'un établissement de crédit qui lui permettent d'octroyer des crédits sans financement extérieur. Généralement, cela prend en compte des fonds propres (c'est-à-dire des actions ordinaires) et les bénéfices dégagés et non distribués et d'autres réserves exceptionnelles. Le capital n'a pas à être remboursé, ce qui en fait un outil efficace pour absorber les déficits engendrés lors de ses activités. C'est dans ce cadre que les régulateurs tels que les commissions bancaires fixent une exigence minimale en ce qui concerne le capital bancaire.

En particulier, les difficultés d'accès aux services financiers peuvent être engendrées dans certains cas et amplifiées par la nécessité pour les établissements de crédit de respecter la réglementation, pour d'autres cas ; elles sont susceptibles de créer ou de renforcer l'exclusion financière. Cependant, si plusieurs études ont été menées dans les pays en développement pour faire ressortir les facteurs liés à l'inclusion financière, très peu se sont encore appesanties sur les déterminants de nature réglementaire comme le soulignent opportunément Avom et Bobbo (2018). Le problème que pose cet article est de donner une explication sur la manière de réduire le faible niveau d'inclusion financière dans la zone CEMAC. On peut dès lors se poser la question de savoir, quel est l'effet du capital bancaire sur le financement des économies de la zone CEMAC ?

L'objectif de ce chapitre est donc d'évaluer l'effet du capital bancaire dans l'amélioration de l'inclusion financière de la CEMAC. Spécifiquement, il s'agit de déterminer l'effet du capital bancaire sur le coût réel du crédit (le taux effectif global), les crédits accordés à l'économie et la structure par terme des crédits. Nous supposons que, si le capital bancaire contribue significativement au financement de l'économie, alors il participe à l'inclusion financière.

La première section du chapitre examine quelques faits stylisés en rapport avec le capital bancaire minimum en comparaison avec d'autres régions et pays africains, ainsi que l'évolution de quelques indicateurs de performance du système bancaire. La deuxième section aborde la revue de la littérature. La troisième section présente le cadre méthodologique, tandis que la quatrième met en évidence les principaux résultats obtenus.

1. Le système bancaire de la cemac : faits stylisés

Le capital bancaire dans la Communauté Economique et Monétaire de l'Afrique Centrale est en constante mutation. Toutefois, un rapport du FMI (2012) sur l'état du système bancaire de la CEMAC instruit les établissements de crédit à se conformer à la nouvelle réglementation en matière « de capital social minimum »[29]. Outre ce constat, on relève aussi que les établissements de crédit de la CEMAC financent difficilement les agents économiques à besoin de financement (ABF) à moyen et à long terme.

Le premier constat porte sur le faible niveau du capital bancaire minimum des établissements de crédit. En prenant pour référence les économies telles que la Tunisie, le Nigéria, l'Algérie, le Ghana et l'Afrique du Sud, on constate que ces pays ont des niveaux de capital bancaire minimum les plus élevés du continent (tableau 1). De plus, pour l'Afrique de l'Ouest, la Commission Bancaire de l'Afrique de l'Ouest fixe le capital bancaire minimum des établissements de crédit à 10 milliards de francs CFA, un seuil largement en deçà de ceux des pays cités plus haut.

Tableau 1 : Capital bancaire minimum comparé de quelques pays africains

Pays	**Capital bancaire minimum** (en monnaie locale)	**Capital bancaire minimum en millions F CFA (XAF)**
Afrique du Sud	250 millions de Rands	10 676
Algérie	10 milliards de Dinars algérien	47 407
CEMAC	10 milliards XAF	10 000
Ghana	400 millions de Cedis	47 655
Nigeria	25 milliards de Nairas	38 971
UEMOA	10 milliards XOF	10 000
Tunisie	150 millions de Dinars tunisien	31 601

Source : Auteurs, à partir des données issues des banques centrales et les commissions bancaires.

Or, en remontant le temps, on constate que les pays de la CEMAC n'avaient pas une norme uniforme en matière de capital bancaire minimum. Ainsi, les législations nationales du Cameroun[30] et du Gabon[31] avaient fixé le capital bancaire minimum à un (1) milliard de francs CFA. Mais le capital bancaire des établissements de crédit variait

[29] Auparavant, Avom et Eyeffa (2007) ont posé la problématique de l'impact de la restructuration bancaire sur l'activité des établissements de crédit dans la CEMAC.
[30] Décret N° 90/1470 du 09 novembre 1990.
[31] Arrêté N° 01/00/MEFBP

de 150 millions à 300 millions de francs CFA pour les établissements de crédit des autres pays[32] de la CEMAC.

C'est dans ce contexte que la COBAC décide en 2009, de fixer, d'uniformiser et d'harmoniser le capital bancaire minimum des établissements de crédit de la CEMAC. Pour résoudre ce problème, la COBAC, instance de régulation, décide également après la crise financière de 2007/2008 et conformément à la réglementation bancaire internationale, d'augmenter le seuil en capital bancaire minimum d'une part, et de l'harmoniser d'autre part. La COBAC fixe désormais le capital bancaire minimum des établissements de crédit (CBM) à 10 milliards de francs CFA[33]. Cette nouvelle norme a pour objectif de rendre les établissements de crédit plus stables, solides et capables d'accroître l'offre de financement bancaire au profit des ABF.

Tableau 2 : Répartition des banques de la CEMAC selon leur niveau en CBM au 31/12/2018

Pays	**Capital bancaire minimum** (10^6 XAF)	**Nombre de banques**	**Niveau du capital bancaire minimum par pays**					
			Fortement capitalisées (CBM>10000) (%)		**Correctement capitalisées** (CBM=10000) (%)		**Sous-capitalisées** (CBM<10000) (%)	
Cameroun	169 996	16	5	9,6	7	11,53	4	7,79
Congo	111 477	10	3	5,7	6	11,53	1	1,92
Gabon	176 583	10	6	11,5	3	5,76	1	1,92
Guinée Équatoriale	57 830	5	1	1,92	3	5,76	1	1,92
RCA	35 127	4	/	0	2	3,84	2	3,84
Tchad	74 044	8	1	1,92	4	7,79	4	7,79
Total	**625 057**	**53**	**16**	**31,37**	**24**	**43,13**	**13**	**25,49**

Source : Auteurs, à partir du Bulletin de la COBAC (2016).

Au 31 décembre 2018, le système bancaire de la CEMAC était constitué de 53 établissements de crédit répartis comme suit : 16 au

[32] Voire l'Ordonnance N° 75/053 du 12 juillet 1975 en République Centrafricaine (RCA) ; la Loi N° 3/66 du 7 juin 1966 au Congo ; le Décret N° 2/1987 du 02 juin 1987 en Guinée Équatoriale et le Décret N° 20/PR.E.T du 04 février 1965 au Tchad.

[33] Toutefois, afin d'éviter les effets néfastes et contre-productifs, ce rehaussement du capital bancaire devait se faire graduellement dans une période de cinq ans à partir de 2009.

Cameroun, 10 au Congo, 10 au Gabon, 5 en Guinée Équatoriale, 4 en RCA et 8 au Tchad (Tableau 2). Par ailleurs, sur le plan comptable, le CBM cumulé de ce système bancaire a atteint le seuil des 611,505 milliards de francs CFA. Ainsi, suivant les niveaux de capital bancaire, on relève que le Gabon possède le système bancaire le mieux capitalisé. Le CBM agrégé de ce pays se chiffre à hauteur de 176,583 milliards de francs CFA. Le Cameroun, qui vient en deuxième du rang, a un niveau de CBM de 169,996 milliards[34] de francs CFA. Le Congo, le Tchad, la Guinée Équatoriale, et la RCA présentent les seuils respectifs de 111,477 ; 74,044 ; 57,830 et 35,127 milliards de francs CFA.

Toutefois, malgré une amélioration de la situation financière des établissements de crédit de la CEMAC, ces derniers éprouvent toujours d'énormes difficultés à financer les ABF. Autrement dit, l'accès aux services financiers reste toujours un problème important malgré l'amélioration du niveau du capital bancaire des établissements de crédit de la CEMAC. Ainsi, la question qui se pose est celle de savoir quels sont les facteurs explicatifs du faible niveau de financement des agents économiques (considéré ici comme un indicateur d'inclusion financière) ? En d'autres termes, quels sont les facteurs susceptibles d'améliorer l'offre des crédits bancaires en zone CEMAC ?

L'inclusion financière s'accélère au plan mondial grâce à internet et à la vulgarisation de la téléphonie mobile. Mais cette progression reste inégalement répartie d'un pays à un autre, dans un pays, d'une zone géographique à une autre. Ainsi, le rapport de la Banque Mondiale sur l'utilisation des services financiers montre aussi que sur le plan microéconomique, les hommes ont plus de chance d'avoir un compte bancaire que les femmes. Dans le monde, 69 % des adultes soit 3,8 milliards de personnes détiennent aujourd'hui un compte bancaire (...), ce qui est un facteur essentiel pour sortir de la pauvreté. Cependant, alors que le taux de détention d'un compte a nettement augmenté dans certains pays, les progrès sont lents dans d'autres, souvent à cause des fortes disparités entre les hommes et les femmes, ainsi qu'entre les pauvres et les riches ou encore entre les agents économiques à capacité de financement (ACF) et les ABF.

---

[34] Au moment de l'étude, le capital minimum agrégé du système bancaire du Cameroun se chiffrait à 159.996 milliards. On peut également ajouter deux autres banques à savoir la BC-PME (10 milliards de F. CFA) et la CCA BANK (10 milliards de F CFA).

Dans les économies en développement, on constate en effet une augmentation significative du niveau des transactions financières de 2009 à 2018. La proportion des détenteurs d'un compte courant a augmenté durant cette période. Bien que des efforts restent à faire, on note néanmoins une hausse de l'accès aux services financiers, mais également des opportunités considérables pour les pouvoirs publics et le secteur privé dans le but d'accroître le nombre d'utilisateurs et d'améliorer l'inclusion financière dans ces pays. Aussi, les services numériques ont joué un rôle fondamental dans les avancées récentes et demeurent essentiels pour atteindre l'objectif d'inclusion financière universelle.

Le financement de l'économie désigne « l'ensemble des mécanismes par lesquels les agents économiques (ménages, entreprises, États…) satisfont leurs besoins de financement. Le financement de l'économie peut se réaliser par mobilisation de l'épargne existante (financement non monétaire) ou par création monétaire (financement monétaire). Il peut se réaliser par mobilisation de l'épargne existante (financement non monétaire) ou par création monétaire (financement monétaire) » (Beitone et al, 2007, p. 245). Les ABF peuvent se financer directement auprès des ACF. Ce mode de financement suppose néanmoins l'intervention d'un intermédiaire financier, c'est-à-dire un établissement de crédit. Les ABF peuvent aussi se financer en s'adressant à un intermédiaire financier pour se procurer les capitaux dont ils ont besoin. L'intermédiaire financier se charge de collecter des fonds auprès des épargnants. Ce mécanisme de financement fait appel au crédit bancaire.

La faiblesse de l'intermédiation financière et les écarts entre les ACF et les ABF peuvent être appréhendés par les indicateurs tels que M2/PIB (Hugon, 2007). Pour certains auteurs, il serait possible d'accroître les réserves obligatoires et de rémunérer davantage les dépôts à terme, mais ceci risquerait de conduire à un coût de crédit excessif pour les petites et moyennes entreprises (PME). Pour les établissements de crédit, le financement des PME suppose au préalable des mécanismes spécifiques soutenus par des fonds publics. Un environnement économique et institutionnel serein est nécessaire pour favoriser une transformation du court en moyen terme de la part des établissements de crédit. Ainsi, les établissements de crédit de la CEMAC sont enclins à consentir des crédits à moyen terme aux ABF, à cause notamment des conditions réglementaires, économiques et institutionnelles.

Dans la CEMAC, on peut relever que l'analyse par terme des encours de crédits octroyés ces dernières années laisse apparaître une certaine vitalité des crédits à l'économie dans la CEMAC (à court, moyen et long termes), même si, en valeur relative, le niveau des crédits à long terme reste encore très faible comme il ressort du Tableau 3.

Tableau 3 : Évolution des crédits par terme et quelques indicateurs de performance (2000 – 2016)

	2000	2002	2004	2006	2008	2010	2012	2014	2016
Court terme (106 FCFA)	1107,9	1126,5	1153,8	1115,4	1239,0	1233,4	1371,3	1800,5	1823,0
Moyen terme (106 FCFA)	348,5	426,3	474,1	491,9	556,7	721,6	834,4	994,8	1102,7
Long terme (106 FCFA)	43,8	43,5	45,9	42,9	57,2	64,4	62,8	77,2	108,4
Crédit à l'économie (106 FCFA)	1500,2	1596,3	1673,9	1650,3	1853,0	2019,4	2268,6	2872,6	3034,1
Intérêt moyen des prêts (%)	13,33	12,46	11,11	11,04	10,93	11,48	10,95	9,18	9,31
Marge d'intérêt net (%)	10,62	9,81	8,56	8,51	8,72	9,24	9,36	8,03	7,90
Crédits/PIB (%)	9,52	9,57	9,60	9,60	8,48	7,65	7,95	8,44	10,19

Source : Auteurs, à partir des données COBAC et BEAC

En somme, l'essence même d'un système bancaire est son rôle de transformation et d'intermédiation financière. Il doit être orienté vers le financement des ABF. Pour ce faire, les établissements de crédit de la CEMAC doivent être capables de transformer les ressources courtes en ressources longues, afin de résoudre l'épineux problème de la surliquidité des établissements de crédit de la CEMAC. Mais, pour le faire, elles doivent respecter certaines exigences prudentielles telle la détention d'un niveau de capital bancaire minimum. Ce dernier doit satisfaire les objectifs traditionnels de stabilité, de solidité, mais aussi d'amélioration du niveau d'inclusion financière en termes de financement de l'économie. Il doit aussi ,et surtout permettre aux établissements de crédit d'être des pourvoyeurs de fonds rentables pour les agents économiques à besoin de financement.

2. Revue de la littérature

Pour une meilleure inclusion financière, il faut renforcer les institutions intermédiaires (Creusot et Prousat, 2009). Il n'y a pas de pensée plus révélatrice pour montrer l'importance du capital bancaire pour les établissements de crédit. En effet, il s'agit, sur le plan macroéconomique, d'accroître les ressources propres des établissements de crédit. Le capital bancaire a des vertus qui permettent aux établissements de crédit d'exercer leurs activités. Or, la mesure de l'inclusion financière dont il s'agit dans ce travail est la mise à disposition des capitaux aux ABF. Autrement dit, il s'agit de montrer à partir des travaux existants, l'influence du capital bancaire sur le financement de l'économie. Le capital bancaire est l'une des sources de financement d'un établissement de crédit. La réglementation en matière d'exigence en capital bancaire minimum des établissements de crédit influence le niveau et la qualité des crédits bancaires nécessaires au financement d'une économie (CAE, 2012). Cette réglementation modifie le volume des prêts, ou de l'emprunt bancaire. Il s'en suit un impact plus ou moins modéré en fonction de l'importance du système bancaire dans le financement de l'économie, car les établissements de crédit réagissent différemment en fonction du volume du capital bancaire minimum pour assurer la satisfaction des demandes de crédits des différents agents économiques. Il est question de montrer l'effet du capital des établissements de crédit sur le financement de l'économie, aussi bien sur le plan théorique qu'empirique. Dans une première partie, nous analysons le cadre théorique et dans la seconde partie nous analysons le cadre empirique.

Au niveau de la théorie de la transmission de la politique monétaire, le rôle des capitaux des établissements de crédit a été ignoré, notamment par (Gambacorta et Mistulli, 2004). Pourtant Meh (2011, p. 28), affirme que : « Le canal du capital bancaire est le mécanisme par lequel les mesures de politique monétaire ou les autres chocs influent sur le crédit bancaire au travers de leur incidence sur les fonds propres des banques ». Il développe alors un modèle théorique qui explique le rôle du capital bancaire dans la transmission de la politique monétaire. Son analyse théorique porte sur le mécanisme de transmission de la politique monétaire en présence d'un rôle endogène du capital bancaire. Son analyse est basée sur ce qu'il appelle « nouveau keynésien dynamique avec rigidité des prix modifiés » (Meh, 2011, p. 26). Cette approche méthodologique permet de réduire les frictions financières sur le financement externe des entreprises. Ainsi, les établissements de crédit qui souffrent de cette situation augmentent leur prime de financement externe. Cette prime explique le rôle endogène de la valeur nette d'une entreprise et du capital bancaire dans leur modèle. En effet, la « prime de financement imposée par les déposants décroît quand le niveau de capital bancaire augmente » (Meh, 2011, p. 28). Ce résultat est obtenu à partir d'une simulation qui met en évidence un effet « d'accélérateur financier » dans l'évolution endogène du capital des établissements de crédit. Le capital bancaire est capable, selon ces auteurs, d'amplifier et de propager l'effet d'un choc monétaire sur le plan macroéconomique.

De plus, un modèle quantitatif a été développé par Meh et Moran (2011) composé de deux variantes pour analyser l'importance du capital bancaire dans l'activité des établissements de crédit. La première variante porte sur la liaison entre la croissance du capital bancaire et la « valeur nette d'une entreprise ». La deuxième variante porte sur la liaison entre la politique monétaire et l'activité économique.

Le modèle théorique mobilisé est un « modèle d'équilibre général dynamique ». Cette modélisation théorique est une extension du modèle théorique développé par Holmstrom et Tirole (1997). Ce modèle traite de deux sources de risque moral. Le premier met en évidence la liaison entre le capital bancaire des établissements de crédit et le besoin en ressources des entreprises. Le second exerce une influence sur la liaison entre les établissements de crédit et leurs fonds propres. En effet, la première source de risque moral existe parce que les demandeurs de fonds prêtables peuvent choisir de prendre les activités risquées dans le but de profiter des « avantages privés ». Pour résoudre ce problème, les établissements de crédit contraignent les entreprises à financer en partie leurs projets. La deuxième cause du risque moral découle du fait que les établissements de crédit ne font pas assez de contrôles sur les entreprises ayant un besoin de financement. Pour pallier cette insuffisance, les ACF demandent aux ABF d'investir une partie de leur capital dans le financement de leur propre projet.

Or, à partir d'un modèle d'équilibre général du secteur financier, Bolton et Freixas (2006) analysent les effets de la transmission de la politique monétaire sur les prêts bancaires et le marché financier. Pour eux, « les prêts bancaires sont contraints par une exigence de la détention des fonds propres », Bolton et Freixas (2006, p. 829). Aussi, l'asymétrie informationnelle accroît le « coût de financement » au capital des établissements de crédit. Pour ce faire, les établissements de crédit réduisent le coût de leur financement et ne disposent plus que du montant exigible sur le plan réglementaire. Le financement par le capital a un coût plus accru que les autres sources de financement. Dans ce modèle, comme le soulignent Myers et Majluf (1984, p. 187) : « les causes de cette augmentation sont des coûts liés à l'asymétrie d'information ». L'asymétrie d'information affecte la valeur du capital bancaire. Il existe un « coût endogène » pour l'émission d'actions, et par conséquent, un coût endogène sur les prêts bancaires. Or, il est important de rappeler que la base des fonds propres des établissements de crédit[35] est une composante capitale dans la détermination du « montant total du crédit bancaire ». Une conséquence visible du coût endogène du capital est sans aucun doute le développement des équilibres multiples tels que le resserrement du crédit ou la contraction du crédit.

De plus, les travaux de Van Den Heuvel et Skander (2008) expliquent le mécanisme de transmission de la politique monétaire. Pour ces auteurs, le capital des établissements de crédit joue un rôle important dans le financement des entreprises. Ces auteurs distinguent « le rôle du capital bancaire dans le canal du crédit bancaire ». Ils émettent l'hypothèse que les établissements de crédit qui sont soumis à une réglementation forte en matière de capital bancaire réduisent leur niveau de financement aux ABF, car les ACF font face à un marché de « capital imparfait » qui ne leur permet pas d'émettre facilement de nouvelles actions. Cette situation fait en sorte que les établissements de crédit augmentent le niveau des taux d'intérêt. Cette augmentation des taux d'intérêt conduit à une réduction du niveau des prêts bancaires. Les établissements de crédit doivent par conséquent supporter une charge dans un contexte où leur rentabilité décroît. Cette situation empêche l'accumulation du capital bancaire et contraint les établissements de crédit à réduire leurs prêts. Les établissements de crédit ont alors une obligation de respecter les exigences imposées par le régulateur. Ainsi, le canal de capital bancaire est nécessairement important par le fait que le coût qui incombe aux établissements de crédit résulte du déséquilibre entre l'actif et le passif d'un établissement de crédit. Ce déséquilibre conduit à un coût nécessaire à la transformation des échéances.

---

[35] Ce qui inclut les bénéfices non répartis.

Par ailleurs, Van Den Heuvel et Skander (2008) analysent le rôle des prêts bancaires dans la transmission de la politique monétaire en prenant en compte la réglementation du niveau de capital bancaire. Ils développent une méthodologie dynamique de la gestion de l'actif et du passif d'un établissement de crédit. Ce modèle intègre les exigences en capital bancaire fondées sur l'incertitude et un marché imparfait de fonds propres des établissements de crédit. Ces auteurs prennent en compte « un déséquilibre des échéances dans le bilan des établissements de crédit ». Ils proposent un canal de capital bancaire à travers lequel la politique monétaire se répercute sur les prêts bancaires par le truchement de ses effets sur les fonds propres des établissements de crédit. Par contre, cette mécanique ne se base pas sur un rôle particulier des réserves bancaires liées au canal de prêts bancaires. Une des caractéristiques fondamentales du modèle développé par Van Den Heuvel et Skander (2008) réside dans la prise en compte du capital bancaire. De plus, ces auteurs émettent une hypothèse fondamentale en estimant que : « les établissements de crédit ne peuvent pas facilement émettre de nouvelles actions pour accroître leurs fonds propres bancaires » (Van Den Heuvel et Skander, 2008, p. 301), car l'émission de nouvelles actions génère des coûts supplémentaires par rapport à la réglementation du capital bancaire minimum. Pour eux, une banque modèle doit être celle qui est capable de procéder à une transformation des échéances. Ainsi, un décalage entre le passif et l'actif expose l'établissement de crédit à un « risque de taux d'intérêt », car l'augmentation du taux d'intérêt conduit de façon aléatoire à un accroissement rapide de la marge nette d'intérêt, et par conséquent à une contraction des prêts. Pour ces auteurs, « les prêts bancaires dépendent de l'adéquation des fonds propres du système bancaire » Van Den Heuvel et Skander (2008, p. 316). Les prêts accordés par les établissements de crédit faiblement dotés en capital bancaire ont une réaction plus amplifiée aux chocs de politiques monétaires que les prêts accordés par les établissements de crédit fortement capitalisés. Ce résultat suggère aussi que les chocs sur les profits des établissements de crédit à l'instar des « défauts de paiement » peuvent également avoir un impact persistant sur les prêts bancaires.

Une étude menée plutôt par Van Den Heuvel (2002) suggère qu'un canal indépendant de la politique monétaire donne au canal du capital bancaire un rôle important en matière de financement des agents économiques. Selon cet auteur, un choc sur le canal de capital bancaire affecte l'économie réelle par l'intermédiaire du canal de prêts bancaires. Le canal de capital bancaire n'est pas un terme exclusivement propre à la transmission de la politique monétaire. Il est considéré comme une mécanique dont le capital bancaire joue un rôle dans la transmission des chocs allant du secteur financier à l'économie réelle (BCBS, 2011). De plus, Francis et Osborne (2009) analysent le capital bancaire sous le vocable de canal de capital bancaire. Ainsi, un ajustement des taux directeurs par la Banque Centrale affecte le profit des établissements de crédit. De même, une accumulation du capital bancaire affecte les prêts bancaires et donc l'économie réelle dans sa dynamique de long terme. Pour ces auteurs, la raison pour laquelle le capital bancaire joue un rôle crucial dans le comportement d'offre de prêts bancaires est l'imperfection des marchés de capitaux, car il est difficile pour un établissement de crédit de mobiliser des ressources à tout moment sur les marchés. Ces différentes études concluent à un effet positif du capital bancaire sur l'offre de crédit bancaire. Autrement dit, le capital bancaire améliore le niveau de l'inclusion financière dans une économie.

Toutefois, Brun et al. (2013) analysent les effets réels des exigences en fonds propres sur la distribution des crédits en France. Cette étude mesure les effets du capital bancaire réglementaire sur la distribution des crédits. Les auteurs posent comme cadre théorique le passage de Bâle I à Bâle II. Dans leurs analyses empiriques, ils exploitent la double variation du capital bancaire pour estimer empiriquement la semi-élasticité du crédit aux exigences en fonds propres bancaires. Ils utilisent une méthodologie leur permettant de corriger les effets de demande de crédit au niveau de l'entreprise et les effets d'offre de crédit au niveau de l'établissement de crédit. Leur résultat est le suivant : « une exigence supplémentaire d'un point de pourcentage du capital bancaire réduit la distribution de crédit de 10 % » (Brun et al, 2013 ; p. 2).

De même, Dietsch et al. (2016) analysent les effets des exigences en capital sur la distribution des crédits aux PME. Ces auteurs mettent l'accent sur une sous-évaluation du risque de crédit dans l'utilisation des formules servant à calculer le capital bancaire réglementaire. Ils évaluent l'impact des exigences en capital réglementaire sur les portefeuilles de crédits aux entreprises des six premiers groupes bancaires opérant en France. Ainsi, ils comparent les exigences en capital économique mesurées par un modèle multi-facteurs avec un modèle de risque de crédit de portefeuille. Ce modèle permet de tenir compte de l'hétérogénéité des entreprises demandeuses de fonds prêtables auprès des établissements de crédit en les distinguant selon leur taille. Ils aboutissent à deux types de résultats. Le premier est que les formules servant au calcul des fonds propres réglementaires ne sous-estiment pas le risque de crédit de portefeuille de crédits bancaires, car les exigences en capital bancaire réglementaire sont souvent supérieures aux exigences en capital bancaire économique dans leur large majorité. Le second résultat de cette étude montre que les modèles de capital bancaire réglementaire surestiment la sensibilité des emprunteurs au cycle d'activité économique. Ainsi, les exigences en capital bancaire économique sont tirées à la baisse par des effets de diversification induits par l'hétérogénéité des emprunteurs.

Par contre, une étude menée par Woo (2003) analyse le faible niveau des fonds propres sur l'activité des établissements de crédit du Japon. En effet, le faible niveau du capital bancaire avait limité l'activité des prêts bancaires à cette économie dans les années 1990. Cet auteur utilise pour cela un échantillon des établissements de crédit représentant environ 90 % des actifs de ce système bancaire. Les analyses portent sur la dynamique entre l'évolution des éléments des bilans bancaires et le capital des établissements bancaires. Les résultats de cette étude corroborent l'hypothèse selon laquelle la baisse des fonds propres des établissements de crédit a accru le rationnement de crédit durant cette période. Ce rationnement de crédit est principalement dû à une dégradation du capital bancaire des établissements de crédit. Il existe ainsi une corrélation positive et statistiquement significative entre le ratio de capital bancaire et la croissance du niveau des prêts bancaires.

En outre, Bernanke et Lown (1991) dans le cadre des USA pensent que le déficit de financement observé au cours de la fin des années 1980 coïncide avec le renforcement de la réglementation en capital bancaire[36]. En effet, l'exigence réglementaire en capital bancaire est fondée sur le niveau de risque encouru par les établissements de crédit. Depuis la mise en œuvre du ratio de Cooke en 1988, plusieurs autorités réglementaires l'ont implémenté. Cette exigence est caractérisée par un resserrement des critères, au niveau du provisionnement pour des pertes probables en matière des prêts bancaires. On note le développement aux USA des actions coercitives précoces. Á ce stade, l'adoption d'une exigence réglementaire en capital fondée sur les risques a augmenté le nombre d'établissements de crédit disposant d'un capital en dessous du

[36] Mise en place du ratio de Cooke à partir de Bâle I.

minimum exigible. Les résultats de cette étude confirment l'hypothèse d'une contraction de crédit. Pour Bernanke et Lown (1991, p. 204) : « ce sont les pressions sur le niveau de capital bancaire qui induisent un changement significatif vers la gauche de la courbe d'offre de prêts bancaires. »

Par ailleurs, une étude récente menée par Van Den Heuvel (2011) utilise les données issues de l'industrie bancaire américaine. Il examine empiriquement l'effet de la politique monétaire sur la production des crédits bancaires. L'objectif de cette étude est d'examiner si, à un instant donné, la production bancaire est plus sensible aux mesures du capital bancaire. Cette étude évalue ainsi les pays ayant des systèmes bancaires bien dotés en capital et ceux faiblement dotés en capital bancaire. Les résultats de cette étude nous amènent à constater que lorsque le système bancaire d'un État fédéral présente un faible niveau en capital bancaire, sa capacité à octroyer des crédits est plus sensible aux variations des taux des fonds fédéraux ou à d'autres indicateurs de la politique monétaire. Ce résultat est cohérent avec l'existence d'un canal de capital bancaire et d'un canal de prêt bancaire.

Enfin, Levieuge (2005) dans son article se concentre sur l'étude du « cœur du canal de capital bancaire », en l'occurrence le développement du lien entre « fonds propres et offre de crédits ». Cet auteur souligne l'importance de la santé financière des établissements de crédit sur leur comportement d'offre de fonds prêtables. Pour lui, les institutions bancaires scandinaves et japonaises offrent des indices probants à cette analyse, car les institutions proches des seuils exigés de capitalisation (ou déjà en deçà) ont, soit tendance à rationner le crédit bancaire, soit à imposer les conditions de prêts bancaires plus sévères. Ainsi, conformément à la théorie du canal de capital bancaire, ce sont les petits établissements de crédit (surtout) qui éprouvent plus de difficulté à se recapitaliser. Ce sont ces mêmes établissements de crédit qui sont à l'origine de l'affaiblissement de l'offre de crédits bancaires.

En somme, les analyses ci-dessus permettent de lever toute ambiguïté quant à l'incidence du capital bancaire sur l'offre de prêts bancaires. Si un large consensus s'accorde à accepter l'influence du capital bancaire sur le volume de financement consenti, le coût et les conditions de crédit sont également visés (Woo, 2003). À la lumière de ces différents travaux empiriques, on peut formuler l'hypothèse que le capital bancaire des établissements de crédit influence le volume et les conditions offertes et/ou le coût du crédit. Notons aussi que, de façon générale, la relation entre capital bancaire et offre de crédit réside dans la prise en compte des exigences réglementaires en la matière (préservation du capital réglementaire).

3. Méthodologie

Dans cette partie, nous présenterons dans un premier temps les données et leurs sources et, dans un deuxième temps, l'approche méthodologique mobilisée dans le cadre de l'étude.

3.1 Les données

Les données que nous utilisons dans ce travail ont été extraites des rapports d'activité et des bulletins de la COBAC et de la BEAC, dans lesquels on retrouve les informations comptables des six pays de la CEMAC dans le domaine bancaire. Ces sources fournissent les données sur le capital bancaire minimum, principale variable de contrôle en jeu de l'étude, mais également les données portant sur le niveau des crédits à court, moyen et long termes. Ces sources ont en fin fourni les informations sur le taux effectif global, les crédits au secteur privé, à l'économie, aux entreprises publiques et aux non-résidents. L'étude couvre un panel de six pays (Cameroun, Congo, Gabon, Guinée Équatoriale, République Centrafricaine et Tchad). Ces différentes données couvrent la période allant de 1998 à 2018. Le choix de cette période se justifie par le fait qu'elle permet d'observer l'effet sur le temps du niveau du capital bancaire minimum sur l'amélioration de l'offre des services bancaires dans la CEMAC, notamment le financement de l'économie.

Les sources de données présentées ci-dessus permettent de voir que nous utilisons dans le cadre de cette étude neuf séries de données. En effet, nous avons décomposé le financement de l'économie en une triple dimension qui reflète au mieux l'offre de crédits bancaires aux ABF. Il s'agit de la dimension coût (coût réel du crédit supporté par l'emprunteur) ; de la dimension structure (court, moyen et long termes) et de la dimension agent (crédit à l'économie, aux entreprises publiques, au secteur privé et aux non-résidents). Le tableau 4 ci-dessous nous permet d'avoir une vue globale de toutes ces variables.

Tableau 4 : Définitions et sources de données

Notation et unité des variables	Définitions	Source
CBM (10^6 FCFA)	Capital bancaire minimum (capital exigible lors de l'ouverture d'un établissement de crédit).	COBAC
CCT (10^6 FCFA)	Crédits à court terme (crédits dont la durée n'excède pas 2 ans).	COBAC
CMT (10^6 FCFA)	Crédits à moyen terme (crédits dont la durée est comprise entre 2 et 7 ans).	COBAC
CLT (10^6 FCFA)	Crédits à long terme (crédits dont la durée est supérieure à 7 ans).	COBAC
CE (10^6 FCFA)	Crédits à l'économie (ensemble des financements à court, moyen et long termes mis à la disposition des opérateurs économiques au cours d'une année).	COBAC
TEG (%)	Taux effectif global (coût réel d'intérêt supporté par l'emprunteur).	BEAC
CSP (10^6)	Crédits au secteur privé (crédits octroyés aux entreprises privées).	COBAC
CEPU (10^6)	Crédits aux entreprises publiques (crédits octroyés aux entreprises publiques).	COBAC
CNR (10^6)	Crédits aux non-résidents (crédits octroyés aux agents économiques qui se situent hors de la zone CEMAC ou qui y résident depuis moins d'un an).	COBAC

Source : Auteurs.

Après la présentation des différentes variables et les sources de nos données, nous indiquons ci-après la méthodologie d'analyse et la méthode d'estimation.

3.2 Approche méthodologique

Trois modèles empiriques nous permettent d'analyser l'effet du capital bancaire minimum sur l'amélioration de l'offre de financement de l'économie de la CEMAC. Empiriquement, nous considérons un modèle VAR en panel avec k-variables d'ordre p. Ce modèle présente un panel spécifique à effets fixes représenté par le système d'équations linéaires suivant :

$$Y_{it} = Y_{it-1}A_1 + Y_{it-2}A_2 + \cdots + Y_{it-p+1}A_{P-1} + Y_{it-p}A_{.p} + X_{it}B. + \mu_{it} + \xi_{it} \qquad (1)$$

$$i \in \{1, 2, \dots, N\}, t \in \{1, 2, \dots , \quad T_i\}$$

Où $Y_{.it}$ est un vecteur (1*k) de variables dépendantes ; X_{it} est un vecteur (1*l) de variables exogènes ; μ_{it} *et* ξ_{it} sont respectivement les vecteurs (1*k) des variables dépendantes des effets fixes et spécifiques et des erreurs idiosyncratiques. La matrice (k*k) A_1, A_2,..., $A_{.p}$ et la matrice (l*k) B. sont des paramètres à estimer. Abrigo et Love (2016) estiment que les innovations ont les caractéristiques suivantes. $E[\xi_{it}] = 0, E[\xi'_{it}\xi_{it}] = \sum_{.}$, $E[\xi'_{it}\xi_{it}] = 0$ pour tout $t > s$. De façon spécifique, nos modèles VAR en panel se présentent ainsi qu'il suit.

Modèle 1 : Impact du CBM sur la structure par terme des crédits

$$CCT_{it} = \alpha_{10} + \alpha_{11}CCT_{it-1} + \alpha_{12}CBM_{it-1} + \alpha_{13}CMT_{it-1} + \alpha_{14}CLT_{it-1} + \mu_{1i} + \vartheta_{1t} \quad (2)$$

$$CMT_{it} = \alpha_{20} + \alpha_{21}CCT_{it-1} + \alpha_{22}CBM_{it-1} + \alpha_{23}CMT_{it-1} + \alpha_{24}CLT_{it-1} + \mu_{2i} + \vartheta_{2t} + \xi_{2it} \quad (3)$$

$$CLT_{it} = \alpha_{30} + \alpha_{31}CCT_{it-1} + \alpha_{32}CBM_{it-1} + \alpha_{33}CMT_{it-1} + \alpha_{34}CLT_{it-1} + \mu_{3i} + \vartheta_{3t} + \xi_{3it} \quad (4)$$

Modèle 2 : Impact du CBM sur les crédits à l'économie

$$CE_{it} = \beta_{10} + \beta_{11}CE_{it-1} + \beta_{12}CBM_{it-1} + \beta_{13}CEPU_{it-1} + \beta_{12}CSP_{it-1} + \beta_{15}CNR_{it-1} + \mu_{1i} + \vartheta_{1t} + \xi_{1it} \quad (5)$$

Modèle 3 : Impact du CBM sur le coût réel du crédit

$$TEG_{it} = \gamma_{10} + \gamma_{11}TEG_{t-1} + \gamma_{12}CBM_{it-1} + \mu_{1i} + \vartheta_{1t} + \xi_{1it} \quad (6)$$

Avec $i = 1, \dots, 6$ pays et t, l'horizon temporel $(1998 - 2018)$.

Où μ_{ji}, ϑ_{jt} *et* ξ_{jit} représentent respectivement les effets spécifiques des pays, les effets spécifiques temporels et l'erreur idiosyncratique. *TEG* est le taux effectif global, *CBM* le capital bancaire minimum, *CE*, les crédits à l'économie, *CCT*, *CMT* et *CLT* respectivement les niveaux de crédits à court terme, moyen et long termes.

Le modèle VAR en panel (PVAR) couvre plusieurs champs d'application selon Abrigo et Love (2016). Les paramètres ci-dessus peuvent être estimés conjointement ou indépendamment des effets fixes après quelques transformations en utilisant équation par équation par la méthode des moindres carrés ordinaires (MCO). Mais, les résultats seront biaisés à cause de la variable endogène retardée se trouvant du côté droit de l'équation[37]. Pour résoudre ce problème, Sigmund et Ferstl (2017) ou encore Abrigo et Love (2015) préconisent l'utilisation de l'estimateur GMM.

4. Résultats empiriques

Dans cette section, nous présentons dans un premier temps une analyse descriptive des données, puis dans un second temps, nous présentons et nous discutons les résultats obtenus de l'analyse économétrique des données.

4.1 Analyse descriptive des données

Le tableau 5 ci-dessous présente les statistiques descriptives des différentes variables. L'on constate premièrement que le niveau moyen du capital bancaire minimum des pays de la CEMAC tourne autour de 53.006,32 millions de francs CFA. Or, les pays tels que la RCA et de la Guinée Équatoriale ont des niveaux agrégés de capital bancaire inférieurs à cette moyenne. Par contre, les pays tels que le Cameroun, le Congo, le Gabon et le Tchad ont des niveaux agrégés de capital bancaire minimum supérieurs à cette moyenne. On relève aussi que le niveau du capital bancaire minimum des établissements de crédit de la CEMAC oscille entre 4.500 millions et 176.520 millions de francs CFA.

Tableau 5 : Statistiques descriptives

Variables et unités	Nombre d'observations	Moyenne	Écart-type	Minimum	Maximum
CBM (10^6 FCFA)	126	53.006,32	49.708,6	4.500	176.520
CLT (10^6 FCFA)	126	18.866,66	38.883,8	0	233.554
CMT (10^6 FCFA)	126	252.242,2	406.436,9	0	2.430.232
CCT (10^6 FCFA)	126	154.458,9	261.514,5	0	1.678.449
CE (10^6 FCFA)	126	38.118,73	99.930,26	1045	681.209
TEG (%)	126	9,476404	3,654649	1,07	16,46
CEPU (10^6 FCFA)	126	28.720,72	35.496,19	950	146.346
CSP (10^6 FCFA)	126	4.410,83	52.0547,4	37.643	2.276.497
CNR (10^6 FCFA)	126	36.166,47	56.601,63	124	345.289

Source : Auteurs, sous Stata v 14.

[37] Les estimations seraient biaisées même avec un échantillon N grand (Nickell, 1981), car le biais approche de zéro lorsque T est grand. Judson et Owen (1999) à partir des simulations trouvent un biais significatif quand T = 30.

Deuxièmement, en ce qui concerne le niveau par terme des crédits, on relève que le niveau moyen des crédits accordés est plus élevé pour les crédits à court terme que pour les crédits à moyen terme et les crédits à long terme. Troisièmement, concernant le niveau moyen des crédits accordés ABF, deux faits sont à relever. Primo, le niveau moyen des crédits accordés aux entreprises publiques est, près de six fois, supérieur à celui accordé au secteur privé, soit 28 720,72 millions francs CFA pour les entreprises publiques et 4 410,83 millions francs CFA pour le secteur privé. Secondo, les établissements de crédit de la CEMAC ont une préférence accrue à accorder les crédits aux non-résidents. Ainsi, les agents économiques non-résidents bénéficient d'une moyenne annuelle de crédits de 36 166,47 francs CFA.

Quatrièmement, le niveau moyen du taux effectif global de la CEMAC est de 9,476 % au cours de la période de l'étude. Ce tableau nous permet de relever que ce taux oscille entre 1,07 % et 16,46 %. Dans la plupart des cas, les établissements de crédit de la CEMAC pratiquent une politique de taux élevés sur leurs opérations d'offres de crédits. On peut, sur cette base, comprendre pourquoi le crédit bancaire coûte cher dans la CEMAC.

Le tableau 6 ci-dessous présente la corrélation entre le capital bancaire minimum et les différentes variables utilisées dans le cadre de cette étude (colonne en gras). Ce tableau met en exergue les différentes corrélations linéaires entre les variables, ainsi que leur niveau de significativité au seuil de 5 %.

Tableau 6 : Matrice de corrélation entre variables

	CBM	**CLT**	**CMT**	**CCT**	**CE**	**CEPU**	**CSP**	**CNR**	**TEG**
CBM	**1,0000**								
CLT	**0,4288* 0,0000 126**	1,0000							
CMT	**0,5932* 0,0000 126**	0,8809* 0,0000 126	1,0000						
CCT	**0,5348* 0,0000 126**	0,3605* 0,0001 126	0,5868* 0,0000 126	1,0000					
CE	**0,6174* 0,0000 126**	0,3443* 0,0002 126	0,4069* 0,0000 126	0,1525 0,1054 126	1,0000				
CEPU	**0.4220* 0.0000 126**	0,2208* 0,0182 126	0,4230* 0,0000 126	0,7736* 0,0000 126	0,1414 0,1335 126	1,0000			
CSP	**0,8119* 0,0000 126**	0,3393* 0,0002 126	0,5757* 0,0000 126	0,7482* 0,0000 126	0,3820* 0,0000 126	0,498* 0,0000 126	1,0000		
CNR	**0,5557* 0,0000 126**	0,2075* 0,0267 126	0,4702* 0,0000 126	0,870* 0,0000 126	0,923 0,3289 126	0,7706* 0,0000 126	0,8432* 0,0000 126	1,0000	
TEG	**-0.22* 0.0000 126**	-0,11 0,23666 126	-0,14* 0.0219 126	-024* 0.0092 126	-0,19* 0.0428 126	-0,28* 0.0019 126	-0,22* 0.0168 126	-0,24* 0.0082 126	1,0000

Source : Auteurs, sous Stata v 14. Note : la première ligne de la case correspondante donne le coefficient de corrélation entre deux variables. La seconde ligne donne le degré de significativité dudit coefficient au seuil de 5 %. La troisième ligne indique le nombre d'observations.

Lorsqu'on se concentre uniquement sur la première colonne (colonne en gras) du tableau 6, on constate qu'il existe une corrélation positive entre le capital bancaire minimum et les variables telles que : les crédits à court, moyen et long terme ; entre le capital bancaire minimum et les crédits à l'économie, aux entreprises publiques, aux entreprises privées et aux non-résidents.

Par contre, les données du même tableau 6 mettent en évidence une corrélation négative entre le capital bancaire minimum et le taux effectif global (-0,22). Deux interprétations peuvent se faire à ce niveau. D'une part, le capital bancaire minimum influence positivement le niveau par terme des crédits (crédits à court, moyen et long termes) et le niveau des crédits accordés aux agents économiques déficitaires (crédits à l'économie, crédits aux entreprises publiques, crédits au secteur privé et crédits aux non-résidents). D'autre part, le niveau du capital bancaire minimum tend à baisser le coût réel de crédit supporté par l'emprunteur. On peut enfin remarquer que tous les coefficients de la première colonne sont significatifs au seuil de 5 %.

4.2 Estimations économétriques

Dans un premier temps, nous présentons les tests de stationnarité des différentes variables en jeu avant de nous appesantir sur la présentation les résultats des estimations empiriques des modèles spécifiés. Dans un second temps, nous procédons à l'analyse de la décomposition de la variance de l'erreur de prévision découlant des modèles estimés.

4.2.1 Tests de stationnarité

Les tests de Levin–Lin–Chu (LLC) et de Im–Persaran–Shin (IPS) sont utilisés pour apprécier la stationnarité des séries (variables) des modèles spécifiés. Les résultats sont présentés dans le tableau 7 ci-dessous où les séries stationnaires en niveau sont indicées (*) et celles stationnaires en différence première sont indicées (**). Il convient de rappeler que nous avons un panel calibré, car les séries sont disponibles sur toute la période (21 ans) et pour tous les 6 pays étudiés. Les données du tableau montrent que toutes les séries sont stationnaires en niveau ou en différence première.

Tableau 7 : Tests de stationnarité

Variables/Séries	**Tests de Levin-Lin-Chu (LLC tests)**		**Tests de Im-Persaran-Shin (IPS)**	
	Séries stationnaires en :			
	Niveau	Différence première	Niveau	Différence première
	P-value	P-value	P-value	P-value
CBM*	0,08	0,028	0,166	0,00
CLT**	0,00	0,00	0,707	0,00
CMT**	0,10	0,00	0,27	0,00
CCT**	1,00	0,00	0,49	0,00
CE**	0,95	0,00	0,89	0,00
TEG*	0,00	0,00	0,00	0,00
CEPU**	0,12	0,00	0,40	0,00
CSP**	0,39	0,00	0,92	0,00
CNR**	0,10	0,00	0,06	0,00

Source : Auteurs, sous Stata v 14.

Rappelons également que les estimations d'un modèle PVAR standard ne donnent pas toujours de résultats robustes parce qu'il y a perte des données à la suite de la différenciation des variables. Nous avons alors suivi Sigmund et Ferstl (2017) qui proposent d'utiliser la méthode d'estimation développée par Holtz-Eakin et al. (1988), car elle donne des estimations plus efficaces. Nous présentons les résultats issus de cette méthode d'estimation plus loin.

4.2.2 Résultats des estimations de l'effet du capital bancaire sur les variables d'intérêt

D'abord, le tableau 8 présente les résultats de l'effet du capital bancaire sur le taux effectif global. Les résultats affichés sur ce tableau montrent que le niveau de capital bancaire a un effet négatif et significatif au seuil de 1 %, sur le coût réel du crédit supporté par l'emprunteur. On peut donc oser énoncer que le niveau du capital bancaire minimum influence à la baisse le niveau du taux effectif global. Ce résultat vient confirmer celui trouvé à travers le calcul de la corrélation linéaire entre le CBM et le TEG. Ainsi, un accroissement du niveau du capital bancaire minimum tendrait à réduire le coût réel du crédit supporté par l'emprunteur. Cela pourrait encourager les opérateurs à emprunter davantage pour financer les investissements rentables, créer de la valeur et, probablement, les emplois.

Tableau 8 : Effet du capital bancaire sur le coût réel d'accès au crédit (Équation 5)

Variables	CBM_{t-1}	z	p>|z|	TEG_{t-1}	z	p>|z|	Constante	z	p>|z|
TEG_{t-1}	-0,0002*** (0,00)	-3,35	0,00	-0,290 ** (0,082)	-3,52	0,00	-0,233 * (0,164)	3,0	0,00

Source : Auteurs, sous Stat v14. Note : *** $p < 0{,}001$; ** $p < 0{,}005$; * $p < 0{,}1$. *Écarts-types sont entre parenthèses*

Ensuite, le tableau 9 présente les résultats des estimations de l'effet du capital bancaire minimum sur la structure par terme des crédits, c'est-à-dire sur les différentes échéances de remboursement des crédits. Les données de ce tableau permettent d'apprécier successivement l'effet du capital bancaire minimum sur les niveaux des crédits à court terme, à moyen terme et à long terme.

Premièrement, le capital bancaire minimum semble lié positivement et de manière significative (coefficient positif et significatif au seuil de 1 %), aux crédits à long terme (Équation 4 du tableau 9). Autrement dit, un accroissement du niveau de capital bancaire minimum accroîtrait le niveau des crédits à long terme, avec les mêmes conséquences que la diminution du taux l'effectif global décrit plus haut. D'ailleurs, avec les crédits à long terme, les opérateurs économiques peuvent financer les projets dont les délais de récupération sont également longs, comme les cultures de rente, prépondérantes dans la plupart des pays de la CEMAC (cacao, café, huile de palme, etc.) ou les projets industriels.

Deuxièmement, le capital bancaire minimum influencerait de façon négative et significative le niveau des crédits à moyen terme (Équation 3 du tableau 9). Une baisse du niveau du capital bancaire minimum conduirait à la diminution du niveau des crédits à moyen terme.

Troisièmement, le capital bancaire minimum semble avoir un effet négatif et significatif au seuil de 1 %, sur le niveau des crédits à court terme. Une baisse du niveau du capital bancaire se traduirait par la diminution du niveau des crédits à court terme. Autrement dit, lorsque le capital bancaire est faible, les établissements de crédit auraient tendance à rationner le crédit, en arbitrant en faveur des crédits à long terme plus risqués, mais qui procurent aux établissements de crédit un taux d'intérêt plus élevé que les taux à court et à moyen termes. Ces résultats semblent corroborer ceux trouvés antérieurement, notamment par Woo (2003).

Au regard de ces trois catégories de résultats, on peut valablement parler d'hétérogénéité des effets du capital bancaire minimum sur les crédits classés par terme. Dans le cas spécifique des pays de la CEMAC qui nous intéressent dans ce travail, accorder davantage de crédits à long terme lorsque le capital bancaire minimum augmente est manifestement une très bonne nouvelle. En effet, comme l'ont montré les données qui apparaissent sur le tableau 3 ci-dessus, les établissements de crédit semblent privilégier manifestement les crédits à court et, dans une moindre mesure, les crédits à moyen terme. Or les crédits de cette nature ne sont pas destinés au financement des projets qui exigent les délais de récupération ou de rentabilité assez longs, quelle que soit la capacité de transformation des établissements de crédit. En effet, ils opèrent en zone CEMAC où le niveau d'épargne intérieure demeure faible, avec un marché financier encore très embryonnaire. Par conséquent, l'augmentation du capital bancaire minimum serait un substitut convenable par rapport à la finance indirecte que propose, par exemple, un marché boursier ou obligataire développé.

Enfin, comme il ressort du tableau 10 ci-dessous, le capital bancaire minimum semble lié positivement et de manière significative aux crédits à l'économie. Une augmentation du capital bancaire minimum aurait de fortes chances de provoquer une augmentation des crédits à l'économie. Ces résultats confirment ceux trouvés par Brun et al. (2014) qui ont montré qu'une baisse de 1 % du capital bancaire minimum réduit la distribution des crédits de 10 %, notamment pour les agents économiques déficitaires. Les mêmes résultats permettent également de corroborer, au moins en partie, l'hypothèse selon laquelle l'augmentation du capital bancaire minimum serait un stimulant de l'inclusion financière captée par le niveau de financement de l'économie par le crédit bancaire.

Tableau 9 : Effet du capital bancaire minimum sur la structure par terme du crédit

Variables	CBM_{t-1}	z	p>|z|	CCT_{t-1}	z	p>|z|	CMT_{t-1}	z	p>|z|	CLT_{t-1}	z	p>|z|	Constante	z	p>|z|
Équation 2 CCT_{t-1}	-5,555** (0,416)	-13,3	0,00	0,099** (0,022)	25,97	0,00	4,51*** (0,002)	-31,55	0,00	2,622* (0,100)	25,97	0,00	0,231** (0,017)	-4,641	0,00
Équation 3 CMT_{t-1}	42,845* (4,659)	9,19	0,00	3,813* (0,203)	18,77	0,00	-4,370* (0,138)	-31,62	0,00	40,076* (0,835)	47,96	0,00	0,401*** (0,003)	3,739	0,00
Équation 4 CLT_{t-1}	2,556** (0,378)	6,7	0,00	0,337** (0,018)	18,37	0,00	-0,423* (0,126)	-33,39	0,00	3,892** (0,078)	49,56	0,00	-0,00 *** (0,000)	-0,002	0,00

Source : Auteurs, sous Stata v 14. Notes : *** $p < 0,001$; **$p < 0,005$; *$p < 0,1$; *écarts-types entre parenthèses.*

Tableau 10 : Effet du capital bancaire sur les crédits à l'économie

Variables	CBM_{t-1}	z	p>|z|	CE_{t-1}	z	p>|z|	$CEPU_{t-1}$	z	p>|z|	CSP_{t-1}	p>|z|	p>|z|	CNR_{t-1}	z	p>|z|	Constante	z	p>|z|
Équation 5 CE_{t-1}	3,07* (0,18)	-16,3	0,00	0,3 *** (0,005)	-60,3	0,00	-1,7** (0,01)	-12,3	0,00	-0,04** (0,01)	-35,8	0,00	0,6** 0,008)	77,3	0,00	-0,3** (0,06)	-0,04	0,00

Source : Auteur, sous Stata v 14. Notes *$p < 0,1$; *écarts-types sont entre parenthèses. Rappel : CEPU = Crédit aux entreprises publiques ; CSP = Crédits au secteur privé ; CNR = Crédits aux non-résidents.*

4.2.3 Décomposition de la variance de l'erreur de prévision

Sur la base de cette décomposition, on peut effectuer trois types d'analyse qui découlent des résultats des estimations des modèles empiriques spécifiés.

D'abord, concernant l'effet du capital bancaire minimum sur le TEG (Tableau 11), on constate deux types d'effets. Premièrement, on observe que près de 25 % de la variation future du coût du crédit est expliquée par le niveau du capital bancaire minimum. En d'autres termes, une variation d'un pour cent du capital bancaire des établissements de crédit de la CEMAC fait baisser le coût réel du crédit supporté par l'emprunteur de 25 % (élasticité égale à 1).

Tableau 11 : Impact du CBM sur le TEG

Variable étudiée et horizon de projection		Variables d'impulsion	
		CBM	**TEG**
CBM	0	0	0
	1	1	0
	2	0,7756	0,2243
	3	0,7489	0,2510
	4	0,7536	0,2463
	5	0,7475	0,2524
	6	0,7471	0,2528
	7	0,7472	0,2527
	8	0,7470	0,2529
	9	0,7470	0,2529
	10	0,7470	0,2529

Source : Auteurs, sous Stata v 14.

Tableau 12 : Impact du CBM sur la structure par terme des crédits

Variable étudiée et horizon de projection		Variables d'impulsion			
		CBM	**CLT**	**CMT**	**CCT**
CBM	0	0	0	0	0
	1	1	0	0	0
	2	0,885	0,035	0,001	0,077
	3	0,796	0,135	0,001	0,666
	4	0,713	0,128	0,980	0,061
	5	0,713	0,121	0,096	0,068
	6	0,695	0,133	0,101	0,074
	7	0,670	0,141	0,118	0,069
	8	0,665	0,136	0,123	0,0743
	9	0,656	0,114	0,124	0,0746
	10	0,642	0,147	0,135	0,073

Source : Auteurs, sous Stata v 14.

Ensuite, concernant l'analyse de l'effet du capital bancaire minimum sur la structure par terme des crédits (Tableau 12), on constate trois effets. Primo, le capital bancaire minimum explique en moyenne 13 % le niveau de crédits à long terme. Secundo, le capital bancaire minimum explique près de 12 %, le niveau des crédits à moyen terme. Tertio, le niveau de capital bancaire minimum explique près de 7 %, le niveau des crédits à court terme.

À partir de ces résultats, on peut soutenir l'idée selon laquelle si un établissement de crédit augmente son niveau de capital bancaire minimum, ce dernier aura tendance à accorder plus de crédits à long terme aux ABF. En effet, l'accroissement du niveau de capital bancaire d'un pour cent a un effet positif sur la distribution des crédits dans la CEMAC. On remarque que l'échéancier de remboursement des crédits à long terme est plus élevé que l'échéancier des crédits à court et moyen termes. Les établissements de crédit disposeront d'assez de fonds prêtables nécessaires aux financements des investissements productifs à long terme, du fait de l'augmentation du capital bancaire minimum.

Tableau 13 : Impact du CBM sur les crédits à l'économie (CE)

Variable étudiée et horizon de projection		Variables d'impulsion	
		CBM	**CE**
Capital bancaire minimum (CBM)	0	0	0
	1	1	0
	2	0,748	0,161
	3	0,461	0,278
	4	0,419	0,224
	5	0,401	0,218
	6	0,352	0,320
	7	0,272	0,334
	8	0,274	0,269
	9	0,298	0,313
	10	0,225	0,388

Source : Auteurs, sous Stata v 14.

Il ressort du tableau 13 ci-dessus que le capital bancaire minimum explique près de 24 % le niveau des crédits octroyés à l'économie.

En somme, ces résultats sont conformes à ceux trouvés plus haut. Ils permettent d'affirmer que le capital bancaire minimum exerce un effet positif sur le financement de l'économie, et donc permet d'améliorer le niveau d'inclusion financière de la CEMAC. Ils confirment, par là-même, l'influence positive et significative du capital bancaire sur le coût réel du crédit supporté par l'emprunteur.

Conclusion

L'objectif principal de cette étude était d'évaluer l'effet du capital bancaire dans l'amélioration de l'indice d'inclusion financière dans les États de la Communauté Economique et Monétaire de l'Afrique Centrale. Spécifiquement, il s'agissait d'évaluer cet effet sur une triple dimension à savoir : la dimension coût, la dimension structure et la dimension capacité de financement de l'économie, un indice de l'inclusion financière. Les données utilisées proviennent essentiellement des rapports et bulletins de la BEAC. Des modèles empiriques VAR en panel dynamique ont été spécifiés et estimés par la méthode des moments généralisés (GMM), en prenant évidemment les précautions d'usage comme la réalisation des tests de stationnarité des séries d'intérêt.

La mobilisation de cette méthodologie a permis de déboucher sur des résultats fort intéressants. En premier lieu, dans la zone CEMAC, le capital bancaire a un effet positif et significatif sur l'indice d'inclusion financière de financement de l'économie. En second lieu, cet effet est aussi significatif et positif sur les crédits à long terme. Troisièmement, le même effet serait significativement négatif sur le taux effectif global, laissant entendre qu'une augmentation du capital bancaire tendrait à réduire le coût du crédit. On peut alors conclure qu'« une économie qui possède un système bancaire bien doté en capital peut mieux absorber les effets négatifs des chocs sur le crédit bancaire » (Meh, 2011, p. 12). Le capital bancaire apparaît ainsi comme un enjeu essentiel pour les pays de la CEMAC.

Il en résulte que le régulateur devrait inciter les établissements de crédit qui opèrent dans la CEMAC, à accroître leur niveau de capital bancaire minimum dans le but d'améliorer le financement de l'économie, un indice d'inclusion financière. Cette recommandation se justifie également par l'observation des données empiriques qui montrent que le capital bancaire en zones UEMOA et CEMAC est largement inférieur à la moyenne des pays comme le Ghana et le Nigeria.

Références

Abrigo, M. R., et Love, I. 2016. Estimation of panel vector autoregression in Stata. *The Stata Journal*, 16 (3), pp. 778-804.

Abrigo, M. R., et Love, I. 2015. *Estimation of panel vector autoregression in Stata: A package of programs*. Manuscript, February 2015, available on http://paneldataconference2015.ceu.hu/Program/Michael-Abrigo. Pdf.

Avom, D., et Bobbo. A. 2018. Réglementation de l'industrie bancaire et exclusion financière dans la Communauté Economique et Monétaire de l'Afrique Centrale. *Revue Afrique Contemporaine*, Vol. 266, N°. 2, pp.175-190.

Avom, D., et Eyeffa Ekomo, S. M. L. 2007. Quinze ans de restructuration bancaire dans la CEMAC : qu'avons-nous appris ? *Revue d'Économie Financière*, pp. 183-205.

Basel Commitee on Banking Supervision. 2011. *Basel III: A global regulatory framework for more resilient banks and banking systems.* BCBS Working Paper series, 12.

Bayot, B., et Jerusalmy, O. 2011. *Rapport inclusion financière*. Namur, Réseau financement alternatif.

Berger, A. N., Herring, R. J., et Szegö, G. P. 1995. The role of capital in financial institutions. *Journal of Banking and Finance*, Vol. 19, N°. 3-4, pp. 393-430.

Bernanke, B. S., et Lown, C. S. 1991. The credit crunch. *Brookings Papers on Economic Activity* (2), pp. 204-239.

Beteigne, A., Cazola, A., Dallo, C. et Drai, A. M. 2007. *Dictionnaire des Sciences Economiques*. Armand Colin, 477 pages.

Bolton, P., et Freixas, X. 2006. Corporate finance and the monetary transmission mechanism. *The Review of Financial Studies*, 19 (3), pp. 829-870.

Brun, M., Fraisse, H., et Thesmar, D. 2013. Les effets réels des exigences en fonds propres. *Débats économiques et financiers, Autorité de Contrôle Prudentiel, Banque de France* (8), pp. 1-55.

Commission bancaire de l'Afrique centrale, Bulletin annuel, 2003, 2009, 2014, 2015.

Commission bancaire de l'Afrique centrale, Rapport annuel, 2003, 2009, 2015, 2016.

Conseil d'Analyse Economique. 2012. *Le financement de l'économie dans le nouveau contexte réglementaire*, Conseil d'Analyse Economique, Paris, pp. 104, 1-228.

Creusot, A. C., et Poursat, C. 2009. Pour une meilleure inclusion financière : Renforcer les institutions intermédiaires. *Revue Tiers Monde*, Vol. 7, N°. 9, pp. 55-92.

Desreumaux, P. 2014. Le renouveau du secteur bancaire en Afrique. *HPS Financial Review*, Vol.1, N°. 1, pp. 72-74.

Diamond, D. W., et Rajan, R. G. 2000. A theory of bank capital. *The Journal of Finance*, Vol. 55, N°. 6, pp. 2431-2465.

Dietsch, M., Dullmann, K., Koziol, P., et Ott, C. 2016. En faveur d'un facteur de soutien aux PME : résultats empiriques au niveau international sur les exigences en capital des prêts aux PME. *Revue Banque de France,* Débats économiques et financiers, Autorité de Contrôle Prudentiel, (10), pp. 1-35.

Dietsch, M., et Fraisse, H. 2013. De combien le capital réglementaire diffère-t-il du capital économique : le cas des prêts aux entreprises par les grands groupes en France. *Revue Banque de France,* Débats économiques et financiers, Autorité de Contrôle Prudentiel, (2), pp. 1-41.

Engler, P., Jokipii, T., Merkl, C., Kaltwasser, P. R., et De Souza, L. V. 2007. The effect of capital requirement on the transmission of monetary policy: Evidence from Austria », *Empirica*, Vol. 34, N°. 5, pp.411-425.

Enguene, A. A. 2020. *Capital bancaire minimum et performance du système bancaire dans la Communauté Économique et Monétaire de l'Afrique Centrale*, Thèse de Doctorat PhD, soutenue à l'Université de Yaoundé II - Soa. 250 pages.

Fonds Monétaire International. 2012. *Communauté Economique et monétaire de l'Afrique Centrale,* Rapport d'activité sur l'évolution des systèmes bancaires en zone CEMAC, 12/075.

Francis, W., et Osborne, M. 2009. *Bank regulation, capital and credit supply: measuring the impact of prudential standards*. Occasional paper, 36.

Gambacorta, L., et Mistulli, P. E. 2004. Does bank capital affect lending behavior? *Journal of Financial Intermediation*, Vol. 13, N°. 13, pp. 436-457.

Gehrig, T. P. 2013. Capital, confiance et compétitivité dans le secteur bancaire. *Revue d'économie financière*, (4), 175-194.

Guérineau, S., et Jacolin, L. 2013. L'inclusion financière en Afrique subsaharienne : faits stylisés et déterminants. *Revue française d'Économie*, Vol. 19, N°. 4, pp. 393-430.

Hancock, D., et Wilcox, J. A. 1994. Bank capital and the credit crunch: The roles of risk weighted and unweighted capital regulations. *Real Estate Economics*, Vol. 22, N°. 1, pp. 59-94.

Holmstrom, B., et Tirole, J. 1997. Financial intermediation, loanable funds, the real sector. *The Quarterly Journal of Economics,* Vol. 12, N°. 3, pp. 663-691.

Holtz-Eakin, D., Newey, W., et Rosen, H. S. 1988. Estimating vector auto-regressions with panel data. *Econometrica*, Vol. 56, N°. 6, pp. 1371-1395.

Hugon, P. 2007. Rentabilité du secteur bancaire et défaillance du financement du développement : le cas de la CEMAC. *Revue Tiers Monde,* Vol. 192, N°. 4, pp. 771-788.

Judson, R. A., et Owen, A. L. 1999. Estimating dynamic panel data models: A guide for macroeconomists. *Economics Letters,* 65 (1), pp. 9-15.

Kashyap, K., Stein, J., et Hanson, S. 2010. *An analysis of the impact of substantially heightened capital requirements on large financial institutions.* University of Chicago and Harvard, Working Paper.

Levieuge, G. 2005. Les banques comme vecteurs et amplificateurs des chocs financiers : le canal du capital bancaire. *Économie internationale*, (4), pp. 65-95.

Meh, C. A. 2011. Bilans des banques, réduction du levier financier et mécanisme de transmission. *Revue de la Banque du Canada,* 12 (4), pp. 25-35.

Meh, C. A., et Moran, K., 2011. The role of bank capital in the propagation of shocks. *Journal of Economic Dynamics and Control,* Vol. 34, N°. 3, pp. 555-576.

Myers, S. C., et Majluf, N. S. 1985. Corporate financing and investment decisions when firms have information that investors do not have. *Journal of Financial Economics*, Vol. 13, N°. 2, pp. 187-221.

Nickell, S. J. 1981. Biais in dynamic models with fixed effects, *Econometrica*, 49 (6), 1417-1426

Noumba, I., et Enguene, A. A. 2019. Capital bancaire minimum et financement de l'économie en zone CEMAC », *Revue Internationale de Gestion et d'Économie (RIGE)*, Série B, Économie, Vol. 2, N°. 7, pp. 4-32.

Pedroni, P. 2004. Panel cointegration : asymptotic and finite sample properties of pooled time series tests with an application to the PPP hypothesis. *Econometric Theory*, Vol. 20, N°. 3, pp. 597-625.

Persaran, H., et Shin, Y. 1998. Generalized impulse response analysis in linear multivariate models. *Economics Letters*, 58 (1), pp. 17-29.

Sharpe, S. A. 1995. Bank capitalization, regulation and credit crunch: A critical review of the research findings, Bord of Governors of the Fed System. *Finance and Economics Discussion Series,* pp. 95-120.

Sigmund, M., et Ferstl, R. 2017. Panel vector autoregression with the R package panel VAR, *ReasearchGate*, Vol. 23, N° 3, pp. 1-36.

Tiesset, M., et Troussard, P. 2005. Capital réglementaire et capital économique. *Revue de la stabilité financière, Banque de France*, Vol. 17, N°. 11, pp. 1-32.

Van Den Heuvel, S. J. 2002. « Does bank capital matter for monetary transmission? *Federal Reserve Bank of New York Economic Policy Review,* Vol. 8, N°. 1, May, pp. 259-265.

Van Den Heuvel, S. J. 2011. *Banking conditions and the effects of monetary policy: evidence from US States, Federal Reserve Board* .Working Paper, No. 3, 24 pages.

Van Den Heuvel, S. J., et Skander, J. 2008. The welfare cost of bank capital requirement. *Journal of Monetary Economic*, Vol. 55, N°. 2, pp. 298-320.

Woo, D. 2003. In search of Capital Crunch: Supply Factors Behind the Credit Slowdown in Japan. *Journal of Money, Credit and Banking*, pp. 1019-1038.

Chapitre 5 :

Les effets de la réglementation bancaire sur l'inclusion financière dans la cemac : une approche en données de panel dynamique

Charly TSALA ONDOBO

Introduction

Le système financier est perçu comme un catalyseur de la croissance économique et plusieurs chercheurs ont mis en évidence les liens entre la finance et la réduction de la pauvreté (Banque Mondiale, 2008 ; Beck et Demirgüç-Kunt, 2008 ; Arcand et al. 2012 ; Hakura, et al. 2015). Considérée comme un important facteur du développement, l'inclusion financière, en plus d'affecter positivement le développement économique, permet de réduire l'économie informelle et d'améliorer les conditions de vie sur plusieurs plans : nutrition, santé, éducation et habitat (Beck et al. 2004 ; Claessens, 2006 ; Honohan et King, 2009 ; Alter et Yontcheva, 2015).

L'inclusion financière a gagné une importance considérable depuis les années 2000, devenant ainsi l'un des piliers de l'agenda international pour le développement. La création en 2010 de la Global Patnership for Financial Inclusion (GPFI), a conduit au lancement d'un Partenariat mondial pour l'inclusion financière, regroupant des gouvernements, des banques centrales, des institutions publiques et privées du secteur financier des pays membres et non membres du G20[38]. Par ailleurs, en

[38] Le G20 représente 85 % de l'économie mondiale et deux tiers de la population. Il est composé de l'Afrique du Sud, de l'Allemagne, de l'Arabie Saoudite, de l'Argentine, de l'Australie, du Canada, de la Chine, de la Corée du Sud, des États unis, de la France, de l'inde, de l'Indonésie, de l'Italie, du Japon, du Mexique, du Royaume-Uni, de la Russie et de l'Union européenne. Les membres du G20 peuvent décider chaque année d'inviter un nombre limité d'autres pays (en principe 5 dont l'Espagne est l'invité permanent) et organisation régionale à leur sommet.

2011, 84 pays en développement membres de l'AFI[39] se sont engagés lors de la « Déclaration de Maya », à atteindre un certain nombre d'objectifs spécifiques et mesurables visant à renforcer l'inclusion financière. Il s'agit notamment de l'adoption de stratégies nationales d'inclusion financière, la promotion des services financiers mobiles, l'amélioration de la protection des consommateurs et de l'éducation financière, la collecte de données, une plus grande transparence des prix, etc. Depuis lors, les dirigeants du G20 font régulièrement part de leur attachement au renforcement de l'inclusion financière.

Cependant, l'accès aux services financiers formels varie grandement entre les pays et les régions. D'après le rapport de la Banque mondiale (2014) sur l'inclusion financière, encore 38 % des adultes dans le monde ne possèdent pas de compte auprès d'une institution financière formelle[40]. Selon ce rapport, les pays de l'OCDE enregistrent le taux de bancarisation des adultes le plus élevé (94 %), taux qui se situe à 69 % en Asie de l'Est et Pacifique, 51 % en Europe et Asie Centrale, 46 % en Asie du Sud. En Afrique subsaharienne, la part de la population adulte possédant un compte bancaire auprès d'une institution financière formelle est de 34 %. On observe notamment que le continent africain connait le niveau le plus faible d'accessibilité financière.

La CEMAC est l'une des régions dont la proportion des adultes possédant un compte bancaire auprès d'une institution financière formelle est la plus faible au monde. En 2017, le Cameroun affichait un taux d'inclusion financière des adultes de plus 15 ans de 35 %. Sur la même période, le Gabon, le Congo, le Tchad et la République Centrafricaine enregistraient respectivement des taux d'inclusion financière de l'ordre 59 %, 27 %, 21 % et 13 %. En moyenne, la proportion des adultes de plus de 15 ans détenant un compte se situe au tour de 35 % sur l'ensemble des six pays qui composent l'espace CEMAC (Banque Mondiale, données globales du Findex 2017). Ce taux reste insuffisant par rapport au niveau moyen de l'Afrique subsaharienne (43 %) et celui des pays en développement (63 %). Ce

[39] AFI : alliance for Financial inclusion les membres de l'AFI se composent de banques centrales et d'autres instances de régulations financières de pays en développement. Le réseau de l'AFI a déjà attiré des institutions de près de 60 pays et 30 autres sont intéressés. Ensemble, ils représentent près de 90 % de la population non bancarisée.

[40] Les institutions financières formelles font référence ici aux institutions bancaires,

bas niveau de l'inclusion financière limite la participation d'une large couche de la population à l'activité économique.

Les Nations Unies ciblent deux dimensions principales de l'inclusion financière. La première est l'accès à une « grande variété » de services financiers « formels ». La deuxième est la possibilité de choisir parmi « plusieurs prestataires » de services financiers. Morduch (1999) note quatre dimensions de l'accessibilité financière : la fiabilité, la convenance, la continuité et la flexibilité. D'abord, la « fiabilité » a trait à la disponibilité des ressources lorsqu'elles sont nécessaires. Ensuite, la « convenance » se rapporte à la facilité avec laquelle les clients ont accès aux services financiers. La « continuité » est la disponibilité en continu ou durable, c'est-à-dire à l'accessibilité à plusieurs reprises. Finalement, la « flexibilité » se réfère au fait que le produit doit être adapté aux véritables besoins de la clientèle. Dans le même sens, Claessens (2006) soulève trois dimensions d'accès. Il soutient l'importance de la « disponibilité », comme Morduch (1999) avec les facteurs de fiabilité et de continuité. Il insiste également sur la « gamme », le « type » et la « qualité » des produits financiers. Claessens (2006) ajoute aussi le « coût », pour souligner l'aspect financier et l'importance de l'adaptation en fonction des ressources de la population. Kumar et al. (2007) citent trois dimensions d'accès : l'accès physique, l'« abordabilité » et l'éligibilité. L'accès physique fait référence au nombre et à la convenance des points de services. L'accès abordable a trait aux coûts associés à l'utilisation des services. L'éligibilité se rapporte aux conditions requises pour obtenir les services financiers. En ce qui concerne le coût, Honohan (2005) soutient que les ménages pauvres devraient vouloir payer en fonction de ce que les services valent à leurs yeux. Sa vision s'apparente à celle de Cull et al. (2009b) pour qui les prix élevés ne diminuent pas la demande pour les services financiers, car les gens demandent à avoir « accès » au crédit et non à avoir accès à des emprunts « abordables ».

Dans la littérature économique, certains chercheurs pensent que les pouvoirs publics jouent un rôle déterminant dans la facilitation de l'accès aux produits et services financiers des populations à travers la mise en œuvre des politiques appropriées (Demirgüc-Kunt et al. 2008). En revanche, d'autres perçoivent les actions gouvernementales et plus précisément la réglementation des activités financières comme un facteur susceptible de créer ou de renforcer l'exclusion financière (Beck et al. 2006, De Boissieu et Couppey-Soubeyran, 2013 et Avom et Bobbo 2014).

Par définition, la réglementation bancaire désigne l'ensemble des mesures légales prises par les autorités nationales (banques centrales, organes de réglementation et contrôle, etc.) ou des instances internationales (Comité de Bâle) et imposées aux différentes institutions bancaires, et dont la finalité est d'assurer le maintien de la stabilité de la sphère bancaire, en améliorant sa résistance aux différents chocs d'une part et protégeant l'épargnant d'autre part. Elle vise d'une manière générale à influencer le comportement des banques et des établissements de crédit dans le sens d'une meilleure gestion des risques individuels qu'ils encourent en soumettant à des mesures structurelles (barrières à l'entrée) et prudentielles (ratio de solvabilité et de liquidité) de contrôle efficace (Avom, 2004). Ainsi la réglementation bancaire renverrait à la mise en place d'instruments qui englobent conjointement les objectifs de stabilité et d'intégrité financière.

Si la réglementation bancaire a été instituée pour garantir la stabilité du système bancaire et éviter les situations de crise systémique, l'on semble méconnaitre les effets de celle-ci sur l'utilisation des services financiers par les populations. Cette étude se propose donc de compléter la littérature sur la question dans le contexte de la CEMAC, en tentant de s'interroger sur l'effet de la réglementation bancaire sur l'inclusion financière. Autrement dit, dans quelle mesure la réglementation bancaire influence-t-elle l'utilisation des services financiers par les populations de la zone CEMAC ?

L'objectif de ce chapitre est donc de déterminer l'effet de la réglementation bancaire adoptée à partir de 1992 sur l'inclusion financière dans la zone CEMAC. Il repose principalement sur l'examen de l'influence des exigences d'adéquation des fonds propres et du taux d'intérêt (variables réglementaires) sur l'utilisation des services financiers par les populations.

La suite du chapitre s'organise comme suit. Dans la section 1, nous présentons le cadre institutionnel de la réglementation bancaire dans la CEMAC. La section 2 est consacrée au cadre conceptuel et méthodologique de l'étude. La section 3 met en exergue les estimations économétriques. La section 4 est consacrée à l'interprétation des résultats et la section 5 conclut et forme quelques recommandations.

1. Cadre institutionnel de la réglementation bancaire en zone cemac

La réglementation bancaire et prudentielle en Afrique Centrale a connu un tournant important en 1992 avec son harmonisation peu après la création de la Commission Bancaire de l'Afrique Centrale (COBAC) en 1990. Avant cette date, les différents pays de la sous-région disposaient chacun de son corps de textes régissant l'activité bancaire.

1.1 Réglementation bancaire en zone CEMAC avant 1992 : Un principe de subsidiarité et de dualité entre les instances nationales et communautaires

De 1960 à 1992, la réglementation bancaire était conjointement assurée par les Conseils nationaux du crédit, la Commission nationale de contrôle et la Banque des États de l'Afrique Centrale (BEAC). À la base, le Conseil national du crédit, constitué des représentants des acteurs de la monnaie et du crédit et présidé par le ministre des Finances, était chargé de déterminer la réglementation bancaire et de veiller à son application.

Plutôt que de prescrire les règles prudentielles de bonne gestion, les compétences réglementaires de ce Conseil visaient à définir les conditions d'accès à l'activité bancaire et celles applicables à la clientèle que les banques devaient respecter. Au niveau intermédiaire, la BEAC était chargée d'organiser le contrôle sur pièces et sur place conformément à la mission qui lui avait été assignée de s'assurer que les banques respectent les prescriptions édictées. Ces tâches ont été confiées à la Direction de contrôle créée en avril 1981 en remplacement de la Cellule de contrôle des banques mise en place en 1979. Les compétences réglementaires de la BEAC se limitaient à déterminer les procédures d'application du plan comptable sectoriel des banques et établissements financiers adopté par le Conseil des Chefs d'État de l'UDEAC. Il convient de mentionner cependant qu'au titre de sa fonction monétaire, la BEAC avait le pouvoir de définir les règles visant à assurer plus généralement la liquidité et d'exercer, par ses instruments de politique monétaire, une influence sur la liquidité des banques. À la fin du processus, on retrouve la Commission nationale de contrôle des banques qui est composée des autorités nationales et du superviseur régional. En fin de compte, c'est à cette Commission qu'incombe la lourde responsabilité de mettre en application les différentes décisions adoptées aux niveaux ultérieurs.

Cette architecture, assez complexe au demeurant, traduit en réalité la volonté des différents États membres de conserver jalousement la surveillance de leur système bancaire au nom du principe de souveraineté. Chaque État voulait que ses banques soient surveillées par la BEAC tout en restant sous son contrôle parallèlement. Face à ces exigences contradictoires, un compromis fut trouvé à travers le principe de subsidiarité dans la répartition des différents rôles. C'est ainsi que, compte tenu de l'expertise et de la technicité requises, le contrôle sur pièces et la conduite des enquêtes sur place furent confiés à la BEAC. De l'autre côté, en tant que garant de la souveraineté nationale, les États ont conservé les pouvoirs réels (par le biais des Conseils nationaux de crédit), s'agissant des décisions en matière de mesures correctives ainsi que des sanctions disciplinaires (à travers la Commission nationale de contrôle des banques).

1.2 Les limites de la réglementation bancaire avant 1992

La fragilité du dispositif réglementaire de la sous-région provient de l'architecture élaborée par les autorités qui confie les compétences techniques à la BEAC et le pouvoir disciplinaire aux États. En premier lieu, en l'absence d'une réglementation appropriée qui les rend illégales, les mauvaises pratiques de gestion bancaire se sont enracinées à l'ensemble des institutions bancaires. En conséquence, dans presque tous les pays, en fonction des intérêts poursuivis par les pouvoirs publics, les Conseils nationaux du crédit déterminaient la grille des taux d'intérêt créditeur et les marges bancaires applicables à la clientèle ainsi que la structure globale des taux d'intérêt.

En second lieu, plusieurs dysfonctionnements peuvent être révélés s'agissant de la dimension prudentielle de cette réglementation. C'est ainsi qu'en matière de solvabilité, bien que les textes prévoient que les banques doivent observer des règles[41] en vue de garantir leur solvabilité,

[41] À titre d'exemple, la réglementation centrafricaine disposait que « les fonds propres des banques doivent assurer : a) la couverture de leurs risques à concurrence de 5 % des crédits mobilisables, 10 % des crédits non mobilisables ; b) la couverture de leurs immobilisations ». Au Cameroun, les fonds propres devaient représenter en permanence, respectivement pour les banques et pour les établissements financiers, 5 % et 10 % de la moyenne des engagements de fin de mois du dernier exercice clos. Des normes de division des risques étaient également prévues ainsi que la couverture

hormis le capital minimum pour l'accès à l'activité bancaire, aucune règle n'impose la disponibilité des fonds propres nets encore moins la couverture des risques par ceux-ci. En ce qui concerne la liquidité, les banques peuvent accorder des crédits dont les échéances ne correspondent pas à celles de leurs dépôts. Par conséquent, il n'y a aucune adéquation entre ressources et emplois. Au niveau de la concentration des risques, des concours peuvent être accordés à l'État et à ses démembrements sans aucun discernement. En matière de provisionnement, aucune règle n'impose réellement la constatation comptable des pertes et la couverture des créances douteuses par des provisions, ni la non perception des produits fictifs. Enfin, l'absence de contrôle interne constitue l'une des faiblesses majeures dans la maîtrise des risques bancaires.

En troisième lieu, en ce qui concerne la dimension supervision notamment, la BEAC exerçait certes le contrôle pour s'assurer, par des enquêtes sur place, du respect des règles édictées par les Conseils nationaux du crédit. Mais, des cellules ou brigades de contrôle du Ministère, selon les pays, intervenaient également dans les banques, empiétant dans les prérogatives de la BEAC. En outre, c'est le ministre des Finances qui autorisait le déclenchement de l'enquête sur place et donnait suite aux conclusions des rapports de vérification de la BEAC. Le contrôle centralisé au niveau de la BEAC était certes une étape importante pour une surveillance bancaire commune. Cependant, ce transfert formel est le seul acquis de l'avancée vers l'union bancaire. Il n'a pas été accompagné de l'octroi de pouvoirs à la BEAC pour imposer des mesures correctives et prendre des sanctions en cas de non-respect des règles, encore moins de retirer, le cas échéant, l'autorisation d'exercer en cas de manquement grave.

L'efficacité de ce dispositif supposait donc que les constats dressés par la BEAC donnent lieu à des sanctions justifiées par la gravité des infractions par l'autorité habilitée. Et c'est dans l'exercice de cette fonction essentielle pour une supervision bancaire efficace que résidait la plus grande faiblesse du dispositif. Aucun contrôle d'un établissement de crédit ne pouvait se faire sans l'autorisation formelle

---

minimale des immobilisations par les fonds propres fixée à 100 %. Le Gabon possédait des dispositions presque identiques à celles du Cameroun sur ces deux dernières normes. Les minimas pour la couverture des engagements par les fonds propres se rapprochaient davantage des dispositions centrafricaines.

des autorités nationales. Et même, lorsqu'une vérification s'opérait, les mesures recommandées n'étaient presque jamais suivies d'effets.

Les Commissions de contrôle des banques prévues dans chacune des lois bancaires chargées d'imposer les mesures correctives et prendre les sanctions à appliquer, restaient peu opérationnelles et ne se réunissaient presque jamais, couvrant de ce fait les errements des dirigeants des banques dans l'application des règles édictées.

Malheureusement, la poursuite de telles pratiques sur presque deux décennies s'est soldée par de nombreuses faillites bancaires à partir de 1985. La profonde réforme engagée en 1990 se présente comme une révolution du secteur qui, en plus d'être sinistré, faisait face à de nombreuses incertitudes. Il ne se passait plus un an sans que des faillites bancaires soient prononcées. La situation d'ensemble des banques en activité était des plus préoccupantes. Face à la gravité de la situation, la mise en place d'une institution chargée de la supervision sans complaisance du secteur bancaire s'imposait. L'avènement de la COBAC était dès lors inéluctable.

1.3 La réglementation bancaire à partir de 1992 : Le rôle fédérateur de la COBAC

Tirant les conséquences de la crise de la fin des années 1980 ainsi que des limites de l'organisation de la réglementation bancaire en vigueur jusqu'à cette date, il revient désormais à la COBAC via la Convention du 16 octobre 1990 de définir les principes de la nouvelle réglementation ainsi que le dispositif prudentiel qui doivent guider ses activités.

1.3.1 Principe de la nouvelle réglementation et attributions de la COBAC

Rattachée à la Banque des États de l'Afrique centrale (BEAC), la COBAC est composée de deux organes : un collège et un secrétariat général. Le collège est constitué du Gouverneur de la BEAC (il assure également la présidence de la Commission), de sept membres (un par pays et un tournant) nommés par le Comité Ministériel de l'UMAC pour un mandat de trois ans renouvelables par tiers, de trois Censeurs de la BEAC et d'un représentant de la Commission bancaire française, désigné par le Gouverneur de la Banque de France. Le secrétariat général, quant à lui, assure la permanence administrative de la

Commission. Il est constitué d'agents de la BEAC mis à sa disposition. Il supervise le contrôle sur pièces et sur place et est habilité à prendre toute mesure d'administration et de gestion que requiert le bon fonctionnement de la COBAC ainsi que l'exécution de ses décisions.

Le dispositif réglementaire mis sur pied par la COBAC repose sur les principes suivants : (i) un contrôle de l'accès à la profession par l'agrément préalable des établissements de crédit par un organe indépendant des États ; (ii) un pouvoir administratif et disciplinaire suffisamment contraignant pour sanctionner les manquements ; (iii) un cadre réglementaire et prudentiel adapté à l'exercice de l'activité bancaire ; (iv) un système rigoureux de contrôle sur pièces et de vérification sur place ; (v) l'attribution de toutes ces responsabilités à une autorité unique. Ce qui permet d'éviter la multiplicité des centres de décisions et la dispersion des responsabilités et de garantir l'indépendance des décisions ; (vi) l'adossement à la BEAC, pour bénéficier des moyens humains et financiers adéquats ainsi que de son autorité.

Afin de lui permettre de mener à bien ses activités, quatre types de pouvoir sont confiés à la COBAC. Il s'agit en premier lieu du pouvoir administratif d'avis conforme, d'autorisation préalable et d'injonction. Dans cette perspective, bien que l'agrément des établissements de crédit, de leurs dirigeants et commissaires aux comptes soit délivré par le ministre des Finances, il est cependant subordonné au préalable à l'avis conforme de la COBAC. Cet avis équivaut à un droit de veto, car étant obligatoirement sollicité, le ministre ne peut passer outre à sa décision. En outre, il revient également à la COBAC d'autoriser la modification de la géographie du capital des établissements de crédit. En second lieu, de par ses compétences réglementaires, la COBAC a le pouvoir de définir les normes prudentielles de gestion que les assujettis doivent respecter. En troisième lieu, le pouvoir de supervision des établissements de crédit lui donne la latitude d'effectuer le contrôle sur pièces et les vérifications sur place à l'aide des normes prudentielles. Enfin, la COBAC est également investie d'un pouvoir juridictionnel. À ce titre, en cas de non déferrement à son injonction ou d'un grave manquement à la réglementation, elle peut prononcer des sanctions allant de l'avertissement au retrait d'agrément. Ses décisions sont exécutoires dès leur notification sauf pour le retrait d'agrément qui ne devient effectif qu'après un délai d'un mois à compter de sa communication au ministre des Finances. Elles ne sont susceptibles de recours que devant la Cour de justice de la CEMAC.

1.3.2 Dispositif prudentiel de la COBAC

Le nouveau dispositif prudentiel élaboré par la COBAC repose simultanément sur les directives du Comité de Bâle et les caractéristiques des économies de la sous-région. Il associe les aspects quantitatifs et qualitatifs de la réglementation bancaire.

Aspects quantitatifs de la réglementation bancaire dans la CEMAC

La dimension quantitative de la réglementation élaborée par la COBAC englobe les normes de solvabilité et de liquidité. Les normes de solvabilité définies par la COBAC sont constituées de cinq ratios et reposent sur le concept de fonds propres inspiré de celui du Comité de Bâle : fonds propres de base et fonds propres complémentaires qui ne sont intégrés qu'à concurrence du noyau dur. (1) Le ratio de couverture des risques par les fonds propres est fixé à 8 % depuis 2006. Cependant, contrairement au ratio de solvabilité du Comité de Bâle qui exclut les risques souverains, celui de la COBAC les intègre, *en fonction du respect de 4 critères de convergence de la surveillance multilatérale.* (2) Le ratio de division des risques est fixé à 45 % contre 25 % pour la norme standard. Ceci, pour tenir compte de l'étroitesse de la base de l'économie des États membres. (3) Le ratio de couverture des immobilisations à 100 % pour empêcher les banques d'affecter les dépôts au financement de leurs immobilisations et donc à financer celles-ci par leurs fonds propres ou des ressources permanentes. (4) La limitation des prises de participation au capital des entreprises à 15 % des fonds propres nets et dont l'ensemble ne doit pas dépasser 45 %. (5) La limitation à 15 % des fonds propres nets, des concours octroyés aux actionnaires, associés, administrateurs, dirigeants et au personnel. Par ailleurs, si ces engagements excèdent 5 % des fonds propres nets, ils viennent en déduction du montant de ceux-ci.

Par contre, les normes de liquidité se limitent à deux ratios seulement. Il y a d'abord le ratio de liquidité, fixé à 100 %, qui oblige les banques à disposer de manière constante de ressources immédiatement disponibles et susceptibles de couvrir au minimum l'intégralité des dettes à échoir dans un mois. Ensuite, le ratio de transformation à long terme oblige les établissements de crédit à financer 50 % au moins des emplois à plus de 5 ans par des ressources de même terme.

Aspects qualitatifs de la réglementation bancaire dans la CEMAC

La dimension qualitative de la réglementation bancaire concerne essentiellement la gouvernance des établissements de crédit. Celle-ci permet de remplir trois principaux rôles : collaborer à la préservation de la confiance des investisseurs et des déposants, contribuer à l'amélioration des performances économiques des différents établissements concernés et finalement, contribuer à la réalisation de la stabilité du système bancaire. Dans la CEMAC particulièrement, la prise en compte de cette dimension de la réglementation bancaire s'est traduite par la mise sur pied, en 2001, du Règlement COBAC R-2001/7sur le contrôle interne. Il s'agit en fait d'un ensemble de règles qui permettent de conforter la gestion transparente des établissements de crédit en atténuant les risques d'abus de certains organes exécutifs et délibérants. Ce faisant, elles constituent un excellent moyen de détection précoce des difficultés des établissements de crédit.

2. Cadre conceptuel et méthodologie

Cette section se propose d'exposer la littérature existante sur les indicateurs de l'inclusion financière. Elle passe en revue les travaux effectués pour mettre en évidence les déterminants de l'inclusion financière. Le modèle empirique est également spécifié ainsi que les données devant conduire à son estimation.

2.1 Revue de la littérature

Les chercheurs s'entendent pour dire qu'il y aurait deux approches pour mesurer l'accès aux services financiers, l'accessibilité financière. La première consiste à utiliser des données détenues par les prestataires de services (offre). La deuxième est d'enquêter directement auprès des ménages à propos de leur utilisation (demande) (Honohan 2005 ; Honohan 2008 ; Cull et Scott, 2009). De plus, les données provenant du côté de la demande peuvent contenir des renseignements pertinents sur les individus ou sur tous les membres du foyer. Les enquêtes auprès de la population peuvent porter exclusivement sur l'accessibilité financière ou traiter principalement d'un autre sujet, mais tout de même inclure une section sur l'utilisation financière.

L'un des défis à relever lorsqu'on voudrait mesurer l'accessibilité financière est de différencier l'accès relativement à l'utilisation des services financiers (CGAP et Banque Mondiale, 2009). En effet, les individus peuvent choisir de ne pas utiliser les services financiers malgré leur disponibilité (exclusion volontaire), réduisant ainsi l'utilisation relativement à l'accès (CGAP et Banque Mondiale, 2009). De ce fait, il faudrait idéalement prendre en compte l'exclusion volontaire pour estimer l'accessibilité réelle (Claessens, 2006). Par contre, Claessens (2006) reconnait que les données sur l'accès sont limitées, ce qui permet difficilement de distinguer l'accès de l'utilisation. Honohan et King (2009) ajoutent que la distinction entre les deux concepts n'est pas essentielle pour mesurer l'accès financier en général. Ainsi, étant donné la relation complexe entre l'accès et l'utilisation, plusieurs chercheurs suggèrent de ne pas séparer les deux concepts et de simplement employer l'utilisation comme indicateur approximatif de l'accès (Chidzero et al. 2006 ; Kumar et al. 2007 ; Honohan, 2009 ; Chala et al. 2009). Dans le cadre de cette étude, nous utilisons un indicateur d'utilisation des services financiers par les populations comme mesure de l'inclusion financière.

Les déterminants encourageant ou freinant de l'accessibilité financière sont multiples. Helms (2006), Ashcroft (2008) proposent une classification des échelles de déterminants de l'accès en quatre niveaux. Au premier niveau se trouvent les besoins des clients et donc la demande pour les services financiers (niveau clients). Au deuxième niveau apparaissent les caractéristiques des prestataires de services (niveau micro), donc l'offre de produits financiers. Au troisième niveau, l'infrastructure financière régit le cadre dans lequel les clients et les prestataires de services s'entretiennent (niveau méso). Le dernier niveau englobe les politiques, la législation, la réglementation et la supervision dans l'environnement (niveau macro).

Selon Claessens (2006), il y aurait des contraintes individuelles quant aux clients et aux prestataires de services financiers, et des contraintes relatives à l'environnement. D'après lui, les non-utilisateurs peuvent se séparer en deux grandes catégories : les exclus involontaires et les exclus volontaires. Les causes de l'exclusion volontaire seraient strictement liées à la clientèle, alors l'exclusion involontaire serait influencée par tous les niveaux de déterminants. Beck et De la Torre (2006) abondent dans le même sens que Claessens (2006). Ils soutiennent que l'exclusion financière doit être analysée en considérant les contraintes sur le plan de la demande et de l'offre. Dans la même ligne de pensée, Morvant-Roux et Servet (2007) distinguent l'exclusion par l'usage de l'exclusion par l'accès. La première fait référence à l'offre de services financiers, mais uniquement à une fraction de la population, ce qui est souvent le cas en milieu urbain. La deuxième a trait au contexte en milieu rural, soit à l'offre limitée des prestataires de services. Plusieurs chercheurs insistent sur l'importance d'identifier les barrières à l'accès financier pour connaître les causes de l'exclusion financière et orienter les politiques facilitant l'inclusion financière (Banque Mondiale, 2008 ; Beck et al. 2009). Ainsi, voyons les principaux facteurs soulevés dans la littérature en les classant selon le cadre suggéré par Helms (2006), Ashcroft (2008).

Selon Claessens (2006) et Beck et De la Torre (2006), ce type d'exclusion financière vient d'un manque de demande plutôt qu'une insuffisance d'offre de services. D'abord, certains individus peuvent croire ne pas avoir besoin des produits financiers offerts (Claessens, 2006). De surcroît, Chidzero et al. (2006) et Beck et Demirgüç-Kunt (2008) notent que certaines personnes ne cherchent pas à accéder elles-mêmes au système financier, car ils utilisent déjà les services financiers d'un membre de leur foyer ou d'un ami (accès indirect). De plus, les gens peuvent se méfier du personnel des organisations et des produits financiers complexes (barrière psychologique) et restreindre leurs demandes auprès des intermédiaires financiers (Morvant-Roux et Servet, 2007 ; Ramji, 2009). Enfin, des motifs religieux ou culturels, comme la langue, expliquent une part de l'exclusion volontaire (UNDCF, 2006 ; Beck et al. 2007a ; Beck et Demirgüç-Kunt, 2008). D'après Beck et De la Torre (2006), l'exclusion volontaire ne cause problème que si elle vient d'une faible alphabétisation ou d'une réaction due à une discrimination systématique.

D'un autre côté, l'exclusion involontaire implique que les individus n'ont tout simplement pas accès aux services financiers. Le coût et les caractéristiques des produits, de même que les exigences des prestataires, peuvent ne pas leur convenir. Premièrement, les services peuvent être trop coûteux pour les clients (Beck et De la Torre, 2004 ; Claessens, 2006 ; Banque Mondiale, 2008 ; Beck et Demirgüç-Kunt, 2008 ; Demirgüç-Kunt et Levine, 2008 ; Banque Mondiale, 2009). Par exemple, il peut y avoir des exigences concernant des montants de dépôt minimaux ou des frais administratifs et coûts fixes trop élevés pour les ménages pauvres (Claessens, 2006). En Afrique, les frais bancaires, à eux seuls, seraient responsables de l'exclusion de 90 % de la population (Beck et Demirgüç-Kunt, 2008). D'autre part, les taux d'intérêt peuvent être trop élevés ou désavantageux pour le client. D'après Collins et al. (2009), les organisations financières ne considèrent que rarement le montant du capital déjà remboursé et ne font souvent pas d'ajustement suite à un remboursement anticipé. Ramji (2009) ajoute que les revenus insuffisants ou la faible discipline financière de certains individus expliquent leur exclusion financière.

Deuxièmement, malgré leur disponibilité, les produits financiers peuvent ne pas être adaptés aux besoins des consommateurs pauvres : calendrier d'épargne ou échéancier de remboursement inapproprié, trop grande flexibilité des transactions engendrant des découverts dans le compte par inadvertance, etc. (Kempson et al. 2000 ; Claessens, 2006 ; Beck et Honohan, 2007 ; Banque Mondiale, 2008 ; Demirgüç-Kunt et Levine, 2008). D'après la Banque Mondiale (2009), la complexité pour ouvrir un compte, pour faire une demande de prêt ou pour adhérer à un autre type de service financier réduit l'accès. Par ailleurs, une durée trop importante pour le traitement des demandes peut réduire l'utilisation des services financiers (Beck et Demirgüç-Kunt, 2008). D'un autre point de vue, Chidzero et al. (2006) considèrent que l'exclusion financière engendrée par des coûts trop importants (frais et taux d'intérêt) et des produits non adaptés aux besoins des gens serait plus volontaire qu'involontaire. Selon eux, ce sont les individus eux-mêmes qui choisiront de ne pas prendre les services pourtant disponibles. Rappelons que la définition retenue de l'accès se rapporte à l'offre de produits adaptés aux besoins de la clientèle. En suivant cette ligne d'idées, l'exclusion pour des motifs religieux ou culturels (discrimination, racisme, etc.), considérée comme volontaire, serait plutôt involontaire puisqu'il est de la responsabilité des organisations financières d'adapter les produits aux besoins des individus.

Troisièmement, sur le plan des exigences, le manque de garanties à offrir (Beck et De la Torre, 2004 ; Claessens, 2006) ou de preuves d'identification formelles, comme des cartes d'identité ou des actes de naissance (UNCDF, 2006 ; Ramji, 2009), peut être des obstacles. Ce sont des « barrières d'opportunité », car elles empêchent les gens de tirer profit d'une opportunité (Beck et De la Torre, 2006). D'ailleurs, De Soto (2000) explique que dans les pays en développement, les maisons, les entreprises et les industries sont majoritairement informelles, ce qui empêche la production de capital. « Faute de document désignant nettement leur propriétaire, ces possessions ne peuvent être directement transformées en capital, elles ne peuvent être vendues en dehors de petits cercles locaux où les gens se connaissent et se font mutuellement confiance, elles ne peuvent servir à garantir des emprunts, elles ne peuvent servir d'apport en nature lors d'un investissement » (De Soto, 2000). Sans règles juridiques qui régissent les possessions, le capital reste mort, même si les habitants arrivent à accumuler des biens.

De surcroît, plusieurs chercheurs ont fait remarquer que les caractéristiques socioéconomiques comme le revenu, la richesse et l'éducation jouent un grand rôle pour expliquer l'utilisation observée (Beck et De la Torre, 2004 ; Beck et De la Torre, 2006 ; Claessens, 2006 ; UNDCF, 2006 ; Morvant-Roux et Servet, 2007, Chala et al. 2009). D'après la Banque Mondiale (2009), le revenu est le facteur qui affecte le plus la probabilité d'un individu d'avoir un compte bancaire. Il semblerait aussi que, plus la richesse des individus augmente, plus ils empruntent (Claessens, 2006, UNCDF, 2006). En outre, le faible niveau d'alphabétisation est un important facteur explicatif de l'exclusion financière (Campbell, 2006). Par ailleurs, le manque de connaissances concernant les produits et les procédures peut également nuire à l'inclusion financière (Kempson et al. 2000 ; Beck et Demirgüç-Kunt, 2008 ; Ramji, 2009).

Claessens (2006) et Morvant-Roux et Servet (2007) expliquent que l'exclusion financière fait souvent partie d'une plus grande exclusion, en matière d'éducation et d'emploi notamment. Ainsi, elle s'insère dans une exclusion sociale (Gloukovizoof, 2004 ; Amaeshi, 2006). De plus, les gens peuvent être victimes d'exclusion pour des motifs marketing (ils ne font pas partie de la clientèle ciblée), de discrimination ou de racisme sur la base de ces caractéristiques socioéconomiques, religieuses ou ethniques (Kempson et al. 2000 ; Beck et De la Torre, 2004 ; Beck et De la Torre, 2006 ; Claessens, 2006 ; Morvant-Roux et Servet, 2007 ; Banque Mondiale, 2008 ; Beck et Demirgüç-Kunt, 2008 ; Demirgüç-Kunt et Levine, 2008). Dans le même sens, Chidzero et al. (2006) suggèrent de séparer les données sur l'utilisation selon les caractéristiques comme l'âge, le groupe ethnique et le lieu de résidence, pour être en mesure de vérifier les corrélations des facteurs socioéconomiques et géographiques et l'utilisation des services financiers.

L'offre limitée de services financiers peut également expliquer l'exclusion financière. Rappelons que les organisations financières allouent du crédit sur la base de profits espérés (Gauthier et al. 2003). Les chercheurs s'entendent pour dire que des facteurs importants influencent les risques et les coûts liés à la clientèle à moindres revenus pour les prestataires.

Dans un premier temps, les intermédiaires financiers doivent assumer des risques idiosyncratiques (risques opérationnels ou spécifiques) de même que des risques systémiques (instabilité macroéconomique, environnement contractuel déficient) (Beck et De la Torre, 2004). Les clients pauvres n'ont souvent pas de garantie tangible à offrir et ne peuvent pas emprunter sur leurs revenus futurs parce qu'ils n'ont souvent pas d'emploi stable (Banque Mondiale, 2008 ; Beck et Demirgüç-Kunt, 2008 ; Beck et al. 2009). De surcroît, l'information limitée sur les historiques de crédit des individus peut représenter un risque supplémentaire (Beck et De la Torre, 2004). Selon Honohan (2005), la « barrière d'information » fait référence à la difficulté à mesurer la solvabilité des ménages. Certains évoquent « l'asymétrie d'information » (Beck et De la Torre, 2006 ; Cull et Scott, 2009) ou encore « l'incertitude » (Beck et De la Torre, 2006). Le risque d'offrir des services financiers à des individus plus pauvres est plus élevé étant donné l'incertitude concernant les facteurs spécifiques du ménage (maladie, emploi, décès, etc.) et à l'environnement (désastre naturel, crise économique nationale, etc.) (Matin et al. 2002). Une demande peut donc être refusée si l'individu est considéré comme trop risqué pour l'organisation financière (Kempson et al. 2000 ; Banque Mondiale, 2008 ; Demirgüç-Kunt et Levine, 2008). Collins et al. (2009) expliquent que le taux d'intérêt représente en quelque sorte le coût d'opportunité de l'organisation financière d'investir ailleurs pour une certaine période (valeur actuelle nette).

D'après Stiglitz et Weiss (1981), les emprunteurs qui acceptent de payer un taux plus élevé ont souvent un projet plus risqué et perçoivent leur probabilité de remboursement comme plus faible. Ainsi, d'après le principe de sélection adverse, l'augmentation du taux d'intérêt ou des garanties contractuelles augmente le risque du portefeuille de l'organisation financière (Stiglitz et Weiss, 1981). En suivant la logique de Stiglitz et Weiss, l'augmentation des taux d'intérêt favorise l'utilisation de services de crédit par les plus riches ; les plus pauvres n'étant pas en mesure de se permettre ces coûts plus élevés. Toutefois, si les plus pauvres perçoivent leur probabilité de remboursement peu probable, ils emprunteront aussi à ce taux plus élevé. L'incitation au développement de projets plus risqués accroît la proportion de mauvais emprunteurs et décourage les bons emprunteurs, dégradant ainsi la qualité et la rentabilité des actifs de l'organisation.

Dans un deuxième temps, les coûts influencent la volonté des prestataires à offrir leurs services. Les individus à faibles revenus représentent des clients plus risqués, mais également des prêts à plus court terme, de plus petits montants et plus flexibles (Collins et al. 2009). Les petites tailles des transactions sont coûteuses pour les organisations financières (Matin et *al.* 2002 ; Banque Mondiale, 2008 ; Beck et Demirgüç-Kunt, 2008 ; Beck et al. 2009). Beck et De la Torre (2004) précisent que les organisations financières doivent augmenter le volume de leurs transactions pour réduire le coût unitaire. D'après Morvant-Roux et Servet (2007), il est moins coûteux pour les prestataires d'offrir leurs services dans les zones urbaines, là où la densité de la population est plus importante (économie d'échelle). En région rurale, les frais de transport sont plus élevés et la sécurité des fonds plus faible (Claessens, 2006 ; Morvant-Roux et Servet, 2007).

D'après Helms (2006), l'environnement conditionne l'interaction entre l'offre et la demande. L'architecture financière et le cadre législatif, politique, réglementaire et économique influencent la relation entre les clients et les intermédiaires financiers. Cette catégorie de déterminants rejoint les risques systémiques suggérés par Beck et De la Torres (2004).

En ce qui a trait à l'architecture financière, l'emplacement géographique des succursales et des points de services influence la facilité avec laquelle les clients peuvent accéder aux services financiers (Kempson et al. 2000 ; Beck et De la Torre, 2004 ; Beck et De la Torre, 2006 ; Helms, 2006 ; UNCDF, 2006 ; Beck et al. 2007a ; Banque Mondiale, 2008 ; Beck et Demirgüç-Kunt, 2008 ; Ramji, 2009 ; Beck et al. 2009). Par exemple, les heures d'ouverture des organisations et la facilité à faire des transactions par téléphone ou par Internet ont également un impact sur l'accessibilité financière (Banque Mondiale, 2009). De plus, les services de transports limités ou trop coûteux restreignent les déplacements des gens vers les organisations financières.

Notons que les organisations financières situées dans des pays qui ont une population condensée sur un même territoire rejoignent plus de clients que celles dans des pays qui voient leur population très dispersée (Vanroose, 2007a). En outre, la localisation des prestataires est influencée par l'infrastructure physique dans les pays en développement. Avec la concurrence dans le secteur, les prestataires sont encouragés à innover pour augmenter leurs parts de marché. Ils élaborent de nouveaux moyens pour rejoindre la clientèle et pour pallier le manque d'infrastructures physiques : télécommunications, Internet, messages-textes, etc. (Claessens, 2006). Par ailleurs, un environnement plus compétitif motive les intermédiaires à engager plus d'efforts pour rejoindre les populations à plus faibles revenus, car la profitabilité des autres segments diminue (Claessens, 2006). Il en résulte un plus haut taux d'épargne.

Par ailleurs, l'environnement réglementaire, politique, légal et économique importe (Beck et al. 2004 ; Claessens, 2006 ; UNCDF, 2006 ; Vanroose, 2007a ; Banque Mondiale, 2008 ; Demirgüç-Kunt et Levine, 2008 ; Chala et al. 2009 ; Avom et Bobbo, 2014). Les cadres contractuel, informationnel et réglementaire, influencent la facilité avec laquelle les intermédiaires financiers peuvent fournir un accès financier à la population (Banque Mondiale, 2008 ; Demirgüç-Kunt et Levine, 2008). D'ailleurs, Gauthier et al. (1999) ont observé un risque de non-exécution des contrats important chez les entreprises manufacturières africaines étant donné leur définition plus élastique de la flexibilité ; ils s'attendent à ce que les contrats soient flexibles.

L'État peut faciliter l'accès financier en renforçant l'infrastructure institutionnelle, en libéralisant les marchés et en encourageant la concurrence dans le secteur (Claessens, 2006). De plus, la libéralisation financière et la stabilité économique permettraient d'augmenter la compétition et encourageraient le ciblage de marchés de niches (Vanroose, 2007a). Plusieurs pays ont d'ailleurs adopté des politiques en ce sens. Malgré cela, Claessens (2006) soutient que l'intervention gouvernementale peut décourager les intermédiaires financiers à rejoindre les individus à faibles revenus et que les différents services financiers nécessitent différentes formes et degrés de réglementation et de supervision.

Sur le plan empirique, diverses études ont été menées pour tester l'impact des déterminants sur l'accessibilité financière. Plusieurs d'entre elles ont identifié des barrières au niveau de l'infrastructure financière et de l'environnement (Beck et al. 2007 ; Beck et Demirgüç-Kunt, 2008 ; Ardic et al. 2011). D'autres ont porté une attention particulière aux caractéristiques des clients des organisations bancaires à l'aide de données d'enquêtes de *Finscope* (Honohan et King, 2009). Certains chercheurs ont considéré ces facteurs dans les secteurs semi-formel et informel (Johnson et Nino-Zarazua, 2009 ; Johnson et al. 2010).

Le CGAP et la Banque Mondiale (2010) ont observé que le taux de pénétration démographique des prêts (nombre de prêts par 1 000 adultes) est positivement associé avec le PIB par habitant, la densité de la population, la pénétration des succursales, les infrastructures physiques (comme les lignes de téléphone par habitant) et les infrastructures financières.

Pour leur part, Honohan et King (2009), qui ont utilisé les données de *Finscope* de 11 pays africains, estiment que le taux de pénétration des services financiers est en moyenne de 29 %, quoique la variation soit importante entre les pays. Selon Honohan (2008), plusieurs variables expliquent la disparité de l'accès : le PIB par habitant, le nombre d'individus par km^2, l'accès à la technologie (téléphones mobiles par 1 000 personnes), le taux d'alphabétisation et plusieurs variables démographiques (l'âge, le taux de naissance, la taille de la population, etc.).

Honohan et King (2009) ont porté une attention particulière aux caractéristiques socioéconomiques, démographiques et financières des individus. En plus d'examiner l'âge, le sexe, l'éducation et le revenu, ils ont retenu trois indicateurs liés à l'emplacement (durée du déplacement à la succursale, utilisation d'un téléphone portable, habitant en région urbaine ou rurale) et trois facteurs d'ordre financier (index de connaissance financière, mesure de confiance dans les banques, mesure de l'aversion au risque). Ils ont trouvé que jusqu'à l'âge de 45 ans, plus une personne avance en âge, plus elle a de chances d'être bancarisée. À partir de 45, cependant, plus elle vieillit, moins elle a tendance à avoir un compte en banque. Aussi, une augmentation du niveau d'éducation hausse la probabilité de l'individu d'être bancarisé. Au niveau géographique, le taux de pénétration dans les régions urbaines (39 %) est plus élevé que dans les régions rurales (14 %). De plus, la possession d'un téléphone cellulaire est positivement reliée à la bancarisation.

Sur le plan financier, le fait d'avoir une plus grande confiance dans le système bancaire augmente la probabilité d'être bancarisé. À l'opposé, plus les gens ont des connaissances sur le secteur financier, moins ils sont susceptibles d'être bancarisés. Enfin, le revenu moyen, la qualité des institutions nationales, la densité de la population et la pénétration des téléphones portables sont fortement reliés à l'accessibilité financière des ménages. La contribution de Honohan et King (2009) est non négligeable, mais ils ont mis en commun les données africaines, ce qui empêche la comparaison entre les différents pays et les régions.

Sousa (2015), en étudiant les effets des standards réglementaires internationaux sur l'inclusion financière sur un échantillon de 90 pays en développement, démontre que la reforme établie après la crise financière de 2008, sur les normes réglementaires imposées aux banques, a un impact mitigé sur l'inclusion financière. Ainsi l'utilisation des services financiers est renforcée par une meilleure disponibilité de l'information sur le risque des institutions financières et les procédures de gestion du risque de la part du public. À l'inverse, la réglementation macro prudentielle et les nouvelles exigences en fonds propres compromettent l'inclusion financière. Avom et Bobbo (2014) mettent en évidence de manière descriptive les effets pervers exprimés en termes d'exclusion financière de la réglementation bancaire. Ainsi, selon eux, la réglementation bancaire est à l'origine de deux formes d'exclusion financière : une liée à l'accès aux banques et une autre liée à l'utilisation des services financiers au sein des établissements de crédit dans la CEMAC.

Tous ces travaux mettent en évidence différents facteurs explicatifs de l'inclusion financière dans différents contextes. Avom et Bobbo (2014) sont les premiers à notre connaissance, à avoir examiné les liens existant entre la réglementation bancaire et l'accessibilité financière dans la CEMAC. Par rapport à leurs analyses assez théoriques et descriptives, le présent travail s'inscrit dans la même logique en insistant sur le rôle joué par le capital réglementaire et les taux d'intérêt. En effet, cette étude cherche à déterminer, au travers d'une modélisation économétrique, l'impact des variables réglementaires sur l'utilisation des services financiers par les populations dans la CEMAC.

2.2 Stratégie empirique

L'analyse économétrique que nous allons implémenter un modèle estimé sur données de panel. Dans le souci de mieux appréhender l'impact de la réglementation bancaire sur l'inclusion financière et afin de pallier les problèmes de biais de simultanéité, de causalité inverse et de variables omises rencontrés sur les études de panel simple, nous faisons recours au modèle dynamique sur données de panel. La particularité des modèles dynamiques repose sur le fait qu'ils prennent en compte un ou plusieurs retards de la variable dépendante comme variables explicatives.

Il existe en effet un grand nombre d'estimateurs en panels dynamiques. Cependant, ceux-ci doivent être regroupés selon trois cas bien précis. Le premier est celui des panels composés d'un faible nombre d'individus N pour un grand nombre de périodes T. Dans ce cas, un modèle ARDL ou la méthode SUR peuvent servir de base aux estimations. Le deuxième cas est celui d'un grand N et d'un faible T (ou inversement). Des estimateurs classiques peuvent ainsi être employés (effets fixes dynamiques, GMM etc.). Le dernier cas concerne les panels constitués à la fois d'un nombre élevé de N et de T.

La méthode d'estimation mobilisée dans le cadre des modèles dynamiques est la Méthode des Moments Généralisés (GMM, en anglais). Cette méthode permet non seulement de contrôler les effets spécifiques individuels et temporels, mais également de régler le problème d'endogénéité dans l'étude de la relation entre la réglementation bancaire et l'inclusion financière (Arellano et Bond (1991) ; Blundell et Bond (1998)).

Cependant, l'application de la méthode GMM nécessite que certaines précautions soient prises en considération si l'on veut faire une bonne estimation. En effet, l'estimation d'un modèle par la méthode GMM, même si elle est convergente, ne garantit pas nécessairement la convergence de la matrice de variance-covariance des coefficients lorsqu'on applique la formule classique de cette matrice. C'est pourquoi il est recommandé de mettre en œuvre des estimateurs robustes de cette matrice (Windmeijer, 2005). De plus, l'estimation par la méthode GMM n'est convergente que lorsque les hypothèses de présence de corrélation d'ordre 1 et d'absence de corrélation d'ordre 2 des résidus et l'hypothèse de validité des instruments sont vérifiées.

Les principaux tests en panels dynamiques reposent sur les hypothèses suivantes, à accepter.

- Tests de corrélation sérielle des résidus.
  H_0^1 : Présence de corrélation négative d'ordre 1 des résidus ;
  H_0^2 : Absence de corrélation d'ordre 2 des résidus.
- Test de Sargan :
  H_0. Les instruments sont valides.

Il existe deux types de méthode d'estimation GMM : celle en différence première d'Arellano et Bond (1991) et celle en système de Blundell et Bond (1998). Dans le cadre de cette étude, nous adoptons la méthode d'estimation GMM en système, car, plus efficace que la méthode d'estimation GMM en différence première. En effet, Blundel et Bond (1998) ont montré à l'aide des simulations de Monte-Carlo que l'estimateur GMM en système est plus performant que celui en différences premières, ce dernier donne des résultats biaisés dans des échantillons finis lorsque les instruments sont faibles.

La spécification empirique du modèle dynamique s'écrit comme suit.

$$Y_{i,t} - Y_{i,t-1} = (\alpha - 1) * Y_{i,t-1} + \beta * X_{i,t} + u_i + v_t + \varepsilon_{i,t} \ldots\ldots (1)$$

Où :

$\boldsymbol{Y_{i,t}}$ et $\boldsymbol{Y_{i,t-1}}$ représentent le niveau d'inclusion financière du pays *i* respectivement aux années *t* et *t-1* ;

$\boldsymbol{X_{i,t}}$ représente les variables, capital réglementaire, le taux d'intérêt et les autres variables de contrôle de chaque pays *i* à l'année *t* ;

$\boldsymbol{u_i}$ l'effet spécifique au pays *i*, $\boldsymbol{v_t}$ l'effet temporel et $\boldsymbol{\varepsilon_{i,t}}$ le terme d'erreur ; $\boldsymbol{\alpha}$ et $\boldsymbol{\beta}$ étant les paramètres.

L'équation (1) peut encore s'écrire comme suit :

$$Y_{i,t} = \alpha * Y_{i,t-1} + \beta * X_{i,t} + u_i + v_t + \varepsilon_{i,t} \ldots\ldots\ldots\ldots\ldots\ldots\ldots\ldots (2)$$

2.2.1 Mesure et description des variables

La variable dépendante : L'inclusion financière

Si l'inclusion financière s'opère par plusieurs prestataires de services financiers[42]dans la CEMAC, dans cette étude, nous restreindrons notre analyse aux institutions bancaires dans la mesure où le système financier de la CEMAC est dominé par les banques commerciales dont l'activité principale est la collecte des dépôts et l'octroi de crédit. L'accès aux services bancaires devrait être une bonne indication du niveau d'inclusion financière.

Dans la littérature, les travaux se sont efforcés à étudier l'inclusion financière à partir d'indicateurs quantitatifs, notamment l'accessibilité géographique (donné par le taux de pénétration des agences bancaires ou de GAB par 100 km2) la pénétration démographique (Beck, Demirgüç-kunt martinez et peria 2007b) et ardic Heimann et Mylenko 2011 ; Alter et Yontcheva 2015). L'Alliance for Financial inclusion (AFI), définit un ensemble d'indicateurs permettant de mesurer l'inclusion financière, en distinguant les indicateurs d'accès et d'utilisation des services financiers. Dans le cadre de cette étude, nous faisons usage d'un indicateur d'utilisation des services financiers ou taux de pénétration démographique des prêts mesuré par le nombre de comptes de crédit par 1000 adultes auprès des banques commerciales.

Les Variables explicatives et signes attendus

Les Variables réglementaires

- Capital réglementaire (CAPITALREG) ou exigences d'adéquation des Fonds propres : ce ratio mesure le poids du capital de la banque. Il détermine la répartition des sources de financement de la banque entre endettement et capitaux propres. Ainsi, un ratio d'adéquation du capital élevé augmente le niveau de ressources disponibles pour les prêts ainsi que la capacité des banques à couvrir les risques surtout pour les emprunteurs plus risqués tels que les populations à revenu faible. Pour ce qui est du signe, on s'attend à un impact positif.

---

[42] Les prestataires de services financiers dont il est question ici sont subdivisés en deux catégories d'une part les institutions financières et bancaires, dont les banques commerciales et les institutions financières non bancaires constituées des sociétés d'assurance, les institutions de microfinance et les établissements financiers ou sociétés financières.

- Le taux d'intérêt réel (TAUXINT) : jusqu'en 2007 les taux d'intérêt servis sur les crédits étaient fixés par le régulateur. Malgré la libéralisation en 2008 avec l'entrée en vigueur du taux effectif global, le coût du crédit reste fortement tributaire des taux directeurs fixés par la BEAC. Des taux plus élevés diminuent l'inclusion financière. Lorsque les institutions financières exigent des taux d'intérêt élevés pour leurs services et produits, les populations à revenu faible se détournent de leur utilisation. Le signe attendu est négatif.

Les Variables de contrôle

Les variables de contrôle qui sont utilisées dans notre modèle sont choisies sur la base des études antérieures portant sur les déterminants de l'inclusion financière (Kumar 2013 ; Demirgüç-Kunt et Klapper 2013 ; Alter et Yontcheva 2015, *op. cit.*). Nous avons retenu les variables suivantes :

- PIB par habitant (PIB/population) : il capte le niveau de développement de chaque pays. L'expérience a montré que les pays développés ont tendance à avoir un nombre accru de personnes intégrées dans le système financier formel augmentant l'utilisation des services et produits financiers. En conséquence, l'attente est de trouver une relation positive entre le PIB par habitant et l'inclusion financière.
- Crédit intérieur fourni par le secteur bancaire (CRECO) ou profondeur financière est positivement corrélé avec l'inclusion financière, les systèmes financiers profondément pénétrés sont plus susceptibles d'offrir un accès pour tous.
- Bank z-score (BANK Z-SCORE) : cet indicateur est utilisé comme une mesure de stabilité des banques. Plus le z-score est élevé, plus le risque d'insolvabilité des banques est moindre et plus le système financier est stable. En théorie, si les banques sont plus résistantes aux chocs et stables, elles peuvent offrir plus de crédit et des services financiers aux particuliers et aux groupes à faible revenu. Dans ce cas, l'attente est de trouver une relation positive entre le z-score et l'inclusion financière.

2.2.2 Sources des données

Les statistiques exploitées dans le cadre de ce travail sont des données de sources secondaires récoltées sur la base de données du FMI

(Financial Access Survey), la base de données WDI (World Developement Indicators) ; et les rapports de la COBAC et la Banque de France sur la zone franc. L'étude s'étend sur la période 2004-2014. L'échantillon est composé d'un panel de 5 pays qui composent l'espace CEMAC (le Cameroun, la République centrafricaine, le Congo, le Gabon, et la Guinée Équatoriale) exception faite du Tchad. La base de données est constituée de 55 observations de fréquence annuelle. Le choix de cette période nous est imposé par la disponibilité des données.

3. Résultats

Pour une bonne spécification du modèle dynamique qui est linéaire au premier ordre, il convient de faire une analyse préalable de la stationnarité des différentes variables en mettant en œuvre les tests de racine unitaire. Puis, des tests pré-estimation, notamment les tests de multicolinéarité, d'homogénéité et de spécification. Viendra enfin l'estimation du modèle proprement dit.

3.1 Quelques tests préliminaires

- **Tests de stationnarité**

L'analyse de la stationnarité des séries des données de panel est un préalable à l'estimation économétrique. Cette analyse a pour but d'éviter de faire des régressions fallacieuses. Afin d'étudier la stationnarité des variables, la littérature propose plusieurs tests. Levin et Lin (1992) font partie des premiers auteurs à mettre en évidence les tests de racine unitaire sur données de panel. Il existe dans la littérature deux générations de tests : les tests de première génération qui supposent l'indépendance interindividuelle des résidus et les tests de deuxième génération qui lèvent cette hypothèse extrêmement restrictive (Hurlin et Mignon, 2006). Ces derniers proposent d'exploiter les dépendances entre individus ou « co-mouvements » pour définir de nouvelles statistiques de test plutôt que de considérer les corrélations entre individus comme des paramètres de nuisance. De façon pratique, l'analyse de la stationnarité se fait en deux étapes : la première revient à tester l'existence des dépendances entre les individus du panel pour lequel le test de Pesaran (2004) est bien adapté et la seconde consiste à procéder aux différents tests de stationnarité proprement dits.

- **Test d'indépendance interindividuel de Pesaran (2004)**

Il ressort du test d'indépendance (**tableau 2**) que l'hypothèse nulle d'indépendance interindividuelle est rejetée pour toutes les variables de l'étude au seuil de significativité de 5 %.

Tableau 1 : Résultats du test d'indépendance interindividuelle de Pesaran (2004)

Variables	CD-test de Pesaran	P-value
INCLIFIN	4,49	0,0000
CAPITALREG	2,09	0,0388
PIB/hbt	8,16	0,0000
TAUX INT	9,88	0,0000
CRECO	78,18	0,0000
BANK-Z SCORE	2,71	0,0007

Source : L'auteur

Ce résultat nous amène à appliquer un test de racine unitaire de deuxième génération sur l'ensemble de ces variables, en l'occurrence le test de Pesaran (2003).

- **Test de racine unitaire de deuxième génération de Pesaran (2003)**

Les résultats du test de Pesaran (2003) consignés dans le **tableau 3** ci-dessous, permettent de conclure au rejet de l'hypothèse H_0 de présence de racine unitaire en niveau dans les processus générateurs des séries INCLFIN (Inclusion financière), CAPITALREG (ratio d'adéquation des fonds propres) et PIB/hbt (PIB par habitant) BANK Z-SCORE. Par contre, les variables TAUX INT (taux d'intérêt) CRECO (Crédit bancaire au secteur privé) sont non stationnaires en niveau. En les différenciant une première fois, elles deviennent stationnaires (Δ.TAUX INT [43] et Δ.CRECO [44]).

[43] Différence première de la variable Δ.TAUX INT.
[44] Différence première de la variable Δ.CRECO.

Tableau 2 : Résultats du test de racine unitaire de Pesaran (2003)

Variable	t-bar	Décision
INCLIFIN	-7,1821***	Stationnaire en niveau
CAPITALREG	-1,7169**	Stationnaire en niveau
PIB/hbt	-3,3454***	Stationnaire en niveau
TAUX INT	-1,0117	Non stationnaire
Δ.TAUX INT	-12,8358***	Stationnaire en différence première
CRECO	2,9451	Non stationnaire
Δ.CRECO	-1,9786**	Stationnaire en différence première
BANK-Z SCORE	-2,4785***	Stationnaire

Source : L'auteur. Note : (***) significatif au seuil de 1 % ; (**) significatif au seuil de 5 %.

- **Tests de multicolinéarité**

En prélude à l'estimation économétrique, il est judicieux de faire une analyse des liens linéaires qui peuvent éventuellement exister entre les variables exogènes. Cette analyse permet de savoir si les variables explicatives sont liées entre elles ou non. On procède pour cela à l'analyse des *Variance Inflation Factor* (VIF) qui est obtenue après régression, puis obtention de la part de la variance d'une variable explicative par rapport aux autres variables explicatives. La VIF d'une variable explicative est donnée par la formule $VIF_j = \frac{1}{1-R_j^2}$; où R_j^2 désigne le coefficient de détermination de la régression effectuée. On dira que la variable j est responsable de multicolinéarité si la VIF_j est inférieur ou égale à 10, ou que l'inverse du VIF_j est supérieur à 0,1. Elle sera alors retirée du modèle.

On constate à la lecture du tableau 4 ci-après que le VIF de chaque variable explicative est largement inférieur à 10. On peut donc conclure à une absence de multicolinéarité entre les variables explicatives.

Tableau 3 : Résultats du test de multicolinéarité par la méthode Variance Inflation factor (VIF)

Variable	VIF	1/VIF
CAPITALREG	1.20	0.836767
PIB/habitant	1,06	0,941339
Δ.TAUX INT	2,75	0,363258
Δ.CRECO	3,10	0,322422
BANK-Z SCORE	1,67	0,598707

Source : L'auteur

- **Test d'homogénéité**

L'objectif de ce test est de déterminer s'il y'a lieu d'estimer un modèle sur données de panel ou au contraire, estimer un modèle pour chacun des individus du panel. En effet, si les individus sont très hétérogènes, il n'est pas indiqué de proposer une équation qui leur soit commune. Il existe deux sources d'hétérogénéité entre les individus d'un panel. La première provient de la constante dans le modèle et la seconde provient des paramètres associés aux différentes variables explicatives. Les tests d'homogénéité consistent à tester ces deux sources d'hétérogénéité. Nous mettons en œuvre ici les tests d'homogénéité de Fischer. La première étape consiste à tester si le modèle est parfaitement homogène, c'est-à-dire si la constante et les paramètres du modèle sont identiques pour tous les individus. Ce qui conduit à la construction de la statistique de Fisher F1. Si le test est concluant, on dit qu'on a une structure de panel sans effets individuels. Sinon, on teste si au moins les paramètres sont identiques pour tous les individus, à l'aide d'une statistique F2. Si les paramètres sont identiques, on dit qu'on a une structure de panel avec effets individuels et enfin on teste si les constantes sont égales entre les individus, à l'aide de la statistique F3 (cette statistique vient confirmer le résultat obtenu à la première étape). Par contre, si les paramètres ne sont pas identiques, on n'a pas une structure de panel et il faut estimer un modèle distinct pour chaque individu.

Il apparait, d'après le tableau 5 ci-dessous, que les p-values associées aux statistiques F1, F2 et F3 sont non significatives. On peut donc conclure à partir de la statistique F1 que l'hypothèse d'homogénéité n'est pas rejetée. Ce qui indique que le modèle de panel avec effets individuels convient bien aux données pour l'estimation du modèle.

Tableau 4 : Résultats du test d'homogénéité

Panelvar1 generated as str1	
SCR1 = 243,32012	
SCR1C = 267,92401	
SCR1CP = 259,0568	
F1 (25,78) = 0,31548622	PvalF1 = 0,99390606
F2 (20,78) = 0,25223175	PvalF2 = 0,99916647
F3 (5,98) = 0,67088501	PvalF3 = 0,64693944

Source : L'auteur

Au regard des résultats obtenus ci-dessus, il est nécessaire de faire un test de spécification pour savoir si ces effets spécifiques sont des effets fixes ou des effets aléatoires.

- **Tests de Hausman**

Le test de spécification d'Hausman (1978) est un test qui s'applique généralement à des problèmes de spécification en économétrie, notamment le problème d'endogénéité. Son application la plus répandue est celle des tests de spécification des effets individuels aléatoires en panel. Le test consiste à faire une comparaison entre l'estimateur à effets fixes et l'estimateur à effets aléatoires. L'hypothèse à tester ici est l'absence de corrélation entre effet individuel et variables explicatives. Ainsi, si cette hypothèse est rejetée, on choisit le modèle à effets fixes ; dans le cas contraire, c'est le modèle à effets aléatoires qui est adéquat.

Il ressort des résultats du test de Hausman que la statistique de test est non significative (p-value = 0,8421) ce qui implique que l'on accepte l'hypothèse nulle H0 (cf. tableau 6). Donc il semble clair que le choix du modèle à faire est celui à effets aléatoires.

Tableau 5 : Résultats du test de Hausman

Variable	**Coefficients**		**(b-B)**	**Sqrt (diag (V_b-V_B))**
	(b)	(B)	Différence	S.E.
CAPITALREG	1.530999	4.841759	-3.31076	3.014291
PIB/hbt	0,2077089	0,6772402	-0,4695314	0,9327269
Δ. TAUX INT	-0,0797565	-0,0656855	-0,0140709	0,0248841
Δ. CRECO	0,0314491	0,0455516	-0,0141025	0,0341866
BANK Z-SCORE	0,8604479	1,270799	-0,4103515	0,3298609
	Chi2 (5)			2,05
	Prob>chi2			0,8421

Source : L'auteur

3.2 Validation empirique du modèle dynamique spécifié

L'application du modèle de Blundell et Bond (1998) aux données du panel de 5 pays sur la période 2004-2014 permet d'obtenir les résultats tels que présentés dans le tableau **7** ci-après. Ce tableau donne des informations sur la significativité des coefficients des variables explicatives et le signe de l'influence de ces variables sur l'inclusion financière.

Tableau 6 : Résultats des estimations du modèle

Panel cylindré : n = 5, T = 11, N = 55, Nombre d'observations utilisées : 55			
Variable	**Coefficient**	**Z-value**	**Prob> |Z|**
INCLFINt-1	0,5810	0,26	0,092
RAFP	3,4095	2,03	0,042
Δ TAUX INT	-0,494	-1,96	0,050
PIB/hbt	0,636	5,60	0,000
Δ CRECO	-0,0567	1.78	0,076
BANK Z-SCORE	1,095	2,17	0.030
CONS	-2,531	-3,58	0,000
Wald chi2(5)			66,55
Prob > chi2			0,000

Source : L'auteur

Par ailleurs, les tests d'hypothèses sur le modèle estimé montrent que l'estimation GMM en Système est convergente. L'hypothèse sur la validité du choix des instruments, c'est-à-dire les conditions de moment et celles relatives à la présence d'un effet AR (1) et à l'absence d'un effet AR (2) pour les résidus sont respectivement vérifiées par le test de Sargan et le test d'Arellano et Bond au seuil de 5 % (cf. Tableau 7).

Tableau 7 : Test de validation des hypothèses du modèle

Tests		Valeur de la Statistique	P-value
Test de Sargan		33,51	0,000
Test Arellano et Bond	AR(1)	-2,44	0,015
	AR(2)	0,21	0,835

Source : L'auteur

4.3. Interprétation des résultats

L'analyse des résultats de l'estimation du modèle sus-présenté montre qu'au regard de l'évidence apportée par les données disponibles, les coefficients associés aux variables capital réglementaire, le taux d'intérêt (en différence première), le PIB par habitant et la variable bank Z-score sont statistiquement non nuls au seuil de significativité de 5 %. Le coefficient de la variable crédit bancaire au secteur privé (en différence première) est significatif au seuil de 10 %.

Plus particulièrement, il est à remarquer que l'impact de la réglementation bancaire sur l'inclusion financière dans la CEMAC est mitigé. En effet, la variable capitale réglementaire a une influence positive sur l'inclusion financière. Ce qui signifie qu'un accroissement du ratio d'adéquation des fonds propres de 1 point de pourcentage entrainerait une augmentation de l'inclusion financière de 3,5 point. Ce résultat est fort intéressant, car des banques bien capitalisées sont plus enclines à engager des efforts pour financer les projets de développement des populations à revenu faible ou n'offrant pas de garanties suffisantes. Autrement dit, un niveau de fonds propres élevé augmente les ressources disponibles pour les prêts. Plus les crédits sont distribués et remboursés, plus les banques renforcent leurs fonds propres et plus les ressources disponibles pour les prêts augmentent. Si l'objectif d'exigences réglementaires en capital affiché par le régulateur est de renforcer la stabilité et la viabilité des institutions de crédits, il contribue également à renforcer l'utilisation des services financiers. Toutefois, l'atteinte de ce second objectif dépend du degré d'aversion aux risques des banques. Cette idée est soutenue par l'approche en termes de portefeuille de la théorie de la réglementation bancaire. Ainsi selon cette théorie, contrairement aux banques à forte aversion pour le risque, une institution qui a une faible aversion au risque modifiera la composition de son portefeuille d'actifs en faveur des actifs les plus risqués de sorte que l'augmentation des exigences en capital conduit à une augmentation de la distribution des prêts. Cependant, Kim et Santomero (1988) relèvent que la réglementation du capital basée sur le risque, en ignorant le passif des banques, peut entraîner de sévères restrictions sur les activités bancaires.

Par contre, le taux d'intérêt influence négativement la pénétration démographique des prêts. Une modification à la hausse du taux d'intérêt de 1 point de pourcentage induit une baisse de l'inclusion financière de -0,5 point de pourcentage. Ainsi l'utilisation des services financiers évolue à la baisse avec l'accroissement du taux d'intérêt et inversement. Ce résultat corrobore les analyses d'Avom et Bobbo (2014). Selon ces auteurs, les coûts du crédit principalement liés au taux d'intérêt sont un facteur d'exclusion financière dans la CEMAC. Ce résultat tend également à suivre la logique de Stiglitz et Weiss (1981), selon laquelle l'augmentation des taux d'intérêt favorise l'utilisation des services de crédit par les plus riches ; les plus pauvres n'étant pas en mesure de se permettre ces coûts plus élevés, ce qui participe à leur exclusion financière.

Quant à la variabilité de l'inclusion financière par rapport aux variables de contrôle, nous notons que Le PIB/hbt est associé positivement à l'inclusion financière soit, une augmentation du PIB/hbt de 1 % entrainerait un accroissement de l'inclusion financière de 0,6 point de pourcentage. De la même façon, un accroissement de la stabilité du système bancaire mesuré par le bank Z-score de 10 % conduirait à une augmentation de l'inclusion financière de 11 %. Au regard de ces deux résultats, DE SOUSA (2015), dans son étude, mettait déjà en évidence l'effet positif de la richesse mesuré par le PIB/hbt et l'impact positif de la stabilité financière sur l'inclusion financière.

Conclusion

L'objectif de ce chapitre était d'évaluer l'impact de la réglementation bancaire sur l'inclusion financière dans les pays de la zone CEMAC. Nous avons voulu savoir si la réglementation bancaire influence l'utilisation des services financiers.

Les paramètres associés aux variables réglementaires, notamment le capital réglementaire et le taux d'intérêt se sont révélés statistiquement significatifs. Cependant, la variabilité de l'inclusion financière par rapport à ces indicateurs est mitigée. L'analyse des résultats de l'estimation montre que le capital réglementaire influence positivement l'inclusion financière alors que le taux d'intérêt a un effet négatif. En tout état de fait, ces résultats apportent une preuve empirique sur l'existence d'un lien entre la réglementation bancaire et l'inclusion financière. Ils viennent compléter la littérature théorique et empirique existante à ce sujet. L'une des contributions principales de cette investigation repose également sur la méthodologie mobilisant l'application d'un modèle à effets aléatoire sur données de panel à la recherche d'une plus grande précision des estimations.

Sur le plan pratique et contextuel, l'étude nous renseigne que, pour une plus grande l'inclusion financière, il est important d'améliorer le cadre réglementaire et de supervision de l'activité bancaire. Les taux d'intérêt doivent être efficacement revus à la baisse afin de susciter un taux élevé de pénétration démographique des prêts. Par ailleurs, les autorités de supervision doivent s'assurer du respect par les banques en activités dans la sous-région, des exigences réglementaires en capital.

Il faut aussi noter qu'il est important de mettre en place des mécanismes permettant d'impulser la concurrence dans le secteur bancaire. Car, en effet, un environnement plus compétitif motive les intermédiaires à engager plus d'efforts pour rejoindre les populations à plus faibles revenus et encouragerait le ciblage de marchés de niches.

Références

Alter, A., et Yontcheva, B. 2015. *Financial Inclusion and Development in CEMAC*. IMF Working Paper.

Arcand, J. L., Berkes, E. et Panizza, U. 2012. *Too Much Finance*? IMF Working Paper, WP/12/161. http://www.imf.org/external/pubs/ft/wp /2012/wp12161.pdf.

Ardic, O. P., Heimann, M., and Mylenko, N. 2011. *Access to Financial Services and the Financial Inclusion Agenda around the World – a Cross-Country Analysis with a New Data Set*. Working Paper N°. 5537, the World Bank and the Consultative Group to Assist the Poor (CGAP), The World Bank, Washington DC, 57 pages. Récupéré de http://go.worldbank.org/5NP3G08ZO0.

Arellano, M., et Bond, S. 1991. Some tests of specification for Panel Data: Monte Carlo Evidence and an Application to Employment Equations. *The Review of Economic Studies, 58*, pp. 277-297.

Ashcroft, M. O. 2008. Microfinance in Africa–the Challenges, Realities and Success Stories, Microfinance Information Exchange (MIX) and Women's World Banking, *Microbanking Bulletin*, N°. 17, pp. 5-11.

Avom, D. 2004. *Réglementation de l'intermédiation bancaire au Cameroun* ». Working paper, CEREG, Yaoundé.

Avom, D., et Bobbo, A. 2014. Réglementation bancaire et exclusion financière dans la CEMAC. *Les cahiers d'Association du Tiers Monde*, N°. 29.

Banque Mondiale. 2008. *Finance for All ? Policies and Pitfalls in Expanding Access*. A World Bank Policy Research Report, Washington, DC, 265 pages.

Banque Mondiale. 2009. *Banking the Poor: Measuring Banking Access in 54 Economies*. Washington, the International Bank for Reconstruction and Development, 104 pages.

Beck, T., Demirgüç-Kunt, A., et Honohan, P. 2009. *Access to Financial Services: Measurement, Impact, and Policies.* The World Bank Research Observer Advance Access, 27 pages.

Beck, T. et A. Demirgüç-Kunt. 2008. Access to Finance: An Unfinished Agenda. *The World Bank Economic Review*, Vol. 22, N°. 3, pp. 383-396.

Beck, T., Demirgüç-Kunt, A., et Martinez Peria, M. S. 2007a. *Banking Services for Everyone? Barriers to Bank Access and Use around the World.* Working Paper, Washington, *DC*, the World Bank, 64 pages.

Beck, T., Demirgüç-Kunt, A., et Levine, R. 2006. Bank Supervision and Corruption in Lending. *Journal of Monetary Economics,* Vol. 53, N°. 8, pp. 2131-63.

Beck, T., et A. De la Torre. 2006. *The Basic Analytics of Access to Financial Services, Working Paper N°*4026, Washington, DC, the World Bank, 58 pages.

Beck, T., Demirgüç-Kunt, A., et Levine, R. 2004. *Finance, Inequality and Poverty: Cross-Country Evidence*, Working Paper N°. 3338, World Bank, Washington, DC, pages 36.

Beck, T., et De la Torre, A. 2004. *Broadening Access to Financial Services: Risks and Costs.* The World Bank, "Seminar Bancarizacion – Una Herramienta para el Desarrollo", Cartagena, Colombia, 17 pages.

Blundell, R., & Bond, S. 1998 (septembre). *GMM Estimation with Persistent Panel Data : An Application to Production functions.* Paper presented at the Eighth International Conference on Panel Data, Göteborg University, June11-12,1998, The Institute For Fiscal Studies, pp. 2-24.

Campbell, J. Y. 2006. Household Finance. *The Journal of Finance*, Vol. LXI, N°. 4, pp. 1553-1604.

Consultative Group to Assist the Poor (CGAP) and the Banque Mondiale. 2010. *Financial Access 2010. The State of Financial Inclusion Through the Crisis.* Washington, DC, 106 pages.

Chala, A., A., Dali, Goland, T. M., Gonzalez, J., Morduch, J. et Schiff, R. 2009. *Half the World is Unbanked*, The Financial Access Initiative (FAI), 18 pages.

Chidzero, A. M., K. Ellis, and A. Kumar. 2006. *Indicators of Access to Finance – Through Household Level Surveys – Comparisons of Data from Six Countries*. World Bank, The UK Department for International Development (DFID) et Fin Mark Trust, 10 pages.

Claessens, T. 2006. Access to Financial Services: A Review of the Issues and Public Policy Objectives. *The World Bank Research Observer*, Vol. 21, N°. 2, pp. 207-240.

Collins, D., Morduch, J., Rutherford, S. et Ruthven, O. 2009. *Portfolios of the Poor: How the World's Poor Live on $2 dollars a Day?* Princeton University Press, Princeton, 283 pages.

Cull, R., Demirgüç-Kuntet, A., and Morduch, J. 2009. Microfinance Meets the Market. *Journal of Economic Perspectives*, Vol. 23, N°. 1, pp. 167-192.

Cull, R. and K. Scott. 2009. *Measuring Household Usage of Financial Services – Does it Matter How or Whom You Ask?* Working Paper N°. 5048, the World Bank, Washington, DC, 57 pages.

Demirgüç-Kunt, A., and Klapper, L. 2013. Measuring Financial Inclusion: Explaining Variation in Use of Financial Services across and Within Countries. *Brookings Papers on Economic Activity*. Spring : 279–340.

Demirgüc-Kunt, A., Beck, T., and Honohan, P. 2008. *Finance for All ? Policies and Pitfalls in Expanding Access*. World Bank policy Research Report. The World Bank, Washington.

Demirgüç-Kunt, A. and Levine, R. 2008. *Finance and Economic Opportunity*. Working Paper N°. 4468, the World Bank, Washington, DC, 34 pages.

De Boissieu, C., et Couppey-Soubeyran, J. 2013. La régulation du système bancaire et financier, in : C. de Boissieu, et J. Couppey-Soubeyran, 4e Édition (sous la direction de). *Les systèmes financiers : Mutations, Crises et Régulation*, Economica, Paris.

De Soto, H. 2000. *Le mystère du capital. Pourquoi le capitalisme triomphe en Occident et échoue partout Ailleurs ?* Traduit de l'Anglais par Michel Le Seac'h. Titre original « The Mystery of

Capital. Why Capitalism Triumphs in the West and Fails Everywhere Else », Flammarion, Paris, 303 pages.

De Sousa, M. M. 2015. *Financial Inclusion and Global Regulatory Standards: an Empirical Study across Developing Economies.* New Thinking and New G20 Series Paper, N°. 7 | March 2015, 24 pages.

Gauthier, B., Bigsten, A., Collier, P., Dercon, S. Fafchamps, M., Gunning, J. W., Oduro, A., Oostendorp, R. Patillo, C., Soderbom, M., Teal, F., et Zeufack, A. 1999. *Contract Flexibility and Dispute Resolution in African Manufacturing.* Centre for the Study of African Economies, Working Paper N°. 104, 28 pages.

Gloukoviezoff, G. 2004. De la bancarisation de masse à l'exclusion bancaire puis sociale. *Revue française des Affaires Sociales*, Vol. 1, N°. 3, pp. 11-38. DOI: 10.3917/rfas.043.0009.

Hakura, D., Alter, A., Ghilardi, M., Maino, R., McLoughlin, C., and Queyranne, M. 2015. *Sustaining More Inclusive Growth in the Republic of Congo,* Departmental Papers / Policy Paper, International Monetary Fund (IMF), Washington, D.C. DOI: http://dx.doi.org/10.5089/9781498317702.087, http://www.elibrary.imf.org/view/IMF087/22139-9781498317702/22139-9781498317702/22139-9781498317702.xml.

Hausman, J. A. 1978. Specification Tests in Econometrics. *Econometrica,* Vol. 46, N°. 6, pp. 1251-1271. DOI: 10.12691/jfe-2-5-6.

Helms, B. 2006. *Access for All: Building Inclusive Financial Systems,* Consultative Group to Assist the Poor. The World Bank Working Paper N°. 35031, Washington, DC, 170 pages.

Honohan, P., and King, M. 2009. *Cause and Effect of Financial Access: Cross-Country Evidence from the Finscope Surveys.* Document prepared for the conference «Measurement, Promoting, and Impact of Access to Financial Services», Washington, DC, 12-13 mars, the World Bank, 28 pages.

Honohan, P. 2008. Cross-country Variation in Household Access to Financial Services. *Journal of Banking and Finance*, N°. 32, pp. 2493-2500.

Honohan, P. 2005. *Measuring Microfinance Access: Building on Existing Cross-country Data.* Working Paper N°. 3606, the World Bank, Washington, DC, 31 pages.

Honohan, P. 2004a. *Financial Development, Growth and Poverty: How Close Are the Links?* Working Paper N°. 3203, the World Bank, Washington, DC, 31 pages.

Hurlin, C., et Mignon, V. 2006. *Une Synthtèse des Tests de Racine Unitaire sur Données de Panel.* Minefi, Direction de la Prévision. Paris : Économie et Prévision.

Johnson, S., et Nino-Zarazua M. 2009. *Financial access and exclusion in Kenya and Uganda.* Working Paper N°. 1, Center for Development Studies (CDS), University of Bath, Bath Papers in International Development, 34 pages.

Johnson, S., Markku, M., and Nino-Zarazua, M. 2010. *The role of Informal Groups in Financial Markets: Evidence from Kenya.* Working Paper N°. 7, Bath, UK, Center for Development Studies (CDS), University of Bath, Bath Papers in International Development, 36 pages.

Kim, D., et Santomero, A. M. 1988. Risk in Banking and Capital Regulation, *Journal of Finance*, 43, pp. 1219-1233.

Kumar, A., Mukta, J., Ronchi, L., et Konstantinos, T. 2007. Measuring Financial Access, in Barr, Michael S., Anjali Kumar et Robert E. Litan (dir.), *Building Inclusive Financial Systems – A Framework for Financial Access*, Washington, D.C., The World Bank Group, Brookings Institution Press, pp. 7-32.

Levin, A., and Lin, C. F. 1992. *Unit Root in Panel Data : Asymptotic and Finite Sample Properties*. Discussion Paper, No. 92-92 ; California, USA; University of California at San Diego.

Matin, I., Hulme, D., et Rutherford, S. 2002. Finance for the Poor: From Microcredit to Micro financial services, *Journal of International Development*, N°. 14, pp. 273-294.

Morduch, J. 1999. The Microfinance Promise. *Journal of Economic Literature*, Vol. XXXVII, pp. 1569-1614.

Morvant-Roux, S. et J. M. Servet. 2007. De l'exclusion financière à l'inclusion par la microfinance. *Horizons bancaires*, N°. 334 (décembre), pp. 55-70.

Ramji, M. 2009. *Financial Inclusion in Gulbarga: Finding Usage in Access.* Working Paper N°. 26, Institute for Financial Management and Research (IFMR), Centre for Microfinance, 37 pages.

Stiglitz, J. E. et W. Andrew. 1981. Credit Rationing in Markets with Imperfect Information. *The American Economic Review*, Vol. 71, N°. 3, pp. 393-410.

UNCDF. 2006. *Building Inclusive Financial Sectors for Development*, United Nations Capital Development Fund (UNCDF), New York, 182 pages.

Vanroose, A. 2007. Microfinance and its Macro-environment. MIX (Microfinance Information Exchange), *Micro-banking Bulletin*, N°. 14, pp. 22-24.

Windmeijer, F. 2005 (Mai). A finite Sample Correction for the Variance of Linear Efficient two-step GMM Estimators. *Journal of Econometrics,* Vol. 126, N°. 1, pp. 25-51.

DEUXIÈME PARTIE :

L'INCLUSION FINANCIÈRE EN AFRIQUE : QUEL LIEN AVEC LA CROISSANCE ET LE DÉVELOPPEMENT ?

Chapitre 6 :

Le rôle de la micro-finance dans le financement d'une croissance inclusive au Cameroun

Paul NINGAYE et Eric Brice NGATSI

Introduction

De nos jours, une certaine unanimité semble se dégager sur le fait que l'application des principes qui se dégagent du consensus de Washington n'a pas eu les effets escomptés dans tous les contextes, notamment en ce qui concerne la distribution des fruits de la croissance. Selon ces principes en effet, il suffit de libéraliser les économies sous-développées si l'on veut accélérer la croissance économique et le développement humain. Car, la distribution des fruits de la croissance est régie par les lois du marché. Les statistiques montrent pourtant que ce schéma ne semble pas se vérifier dans le cas du Cameroun où, malgré un fort potentiel en capital humain, la croissance économique éprouve des difficultés à se traduire dans l'amélioration des conditions de vie de la population. C'est ainsi que ce pays a connu un taux de croissance économique annuel moyen de l'ordre 3,16 % entre 2001 et 2005, de 3 % entre 2006 et 2010 et de 5,318 entre 2011 et 2015. Malgré cette croissance soutenue, le taux de pauvreté a presque stagné et s'est situé à 40,2 % en 2001, 39,9 % en 2007 et 37,5 % en 2014. Suivant une approche plus synthétique, le PNUD (2014) fait valoir que l'Indice de Développement Humain est de 0,504 et classe le pays dans le groupe des pays à faible IDH.

Cette difficulté à traduire la croissance économique dans le développement humain a suscité l'intérêt de plusieurs auteurs sur l'aspect qualitatif de la croissance camerounaise. À cet effet, ils ont emprunté deux directions principales. Dans la première, ils s'inspirent de la relation triangulaire croissance-pauvreté-inégalité de Bourguignon (2003, 2004) pour mesurer les effets distributifs de la croissance sur la pauvreté et l'inégalité. Dans le contexte camerounais, les travaux de Fambon (2005) et de Baye (2006), Essama-Nssah et al. (2010) ont appliqué des méthodes de décomposition inspirées de Shapley (1954), et Datt et Ravallion (1992) pour vérifier ce double effet. Ils constatent que la légère diminution de la pauvreté entre 2001 et 2007 était davantage due à l'augmentation du revenu moyen qu'à la réduction des inégalités. Malgré son intérêt, l'appréciation de la qualité de la croissance par la relation triangulaire reste vague pour être prise en compte dans les politiques économiques. Car, elle ne renseigne pas sur ce qui aurait été à l'origine de la variation des inégalités et par conséquent, de l'amélioration des conditions de vie.

La seconde direction qualifiée de croissance pro-pauvre se situe dans le prolongement de la relation triangulaire et donne une mesure algébrique de la qualité de la croissance. Au sens large, la croissance pro-pauvre est définie comme une croissance conduisant à la réduction de la pauvreté (Nations Unies, 2006 ; OCDE, 2012). Dans le contexte camerounais, les travaux de Nembot et al. (2009), Tabi et Ngantcha (2010), Epo et Baye (2012), montrent que la croissance a été pro-pauvre au sens absolu au Cameroun sur les sous-périodes 1984-1996 et 2001-2007, mais qu'elle s'est accompagnée d'une augmentation des inégalités. Malgré son intérêt, l'analyse de la qualité de la croissance par le concept de croissance pro-pauvre est difficile à être transposée dans les domaines de politique économique, car elle ne se soucie pas des mécanismes à la base des changements des inégalités.

Pour pallier cette insuffisance, il a fallu recourir au concept de croissance inclusive (Ali et Son, 2007 ; Klasen, 2010 ; White et Anderson, 2012). La croissance inclusive, contrairement à la croissance pro-pauvre mesure la qualité de la croissance par les opportunités qu'elle crée en faveur des populations. C'est pourquoi la Banque Mondiale (World Bank, 2009) la définit comme un modèle de croissance économique qui élargit la taille de l'économie, améliore les conditions d'investissement pour permettre la création d'emplois productifs. Autrement dit, la croissance inclusive est celle qui permet à la fois à chaque individu de contribuer à la croissance économique et d'en bénéficier. Malgré son intérêt et à notre connaissance, le concept de croissance inclusive n'a pas encore été mesuré au Cameroun.

L'objectif général de ce chapitre est d'analyser le rôle de l'inclusion financière dans l'inclusivité de la croissance au Cameroun. Il est poursuivi à travers trois objectifs spécifiques :

- Mesurer et décomposer suivant les caractéristiques socio-économiques un indicateur d'inclusivité de la croissance camerounaise. La méthodologie utilisée est celle élaborée par Ali et Son (2007), qui a déjà été utilisée pour analyser l'inclusivité de la croissance dans plusieurs pays (Asghar et Javed, 2011 ; Izu, 2015) ;
- Mesurer le niveau d'explication de l'inclusivité par l'inclusion financière. La méthodologie de cet objectif est le « Bayesian Model Average », qui permet de surmonter les limites liées aux petits échantillons ;
- En déduire les recommandations de politique économique.

Le reste du chapitre est organisé ainsi qu'il suit. La section 1 décrit le cadre conceptuel et présente la revue de littérature. La section 2 présente les éléments importants du contexte de l'étude en rapport avec sa problématique. La section 3 est consacrée au volet méthodologique ; la section 4 ressort les résultats et les interprétations ; la section 5 reprend les recommandations de politique. Le chapitre termine par une conclusion.

1. Cadre conceptuel et revue de la littérature

1.1. Cadre conceptuel d'une croissance inclusive

Le modèle de Kuznet (1955) qui fait dépendre la distribution des fruits des étapes de développement, a significativement influencé la communauté internationale sur les stratégies à mettre en œuvre pour assurer une croissance économique profitable à tous, à travers le consensus de Washington dont les 10 principes de libéralisation économique sont résumés par Williamson (1994). L'idée sous-jacente est que les forces du marché sont suffisantes pour assurer la distribution des fruits de la croissance. D'où la nécessité de libéraliser les économies sous-développées, pour accélérer simultanément la croissance économique et sa distribution. Cette prise de position était en plus soutenue par des auteurs tels que Dollar et Kraay (2002) qui démontrent que dans tous les cas, la croissance est bonne pour les pauvres. C'est la thèse du *trickle down* selon laquelle, la croissance économique se diffuse toujours à l'ensemble de la société des plus riches vers les plus pauvres.

Malgré ces arguments, les évaluations empiriques ont tôt fait de démontrer que le consensus avait généré plus de pauvreté et d'inégalités dans certaines régions du monde (Bourguignon et Marrisson, 2003), ou que les pays qui se sont mieux comportés sont ceux qui n'avaient pas mis en application les résolutions du consensus (Milanovic, 2004). D'après Stiglitz (1998a, 1998b), les causes de cet échec sont liées à une vision trop étroite du développement, centré sur la seule croissance économique. Or, le développement implique aussi une amélioration des conditions de vie, de la santé et de l'éducation, distribuées de façon équitable.

Il s'agit d'une explication qui a suscité un engouement de la part des chercheurs sur la qualité de la croissance économique et deux pistes principales ont été explorées. Suivant la première piste développée par Bourguignon (2003, 2004), il doit exister une relation triangulaire entre la croissance, l'inégalité et la pauvreté pour qu'une croissance soit qualifiée de bonne. Une telle relation traduit la diffusion de la croissance selon deux types de canaux qu'on peut identifier comme étant des canaux directs et des canaux indirects. Nonobstant son intérêt, la relation triangulaire ne fournit pas une mesure algébrique pour faire des comparaisons dans le temps et dans l'espace des qualités de croissance.

C'est sans doute à cause de cette lacune que le concept de croissance pro-pauvre a inspiré la communauté internationale. Pour être plus explicite à l'image de Griffoni (2005), la stratégie de la croissance pro-pauvre consiste à orienter les projets de développement vers les régions ou les secteurs d'activité caractérisés par de forts taux de pauvreté. L'opérationnalisation de la mesure de la croissance pro-pauvre a emprunté deux orientations. Suivant l'approche relative incarnée par Kakwani et Pernia (2000), Kakwani et Son (2002), une croissance économique est pro-pauvre si le revenu des pauvres progresse plus, relativement à celui des non pauvres. L'indice de croissance pro-pauvre suggéré par les auteurs consiste à comparer l'élasticité totale de la pauvreté à l'élasticité croissance de la pauvreté. Suivant l'approche absolue telle que développée par Ravallion et Chen (2003), Ravallion (2004), la croissance est pro-pauvre dès lors qu'elle se traduit par une réduction du taux de pauvreté. Ce qui compte dans cette approche, c'est le rythme auquel progresse, en termes absolus, le revenu des pauvres. L'appréciation des inégalités est secondaire pour voir si celle-ci stimule ou affaiblit cette réduction. Dans cette approche, on apprécie la qualité de la croissance par l'allure de la CIC (Courbe d'Incidence de la Croissance) ou en comparant le Taux de Croissance Pro-Pauvre (TCPP) noté g_t^p au Taux de Croissance Moyen des Revenus noté γ_t.

Malgré des avancées par rapport à la relation triangulaire, le concept de croissance pro-pauvre n'apporte pas de réponse à la question de savoir si les pauvres ont participé ou non au processus de croissance pour en tirer les bénéfices, ou bien si les fruits de la croissance leur ont été exogènes ? Le concept de croissance inclusive cherche précisément à combler cette lacune et constitue le cadre conceptuel idéal dans cette recherche ayant pour but d'apprécier la qualité d'une croissance par sa capacité à réduire le chômage, la pauvreté et les inégalités.

On peut appréhender le concept de croissance inclusive suivant deux approches. En premier lieu, en le comparant aux concepts voisins que sont la croissance pro-pauvre et la croissance partagée. Par rapport à la croissance pro-pauvre, l'ambigüité vient de ce que leurs objectifs sont communs et consistent à réduire significativement la pauvreté. Certains auteurs confondent d'ailleurs les deux concepts. Pourtant, ils sont différents à deux égards. Premièrement, l'inclusivité de la croissance porte notamment sur le principe de la réduction des désavantages, qu'ils soient ethniques, régionaux, de genre, ou de manque d'instruction. Alors que la croissance pro-pauvre ne se soucie pas explicitement de la distribution des inégalités d'opportunités, qui excluent certains du processus de la croissance. Une croissance peut donc être pro-pauvre sans être inclusive (White et Anderson, 2000 ; Klasen, 2003). Deuxièmement, l'inclusivité requiert le dépassement de la dimension monétaire pour mieux intégrer les aspects sociaux indispensables à une définition plus étendue du bien-être. C'est ce qui fait dire à certains que, pour que la croissance économique soit efficace dans l'objectif de réduction de la pauvreté, elle doit être inclusive (Berg et Ostry, 2011). En d'autres termes, la croissance inclusive est nécessairement pro-pauvre mais la réciproque n'est pas vraie.

Par rapport à la croissance partagée ''shared growth'', la croissance inclusive se différencie par le processus d'intégration des populations dans la production. La croissance partagée cherche plutôt les mesures d'accompagnement comme la protection sociale, qui permettraient une redistribution de la croissance du haut vers le bas. La croissance inclusive recherche plutôt les programmes sociopolitiques et économiques visant à offrir les mêmes chances d'emploi rémunérateur et de subsistance aux populations pauvres et marginalisées (Voir Grimm et al. (2015) pour plus de détails).

En second lieu, on peut appréhender le concept de croissance inclusive en organisant les approches de sa définition selon qu'elles privilégient la participation ou la redistribution. Dans l'optique de la participation, l'idée générale est que la croissance est inclusive si elle permet d'impliquer toutes les couches de la société à l'effort de production (Ranieri et Ramos, 2013). Mais pour que cette implication ait lieu, les auteurs diffèrent sur les stratégies. Certains mettent les entreprises et leurs capacités d'innovation au centre du processus.

La Banque Mondiale (2009) et Gurria et al. (2014) insistent pour leur part, sur les croissances sectorielles et une meilleure intégration de l'économie nationale. Le PNUD (2008) soutient plutôt un mode de gouvernance basé sur l'approche participative d'élaboration et de mise en œuvre des programmes de développement. Dans l'optique de distribution en revanche, Ali et Son (2007) définissent la croissance inclusive comme celle qui crée de nouvelles opportunités économiques et sociales et en assure aussi un accès équitable pour tous les segments de la population, en particulier les pauvres.

En considérant le point de vue de Sen (1985), la notion d'équité constitue un fondement important dans la définition de la croissance inclusive. L'équité se distance de la simple idée de justice présente notamment chez Rawls (1971) en se rapprochant davantage de la notion de capabilités. Celle-ci est comprise dans le sens des capacités effectives de chacun à accomplir certains actes tels que la consommation ou la production. Bourguignon et al. (2007) associent l'inclusivité de la croissance à l'égalité dans l'accès aux opportunités telles que conceptualisées par Roemer (1998). Il y a égalité d'opportunité lorsque le bien-être d'un individu traduit essentiellement les efforts qu'il consent et non les circonstances ou la condition individuelle dans laquelle il se trouve.

En guise de synthèse, on peut noter que ces débats arrivent à un consensus à savoir que, la croissance inclusive signifie création de nouvelles opportunités, qu'elles relèvent des dimensions monétaires ou non monétaires du bien-être ; puis de favoriser leur accès équitable. C'est le cadre idéal pour apprécier la qualité d'une croissance favorisant l'emploi, le recul de la pauvreté et des inégalités.

1.2 Cadre conceptuel du rôle de la micro finance dans une croissance inclusive : l'inclusion financière

Les canaux théoriques de transmission du secteur financier à la croissance économique d'un pays et à son développement sont connus depuis très longtemps. Le premier est l'innovation technologique selon Schumpeter (1912) et Brou (2010) parce que le système financier encourage avant tout les entrepreneurs les plus innovants dans leurs activités. Le second est l'innovation financière qui réduit les coûts de l'intermédiation financière, encourageant ainsi l'épargne et l'investissement selon Kane (1988) ou Sobreira (2004). Le troisième est l'efficience des facteurs de production à travers la réduction des risques sur retour d'investissement selon Levine (1997) ou Brou (2010).

Sur le plan opérationnel, il existe plusieurs indicateurs du développement financier. Shaw (1973) se réfère aux actifs financiers et définit le développement financier comme l'accumulation d'actifs financiers à un rythme plus rapide que l'accumulation d'actifs non financiers. Si on se réfère aux coûts des transactions, on peut dire avec Levine (1977) que le développement financier signifie réduction des coûts d'intermédiation, c'est-à-dire des coûts d'obtention des informations, d'exécution des contrats et des transactions. Cependant, la mesure du développement financier la plus rencontrée dans les travaux empiriques est la profondeur ou taille du système financier appréhendée par des ratios tels que : Actifs financiers totaux/PIB, crédits au secteur privé/PIB, taux d'épargne/PIB, dépôts du système financier/PIB et capitalisation boursière/PIB. Plus ces indicateurs sont élevés, plus le système financier est supposé contribuer positivement au développement.

Malgré leur importance, ces mesures du développement financier qui privilégient l'innovation technologique, l'innovation financière et les coûts de l'intermédiation risquent de nous détourner de nos objectifs qui visent la mesure des performances de l'intermédiation financière par leurs effets sur la croissance inclusive, laquelle est avant tout caractérisée par la création des opportunités de développement humain ainsi que leur distribution comme discuté dans le paragraphe 2.1 ci-dessus. À cet égard, la mesure du développement financier fondée sur l'inclusion financière nous semble des plus adaptée. Ce terme est lié à la micro finance et a été employé pour la première fois par la communauté internationale à travers l'ONU (2006) (Organisation des

Nations Unies) en 2002, pour fustiger les contraintes qui excluent la majorité des populations dans le monde du secteur financier. L'année 2005 fut d'ailleurs baptisée année du microcrédit. Par ailleurs, le sommet du G20 de Toronto du 27 juin 2010, avait également énoncé 9 principes destinés à guider les décideurs dans la prise de décisions les plus favorables à l'innovation en matière d'inclusion financière.

S'agissant des liens entre l'inclusion financière et la croissance inclusive qui fondent le second objectif de cette recherche, plusieurs propositions sont mises en évidence dans la littérature. C'est ainsi que, la communauté internationale (PNUD, 2014) soutient que les faibles valeurs de l'IDH dans les pays sous-développés, peuvent être considérablement améliorées si ces pays s'inscrivaient dans une logique de promotion de l'inclusion financière, car celle-ci permet d'intégrer les individus exclus des systèmes financiers dans l'activité économique et par là-même dans le processus de croissance. Les auteurs qui se sont inscrits dans cette logique démontrent les mécanismes par lesquels transite l'inclusion financière pour ainsi améliorer le développement économique et humain.

Le premier mécanisme est l'effet de l'inclusion financière sur le marché financier et selon Monnerie (2014), les agents économiques du secteur informel biaisent les canaux de transmission des politiques monétaires et les rendent inefficientes. L'inclusion financière est donc un outil d'amélioration de l'efficacité des politiques monétaires dans la mesure où elle rend l'économie plus formelle. Des résultats qui démontrent que l'inclusion financière est un outil de stabilité financière et donc de développement ont été par ailleurs obtenus par Aglietta (2008), Han et Melecky (2013). L'explication est que l'inclusion financière facilite l'intégration des petits épargnants dans les dépôts bancaires. Or, en période de crise économique, ce sont toujours les gros épargnants qui sont à l'origine de la ruée bancaire qui se traduit par un retrait massif de fonds. Ces retraits évidemment accélèrent l'incapacité des banques à assurer leur rôle d'intermédiation financière. C'est pourquoi les pays ayant les taux d'inclusion financière les plus élevés résistent mieux aux crises bancaires. Car, ces dernières continuent à détenir un volume d'épargne relativement plus élevé. Il s'agit des démonstrations qui nous amènent à considérer l'inclusion financière comme un outil de financement de la croissance.

Le second mécanisme est l'action directe de l'inclusion financière sur les indicateurs des conditions de vie des populations au point d'amener IMCE (2006) à dire que l'inclusion financière est un prérequis pour l'emploi, la croissance économique, la réduction de la pauvreté et des inégalités. Lorsqu'on remplace par exemple le paiement au guichet par le paiement électronique, il y a une économie de temps, des coûts de transfert et des paiements occultes. Ce qui signifie réduction des coûts de transaction de manière générale. Par ailleurs, l'accès des individus à faibles revenus aux services bancaires et notamment les crédits à court terme améliore leur demande de santé, d'éducation et d'alimentation par une gestion rationnelle des revenus présents et futurs. Il en est de même du fait de disposer d'un carnet bancaire, car cela aide les individus à transférer leur pouvoir d'achat dans le temps, d'accroître leurs opportunités économiques (Beck et De la Torre, 2004, Boyé et al. 2006).

2. Contexte de la recherche empirique

Le contexte politico-économique actuel du Cameroun est caractérisé par son ambition de devenir un pays émergent à l'horizon 2035. L'un des objectifs précisés à cet effet est de réduire le taux de pauvreté de 39,9 % en 2007 à 10 % à l'horizon 2035. Les moyens à mettre en œuvre consistent à accélérer une croissance créatrice d'emplois, à obtenir une meilleure distribution des ressources monétaires et des services sociaux (santé, éducation, formation, eau, électricité, voies de communication).

L'ambition de l'émergence en 2035 fait suite à la stratégie de relance économique commencée au milieu de la décennie 90 avec plusieurs réformes économiques dont l'une des plus importantes fut la libéralisation financière adoptée en 1995. Selon plusieurs auteurs, l'objectif de promotion de croissance économique assigné à la libéralisation financière n'a jamais été atteint du fait que les nouvelles banques créées avec des capitaux totalement privés ont adopté un comportement restrictif dans l'octroi du crédit à travers l'exigence des garanties. Les populations pauvres se sont alors vues totalement exclues du système financier conventionnel.

C'est dans ce contexte que sont nés et se sont développés les établissements de microfinance (EMF), supposés répondre aux préoccupations des populations pauvres et donc exclues des services du système financier formel, en leur accordant des microcrédits et en rémunérant leurs petites épargnes. Selon le rapport de la Commission Bancaire de l'Afrique Centrale (COBAC), on dénombrait sur l'ensemble du territoire national en fin 2012, 509 EMF et 1 100 points de services desservant 1 500 000 clients. Cependant, des études montrent que les populations à faibles revenus ont toujours recours à un grand nombre d'instruments financiers informels, souvent coûteux ou risqués tels que : usures, tontines, préteurs sur gages. La raison est que malgré l'explosion des EMF, le taux de bancarisation est d'à peine 20 % au Cameroun, malgré une évolution rapide de cet indicateur au cours des dix dernières années (on n'était alors qu'à environ 10 %). Ce qui prouve le retard du pays sur le segment de la bancarisation des populations, comparé à de nombreux pays du même niveau.

C'est sans doute pour cette raison que le Cameroun a entièrement adhéré aux directives de l'Organisation des Nations Unies du 29 décembre 2003, faisant de l'inclusion financière, un des enjeux du développement. L'idée générale est que les EMF doivent aller au-delà de la vision minimaliste de la simple fourniture de microcrédits ayant dominé le secteur de la microfinance à ses débuts, afin de favoriser l'inclusion financière dont l'objectif premier vise à attirer les non bancarisés (environ 2,5 milliards de personnes dans le monde et donc 15 % de la population camerounaise) dans le système financier formel. Ce qui leur permettra d'accéder aux services financiers et bancaires formels à des prix favorables.

Pour marquer leur adhésion à la promotion de l'inclusion financière, les autorités camerounaises ont entrepris l'élaboration d'une stratégie nationale en mai 2013, conduite avec l'appui du Programme des Nations Unies pour le développement (PNUD), du Fonds international pour le développement agricole (FIDA) et de United Nations Capital Development Fund (UNCDF), qui définit 3 principaux axes d'intervention : l'amélioration du cadre réglementaire, institutionnel et juridique de la microfinance ; l'amélioration de la professionnalisation des EMF et de l'offre des services financiers ; la protection des clients, la gestion des performances sociales. C'est dans cette optique que, depuis 2012, les deux leaders du marché du mobile que sont MTN et Orange Cameroun ont lancé le mobile money, service permettant aux abonnés bancarisés ou non d'effectuer des transactions financières de divers ordres via le téléphone portable. Par ailleurs, et selon l'Agence de régulation des télécommunications du pays, le taux de pénétration du téléphone mobile au Cameroun est passé de 9,8 % à 71 % entre 2004 et 2014. Cette explosion de l'usage du mobile dans le pays apparaît désormais comme une excellente opportunité pour développer des services de mobile banking susceptibles de tirer vers le haut le taux de bancarisation au Cameroun. Il s'agit d'une révolution des systèmes bancaires des pays en développement. Un autre résultat obtenu est la dématérialisation de moyens de paiement, avec l'usage des cartes bancaires, les paiements électroniques des factures, et la banque internet (Citi Bank, Afriland First Bank, Bicec, Ecobank).

3. Méthodologie

3.1 Mesure de l'inclusivité de la croissance au Cameroun

Il existe au moins une quinzaine de mesures de l'inclusivité de la croissance recensées par Ranieri et Ramos (2013), qui diffèrent entre elles suivant les indicateurs du développement sur lesquels porte la mesure de l'inclusivité. Par exemple, Kakwani et Pernia (2000) privilégient l'inégalité des revenus et la création d'emplois, tandis que Klasen (2010) insiste sur l'inégalité des revenus et la création des opportunités non monétaires. De toutes ces mesures, celle proposée par Ali et Son (2007) a été retenue parce qu'elle se fonde sur une fonction d'opportunité sociale qui s'apparente à une fonction de bien-être social.

Selon eux, la croissance est inclusive si elle permet de maximiser la fonction d'opportunité sociale. Cette dernière dépend de la quantité d'opportunités disponibles au sein de l'économie ainsi que de leur distribution. Les auteurs proposent aussi un indice d'opportunité qui agrège la création des opportunités et leur distribution au sein d'un même pays, et ce, entre deux périodes.

La fonction d'opportunité sociale considérée accorde une plus grande importance aux opportunités captées par les individus pauvres que celles dont jouissent les moins pauvres. Ainsi, s'il y a transfert d'une opportunité d'un individu non pauvre vers un individu pauvre, cela aura pour effet de déplacer la fonction d'opportunité vers la droite, et cela impactera positivement le bien-être global. C'est pourquoi cette méthode permet une lecture dynamique de l'évolution de l'inclusivité en interprétant les variations des indices construits comme des résultantes de politiques publiques. Les indicateurs de bien-être de mesure de la croissance inclusive peuvent être monétaires, mais aussi non monétaires tels que l'éducation, la santé, l'accès aux infrastructures de base (électricité, eau potable, l'accès à un environnement sanitaire).

Sans doute à cause de cette pertinence, cette méthode a connu plusieurs applications (Asghar et Javed, 2011 ; Newman, 2012 ; Izu, 2015).

Les principes de la méthode d'Ali et Son (2007) sont les suivants.

On suppose qu'il existe n personnes dans la population dont les revenus sont, $x_1,\ x_{2,\ldots\ldots\ldots\ldots} x_n$. x_1 est le revenu $x_1,\ x_{2,\ldots\ldots\ldots\ldots} x_n$. x_1 est le revenu de la personne la plus pauvre et x_n est le revenu de la personne la moins pauvre. Alors, l'on définit la fonction du bien-être comme :

$$W = w\ (x_1, x_2, \ldots \ldots \ldots \ldots x_n) \tag{1}$$

Dans cette équation, W est une fonction croissante de ses arguments.

De même, la fonction d'opportunité sociale est donnée par l'équation (2) ci-dessous.

$$O = O\ (y_1, y_2, \ldots \ldots \ldots \ldots . y_n) \tag{2}$$

Ici, y_i est l'opportunité dont bénéficie l'individu *i* qui a un revenu x.

Dans cette recherche, l'opportunité est l'indicateur monétaire du bien-être. Mais elle pouvait aussi être tout indicateur non monétaire du bien-être tel que l'accès à la santé, à l'éducation, et à un bon emploi. Dans ces derniers cas, y_i peut être une variable binaire qui prend la valeur *0* lorsque l'individu *i* est privé d'une certaine opportunité, et 1 lorsqu'il jouit de cette opportunité. Le pourcentage de ceux qui jouissent d'une certaine opportunité est donné par la moyenne ci-dessous :

$$\bar{y} = \frac{1}{n} \sum_{i=1}^{n} y_i \tag{3}$$

Étant donné que la fonction d'opportunité sociale est une fonction croissante de ses arguments, une condition nécessaire, mais pas suffisante pour que cette croissance soit qualifiée d'inclusive est qu'elle crée plus (c'est-à-dire qu'elle fait croître $\bar{y}$) et mieux, c'est-à-dire lorsqu'elle assure l'équité (à ne pas confondre avec égalité) dans l'accès à ces opportunités. Dans ces conditions, les pauvres en profitent plus que les non-pauvres.

En rappelant que la population est rangée dans l'ordre croissant de leurs revenus, $\bar{y}p$ est la moyenne des revenus dont jouissent les *p* premières personnes (en %) de la population totale avec *p* variant entre

0 et 100, et $\bar{y}$ est la moyenne des opportunités accessibles à la population totale. Alors, $\bar{y}$p sera égale à $\bar{y}$ si *p=100*. Comme $\bar{y}$p varie avec *p*, l'on peut dessiner la courbe de $\bar{y}$p pour les différentes valeurs de *p*. Au fait, c'est la courbe de concentration généralisée lorsque les individus sont classés par ordre croissant de leur revenu.

Nous interprétons l'inclusivité de la croissance à partir de la courbe d'opportunité comme suit (voir graphique 1, page 18) : La croissance sera dite inclusive si elle entraine un déplacement vers la droite de la courbe d'opportunité. Ce qui signifie que tout le monde dans la société, y compris les pauvres a bénéficié de plus d'opportunités qu'avant. Cependant, le degré d'inclusivité de la croissance dépendra de deux éléments : (i) L'intensité du déplacement de la courbe d'opportunité vers la droite, et (ii) la pente de courbe à l'issue de son déplacement. S'agissant de la pente, on dira que les opportunités ont été plus accessibles aux pauvres, et donc équitables si elle est négative.

Au contraire, la distribution des opportunités aura été inéquitable si la pente de la courbe d'opportunité est positive, à l'issue de son déplacement. Quant à l'intensité du déplacement, nous devons émettre une hypothèse sur la forme de la fonction d'opportunité sociale utilisée. Une forme simple de la fonction d'opportunité sociale peut être obtenue en calculant un indice qui résume l'aire en dessous de la courbe d'opportunité sociale de la manière suivante :

$$\bar{y} *= \int_0^1 \bar{y}\, dp \qquad (4)$$

La formule (4) nous donne ce qu'on appelle l'indice d'opportunité(IO) : plus $\bar{y}$* est élevé, plus élevées auront été les opportunités créées en faveur des pauvres, l'objectif étant la maximisation de $\bar{y}$*. L'écart entre $\bar{y}$* et $\bar{y}$ fournit une indication sur la façon dont les opportunités sont distribuées. Si $\bar{y}$* est supérieur à $\bar{y}$, alors les opportunités sont équitablement réparties (pro-pauvres). Si par contre $\bar{y}$* est inférieur à $\bar{y}$, les opportunités sont inéquitablement réparties (anti-pauvres). En vue de faciliter la comparaison entre $\bar{y}$* et $\bar{y}$, l'on calcule l'indice d'égalité des chances (Equity index of opportunities) qui capte la qualité de la croissance en termes de redistribution.

$$\hat{o} = {}^{\bar{y}\,*}/_{\bar{y}} \qquad (5)$$

Si $\hat{o} > 1$, l'on conclut que les chances sont équitablement réparties ; Si $\hat{o}$ <1, les chances sont inégalement réparties. À partir de la relation (5), on peut écrire que :

$$\bar{y} *= \hat{O} * \bar{y} \tag{6}$$

Ce qui revient à dire que l'indice d'opportunité n'est que le produit de l'indice d'égalité des chances par la moyenne des opportunités disponibles à la population, et la croissance est inclusive à mesure que $\bar{y}$* augmente. Cette augmentation dépend de trois éléments dont la création de nouvelles opportunités mesurée par l'augmentation de $\bar{y}$, l'amélioration de l'accès à ces opportunités mesurée par l'indice d'égalités des chances $\hat{O}$, soit les deux à la fois.

Si nous nous intéressons à deux périodes de temps, la dynamique de l'inclusivité de la croissance sera saisie en différentiant la relation (6) comme suit :

$$d\bar{y} *= \hat{o}d\bar{y} + \bar{y}d\hat{o} \tag{7}$$

Où $d\bar{y}$ mesure la variation du degré d'inclusivité de la croissance. La croissance devient plus inclusive si $d\bar{y} > 0$. $\hat{o}d\bar{y}$ indique la contribution à la croissance inclusive de la création de nouvelles opportunités lorsque la répartition de celle-ci reste inchangée. Le terme, $\bar{y}d\hat{o}$ capte la contribution à la croissance inclusive de l'accès à des opportunités créées lorsque les nouvelles opportunités n'ont pas été créées. Ces différentes contributions sont très importantes en ce qu'elles révèlent les stratégies de développement mises en place par le Gouvernement d'un pays. Si $\hat{o}d\bar{y} > \bar{y}d\hat{o}$ cela implique que la stratégie de développement se focalise plus sur la création de nouvelles opportunités pour les pauvres, au travers des dépenses pro-pauvres ou encore la création des emplois, et ce au détriment des autres classes sociales. Si $\hat{o}d\bar{y} < \bar{y}d\hat{o}$, alors la stratégie de développement a plus amélioré les conditions de toutes les classes à travers l'augmentation de la moyenne des opportunités. On peut avoir les 4 combinaisons suivantes : (i) si d$\bar{y}$ >0, dô> 0 et $\hat{o} \geq 1$; la croissance est absolument inclusive. (ii) si d$\bar{y}$ >0, dô < 0 ; la croissance est faiblement inclusive parce qu'il y a eu création de nouvelles opportunités, mais au détriment de l'équité. (iii) si d$\bar{y}$ <0, dô> 0 ; la croissance est faiblement inclusive parce qu'il y a eu amélioration de l'équité, au détriment de la création de nouvelles opportunités. (iv) si d$\bar{y}$ <0 et dô< 0, la croissance est non inclusive.

3.2 Mesure de l'impact de l'inclusion financière : Le ''Bayesian Model Averaging''

Il existe de pays où l'inclusion financière a été mesurée par plusieurs indicateurs élémentaires sur les ménages ou les individus. On peut alors appréhender son niveau suivant une approche multidimensionnelle qui consiste à agréger plusieurs indicateurs en un Indicateur Composite de l'Inclusion Financière (ICIF) et la littérature suggère plusieurs pistes, dépendant du poids accordé aux indicateurs élémentaires dans le processus d'agrégation. C'est ainsi que les agrégations non pondérées ont été proposées entre autres par Chattopadhyay (2011), Gupta et al. (2012) s'inspirent en général de la méthode adoptée par l'UNDP pour construire l'IDH. Leur limite tient de ce qu'elles accordent la même importance, c'est-à-dire le même poids aux indicateurs élémentaires ; ce qui est discutable. L'approche axiomatique de Chakravarty et Rupayan (2013) accorde des poids différents aux indicateurs dans le processus d'agrégation et leur ICIF est décomposable suivant ces indicateurs. Il s'agit donc, à notre sens, d'une nette amélioration des agrégations non pondérées. Les approches multidimensionnelles ont l'avantage de concilier plusieurs dimensions dans la mesure de l'inclusion financière. Mais leur application nécessite la disponibilité d'une base de données spécialisée en inclusion financière. Ce qui est loin d'être le cas au Cameroun.

Dans cette recherche et par contrainte de données, nous mesurons l'inclusion financière suivant une approche unidimensionnelle. Elle consiste à trouver une mesure au proxy de l'inclusion financière, mesurable au niveau individuel ou du ménage dans un pays (Allen et al. 2012). Afin de montrer le rôle joué par la micro finance dans la distribution spatiale de l'inclusivité de la croissance, nous avons fait recours à la méthode d'estimation Baysien Model Averaging (BMA) initiée par Raffery (1995). Elle se fonde sur deux principales critiques formulées à l'encontre des modèles linéaires classiques, dont les résultats justifient les politiques économiques.

Premièrement, les tests statistiques qui fondent la validité des modèles linéaires sont trompeurs dans la mesure où il existerait plusieurs autres modèles valables selon ces mêmes tests, mais avec des paramètres différents. Ceci pose le problème d'incertitude des modèles économétriques (Hoeting et al. 1999). Deuxièmement, les modèles économétriques nécessitent un nombre important d'observations afin que les paramètres estimés soient valables (Eicher et al. 2011). Or les données observées pour la formulation des politiques économiques sont le plus souvent limitées. Dans cette étude par exemple, les données portent sur 17 individus statistiques seulement. Dans l'optique de surmonter ces handicaps, la BMA considère que la valeur prédictive d'une variable ne saurait dépendre d'un seul modèle pris parmi tant d'autres ; mais de tous les modèles possibles compte tenu des variables explicatives.

Considérant le cas simple d'une régression linéaire où il y a une variable à expliquer *y*, *n* observations et $x_{1} \ldots x_{p}$ variables explicatives, on peut avoir $K = 2^P$ modèles résultant de 2^P combinaisons des *p* variables explicatives. Les valeurs estimées de *y*, et donc des coefficients des variables, sont les sommes pondérées des valeurs obtenues sur les 2^p modèles et on peut écrire.

$$y = \alpha + \sum_{j=1}^{2P} \beta_j^k x_j^k + \varepsilon \qquad (8)$$

Où $x_1^k \ldots\ldots x_j^k \ldots\ldots x_p^k$, est un sous-ensemble $x_{1,} \ldots\ldots\ldots\ldots x_p$.

$\beta_j^{(k)} = (\beta_1^k \ldots\ldots \beta_{pk}^k)$ est un vecteur de coefficients de régression à estimer. β_j^k, en fait, est une somme pondérée de $w_1\beta_j^k + \ldots\ldots w_k\beta_{pk}^k$ où les w sont les poids. Ces poids qui interviennent dans le processus d'agrégation sont les probabilités a posteriori déduites de la loi de Bayes. D'après le théorème de Bayes, la probabilité a posteriori d'un sous modèle *Mk*, notée *Pr(M k /D)*, est donnée par l'équation (9).

$$\Pr(M_k/D) = \frac{\Pr(D/M_k)\Pr(M_k)}{\sum_{l=1}^{k} \Pr(D/M_l)\Pr(M_l)} \qquad (9)$$

Où $\sum_{l=1}^{k} \Pr(D/M_l)\Pr(M_l)$ est une constance et est égale à la somme des probabilités a priori. (9) montre donc que la probabilité a posteriori d'un modèle *Mk*, $(\Pr(M_k/D)$ est proportionnelle à la probabilité marginale du modèle *Pr* (D/M_K) (probabilité des données compte tenu du modèle) multipliée par la probabilité a priori de modèle M_K, c'est-à-dire comment le chercheur pense le modèle avant même de s'intéresser aux données. À partir des probabilités a posteriori des modèles MK, on peut calculer les probabilités a posteriori d'obtenir les paramètres θ différents de 0 (*Pr (D/ θ, M)* où D est l'ensemble des informations fournies par les données.

$$\Pr(D/\theta, M) = \int_{k=1}^{2^k} \Pr(D/\theta_k, M_k)\Pr(\theta_k/M_k)d\theta_k \quad (10)$$

L'équation (10) montre la probabilité a posteriori qu'une variable x_j ait un effet non nul sur y, $Pr(\beta_j \neq 0/D)$, où $Pr(D/\theta, M)$ est la moyenne pondérée de toutes les probabilités des modèles valables où figure x_j. Il en résulte que, dans le BMA, l'effet a posteriori d'une variable est mesuré par une probabilité et permet de répondre directement à la question de savoir quelle influence aura la variable explicative sur la variable dépendante. Ce qui est différent du seuil de signification dans les modèles. Par exemple, Hoeting, Madigan, Raftery et Volinsky (1999) ont obtenu trois coefficients tous significatifs à 1 % par le test de Student pour trois variables dans une régression. Mais leurs $\Pr(\beta_j \neq 0/D)$ étaient respectivement de 84, 78 et 72. Ce qui est beaucoup parlant pour les prises de décision. À cause de tous ces avantages, le BMA est de plus en plus mis en œuvre dans le cadre de la formulation des politiques économiques. Pour les besoins d'interprétation, Eicher, Papageorgiou et Raftery (2007) proposent que l'effet d'une variable sera qualifié de faible si 50 % $\leq \Pr(\beta_j \neq 0/D)$. Assez fort si 75 % $< \Pr(\beta_j \neq 0/D)$ et fort si 95 % $\leq \Pr(\beta_j \neq 0/D)$.

Cependant, le cadre général de la modélisation BMA que nous venons de décrire montre à travers (10) que le jugement de valeur que se fait le chercheur, à travers la probabilité a priori des coefficients ($\Pr(\theta_k/M_k)$ est fondamental dans les valeurs des probabilités a posteriori $\Pr(D/\theta, M)$ qui constituent les centres d'analyse. La prise en compte de ce jugement de valeur se fait par l'introduction d'un paramètre g, dans un modèle de Régression Bayesian (Zeugner, 2011). On parle alors de BMS ou Bayesian Model Selection, pour dire simplement qu'une décision a été prise sur le paramètre *g*. L'hypothèse à la base est que la distribution des paramètres β_j dans tous les modèles a pour moyenne = 0 et pour écart-type:

$$\sigma^2 = \frac{1}{g}(X'X)^{-1} \quad (11)$$

Où *X* est la matrice des variables explicatives. Une faible valeur de *g* implique des variances très faibles et indique que le chercheur est très certain que les coefficients sont proches de zéro. En revanche, des valeurs très grandes de *g* sont synonymes de très grandes variances et indiquent que le chercheur a priori, considère que les coefficients sont très différents de zéro. En cas d'incertitude totale et en présence d'un faible échantillon, il vaut mieux adopter une solution intermédiaire dont la plus simple est de considérer g=N (N=taille de l'échantillon). C'est ce que nous avons fait dans ce qui suit.

4. Résultats

4.1 L'inclusivité de la croissance camerounaise entre 2001 et 2007

L'indicateur monétaire du bien-être, mesuré par la consommation finale des ménages, a été retenu pour apprécier l'inclusivité de la croissance camerounaise. Ces informations sont contenues dans deux bases de données de l'Institut National de Statistique, dénommées Ecam2 et Ecam3. Afin d'apprécier la qualité de la croissance camerounaise à l'égard de l'inclusivité, il convient de calculer l'indice d'opportunités ($\bar{y}*$) et l'indice d'équité d'opportunités ($\bar{O}$). Le détail des calculs pour la population totale se trouve dans le tableau 1. M.C.O $\neq$ donne les Moyennes Cumulées des Opportunités monétaires des *p%* de la population de sorte que, quand *p = 100*, on a la moyenne des opportunités de la population totale ($\bar{y}$) ; $\bar{y}*=\sum M.C.O./10$ est l'indice d'opportunités ; $\bar{O} = \bar{y}*/\bar{y}$ est l'indice d'équité des opportunités.

Tableau 1 : Détails de l'inclusivité de la croissance sur la population totale

Déciles	M.C.O. 2001	M.C.O. 2007	Variations
1	119 715,4	147 983,3	
2	147 128,5	177 852,5	
3	169 652,4	204 261,5	
4	192 062,5	228 523	
5	213 078	252 399,1	
6	234543,7	277668,1	
7	254984,5	305657,9	
8	278935,6	334958,8	
9	307437,9	368645,7	
$10 = \bar{y}$	373163,9	433436	$d(\bar{y}) = 0,16$
$\bar{y}*$	229070,24	273138,59	$d(\bar{y}*) = 0,19$
$\bar{O}$	0,614	0,630	$d(\bar{O}) = 0,02$
	Pas équitable	Pas équitable	

Source : Les auteurs

La qualité de la croissance peut s'apprécier à partir des M.C.O du tableau 1 et des courbes d'opportunités du graphique 1. La courbe (1) est la courbe d'opportunités en 2001 et la courbe (2) est la courbe d'opportunités en 2007. À partir de leur pente positive, on déduit que la croissance n'a été inclusive ni en 2001, ni en 2007. Suivant une analyse dynamique, l'idéal aurait été d'obtenir en 2007 l'allure de la courbe (3) qui décrit une croissance absolument inclusive à cause de sa pente négative. Comme il est difficile de percevoir les différences entre (1) et (2), seule l'analyse algébrique peut permettre de qualifier l'inclusivité de la croissance entre 2001 et 2007.

Graphique 1 : Les courbes d'opportunités en 2001 et en 2007

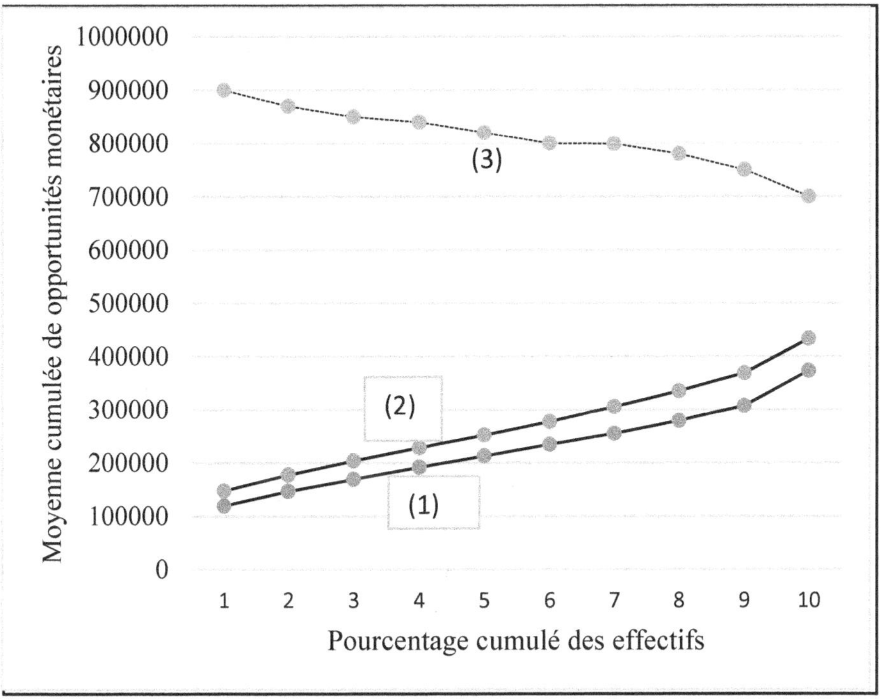

Source : Les auteurs

L'analyse algébrique confirme que la croissance n'est inclusive ni en 2001 ($\bar{O} = 0{,}614$), ni en 2007 ($\bar{O} = 0{,}630$). Notons que $\bar{O}$ doit être > 1 pour décrire une croissance inclusive. Une croissance est inclusive entre deux périodes si : i) il y a eu création des opportunités entre les deux périodes $d(\bar{y}) > 0$; (ii) s'il y a eu tendance à une meilleure distribution des opportunités ainsi créées $d(\bar{O}) > 0$; et (iii) cette amélioration dans la distribution est si forte au profit des plus pauvres que ceux-ci ont eu tendance à bénéficier de plus d'opportunités que la moyenne de la population, c'est-à-dire $\bar{O}_{2007} \geq 1$ dans notre cas. En revanche, une croissance est anti- inclusive si $d(\bar{O}) < 0$ même si $d(\bar{y}) > 0$, car cela signifierait que les opportunités créées ont plus profité aux non pauvres. Sur la base de ces guides d'interprétation, le Cameroun dans son ensemble a connu une croissance faiblement inclusive avec $d(\bar{y}) = 16\%$, $d(\bar{O}) = 2\ \%$, et $(\bar{O}) = 0,63$. Mais cette peinture d'ensemble recouvre des réalités très contrastées comme le montre le tableau 2.

Tableau 2 : Matrice d'inclusivité de la croissance sur les variables socio-économiques

	$(\bar{O})$	$d(\bar{y})$	$d(\bar{O})$	**Commentaires**
Population totale	0.63<1	0.16>0	0.02>0	Croissance faiblement
Population	0.45<1	0.13>0	0.05>0	Croissance faiblement
Population	0.49<1	0.18>0	-0.02<0	Croissance anti-inclusive
Masculine	0.46<1	0.17>0	0.02>0	Croissance faiblement
Féminine	0.44<1	0.17>0	-0.02<0	Croissance anti-inclusive
Douala	0.44<1	0.08>0	0.07>0	Croissance faiblement
Yaoundé	0.44<1	0.09>0	0.07>0	Croissance faiblement
Adamaoua	0.48<1	0.22>0	-0.02<0	Croissance anti-inclusive
Centre	0.49<1	0.15>0	0.04>0	Croissance faiblement
Est	0.48<1	0.18>0	-0.2<0	Croissance anti-inclusive
Extrême-nord	0.46<1	0.27>0	-0.06<0	Croissance anti-inclusive
Littoral	0.48<1	0.22>0	-0.02<0	Croissance anti-inclusive
Nord	0.45<1	0.24>0	-0.04<0	Croissance anti-inclusive
Nord-ouest	0.45<1	0.24>0	-0.04<0	Croissance anti-inclusive
Ouest	0.5<1	0.18>0	0.02>0	Croissance faiblement
Sud	0.47<1	0.23>0	-0.04<0	Croissance anti-inclusive
Sud-ouest	0.47<1	0.21>0	0.02>0	Croissance faiblement

Source : Les auteurs

Il ressort notamment du tableau 2 que les lieux à forte concentration de pauvreté sont aussi ceux où la croissance a tendance à être anti-inclusive. C'est ainsi qu'elle est faiblement inclusive dans les zones urbaines ($d(\bar{y}) = 13\%$, $d(\bar{O}) = 5\ \%$, et $(\bar{O}) = 0{,}45$), mais absolument anti-inclusive dans les zones rurales, ($d(\bar{y}) = 18\%$, $d(\bar{O}) = -0{,}02\ \%$, et $(\bar{O}) = 0.49$) où l'on trouve le plus de pauvreté selon les estimations de l'Institut National de Statistiques du Cameroun. C'est pour cette même raison qu'elle est faiblement inclusive dans les grandes métropoles que sont Douala et Yaoundé, mais absolument anti-inclusive dans 6 régions sur 10 considérées. Les caractéristiques socio-économiques retenues sont : la population totale, le sexe du répondant (masculin, féminin), la zone d'habitation (urbaine, rurale), les grandes métropoles (Douala, Yaoundé), et les 10 régions du pays (Adamaoua, Centre, Est, Extrême-Nord, Littoral, Nord, Nord-Ouest, Ouest, Sud, et Sud-Ouest).

4.2 Rôle de l'inclusion financière dans le différentiel d'inclusivité de la croissance

Afin d'analyser le rôle de la micro finance dans la distribution des indicateurs de l'inclusion de la croissance, nous avons formulé et estimé un Modèle de Régression Bayesian avec prise en compte du facteur de jugement sur la validité des paramètres (10). Une solution intermédiaire a été retenue sur le choix du facteur *g*, et consiste à considérer que nous accordons les jugements à ce que les coefficients des paramètres soient égaux ou différents de zéro. Toutes les estimations sont obtenues avec le module BMS écrit par Zeugner (2011) et paramétré dans le logiciel R, 2.12.00.

La variable explicative d'intérêt est l'inclusion financière *(epargne2007)*, mesurée dans Ecam2 et Ecam3. Par contrainte de données, la seule variable d'inclusion financière retenue est la réponse à la question suivante : *possédez-vous un compte d'épargne ?* Ceux qui possèdent un compte d'épargne sont considérés comme financièrement inclus. Le contraire est retenu, pour ceux qui ne possèdent pas un compte d'épargne. Cette variable a plusieurs limites en ce sens qu'on peut posséder un compte d'épargne et ne pas l'utiliser.

L'inclusion financière suppose, par ailleurs, la consommation de plusieurs autres produits tels que les cartes de crédit et autres. Mais nous n'avons aucun moyen de mesurer de toutes ces variables. À partir des réponses à cette question, nous avons calculé la proportion de la population financièrement incluse par rapport à l'effectif de chaque sous-groupe de population. En plus de cette variable d'intérêt, nous avons considéré 7 autres variables qui peuvent hypothétiquement, influencer la création des opportunités ainsi que leur distribution. Il s'agit de l'enseignement supérieur, l'enseignement secondaire, le primaire ou sans instruction, le secteur agricole, le secteur industriel, le secteur public, et le secteur privé.

Par ailleurs, la principale variable à expliquer est l'indice d'inclusion de la croissance qui est par nature composite et comprend la création des opportunités ($d(\bar{y})$) et leur distribution ($d(\bar{O})$). Or, le processus d'agrégation peut créer l'ambiguïté sur l'effet des variables explicatives. Ainsi avons-nous décidé de considérer individuellement les indicateurs de l'inclusion de la croissance que sont la création des opportunités et la distribution des opportunités. Afin d'apprécier le rôle de l'inclusion financière dans la création des opportunités, nous avons estimé un modèle avec pour variable à expliquer $d(\bar{y})$.

Le tableau 3 présente les résultats. Dans ce tableau, la première colonne contient les noms de variables explicatives. La seconde colonne (PIP) est de plus grande importance parce qu'elle donne les estimations de l'équation [10]. La troisième colonne (*post mean*) donne les moyennes agrégées des coefficients de l'équation [10] sur tous les modèles 2^8 modèles estimés. La quatrième (*post SD)* donne les écarts-type a posteriori des coefficients de la colonne trois. La cinquième colonne (*cond.pos.sign)* donne les probabilités a posteriori d'un effet positif de la variable explicative correspondante sur la variable à expliquer. La dernière colonne *(Idx)* donne tout simplement l'ordre d'insertion de la variable dans la formule de l'équation estimée dans le logiciel.

Tableau 3 : Pouvoir explicatif de l'inclusion financière sur la création des opportunités

	PIP	Post Mean	Post SD	Cond.Pos.Sign	Idx
Epargne07	0,20709257	0,00501029	0,01175044	1.00000000	8
Primaire	0,14344084	-0,0024173	0,010261033	0,01347527	5
Secondaire	0,12204063	0,0013172906	0,009064543	0,92588104	6
Industriel	0,09205752	0,0036908897	0,019210041	0,98226992	2
Supérieur	0,08248797	0,0007522829	0,014114264	0,64533411	7
Agricole	0,08148617	0,0004250365	0,003761400	0,73099089	1
Publique	0,07484636	0,0004996960	0,013441699	0,59258702	3
Privé	0,07470799	-0,000737839	0,00946474	0,37167320	4

Source : Les auteurs avec le module BMS de R

Ces explications nous amènent à nous attarder sur la colonne des PIP, qui indiquent les probabilités $\Pr(\beta_j \neq 0/D)$. On peut alors dire que $\Pr(\text{epargne}_{2007} \neq 0/D) = 20{,}7\%$. Notons que la variable ''*épargne 2007*'' est la mesure de l'inclusion financière retenue. Sur le plan strict de l'interprétation des probabilités, on peut dire qu'elle est faible (<

50 %). Cependant, nous ne sommes pas de cet avis parce qu'il s'agit de la plus forte valeur pour toutes les variables explicatives retenues. De plus, elle a les plus grandes valeurs sur *post mean*, *post SD*, et *cond.post.sign*. Ce qui confirme plutôt le rôle de premier plan joué par l'inclusion financière dans l'amélioration des opportunités monétaire dans le contexte camerounais. Par ailleurs, rappelons que la spécificité de la méthode BMA est qu'elle estime 2^K modèles, soit 2^8 dans notre cas, et que la valeur d'un coefficient est une moyenne pondérée des valeurs obtenues sur tous les modèles. La valeur de pondération dépendant de l'importance du modèle correspondant dans l'explication de la variable d'intérêt. Sur la base de ce rappel, un critère complémentaire pour montrer le rôle de l'inclusion financière dans la production des opportunités monétaires, est d'analyser l'apparition ou non de la variable *épargne07* dans les meilleurs modèles. Le tableau 4 ci-dessous présente les variables appartenant aux 5 premiers modèles les plus pertinents.

Tableau 4 : Les 4 premiers bons modèles d'explication des opportunités monétaires

	000	**001**	**008**	**004**	**002**
Supérieur	0.00000000	0.00000000	0.00000000	0.00000000	1.00000000
Primaire	0.00000000	0.00000000	1.00000000	0.00000000	0.00000000
Industriel	0.00000000	0.00000000	0.00000000	1.00000000	0.00000000
Agricole	0.00000000	0.00000000	0.00000000	0.00000000	0.00000000
Epargne07	0.00000000	1.00000000	0.00000000	0.00000000	0.00000000
Secondaire	0.00000000	0.00000000	0.00000000	0.00000000	0.00000000
Public	0.00000000	0.00000000	0.00000000	0.00000000	0.00000000
Privé	0.00000000	0.00000000	0.00000000	0.00000000	0.00000000
PMP	0.4422559	0.1021851	0.06677566	0.0557006	0.02943009

Source : Les auteurs avec le module BMS de R

Pour le meilleur modèle, la probabilité a posteriori s'élève à 44,22 % (*Posterior Model Probability*). Malheureusement, aucune variable de l'étude n'entre dans un tel modèle. Ce résultat signifie que d'autres déterminants de la création des opportunités restent en dehors de notre base. Ce qui n'est pas un sérieux handicap, car nos objectifs sont centrés sur le rôle de la micro finance. À cet effet justement, la variable de mesure de l'inclusion financière *(épargne07)* est seule prise en compte dans le second bon modèle qui a pour PMP, 10,21 %. Ce qui confirme l'importance de l'inclusion financière dans la création des opportunités monétaires dans le contexte camerounais.

En synthèse, nous concluons que l'inclusion financière est décisive dans l'amélioration des opportunités monétaires dans le contexte parce qu'elle a la plus grande probabilité a posteriori que son effet soit non nul et parce qu'elle appartient au modèle le plus pertinent pour expliquer les opportunités monétaires, contrairement aux autres variables.

Sur un tout autre plan et afin d'apprécier le rôle de l'inclusion financière dans la distribution des opportunités, nous avons estimé un modèle dont les mêmes variables explicatives sont celles du modèle précédent, mais dont la variable à expliquer est l'indicateur de répartition des opportunités créées entre 2001 et 2007. Le tableau 5 présente les résultats.

Tableau 5 : Pouvoir explicatif de l'inclusion financière sur la distribution des opportunités

	PIP	Post Mean	Post SD	Cond.Pos.Sign	Idx
Agricole	0.24222060	1.61089E-04	0.0003484793	1.00000000	1
Supérieur	0.11221497	-1.598264E-04	0.0007780894	0.12163500	7
Epargne07	0.09132104	5.295499E-05	0.000274316	0.82922040	8
Primaire	0.08348489	-2.366155E-05	0.0003555968	0.41620890	5
Industriel	0.08272315	1.067472E-04	0.0008301793	0.6699328	2
Public	0.07688074	4.957044E-08	0.0005945662	0.4819018	3
Secondaire	0.07211124	2.634373E-06	0.0003082157	0.5611865	6
Privé	0.07179208	1.721097E-05	0.0003754971	0.67891181	4

Source : Les auteurs avec le module BMS de R

Il ressort du tableau 5 que le secteur agricole a le plus joué en faveur d'une meilleure distribution des opportunités sur la période d'étude ($\Pr(\beta_j \neq 0/D) = 24{,}2\%$). Ce qui s'explique, car c'est le secteur où on trouve le plus de pauvres au Cameroun. Un accroissement des opportunités monétaire dans ce secteur, comme ce fût le cas, a contribué à réduire les inégalités. La répartition des individus ayant atteint le niveau du supérieur est le second facteur explicatif. Ils ont en effet plus que les autres, les capacités de participer à la croissance pour en tirer des bénéfices à leur compte. L'inclusion financière ne vient qu'en troisième position sur 8, comme un déterminant de l'amélioration des distributions des fruits de la croissance ($\Pr(\beta_j \neq 0/D) = 9{,}1$ %).

5. Discussions

La période d'étude de 2001 à 2007 est relativement reculée, et nous a été imposée par les contraintes de données. En dépit de cela, les résultats nous semblent d'actualité parce que le taux d'inclusion financière est très bas au Cameroun et varie peu avec le temps. Selon les données plus récentes de 2015, il n'est que 12 %, contre 34 % pour la Côte d'Ivoire, 40 % pour la Tanzanie, et 75 % pour le Kenya, par exemple (Demergue-Kunt, 2015).

En rapport avec le premier objectif, les résultats montrent que la croissance a été faiblement inclusive avec cependant une contribution de l'indice de création des opportunités $[d(\bar{y}) = 16\,\%]$, de loin supérieure à celle de l'indice de distribution $[d(\bar{O}) = 2\%]$. Un tel résultat est cohérent avec les travaux antérieurs sur la qualité de la croissance camerounaise ; car ils démontrent que, soit l'effet croissance est supérieur à l'effet distribution dans la réduction de la pauvreté entre 2001 et 2007 (Fambon, 2005 ; Baye, 2006 ; Essama-Nssah et Bassolé, 2010), soit que la croissance a été légèrement pro-pauvre sur la même période au sens absolu. Ce qui veut dire que la contribution de l'effet distribution a été marginale (Nembot et al. 2009 ; Epo et Baye, 2012). Toujours en rapport avec ce premier objectif, les résultats montrent que la croissance a été faiblement inclusive au Cameroun et que les zones à forte concentration de pauvreté sont aussi celles où la croissance est en général anti-inclusive. Ce qui veut dire que les opportunités créées ne profitent qu'aux non pauvres.

Quand nous considérons plutôt le second objectif, les résultats montrent que l'inclusion financière a un fort potentiel de création des opportunités dans le contexte. Mais elle joue un rôle marginal dans la distribution des opportunités ainsi créées, et il en résulte une croissance à peine inclusive. Ce résultat se justifie par l'exclusion financière des pauvres, car à peine 3 % des populations des deux premiers quintiles des revenus sont financièrement incluses au Cameroun (Demirgue-Kunt, 2015). Les principales raisons pour lesquelles les pauvres sont exclus de l'inclusion financière ont été identifiées comme étant : (i) le manque d'argent, 77,5 % ; (ii) Pas besoin de transactions, 30 % ; (iii) cherté, 24,6 % et (iv) éloignement, 19,75 %.

Suite à ces analyses, le résultat global de cette recherche révèle que la microfinance a un fort potentiel de création des opportunités monétaires au Cameroun, mais n'assure pas une meilleure distribution des opportunités ainsi créées parce qu'elle exclut les plus pauvres du processus de production. Nous avançons donc que les produits actuels proposés pour l'inclusion financière à savoir les micro-crédits, les micro-épargnes et le mobile money ne sont pas adaptés à la lutte contre la pauvreté. Nous proposons par conséquent un élargissement des produits de la microfinance avec insistance sur la micro-assurance compte tenu des pratiques informelles actuelles qui accordent une grande importance à l'assurance dans le contexte camerounais. À travers le phénomène de tontines en effet, les populations s'assurent contre des évènements imprévus et malheureux tels que la maladie, des funérailles.

La micro-assurance englobe une gamme étendue de produits qui visent tous à réduire les risques auxquels sont exposés les plus pauvres. Mais nous proposons une mise en place progressive en commençant par la micro-assurance élevage ou récolte qui vise d'abord le petit agriculteur et consiste à réparer les pertes dues aux aléas de la nature telle qu'un déficit de précipitations mesurées dans une station de référence. Ensuite, la micro-assurance maladie pourra être expérimentée. Elle consiste en la mise en commun de petites sommes payées régulièrement par un grand nombre de personnes assurées. Ce qui permet de couvrir les soins de santé d'un membre malade.

Par ailleurs, et étant donné que l'inclusion financière n'a pas pu être mesurée suivant plusieurs dimensions par manque de données, nous recommandons que plusieurs indicateurs de l'inclusion financière soient désormais intégrés dans les enquêtes de consommation auprès des ménages camerounais.

Conclusion

Trois objectifs sont poursuivis dans cette recherche. En premier lieu, elle se propose de construire et de décomposer suivant les caractéristiques socio-économiques, les indicateurs de l'inclusivité de la croissance de l'indicateur monétaire au Cameroun. La méthodologie utilisée est celle élaborée par Ali et Son (2007). Les résultats montrent que dans la population totale, il y a eu certes création des opportunités monétaires $d(\bar{y} = 0{,}16 > 0)$; il y a eu certes amélioration dans la distribution des opportunités ainsi créées $(d(\bar{O}) = 0{,}2)$; mais cette amélioration a été tellement légère qu'au bout du compte, l'indicateur de distribution des opportunités $(\bar{O})$ n'était que de 0,52, très loin de > 1 escomptée. En se fondant sur ces estimations, la croissance est qualifiée de faiblement inclusive dans la population totale. Tel a été aussi le cas dans d'autres variables socio-économiques que sont la zone urbaine, le sexe masculin, Douala, Yaoundé, les régions du centre, de l'ouest et du sud-ouest. Dans d'autres cas, il y a eu légère amélioration de la création des opportunités, mais avec une détérioration dans leur distribution, $(d(\bar{O}) < 0)$. La croissance a alors été qualifiée d'anti-pauvre. Les variables socio-économiques concernées sont la zone rurale, le sexe féminin, la région d'Adamaoua, de l'Est, de l'Extrême-nord, du Littoral, du Nord, du Nord-Ouest et du Sud.

Dans la poursuite du second objectif qui appréhende le niveau d'explication de l'inclusivité par l'inclusion financière, cette dernière a été associée à 7 autres variables socio-économiques de contrôle, hypothétiquement explicatives de l'inclusivité de la croissance. Il s'agit de : secteur public, secteur privé, secteur agricole, secteur industriel ou de service, niveau d'étude supérieur, niveau d'étude secondaire, niveau d'étude primaire ou sans niveau. Sur cet axe, la méthodologie adoptée est axée sur le ''Bayesian Model Averaging'', dans sa version BMS qui permet de surmonter les limites liées aux petits échantillons. Les résultats montrent que la probabilité a posteriori que l'effet de l'inclusion financière sur la création des opportunités soit différent de zéro et est de 20,7 % ($\Pr(\text{epargne}_{2007} \neq 0/D) = 20{,}7\%$). Elle n'est pas très élevée, mais elle est la plus élevée des variables de contrôle. De plus, l'inclusion financière est intégrée dans le meilleur modèle parmi les 2^8 estimés. En revanche, la probabilité a posteriori que l'effet de l'inclusion financière sur la distribution des opportunités soit différent de 0 n'est que de 9,1% ($\Pr(\beta_j \neq 0/D) = 9{,}1\ \%$) et classe ce facteur en troisième position. Nous en déduisons alors une synthèse des résultats selon laquelle, l'inclusion financière a un fort potentiel de création des opportunités monétaires dans le contexte, mais joue un rôle de second plan dans la distribution des opportunités ainsi créées.

Dans la poursuite du troisième objectif consacré à la formulation des politiques, nous avons voulu d'abord expliquer les résultats sur le rôle de l'inclusion financière dans la production des opportunités monétaires ainsi que leur distribution. À cet effet, nous avons formulé deux hypothèses qui se sont vérifiées à l'égard des statistiques. Premièrement, l'inclusion financière, malgré son potentiel de création des opportunités, ne réduit pas les inégalités parce que son taux est faible au Cameroun. Deuxièmement, l'inclusion financière ne réduit pas les inégalités parce qu'elle touche prioritairement les non-pauvres. La vérification de ces hypothèses montre que la pauvreté est un facteur d'exclusion financière et explique que les pauvres ne sont pas financièrement inclus. C'est pourquoi, malgré son fort potentiel de création des opportunités monétaires, l'inclusion financière ne réduit pas les inégalités, encore moins la pauvreté. Nous recommandons alors l'élargissement de la gamme des produits d'inclusion financière dans le contexte, notamment les micro-assurances.

Références

Aglietta, M. 2008. *La crise : Pourquoi en est-on arrivé-là ? Comment en sortir ?* Michalon Éditions, Paris.

Ali I. et Son H. 2007. "Measuring Inclusive Growth", *Asian Development Review*, Vol. 24, N°. 1, pp. 11-31.

Asghar, S., et S. A. Javed. 2011. On Measuring Inclusiveness of Growth in Pakistan, *The Pakistan Development Review*, Vol. 50, N°.4, pp. 850-879.

Baye, F. M. 2006. Growth, Redistribution and Poverty Changes in Cameroon: A Shapley Decomposition Analysis, *Journal of African Economies*, N°. 15, pp. 543–570.

Beck, T., et A. De La Torre. 2004. *The Basic Analysis of Access to Financial Services*, Document de travail, N°. 4026, Washington D.C., Banque Mondiale, 58 pages.

Berg, A. and J. D. Ostry. 2011. *Inequality and Unsustainable Growth: Two Sides of the Same Coin*? IMF Staff Discussion Note 11/08, 21 pages.

Bourguignon, F., F. F. Ferreira et M. Menendez. 2007. Inequality of Opportunity in Brazil, *Review of Income and Wealth, Blackwell Publishing*, Vol. 53, N°. 4, pp. 585-618.

Bourguignon, F., Morrisson, C. 2003. Inequality Among World Citizens: 1820-1992, *The American Economic Review,* Vol. 92, N°. 4, pp. 727-744.

Bourguignon, F. 2003. *The Poverty-Growth-Inequality Triangle*, Agence Française de Développement /EU Development Network, Paris.

Bourguignon, F. 2004. *The Poverty-Growth-Inequality Triangle*, Paper presented at Indian Council for Research on International Economic Relations, New Delhi.

Boyé, S., J. Hajdenberg. et C. Poursat. 2006. *Le guide de la microfinance, microcrédit et épargne pour le développement*, Paris, groupe Eyrolles, éditions d'organisation, 304 pages.

Brou, E. 2010. Développement financier, croissance économique et productivité globale des facteurs en Afrique Sub-Saharienne, *African Development Review*, Vol. 22, N°.1, pp. 23-50.

Chakravarty, S., et P. Rupayan. 2013. Financial Inclusion in India: An Axiomatic Approach, *Journal of Policy Modeling*, Vol. 35, N°. 5, pp. 813-837.

Chattopadhyay, S. 2011. *Financial Inclusion in India: A case-study of west Bengal*, MPRA Munich Personal RePEc Archive.

Datt, G., et M. Ravallion. 1992. Growth and Redistribution Components of Changes in Poverty Measures: Decomposition with Application to Brazil and India in the 1980's". *Journal of Development Economics,* N°. 38, pp. 275-295.

Demirgúc-Kunt, A., L. klapper, D. Singer et P. Oudheusden. 2015. *The Global Findex database 2014; Measuring Financial Inclusion around the World*", World Bank Policy Research Working Paper 7255.

Dollar, D., et Kraay, A. 2002. The Growth is Good for the Poor, *Journal of Economic Growth*, Vol. 7, N°. 3, pp. 195-225.

Eicher, T. S., C. Papageorgiou, A. E. Raftery. 2011. Default Priors and Predictive Performance in Bayesian Model Averaging, with application to Growth determinants, *Journal of Applied Econometrics*, Vol. 26, N°. 1, pp. 30-55.

Epo, N. B., and Baye, M. F. 2012. Patterns of Absolute and Relative pro-poor Growth in Cameroon, *African Journal of Economic Policy*, Vol. 19, N°. 2, pp. 93-114.

Essama-Nssah, B. et Bassolé, L. 2010. A Counterfactual Analysis of Poverty Impact of Economic Growth in Cameroon, *World Bank, Policy Research Working Paper 5249.*

Fambon, S. 2005. Croissance économique, pauvreté et inégalité des revenus au Cameroun, *Revue d'Économie du Développement*, N°.19, pp. 91–122.

Felipe, J. 2009. "Inclusive Growth, Full Employment and Structural Change: Implications and Policies for Developing Asia", *The Anthem-Asian Development Bank Series*. Anthem, 335 pages.

Franklin, A., Demirguc-Kunt, A., Klapper, A. L., et Soledad Martinez Peria, M. 2012. *The Foundations of Financial Inclusion: Understanding Ownership and Use of Formal Accounts*. Policy Research Working Paper, N°6290, World Bank Group.

G20. 2010. *Principes de l'Inclusion financière Novatrice,* in 'Final Declaration of the Toronto Summit'', Ottawa, www.g20.utoronto.ca, accédé le 05 janvier 2016.

Griffoni, C. G. 2005. Croissance économique et pauvreté : une application de l'indice de « croissance pro-pauvre » au cas du Maroc entre 1985 et 1999, *L'Année du Maghreb*, II | 2005-2006, 471-487.

Grimm, M., Kacana, S., Thiele, R. & Wiebelt, M. 2015. *Changing views on growth: What became of pro-poor growth?* PEGNet Policy Briefs 1/2015, PEGNet - Poverty Reduction, Equity and Growth Network, Kiel Institute for the World Economy (IfW).

Gupta, P., et Singh, B. 2013. Role of literacy level in Financial Inclusion in India: Empirical evidence, *Journal of Economics, Business and Management*, Vol. 1, N°. 3, pp. 272-276.

Gurria, A., and Walker, D. 2014. *All on Board: Making Inclusive Growth Happen*, OECD Secretariat, 197 pages.

Han, R., et Melecky. 2013. *Financial Inclusion for Financial Stability: Access to Bank Deposits and the Growth of Deposits in the Global Financial Crisis*, Policy Research Working Paper 6577, Development Research Group, World Bank Group.

Hoeting, J., Madigan, D., Raftely, A., et Volinsky. 1999. Bayesian Model Averaging: A tutorial, *Statistical Science*, Vol. 14, N°. 4, pp. 382-417.

IMCE. 2006. *L'accès aux services financiers en Afrique*, Institut Mondial des Caisses d'Épargne Bruxelles, Belgique, 28 pages.

Izu, A. 2015. Given its Strength, does Economic Growth Inclusive in DRC, *MPRA*, University of Kinshasa, N°. 27, pp. 1-25.

Kakwani, N., et Pernia, E. 2000. What is Pro-Poor Growth? *Asian Development Review*, N°.18, pp. 1-16.

Kakwani, N., et Son, H. 2002. *Pro-Poor Growth: Concept, Measurement, and Application*, Unpublished mimeo, University of New South Wales, Sydney.

Kane, E. 1988. Interaction of Financial and Regulatory Innovation, *American Economic Review*, N°. 78, pp. 328-334.

Klasen, S. 2003. *In Search of The Holy Grail: How to Achieve Pro-Poor Growth*? Conference Paper for the ABCDE-Europe Conference towards Pro-Poor Policies, World Bank.

Klasen, S. 2010. *Measuring and Mo motoring Inclusive Growth: Multiple Definitions, Open Questions and some Constructive Proposal*, ADB paper Series, N°. 12.

Kuznets, S. 1955. Economic Growth and Income Inequality, *The American Economic Review*, Vol. 45, N°.1, pp. 1-28.

Levine, R., Loayza, N., et Beck, T. 2000. Financial Intermediation and Growth: Causality and Causes, *Journal of Monetary Economics*, Vol. 46, N°. 1, pp. 31-77.

Milanovic, B. 2003. "The Two Faces of Globalization: Against Globalization as We Know it", *World Development*, Vol. 31, N°.4, pp. 667-683, April.

Nembot, L., Emini, C., et Ningaye, P. 2009. *Analyse spatiale de la croissance pro pauvres au Cameroun : une double approche monétaire et non monétaire*. Banque Mondiale, Projet "Shared Growth and Spatial Considerations in Cameroon".

Newman, J. 2012. *Human Opportunity Index National Equality of Children's Opportunities in Pakistan*", World Bank Policy Paper Series on Pakistan.

OCDE. 2012. Peut-on à la fois réduire les inégalités de revenu et stimuler la croissance, in *Réformes économiques* 2012. Objectif croissance, Éditions de l'OCDE.

ONU. 2006. *Bulding Inclusive Financial Sectors for Development*, United Nations, New York.

PNUD. 2014. Rapport sur le Développement Humain 2014 : Pérenniser le progrès humain, réduire les vulnérabilités et renforcer la résilience, PNUD, New York.

Raftery, A. 1995. Bayesian Model Selection in Social Research, in *Sociological Methodology*, Blackwell, Cambridge.

Ranieri, R., and Almeida, R. R. 2013. *Inclusive Growth: the Building up of a Concept*, IPC-IG Working Paper, No. 104. Brasília, International Policy Centre for Inclusive Growth.

Ravallion, M. 2004. *Pro-poor Growth: a Primer*, World Bank Policy Research Working Paper 3242, March, 28 pages.

Ravallion, M., et Chen, S. 2003. Measuring pro-poor growth, *Economics Letters*, Vol. 78, N°. 1, pp. 93-99.

Rawls. 1971. *A Theory of Justice*, Harvard University Press, 607 pages.

Roemer, J. 1998. *Equality of Opportunity*. Harvard University Press, Cambridge, Massachusetts.

Schumpeter, J. 1912. *Theory of Economic Development*, Cambridge Mass: Harvard University Press.

Sen, A. 1985. *Commodities and Capabilities,* North Holland, Amsterdam.

Shapley, L. S. 1994. Long-Term Competition – A Game-Theoretic Analysis, in *Essays in Game Theory: In Honor of Michael Maschler*, Nimrod Megiddo, ed., Springer-Verlag.

Shaw, E. 1973. *Financial Deepening in Economic Development*, Oxford University Press, New York.

Sobreira, R. 2004. Innovations financières et investissement. Le cas de la titrisation, *Innovations*, 2004/1, N°.1, pp. 115-129.

Stiglitz, E. J. 1998a. *More Instruments and Broader Goals: Moving Toward the Post-Washington Consensus.* WIDER Lecture, Helsinki, http://www.wider.unu.edu/publications/annual-lectures/annual-lecture-1998.pdf.

Stiglitz, E. J. 1998b. *Towards a New Paradigm for Development Strategies, Policies, and Processes*, Prebisch Lecture, Genève, 19 octobre, http://siteresources.worldbank.org /NEWS/Resources/prebisch98.pdf.

Tabi, A. J., and Ngantcha, T. J. 2010. *Understanding the roles of Labor Markets and Employment within the Growth-poverty-inequality Linkages in Cameroon*, African Economic Research Consortium Collaborative Research Project, Final Report, 41 pages.

White, H., E. Anderson, E. 2012. *Growth Vs Redistribution: Does the Pattern of Growth Matter* ? Institute of Development Studies, University of Sussex.

Williamson, J. 1994. *The Political Economy of Policy,* Institute for international Economics, Washington.

World Bank. 2009. What is Inclusive Growth ? PRMED Knowledge Brief, Economic Policy and Debt Department, 16 pages, The World Bank, Washington, DC.

Zeugner, S. 2011. *Bayesian Model Averaging with BMS,* http:bms.zeugner.eu, site consulté le 27/12/2016.

Chapitre 7 :

La croissance économique est-elle inclusive en Afrique Sub-saharienne ?

Jean TCHITCHOUA

Introduction

Selon la CNUCED (2018), la croissance économique en Afrique Sub-saharienne a connu des progressions non négligeables ces dernières années. Elle s'est située à un niveau moyen de 4,18 % entre 1995 et 2017, contre 1,32 % entre 1980 et 1994. Le taux le plus élevé de 6,32 % a été réalisé en 2002 et le taux plancher (1,33 %) en 2011. Bien qu'étant inférieure au niveau moyen réalisé par les pays du groupe BRICS (6,05 %), la croissance enregistrée par cette partie de l'Afrique est largement supérieure à celle de l'Union Européenne (1,61 %) et des USA (1,8 %) au cours de la même période.

Nonobstant cette embellie de la situation que nous présente l'aperçu global, nous ne pouvons manquer de préciser les disparités qui existent suivant les sous-régions et les pays. Concernant les sous-régions, c'est l'Afrique orientale qui occupe le premier rang avec une croissance moyenne d'environ 5,52 % suivie de l'Afrique occidentale (5,31 %), ensuite viennent l'Afrique centrale (4,8 %) et, enfin, l'Afrique australe (2,90 %). Du point de vue des spécificités de chaque pays, nous relevons ceux qui sont peu diversifiés, ouverts, pétroliers et qui réalisent des taux de croissance élevés comme la Guinée Équatoriale (15,09 % en moyenne), l'Angola (6,65 %) et le Nigeria (7,28 %). Nous avons également les économies agro-industrielles avec une croissance moyenne relativement élevée, un taux moyen d'ouverture et la diversification croissante des économies, Ghana (5,7 %), Kenya (4,4 %), Mozambique (7,85 %), Ouganda (7,03 %). Il y'a ensuite, les « petits pays africains » dont le régime d'accumulation ouvert se rapproche le plus de la trajectoire des BRICS : Botswana (4, 07 %),

Maurice (4, 06 %). Enfin viennent les pays pris dans le piège de la pauvreté, fragiles, et en conflits (Somalie, Zimbabwe), ou peu ouverts et peu diversifiés (Madagascar, Mali, Sierra Leone).

Cette forte croissance ne s'est pas toujours traduite par un développement économique et social escompté. Les niveaux de pauvreté demeurent préoccupants en Afrique (BAD, 2012). Si le nombre de personnes vivant avec moins de 2 dollars par jour est passé de 68,7 % en 1990 à 60,8 % en 2010, la pauvreté n'en reste pas moins un grand défi. Son léger recul n'a pas empêché le creusement des inégalités entre riches et pauvres dans de nombreux pays de l'Afrique Subsaharienne (ASS). En effet, selon le rapport de la BAD (2012), six pays africains ont été classés parmi les 10 pays souffrant le plus d'inégalités dans le monde. De même, cette partie de l'Afrique continue à faire face à un taux de chômage élevé et surtout, il existe très peu d'opportunités pour absorber les nouveaux entrants sur le marché du travail. Près de 70 % des Africains gagnent leur vie en exerçant un emploi précaire (CEA, 2013).

La situation ci-dessus présentée est contraire à la pensée de Kuznets (1955) qui soutenait qu'au début du développement, les inégalités commençaient par augmenter pour diminuer ensuite au fur et à mesure que le revenu par habitant augmentait. La priorité était donc accordée à la croissance en partant de l'hypothèse que ses avantages finiraient par atteindre toutes les couches de la population. Constatant donc que le modèle de croissance en vigueur en Afrique Sub-saharienne est accompagné des inégalités grandissantes et ne profite pas à toutes les couches sociales, il est devenu impérieux de promouvoir un modèle de croissance qui favorise le progrès économique, réduise la pauvreté et assure l'équité sociale (Kakwani et Ernesto, 2000). C'est à la faveur de ce constat que s'est opéré un glissement conceptuel et stratégique vers le concept de ''croissance inclusive''.

S'inscrivant dans la perspective de ce concept, les nouvelles stratégies de développement intègrent davantage la question de l'inclusivité dans la formulation de leurs objectifs. C'est le cas de la stratégie Europe 2020 de l'OCDE. Il en est de même des études présentées par la Banque mondiale (2015) dans le cadre de la conférence sur l'analyse et le diagnostic du concept croissance inclusive. Plusieurs autres documents de travail sur la croissance inclusive sont publiés par le Fonds Monétaire International, la Banque

Asiatique de Développement et la Banque Africaine de Développement dans son agenda 2063 adopté en 2015.

L'engagement tous azimuts de ces différentes institutions internationales dans la poursuite de la croissance inclusive a débuté par l'élaboration de plusieurs définitions. Ainsi, selon White (2012), le concept de la croissance inclusive revoie à six éléments clés : i) une faible inégalité des revenus, ii) une réduction de la pauvreté absolue, iii) une internalisation des externalités de la croissance, iv) une réduction des écarts de revenu Nord-Sud, v) une réduction des inégalités dans la jouissance des opportunités comme l'éducation, les services financiers et la justice et, vi) un plus grand espace pour les économies émergentes dans la direction des institutions financières internationales. Pour Ali et Son (2007), il s'agit d'une croissance qui, non seulement crée de nouvelles possibilités économiques, mais qui permet également l'égalité d'accès à ces opportunités à tous les segments de la société, notamment les pauvres. La Banque Africaine de Développement (2012) définit la « croissance *inclusive* » comme étant une croissance économique dont le résultat est la fourniture de plus de possibilités de développement socio-économique durable à un plus grand nombre de personnes, de régions et de pays, protégeant en même temps les groupes vulnérables, tout ceci dans un environnement d'équité, de justice égale, et de pluralité politique.

La littérature s'accorde néanmoins sur deux angles d'approche de la croissance inclusive. Le premier met l'accent sur la participation au processus de création des richesses (process) et le second sur la répartition des dividendes de ces richesses (outcome). Dans le premier cas, l'inclusivité de la croissance se fonde sur sa capacité à impliquer le plus grand nombre possible des citoyens dans l'effort productif. Dans ce cadre, la croissance est « pro-job » dans le sens qu'elle requiert une grande intensité de travail pour revêtir un caractère inclusif (Gurria et al. 2014 ; Ranieri et Ramos, 2013a ; Allison, 2012 ; Dutz et al. 2012 ; Felipe, 2009 ; World Bank, 2009 ; PNUD, 2008). Dans le second cas, l'inclusivité est basée sur la nécessité d'une répartition équitable des fruits de la croissance au sein de la population (Gurria et al. 2014 ; White, 2012 ; Ali et Son, 2007 ; Bourguignon et al. 2007).

Au regard de ce qui précède, et compte tenu du niveau de croissance économique observé en Afrique Sub-saharienne, il émerge un ensemble de questions auxquelles on peut tenter une réponse : quelle est la véritable mesure de la croissance inclusive ? La croissance en Afrique

Sub-saharienne est-elle inclusive du point de vue de cet indice ? Quels sont les pays qui présentent les bonnes performances ? Quels sont les défis à relever pour l'amélioration de la situation dans les pays en retard ?

L'objectif de ce chapitre est d'évaluer le niveau d'inclusivité de la croissance économique en Afrique Sub-saharienne. Pour atteindre cet objectif, nous émettons comme hypothèse que le niveau d'inclusivité de la croissance n'est pas uniforme entre les différents pays de l'Afrique Sub-saharienne. Autrement dit, certains pays ont réalisé de meilleures performances en termes de croissance inclusive que d'autres qui sont restés à la traine.

Pour vérifier l'hypothèse formulée, le chapitre est organisé autour de quatre sections. La mesure de la croissance inclusive est présentée dans la section 1. La section 2 dépeint la situation de la croissance inclusive dans cette partie de l'Afrique. La section 3 se penche sur les différents défis à relever pour que cette situation s'améliore. Le chapitre se termine par une conclusion.

1. Mesure de la croissance inclusive : Indice synthétique de croissance inclusive (ISCI)

Dans cette section, nous présenterons d'abord le choix de la méthode de calcul de l'indice, ensuite les variables retenues pour ce calcul et, enfin, la procédure de calcul.

1.1 Choix de la méthode de calcul de l'ISCI : l'analyse en composante principale (ACP)

L'absence d'un consensus sur la définition du concept de la croissance inclusive a conduit à différentes méthodes de mesure. Nous en abordons trois.

1.1.1 La méthode de l'ADB utilisée par les Nations-Unies

Cette méthode consiste à baser l'analyse de la croissance inclusive sur trois principaux piliers de la politique socio-économique qui sont : **Pilier 1 :** Croissance forte et soutenue pour créer des emplois productifs et des opportunités économiques ; **Pilier 2 :** Inclusion sociale pour assurer un accès équitable aux opportunités économiques et **Pilier 3 :** Filets de sécurité sociale pour protéger contre la pauvreté chronique et atténuer les risques liés aux chocs transitoires. Pour évaluer l'indice de croissance inclusive, cette méthode retient 35 principaux indicateurs clés avec des pondérations. Cependant, on note pour cette méthode des contraintes de données et de pondérations qui varient d'une étude à l'autre.

1.1.2 La méthode de l'arbre à problèmes de Hausmann Rodrik Velasco (HVR) utilisée par la Banque Mondiale

Cette méthode établie en 2005 par Hausmann, Rodrik et Velasco est une analyse basée sur l'approche de diagnostic de la croissance. Cette méthode a pour objectif d'identifier les secteurs potentiels à l'investissement et repose sur les postulats suivants : - identifier les contraintes majeures à la croissance (arbre de diagnostic) afin de concentrer les efforts et les ressources sur les contraintes qui constituent les plus grands obstacles à une croissance économique forte et durable ; - Il est admis que l'investissement privé et l'entrepreneuriat sont les principaux moteurs d'une croissance économique soutenue et qu'une mauvaise performance économique peut découler d'une offre réduite ou d'une demande limitée en un facteur/bien/service donné.

1.1.3 La méthode de la courbe de mobilité sociale du FMI

C'est une méthode qui permet d'évaluer à partir d'une courbe la contribution de la croissance économique et de la redistribution (équité) à la croissance inclusive. En effet, l'inclusivité s'analyse ici à partir de l'évolution conjointe de la croissance du revenu par tête et de l'indice de Gini.

Ces méthodes qui sont utilisées dans la littérature conduisent à l'élaboration d'un indicateur soit numérique multidimensionnel (la méthode ADB et la méthode de la courbe de mobilité sociale), soit numérique unidimensionnelle (la méthode basée sur la consommation) et à des évaluations qualitatives (la méthode HVR).

Un indicateur construit comme une moyenne arithmétique simple des variables présente l'inconvénient de considérer que toutes les variables participent avec un même poids à la construction de l'indicateur ce qui est loin d'être réaliste, car les différentes variables ne participent pas avec le même poids à l'amélioration du bien-être des populations et par ricochet à la croissance inclusive. C'est pour cette raison que pour construire l'ISCI, nous faisons appel à l'Analyse en composante principale (ACP) qui a l'avantage d'utiliser des pondérations non uniformes qui tiennent compte de la variabilité des données.

Cette méthode consiste à construire un indice synthétique de croissance inclusive (ISCI) à partir d'une analyse en composante principale. L'objectif d'une telle méthode est de construire un indicateur qui décrit, en une variable unique, la composante commune de ces variables dont les mouvements sont très corrélés étant entendue qu'elles participent à la réalisation ou non d'un même phénomène qu'est ici la croissance inclusive.

L'intérêt de cette méthode réside dans le fait qu'elle permet d'obtenir des pondérations qui reflètent effectivement la variabilité des données. Autrement dit, au lieu de s'appuyer sur des pondérations théoriques, elle se base sur des pondérations empiriques qui résultent du phénomène interne aux données qui gouvernent le mouvement d'ensemble de celles-ci.

1.2 Choix des variables

En référence aux travaux de McKinley (2010), nous identifions quatre grandes catégories de variables pour le calcul de cet indice (voir liste détaillée des variables dans le tableau 1 en annexe) :

- Croissance économique, emplois productifs et infrastructures : Ce premier pilier prône une croissance économique élevée et créatrice d'emplois productifs. Pour ce faire, la disponibilité et l'accessibilité à certaines infrastructures sont nécessaires ;
- Pauvreté monétaire et équité genre : Ce second pilier sollicite la réduction des inégalités verticale et horizontale, de même que l'égalité de genre Niimi (2009) ;
- Capacité humaine : cette composante retient la santé, l'éducation et l'assainissement ;
- Protection sociale et qualité de la gestion des affaires publiques : selon la Banque Asiatique de Développement (Baulch et al. 2008) cette composante concerne la protection sociale d'une part et la gouvernance d'autre part. La promotion de la gouvernance est généralement approximée dans la littérature par : i) l'indice de la perception de la corruption (ADB, 2011), ii) le ratio du

revenu/PIB et iii) le ratio l'investissement public/PIB (McKinley, 2010).

Compte tenu du fait que ces variables proviennent de divers domaines et présentent donc une hétérogénéité des unités de mesure, il est préférable de faire une ACP normée (Baccini, 2010).

Tableau 1 : Statistiques descriptives des variables utilisées pour la construction de l'ISCI (1995 – 2017)

Variables	**Observatio**	**Moyenn**	**Écarts-**	**Minimu**	**Maximu**
Taux de	1048	4.986307	8.08689	-	149.973
Taux de	1048	2.355058	7.59079	-36.8299	140.5011
Part du secteur	1014	24.78078	15.7775	0.892696	93.97742
Part du secteur	1010	23.91334	13.1576	1.882058	84.34919
Part du secteur	1058	44.28964	15.3568	3.952101	75.25810
Taux de	1080	8.957946	7.33917	0.32	44.157
Part de	1023	22.25687	25.2658	14.254	74.584
Travailleurs	1080	26.61832	24.1546	0.894	88.153
Taux	707	0.694585	2.22666	0	19.44452
Taux	1099	32.62625	25.0235	0.56	100
Incidence de la	821	0.12324	2.03581	0.01	0.658
Coefficient de	639	44.39137	8.07470	29.8	65.8
Ratio	634	64.45605	25.0931	13.4728	99.38308
Femmes en	1103	26.63307	23.8129	0.894	88.153
Espérance de	1099	55.87117	7.10981	31.977	74.39488
Taux mortalité	1080	67.62194	27.5597	11.6	162.2
Taux de	1103	107.7302	49.9306	13.1	277.4
Prévalence	1034	5.508704	6.74774	0.1	28.4
Dépense pub	514	4.245104	2.01560	1.01218	13.21957
Taux net de	613	33.87814	19.3867	2.7249	89.67614
Proportion de	679	34.72325	118.852	0.020720	673.25
Populations	1024	36.82584	7.10981	21.5896	74.25896
Taux emplois	1080	60.51449	22.3855	8.185	91.634
L'indice de la	725	2.260593	1.07565	0	14.68

Source : Auteur

Le tableau ci-dessus présente les statistiques descriptives des variables utilisées dans le calcul de notre indice synthétique de croissance inclusive. Les données vont de 1995 à 2017 et concernent 44 pays de l'Afrique Sub-saharienne dont la liste est placée dans le tableau 2 en annexe.

1.3 Procédure de calcul de l'ISCI à partir de l'analyse en composante principale

L'analyse factorielle en composante principale (ACP) est une technique exploratoire dont l'objet est de chercher, à partir d'un ensemble de *k* variables mesurées sur des échelles d'intervalle ou de rapport, une logique, une structure sous-jacente aux données collectées. Cette structure permet de simplifier l'information brute contenue dans une base de données, en substituant aux *k* variables initiales un nombre plus petit de *m* facteurs. Ces facteurs sont formés par des combinaisons linéaires des variables initiales. Cette simplification de l'information étant source de perte de l'information, notre objectif est donc de trouver le meilleur compromis entre les bénéfices de la simplification et les inconvénients de la perte d'information dus au passage de *k* variables à *m* facteurs (F).

La toute première étape consiste à déterminer les corrélations entre les variables initiales, évaluant les liens entre elles : c'est la matière première de l'analyse. Le tableau 4 (en annexe) présente la matrice d'intercorrélation entre les variables utilisées pour la construction de l'ISCI. On observe évidemment la présence de la diagonale principale où s'alignent les valeurs 1.00 correspondant à la corrélation parfaite de chaque variable avec elle-même. Les valeurs en dessous de cette diagonale principale donnent les corrélations entre les différentes variables. Bien que quelques-unes soient proches de zéro, indiquant une faible corrélation, l'on constate qu'un grand nombre de coefficients sont de tailles intéressantes (-0.529, 0.6191, etc.) et même quelques coefficients particulièrement élevés (-0.923, 0.889). L'analyse en composante principale s'accommode assez bien des situations où un certain niveau de multicolinéarité existe entre les données.

De même, le calcul du déterminant de la matrice de corrélation nous donne un résultat différent de zéro (0,0054) indiquant bien que la condition dite de « singularité[45] » n'est pas vérifiée. De plus, le test de sphéricité de Bartlett nous donne une valeur de 8545,7, avec $p < 0.000$

[45] Où une variable serait parfaitement corrélée avec une autre variable ou avec une combinaison de plusieurs variables.

nous permettant de rejeter l'hypothèse nulle et d'affirmer qu'il ne s'agit pas non plus d'une matrice d'identité. Il serait donc légitime de procéder à une ACP des données du tableau 4 en annexe.

Mais avant de procéder à l'ACP proprement dit, il est important d'examiner chacune des variables de façon individuelle pour nous assurer que chacune d'elles est en relation avec l'ensemble des autres variables. Lorsque nous sommes en présence d'une variable qui n'est en corrélation avec aucune autre dans la matrice, il est recommandé de retrancher cette variable avant de procéder à une ACP. L'examen des variables individuelles est fait par le calcul des mesures d'adéquacité de l'échantillonnage de Kaiser-Meyer-Olkin. Pour être conservée dans une ACP, une variable doit obtenir une mesure K-M-O dépassant 0.5. Kaiser (1974) a suggéré une gradation intéressante utilisant les points de référence suivants : inacceptable en dessous de 0.5, médiocre entre 0.5 et 0.6, moyen entre 0.6 et 0.7, bien entre 0.7 et 0.8, très bien entre 0.8 et 0.9 et excellent au-delà de 0.9.

Le tableau 4 en annexe présente les résultats de la mesure d'adéquacité de l'échantillon des variables utilisées. Son observation nous permet de constater que toutes nos variables sont admissibles pour l'ACP d'après le classement de Kaiser (1974) puisqu'elles ont une mesure KMO supérieure à 0,5.

L'ISCI correspond à la première composante principale qui est celle qui par construction résume la plus grande part de l'information contenue dans les données. En dehors du fait que cette méthode présente l'avantage d'utiliser des pondérations qui captent le plus de variabilité possible entre les différentes données successives, elle permet aussi d'avoir les contributions de chacune des variables à la valeur de l'indicateur donc à la croissance inclusive ainsi que l'élasticité de l'indicateur par rapport à chacune d'elles. L'inertie représentée par le premier axe correspond au taux de variabilité des variables retranscrites par cet axe. Étant donné que la première composante principale est celle qui explique la plus grande part de l'information contenue dans les données, elle est donc préférable à toutes les autres composantes.

La détermination de cet axe est faite en utilisant le critère de Kaiser (1960), qui consiste à calculer les valeurs propres de chaque composante et de retenir la composante principale qui correspond à la valeur propre la plus élevée. Dans le cadre de ce travail, nous avons un échantillon de 44 pays observés sur 23 années. Donc nous déterminons la composante principale pour chaque pays par année. Sur cette composante principale, nous avons la contribution de chacune des 21 variables utilisées. Mais avant de tenir compte de cette contribution, puisque nous effectuons l'ACP normée, nous centrons et réduisons la valeur observée de chaque variable en appliquant la formule suivante :

$$Valeur\ normée = \frac{(valeur\ observée - valeur\ moyenne)}{écart\ type}$$

Ici, la valeur moyenne représente la moyenne observée sur toute la période (1995 -2017) pour chaque pays.

Les tableaux 5, 6 et 7 en annexe présentent respectivement les statistiques descriptives, les calculs des valeurs propres pour les différents axes et les contributions de nos variables aux six premiers axes pour l'Afrique Sub-saharienne. Ce sont ces différents tableaux qui nous fournissent les informations nécessaires au calcul de notre indice. Pour nos calculs, le premier axe a été retenu parce qu'il fournit le plus grand nombre d'informations (Kaiser, 1960). Le tableau 2 ci-dessous présente le résultat de ces calculs pour le niveau moyen de l'ISCI en Afrique Sub-saharienne.

Tableau 2 : Évolution de l'ISCI moyen pour l'Afrique Sub-saharienne entre 1995 et 2017

Années	1995	1997	1999	2001	2003	2005	2007	2009	2011	2013	2015	2017
ISCI moyen ASS	0,31	0,31	0,29	0,26	0,25	0,24	0,22	0,23	0,25	0,27	0,29	0,33

Source : Auteur

En appliquant cette même procédure, nous avons calculé les indices synthétiques de croissance inclusive (ISCI) des 44 pays de notre échantillon sur la période 1995 -2017. Cet indice varie entre 0 et 1. La valeur 0 décrit une croissance inclusive nulle et 1 est synonyme d'une croissance inclusive parfaite.

2. Point sur l' inclusivité de la croissance en afrique sub-saharienne

Nous analysons ces indices au niveau global d'abord, ensuite dans les différentes sous-régions et enfin au niveau individuel en l'occurrence les pays qui présentent les cas atypiques.

Il ressort de nos calculs que la croissance inclusive en Afrique Sub-saharienne a évolué de 0,31 point en 1995 à 0,33 point en 2017 avec la valeur plancher atteinte en 2007 (0,22) et le niveau plafond observé en 2017. La performance moyenne réalisée sur la période d'étude est de 0,27 point. Cette valeur est largement inférieure à la moyenne de l'indice qui est 0,5 point. Ce qui signifie que, bien que l'Afrique Sub-saharienne ait réalisé les bonnes performances en termes de croissance économique, celle-ci n'a véritablement pas profité aux pauvres. En d'autres termes, cette croissance n'a pas été le fait des couches sociales défavorisées. Sachant que la principale source de revenus des États africains est l'exploitation des ressources naturelles, et conscient que cette activité n'est pas à la portée des personnes moins nanties, nous pouvons comprendre que la croissance économique ne soit pas véritablement inclusive.

Graphique 1 : Évolution de l'ISCI moyenne en ASS entre 1995 et 2017

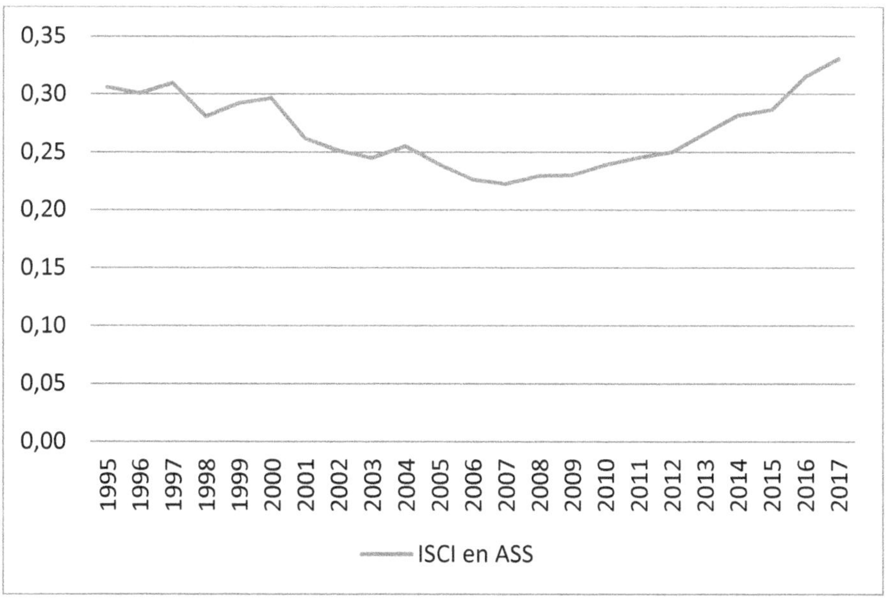

Source : Auteur

Au niveau sous régional, le graphique 2 ci-dessous permet de constater que la croissance inclusive est une réalité puisqu'elle a une valeur supérieure à zéro pour chacune des sous-régions sur toute la période de l'étude. Même si elle évolue en dents de scie dans ces sous-régions, nous remarquons que l'Afrique de l'Est a réalisé la meilleure performance. Ce qui signifie que c'est dans cette sous-région que la croissance économique profite le plus à une grande partie de la population qui contribue à sa formation et bénéficie de sa redistribution. L'Afrique centrale a réalisé la pire des performances et le schéma 3 ci-dessous nous permet de constater que son niveau moyen est seulement de 0,19 contre 0,32 pour la sous-région la mieux classée (Afrique de l'Est). L'Afrique occidentale et australe occupent respectivement la deuxième (0,25) et troisième (0,24) place. Ce résultat s'explique entre autres par le fait qu'étant fortement dotée en ressources naturelles, l'économie de l'Afrique centrale qui a réalisé de très bonnes performances en termes de croissance économique (avec un niveau moyen de 7 %) est essentiellement basée sur l'exploitation de ces ressources. Ceci nécessite non seulement des capitaux élevés, mais aussi une forte qualification de la main-d'œuvre. Or ces deux facteurs ne se retrouvent pas toujours dans toutes les couches sociales.

Graphique 2 : Évolution de l'ISCI pour chaque sous-région de l'ASS entre 1995 et 2017

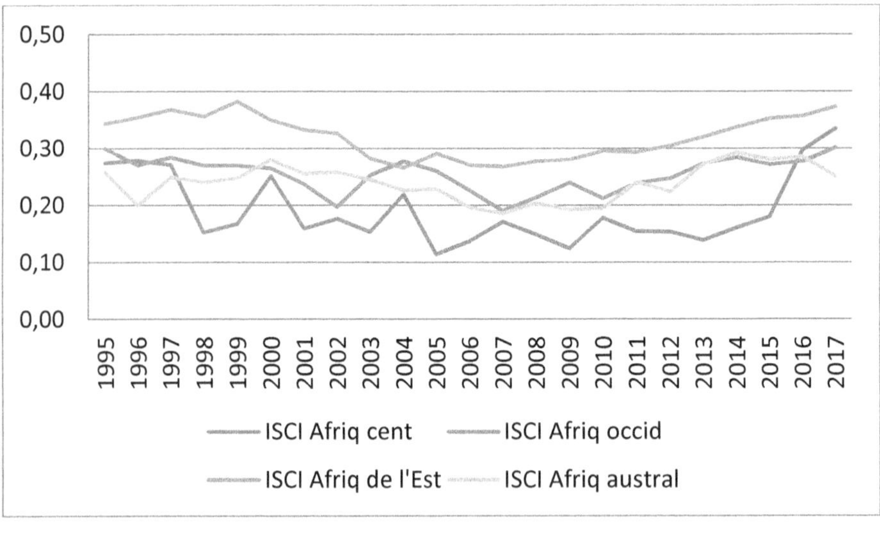

Source : Auteur

Graphique 3 : Comparaison de l'ISCI moyen pour chaque sous-région de l'ASS entre 1995 et 2017

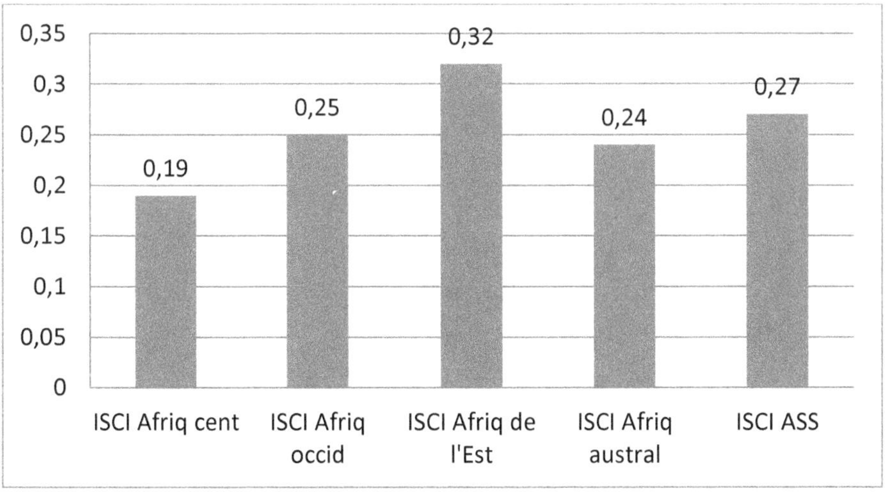

Source : Auteur

Le graphique 4 ci-dessous présente la situation de la croissance inclusive dans les différents pays de l'Afrique Sub-saharienne. Son observation nous permet de constater que les performances varient d'un pays à l'autre. Malgré cette disparité, nous pouvons constituer trois groupes de pays en fonction de la valeur de cette croissance inclusive. Le premier groupe constitué des pays ayant atteint un niveau de croissance inclusive supérieur ou égal à 0,5 point contient les pays tels que : l'Afrique du Sud (0,68), le Botswana (0,74) et le Ghana (0,52). Les améliorations qu'ont connues l'équité des revenus et la croissance économique en termes de revenu par habitant dans ces pays ont conduit à une croissance plus inclusive.

Graphique 4 : Comparaison de l'ISCI moyen pour les différents pays de l'ASS entre 1995 et 2017

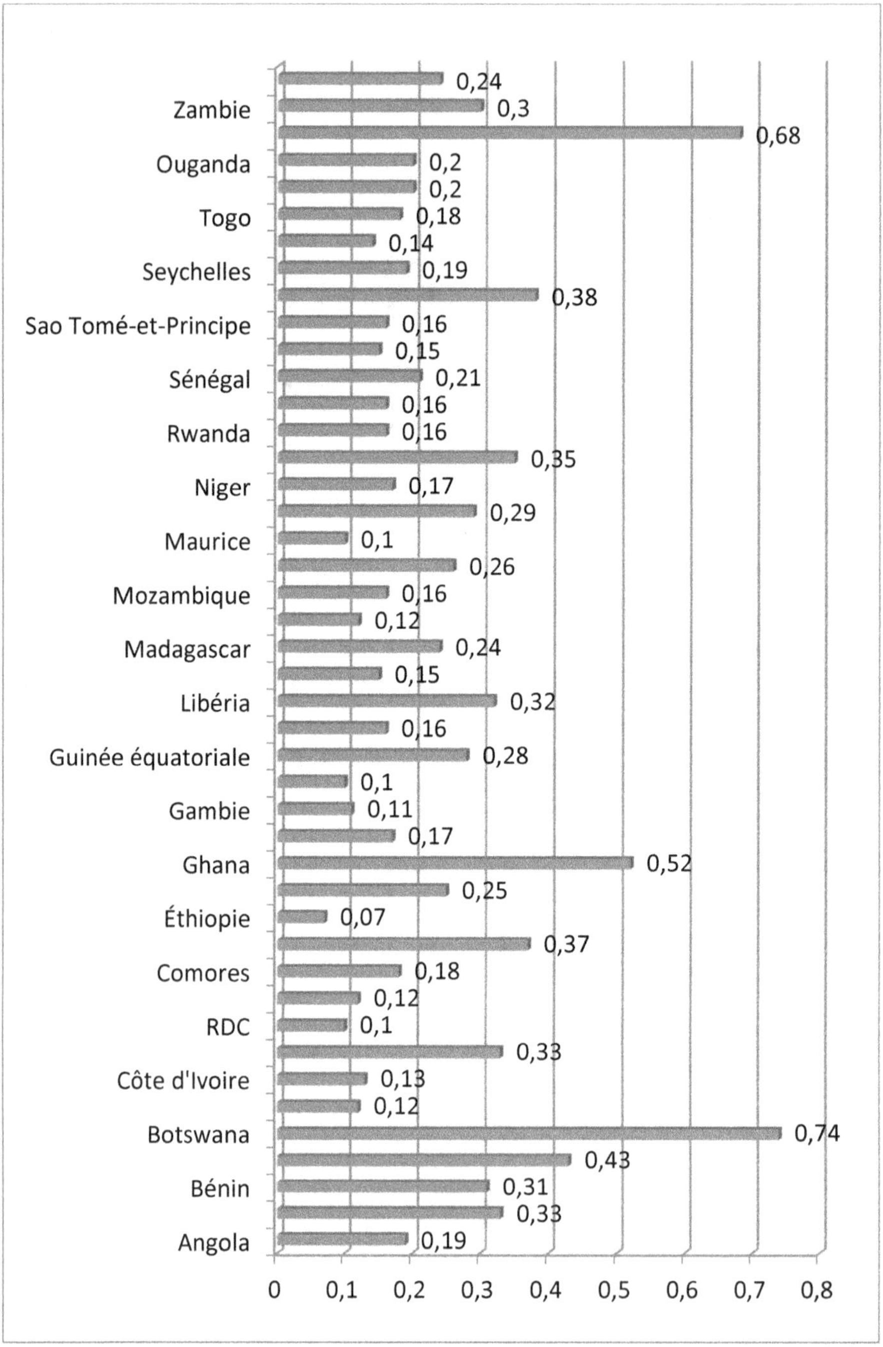

Source : Auteur

Le second groupe composé des pays dont la croissance inclusive est comprise entre 0,25 et 0,49 point comprend 12 pays (voir graphique ci-dessus). La nette augmentation de la croissance du revenu par habitant ne s'est pas toujours accompagnée d'une amélioration de la répartition des revenus au cours de la même période. Le dernier groupe formé des pays ayant une croissance inclusive inférieure à 0,25 point possède 30 pays. Comme nous pouvons le constater, la pire des performances est celle de l'Éthiopie (0,07), suivis de l'Ile Maurice, la Guinée-Bissau et la RDC avec 0,1 point. La Gambie a réalisé 0,11 point et les pays tels que la République du Congo et la République Centrafricaine suivent avec 0,12 point. Ces mauvaises performances sont attribuables à la progression de l'inégalité des revenus malgré la croissance du revenu par habitant, preuve que très peu de personnes bénéficient des fruits de cette croissance.

3. Défis à relever pour l'effectivité d'une croissance inclusive en afrique subsaharienne

Le calcul des indices de croissance inclusive présenté ci-dessus nous permet de constater que l'Afrique Sub-saharienne a encore beaucoup d'effort à fournir en vue de voir la situation s'améliorer. Sachant que les performances réalisées par les pays sont diverses, nous pensons que les mesures à définir et à mettre en œuvre doivent tenir compte de ces résultats. C'est pour cette raison que nous analyserons les défis en tenant compte des différentes catégories observées plus haut.

Avant d'arriver dans ces spécificités, le calcul de l'ISCI global de l'Afrique Sub-saharienne a tenu compte de la contribution de chaque variable. L'observation du tableau 8 en annexe nous permet de constater le rôle négatif que jouent certaines de ces variables, notamment le taux de croissance du PIB réel a une valeur négative (-0,170). Ce qui signifie que cette croissance économique n'est pas favorable à la croissance inclusive ; en d'autres termes, la croissance moyenne observée en Afrique Sub-saharienne n'est pas le résultat de la contribution d'une grande partie de la population et par conséquent, elle ne profite pas à cette population. Cette analyse est confirmée non seulement par le taux de chômage qui a une contribution négative sur la croissance inclusive (-0,372), mais aussi l'incidence de la pauvreté monétaire qui s'en suit (-0,812). Donc a priori, pour assurer une croissance inclusive au niveau de l'Afrique Sub-saharienne prise globalement, il faut que la production des richesses soit majoritairement le fait des facteurs locaux. Il est donc important d'agir sur la formation des citoyens, ce qui permettra non seulement leur contribution dans cette production, mais surtout l'amélioration de leur rendement.

Après cet aperçu global, nous rentrons dans les spécificités des différents groupes identifiés précédemment. Dans le premier groupe (voir tableau 10 en annexe) constitué des pays à croissance inclusive élevée, nous constatons que le taux de croissance du PIB réel favorise cette croissance inclusive, car sa valeur est positive (0,337). Ce qui signifie que la production des richesses est assurée par la participation d'un nombre de facteurs locaux qui bénéficient également de la redistribution.

Dans les groupes 2 et 3 par contre, le taux de croissance du PIB réel a un signe négatif (voir tableau 10 en annexe) et par conséquent, ne favorise pas la croissance inclusive. Il est donc nécessaire d'impliquer la grande majorité des ressources humaines dans la création des richesses. Cela réduirait également le taux de chômage et la pauvreté qui impactent négativement la croissance inclusive. De même, les dirigeants de ces pays devraient adopter une meilleure politique de redistribution qui passe nécessairement par la construction des infrastructures permettant un meilleur accès à l'eau potable, à l'énergie électrique, aux soins de santé, à l'éducation et à la formation.

Les efforts doivent également être observés au niveau de la corruption qui agit négativement sur la croissance inclusive. Sachant que cette corruption empêche une allocation optimale des ressources dans des secteurs ayant des effets d'entrainement sur la production et le bien-être des populations, il est nécessaire d'endiguer ce fléau. Puisque la baisse des salaires et la non application des normes régissant le bon fonctionnement et surtout la meilleure gestion des budgets, nous suggérons une amélioration des salaires des personnes vulnérables et surtout une application stricte des normes édictées en la matière.

Conclusion

Il était question, dans cette réflexion, de vérifier si la forte croissance observée en Afrique Sub-saharienne de manière générale et dans certains pays en particulier profite à la majorité de la population. En d'autres termes, nous voulions vérifier si la croissance inclusive est effective dans cette partie de l'Afrique. Pour ce faire, nous nous sommes attelés dans un premier temps à définir la mesure de cette notion. En nous inspirant des travaux effectués par des organismes internationaux tels que la Banque mondiale, le FMI, nous avons constaté que les méthodes utilisées conduisent à l'élaboration d'un indicateur soit numérique multidimensionnel, soit numérique unidimensionnel et à des évaluations qualitatives. Constatant que ces indicateurs sont construits comme une moyenne arithmétique simple des variables présente l'inconvénient de considérer que toutes les variables participent avec un même poids. C'est pour corriger cette limite que nous avons adopté l'analyse en composante principale qui a l'avantage d'utiliser des pondérations non uniformes qui tiennent compte de la variabilité des données. En référence aux travaux de McKinley (2010), nous avons identifié quatre grandes catégories de variables pour le calcul de notre indice synthétique de croissance inclusive (ISCI). Compte tenu du fait que ces variables proviennent de divers domaines et présentent donc une hétérogénéité des unités de mesure, nous avons opté pour une ACP normée (Baccini, 2010).

Il ressort de nos calculs qu'en Afrique Sub-saharienne, la croissance inclusive n'est véritablement pas une réalité. Mais certains pays tels que l'Afrique du Sud, le Botswana, le Ghana ont réalisé des performances non négligeables tandis que pour la grande majorité des pays de notre échantillon, les défis restent considérables, notamment l'effectivité du couple participation-redistribution pour ce qui est de la production des richesses au profit des citoyens. Les dirigeants doivent s'atteler à construire des infrastructures permettant d'assurer une meilleure offre de la santé, l'éducation, la formation, etc., les efforts doivent également être observés dans la lutte contre la corruption.

Références

Accardo, J. 2017. Des comptes aux batteries d'indicateurs : niveaux de vie, mieux-être et qualité de vie. 16e Colloque de l'Association de Comptabilité Nationale. INSEE, Session 3, *Vertus, limites et perspectives de la comptabilité nationale*, Paris, Bercy, 18 pages.

Addison, T., Pikkarainen, V., Rönkkö, R., and Tarp, F. 2017. *Development and poverty in sub-Saharan Africa.* WIDER Working Paper 2017/169

Ali, I., et Son, H. 2007. Measuring Inclusive Growth». *Asian Development Review,* Vol. 24, N°. 1. pp. 11–31.

Anand, R., Mishra, S., et Peiris, S. J. 2013. *Inclusive Growth: Measurement and Determinants*. IMF Working Paper 13/135, International Monetary Fund, Asia Pacific Department.

Asian Development Bank. 2011. *Key Indicators for Asia and the Pacific: Framework of Inclusive Growth Indicators*, Special Supplement. Mandaluyong City, Philippines: Asian Development Bank, 27 pages.

Baccini, A. 2010. *Statistique Descriptive Multidimensionnelle*. Publications de l'Institut de Mathématiques de Toulouse.

Banque Africaine de Développement. 2012. *Notes d'information pour la stratégie à long terme de la Banque*. Note d'information 6 : Programme de croissance inclusive, 15 pages.

Banque Mondiale. 2006. *Where is the Wealth of Nations? Measuring Capital in the 21st Century*. The World Bank, 34855, Washington, DC, DOI: 10.1596/978-0-8213-6354-6

Banque Mondiale. 2014. *Bénin : Promouvoir une croissance inclusive afin de réduire la pauvreté*. Présidence de la République, Agence de Promotion des Investissements et des Exportations.

Boarini R., Murtin, F., et Schreyer, P. 2015. *Inclusive Growth: the OECD Measurement Framework*. Technical Report, OECD Statistics Working Paper, N° 2015/06, 39 pages.

Cattell, R. B. 1966. The Score Test for the Number of Factors.» *Multivariate Behavioral Research, 1*, 245-276.

Dollar, D., and Kraay, A. 2002. Growth is good for the Poor.» *Journal of Economic Growth,* Vol 7, No. 3, pp. 195–225 https://doi.org/10.1023/A:1020139631000.

Hausmann, R., Rodrik, D., et Velasco, A. 2005. *Growth Diagnostics.* Manuscript, Inter-American Development Bank.

Kaiser, H. F. 1960. The Application of Electronic Computers to Factor Analysis. *Educational and Psychological Measurement, 20,* 141-151.

Kaiser, H. F. 1974. An index of Factorial Simplicity. *Psychometrika,* N°. 39, pp. 31-36.

Kakwani, N., et Pernia, E. 2000. What is pro-poor growth? *Asian Development Review: Studies of Asian and Pacific Economic*

Issues, Vol. 18, N°. 1. Banque Asiatique de Développement, Mandaluyong City (Philippines).

McKinley, T. 2010. *Inclusive Growth Criteria and Indicators: An Inclusive Growth Index for Diagnosis of Country Progress*. ADB Sustainable Development Working Paper Series No. 14. Manila: Asian Development Bank.

Niimi, Y. 2009. *Gender Equality and Inclusive Growth in Developing Asia*. ADB Economics Working Paper Series No. 186, ADB, Manila.

OCDE. 2014. *Rapport sur le cadre de l'OCDE pour une croissance inclusive. Les principales conclusions.* OCDE, Réunion du Conseil de l'OCDE au niveau des Ministères, Paris, 6-7 mai.

Ravallion, M. 2007. Inequality is Bad for the Poor, in *Inequality and Poverty Re-examined*, edited by Steven Jenkins and John Micklewright, Oxford University Press, Oxford.

Stiglitz, J. E., A. Sen, et J. P. Fitoussi. 2009. *Richesse des nations et bien-être des individus*. Editions Odile Jacob, Paris, 352 pages.

Stuart, E. 2011. *Making Growth Inclusive: Some Lessons from Countries and the Literature*. Oxfam Research Report (April), 43 pages.

Thorbecke, E. 2013. The Interrelationship Linking Growth, Inequality and Poverty in Sub-Saharan Africa. *Journal of African Economies*, Volume 22, Issue suppl_1, Pages i15 – i48, https://doi.org/10.1093/jae/ejs028.

Thorbecke, E. 2018. *My Journey through the History of Development Economics*. Paper Prepared for the UNU/WIDER Development Conference, "Think WIDER" on 13-15 September 2018 in Helsinki, Finland.

Triplett, J. 1998. *The Solow Productivity Paradox: What do Computers do to Productivity?* Brookings Institution.

Zhuang, J., (Ed.). 2010. *Poverty, Inequality, and Inclusive Growth in Asia: Measurement, Policy Issues, and Country Studies*. Manila: Asian Development Bank.

Annexes

Tableau 1 : Récapitulatif des variables utilisées pour la construction de l'ISCI

Piliers	Composantes	Codes	Variables
Premier pilier : Croissance économique, emploi productif et infrastructure	Croissance économique	A	Taux de croissance du PIB réel
		B	Taux de croissance du PIB par tête
		C	Part du secteur primaire dans le PIB
		D	Part du secteur secondaire dans le PIB
		E	Part du secteur tertiaire dans le PIB
	Emploi productif	F	Taux de chômage
		G	Part de l'emploi dans l'industrie
		H	Part de l'emploi dans l'agriculture
		I	Taux d'électrification
	Infrastructures	J	Taux de télé densité mobile (Nombre d'abonnés à la téléphonie mobile sur 100 personnes)
		K	Taux abonnement internet haut débit
Deuxième pilier : pauvreté monétaire et équité genre	Pauvreté monétaire	L	Incidence de la pauvreté monétaire
		M	Coefficient de Gini
	Équité genre	N	Ratio femmes/hommes dans l'enseignement secondaire dans la tranche d'âge de15 ans à 24 ans
		O	Femmes en activité (% de la population active totale)
Troisième pilier : Capacité humaine	Santé et démographie	P	Dépenses publiques en santé (% du PIB)
		Q	Espérance de vie à la naissance
		R	Taux net de scolarisation secondaire
	Assainissement	S	Proportion de la population ayant accès à l'eau potable
Quatrième pilier : Protection sociale et qualité de la gestion des affaires publiques	Protection sociale	T	Taux emplois vulnérables (par rapport à l'emploi total)
	Gouvernance	U	L'indice de la perception de la corruption

Source : Auteur

Tableau 2 : Liste des pays de l'échantillon

Sous-régions	Pays
AFRIQUE AUSTRALE	Botswana, Namibie, Lesotho et Swaziland
AFRIQUE CENTRALE	Angola, Cameroun, République centrafricaine, Tchad, Guinée Équatoriale, Gabon, République du Congo, République démocratique du Congo et Sao Tomé et Principe.
AFRIQUE OCCIDENTALE	Bénin, Burkina Faso, Cap-Vert, Côte d'Ivoire, Gambie, Ghana, Guinée, Guinée-Bissau, Libéria, Mali, Mauritanie, Niger, Nigeria, Sénégal, Sierra Leone et Togo.
AFRIQUE ORIENTALE	Burundi, Comores, Djibouti, Érythrée, Éthiopie, Kenya, Madagascar, Malawi, Île Maurice, Mozambique, Rwanda, Seychelles, Somalie, Eswatini, Ouganda, Tanzanie, Zambie et Zimbabwe.

Source : Auteur

Tableau 3 : Matrice d'intercorrélation des variables utilisées pour la construction de l'ISCI

	A	B	C	D	E	F	G	H	I	J	K	L	M	N	O	P	Q	R	S	T	U
A	1																				
B	0	1																			
C	0	0	1																		
D	-	-	-	1																	
E	-	0	-	0	1																
F	0	0	-	0	0	1															
G	0	0	-	0	0	0	1														
H	-	-	-	0	0	0	0	1													
I	0	0	0	-	-	-	-	0	1												
J	-	-	-	0	0	0	-		-	1											
K	-	-	-	0	0	0	0	0	0	0	1										
L	0	0	-	0	0	0	0	0	0	0	0	1									
M	0	0	-	0	0	0	0	0	0	-	0	0	1								
N	-	0	0	-	-	-	-	-	0	-	-	-	-	1							
O	0	0	0	-	-	-	-	-	0	-	-	-	-	0	1						
P	-	0	-	0	0	0	-		0	0	0	0	-	-	0	1					
Q	-	0	-	0	0	0	0	0	-	0	0	0	0	-	-	0	1				
R	-	-	-	0	0	0	0		0	0	0	0	-	-	-	0	0	1			
S	-	0	0	-	0	0	0		0	0	-	0	-	-	-	-	-	-	1		
T	0	0	0	-	-	-	-		0	-	-	-	-	0	0	-	-	-	-	1	
U	-	-	-	-	0	-	0		0	0	-	-	-	0	0	-	-	0	-	-	1

Source : Auteur

Tableau 4 : Mesures de Kaiser-Meyer-Olkin d'adéquacité de l'échantillonnage calculées pour la matrice d'inter-corrélation du tableau 3

	Variables	**Indice d'adéquation de Kaiser-Meyer-Olkin**
A	Taux de croissance du PIB réel	0.73
B	Taux de croissance du PIB par tête	0.81
C	Part du secteur primaire dans le PIB	0.59
D	Part du secteur secondaire dans le PIB	0.61
E	Part du secteur tertiaire dans le PIB	0.58
F	Taux de chômage	0.52
G	Part de l'emploi dans l'industrie	0.66
H	Part de l'emploi dans l'agriculture	0.69
I	Taux d'électrification	0.71
J	Taux de télé densité mobile (Nombre d'abonnés à la téléphonie mobile sur 100 personnes)	0.55
K	Taux abonnement internet haut débit	0.58
L	Incidence de la pauvreté monétaire	0.62
M	Coefficient de Gini	0.72
N	Ratio femmes/hommes dans l'enseignement secondaire dans la tranche d'âge de15 ans à 24 ans	0.80
O	Femmes en activité (% de la population active totale)	0.54
P	Dépenses publiques en santé (% du PIB)	0.90
Q	Espérance de vie à la naissance	0.82
R	Taux net de scolarisation secondaire	0.91
S	Proportion de la population ayant accès à l'eau potable	0.53
T	Taux emplois vulnérables (par rapport à l'emploi total)	0.61
U	L'indice de la perception de la corruption	0.74

Source : Auteur

Tableau 5 : Statistiques descriptives des variables entrant dans le calcul de l'ISCI global

Variables	Observations	Minimum	Maximum	Moyenne	Écart - type
Taux de croissance du PIB réel	23	1,28	7,25	4,3413	1,65198
Taux de croissance du PIB par tête	23	-1,20	4,50	1,9039	1,63347
Part du secteur primaire dans le PIB	23	17,92	23,98	20,7209	1,64344
Part du secteur secondaire dans le PIB	23	21,38	26,31	23,3143	1,23925
Part du secteur tertiaire dans le PIB	23	6,82	10,69	9,4917	1,04163
Taux de chômage	23	22,85	28,87	25,9900	1,84510
Part de l'emploi dans l'industrie	23	0,01	7,48	1,2787	1,98901
Part de l'emploi dans l'agriculture	23	20,60	32,70	21,1261	2,52302
Taux d'électrification	23	20,60	37,70	36,9565	3,56560
Taux de télé densité mobile (Nombre d'abonnés à la téléphonie mobile sur 100 personnes)	23	20,60	37,70	21,3435	3,56560
Taux abonnement internet haut débit	23	20,60	94,29	38,3670	12,6354 1
Incidence de la pauvreté monétaire	23	48,06	60,90	53,5017	4,05234
Coefficient de Gini	23	39,41	76,10	58,8357	11,6636 3
Ratio femmes/homme s dans	23	57,18	122,91	94,8161	23,3605 2

l'enseignement secondaire dans la tranche d'âge de15 ans à 24 ans					
Femmes en activité (% de la population active totale)	23	9,35	12,20	10,9504	0,86561
Dépenses publiques en santé (% du PIB)	23	20,60	82,20	23,2783	12,8444 9
Espérance de vie à la naissance	23	4,40	26,00	20,0565	4,63179
Taux net de scolarisation secondaire	23	56,16	61,99	59,2274	1,72309
Proportion de la population ayant accès à l'eau potable	23	1,50	3,67	2,3491	,73587

Source : Auteur

Les données de ce tableau nous permettent de constater que les six premières variables donnent l'information à plus de 93 % (voir la dernière colonne), raison pour laquelle la suite n'est plus remplie.

Tableau 6 : Contribution des variables sur les différents axes pour l'Angola

	Composantes					
	1	2	3	4	5	6
Taux de croissance du PIB réel	-0,170	-0,112	0,242	0,716	0,611	-0,057
Taux de croissance du PIB par tête	-0,157	-0,145	0,196	0,693	0,650	-0,032
Part du secteur primaire dans le PIB	0,547	0,099	0,240	0,367	-0,414	0,020
Part du secteur secondaire dans le PIB	0,333	-0,320	-0,613	-0,073	0,272	0,393
Part du secteur tertiaire dans le PIB	0,352	-0,558	-0,607	0,280	-0,182	-0,034
Taux de chômage	-0,372	-0,312	-0,682	0,442	-0,274	-0,047
Part de l'emploi dans l'industrie	0,661	0,045	0,384	0,288	-0,332	-0,325
Part de l'emploi dans l'agriculture	0,453	0,804	-0,313	0,214	0,033	0,031
Taux d'électrification	-0,453	-0,804	0,313	-0,214	-0,033	-0,031
Taux de télé densité mobile (Nombre d'abonnés à la téléphonie mobile sur 100 personnes)	0,453	0,804	-0,313	0,214	0,033	0,031
Taux abonnement internet haut débit	0,158	-0,362	0,553	0,307	-0,172	0,607
Incidence de la pauvreté monétaire	-0,812	0,374	0,341	-0,068	-0,021	-0,168
Coefficient de Gini	-0,593	0,523	0,402	0,307	-0,265	-0,061
Ratio femmes/hommes dans l'enseignement secondaire dans la tranche d'âge de15 ans à 24 ans	0,975	-0,110	0,061	-0,088	0,118	0,027
Femmes en activité (% de la population active totale)	0,950	-0,226	-0,074	-0,091	0,135	0,051
Dépenses publiques en santé (% du PIB)	0,741	-0,066	0,415	-0,444	0,172	-0,116
Espérance de vie à la naissance	-0,440	0,574	0,171	-0,177	-0,156	0,539
Taux net de scolarisation secondaire	0,453	0,804	-0,313	0,214	0,033	0,031
Proportion de la population ayant accès à l'eau potable	-0,332	0,209	-0,613	-0,579	0,230	-0,115
Taux emplois vulnérables (par rapport à l'emploi total)	0,452	0,376	0,606	-0,377	0,352	0,028
L'indice de la perception de la corruption	0,841	-0,240	0,176	0,026	-0,246	-,087

Source : Auteur

Tableau 7 : Contribution des variables dans le calcul de l'ISCI pour différents groupes de pays

	ASS	Groupe 1	Groupe 2	Groupe 3
Taux de croissance du PIB réel	-0,170	0,337	-0,153	-0,326
Taux de croissance du PIB par tête	-0,157	0,121	0,213	-0,278
Part du secteur primaire dans le PIB	0,547	0,102	0,130	0,420
Part du secteur secondaire dans le PIB	0,333	0,343	0,284	-0,154
Part du secteur tertiaire dans le PIB	0,352	0,512	-0,287	-0,247
Taux de chômage	-0,372	0,312	-0,142	- 0,442
Part de l'emploi dans l'industrie	0,661	0,187	-0,301	-0,218
Part de l'emploi dans l'agriculture	0,453	0,304	0,324	0,174
Taux d'électrification	-0,453	0,304	-0,210	-0,521
Taux de télé densité mobile (Nombre d'abonnés à la téléphonie mobile sur 100 personnes)	0,453	0,203	-0,024	0,231
Taux abonnement internet haut débit	0,158	0,362	0,053	0,027
Incidence de la pauvreté monétaire	-0,812	0,374	-0,121	-0,268
Coefficient de Gini	-0,593	0,253	-0,402	-0,307
Ratio femmes/hommes dans l'enseignement secondaire, tranche d'âge de15 ans à 24 ans	0,975	0,110	0,021	-0,058
Femmes en activité (% de la population active totale)	0,950	-0,232	-0,054	-0,081
Dépenses publiques en santé (% du PIB)	0,741	0,812	0,415	-0,044
Espérance de vie à la naissance	-0,440	0,574	0,121	-0,177
Taux net de scolarisation secondaire	0,453	0,724	0,313	-0,214
Proportion de la population ayant accès à l'eau potable	-0,332	0,209	-0,213	-0,629
Taux emplois vulnérables (par rapport à l'emploi total)	0,452	0,376	0,516	-0,427
L'indice de la perception de la corruption	0,841	0,240	-0,176	-0,042

Source : Auteur

Chapitre 8 :

Les effets de la densité bancaire sur le développement humain dans les pays africains les plus pauvres

Issidor NOUMBA et Stéphane MBIANKEU NGUEA

Introduction

L'Afrique est dotée de nombreuses ressources naturelles et humaines qui, bien exploitées, peuvent permettre au continent d'accélérer le rythme de création de la richesse et améliorer durablement et de manière significative le niveau de vie des populations. En effet, le continent connaît une démographie dynamique[46], avec des ressources naturelles abondantes et variées, de vastes étendues de terres non encore exploitées, etc. La diversité culturelle et des zones agro-écologiques en font une destination touristique naturelle. En d'autres termes, l'Afrique a tout pour réussir son développement et atteindre les objectifs de l'Agenda 2030 et 2063.

Malheureusement, la plupart des pays africains sont confrontés à des défis multidimensionnels qu'ils doivent relever nécessairement pour valoriser ses nombreux atouts afin de déclencher le processus d'une croissance forte et soutenue en mesure de réduire la pauvreté à sa plus simple expression. Dans l'ensemble, le continent continue de patauger dans la mare de la violence politique due notamment aux élections contestées, aux changements constitutionnels et aux régimes politiques perpétuels ; la baisse des performances agricoles qui engendre la famine et la malnutrition, la gabegie financière, la corruption généralisée, la baisse des revenus et du pouvoir d'achat des ménages, le chômage massif des jeunes, l'exode rural, l'accroissement des inégalités, l'augmentation de la dette intérieure et extérieure, etc. Aujourd'hui, elle

[46] La population africaine est passée de 1,03 milliard d'habitants environ en 2009 à 1,23 milliard en 2017 (BAD, 2018).

est confrontée à d'autres menaces asymétriques, dont le terrorisme islamique, le messianisme religieux et politique. À y regarder de près, les élites politiques africaines se sont montrées incompétentes à concevoir et à implémenter les politiques publiques de développement efficaces et adaptées aux réalités socio-économiques locales.

Sur les 58 pays classés par Collier (2009) parmi les plus pauvres au monde (pays situés au bas de l'échelle mondiale du développement), pris par ailleurs dans le piège de la violence et des conflits politiques, 39 sont situés en Afrique[47] ! Tous ces éléments contribuent à alourdir le climat des affaires, ce qui réduit les chances de transformer les économies africaines et les rendre compétitives, dans un monde où la compétition ne cesse de s'intensifier. En 2016, par exemple, les meilleures positions dans le classement mondial par rapport à la facilité de faire les affaires, effectuées par ''Doing Business'', n'étaient occupées que par trois pays africains sur 54 : Ile Maurice (25è sur 185), Maroc (69è/185) et Zambie (98è/185). En 2019, seuls deux pays du continent occupent une position respectable en la matière sur une échelle graduée entre 0 (pire situation) et 100 (meilleure situation) : Ile Maurice (79,58) et Rwanda (77,78)[48].

Par ailleurs, Gunning (1999) observe que, à l'indépendance dans les années 60, les pays africains enregistraient une croissance équivalente à celle des pays de l'Asie du Sud. Quarante ans après, on peut constater avec amertume que l'Afrique n'est toujours pas en train de rattraper son retard sur les autres pays en développement. Entre les périodes 2006-2010 et 2011-2015, le nombre de pays africains ayant enregistré un taux de croissance supérieur à 7 % est passé de 9 à 6 (Union Africaine et OCDE, 2018). Dans l'ensemble, le taux de croissance du PIB de l'Afrique n'a que légèrement progressé, passant de 3,5 % en 2009 à 3,7 % en 2017, avec un pic de 7,3 % atteint en 2012 (BAD, 2018). Si on peut parler tout de même d'un certain dynamisme de la croissance, il reste que les niveaux des taux atteints sont de loin inférieurs au taux fixé dans l'Agenda 2063 (7 % par an) et très insuffisants pour réduire la pauvreté de manière significative, car, 35 % de la population africaine (395 millions d'individus, sont encore frappés par l'extrême pauvreté (Union Africaine/OCDE, 2018). Ce constat est également fait

[47] La liste de tous les 39 pays africains appartenant à cet ensemble est placée en annexe. Dans ce travail, nous en avons retenu 32 pour conserver un échantillon cylindré, 7 pays n'ayant pas toutes les informations sur les variables pertinentes.
[48] Source : Banque Mondiale (2019), ''Doing Business''.

par Pelletier et Stijns (2018, p. 5) lorsqu'ils écrivent : *la croissance du produit intérieur brut (PIB) par habitant, quoique positive depuis 2017, demeure insuffisante pour faire reculer la pauvreté de manière sensible. La reprise est encore fragile*.

En outre, le continent africain n'enregistre qu'un léger progrès dans son développement humain. Sur la période 1990-2017, seulement 30 des 54 pays africains sont classés parmi les pays ayant un indice de développement humain élevé ou moyen. Les progrès réalisés dans ce domaine restent relativement faibles par rapport aux résultats obtenus par les autres pays en développement, notamment d'Asie. Au total, malgré les progrès relatifs réalisés dans le champ de la croissance économique et du développement humain, la promotion d'une croissance forte et inclusive, ainsi que l'éradication de l'extrême pauvreté restent deux défis essentiels que les autorités publiques africaines doivent relever pour espérer atteindre les objectifs d'intégration et de transformation de l'Afrique fixés dans l'Agenda 2063 et le Traité de Libre-échange Continental.

Sur le plan financier, il est admis que l'inclusion financière est un levier sur lequel les pays pauvres en général peuvent s'appuyer pour propulser le développement et créer les conditions d'une croissance inclusive. C'est dans cette perspective que lors du sommet des leaders du G20 tenu en 2011 à Cannes (France), il a été recommandé la formation d'un Partenariat Mondial pour l'Inclusion Financière (GPFI, acronyme en Anglais). Il est donc question d'amener les États, les partenaires au développement et autres ONG à soutenir les initiatives qui vont dans le sens de l'inclusion financière des populations les plus pauvres vivant généralement dans les régions rurales peu couvertes en institutions financières. À la suite de ces initiatives, plusieurs pays africains ont élaboré des réformes visant à mettre en œuvre une stratégie d'inclusion financière dans le but de faire des populations, surtout les plus défavorisées et écartées du circuit financier formel, de véritables créateurs de la richesse et des acteurs dynamiques du développement.

Au niveau mondial, 1,7 milliard d'individus âgés de plus de 15 ans restaient exclus des services financiers de base (Institut pour l'Éducation Financière du Public, 2019). Dans le même ordre d'idées, Demirgûç-Kunt et Klapper (2012) ont montré à l'aide des statistiques descriptives que moins de 25 % d'adultes africains ont un compte dans une institution financière formelle et que plusieurs utilisent le canal informel pour l'épargne. Pourtant, comme indiqué ci-dessus, être inclus dans le système monétaire et financier aurait un impact positif et significatif sur le niveau de vie des pauvres. L'accès aux services financiers serait un déterminant significatif de la croissance économique et du développement des pays de l'Afrique subsaharienne (IFC, 2013). Cette thèse est également soutenue par UNCDF (2019), Tiémoko (2016), ''Global Partnership for Financial Inclusion'', le G20 (2016), etc. Kabikissa (2020, p. 14) se situe dans la même lignée lorsqu'il affirme : *aussi bien dans les pays développés qu'en développement, l'inclusion financière devient un enjeu majeur. Elle est perçue comme un véritable outil de développement économique et de lutte contre la pauvreté*. Manifestement, selon ce courant de pensée, le développement et la réduction de la pauvreté seraient ''cachés'' dans l'inclusion financière.

Ainsi, l'inclusion financière semble unanimement reconnue comme étant un instrument de politique économique pour lutter efficacement contre la pauvreté puisqu'elle favorise une croissance forte et inclusive (Banque de France, 2015 ; UNCDF, 2019 ; Kpodar et Andrianaivo, 2011. etc.). C'est également convaincu des bienfaits de l'inclusion financière que la Banque Africaine de Développement (BAD), lors de ses assemblées annuelles tenues à Malabo, en Guinée-Équatoriale, en juin 2019, a lancé le Mécanisme Africain d'Inclusion Financière Numérique (ADFI) et un Fonds dont l'objectif est de permettre à 332 millions d'Africains de plus d'avoir accès à l'inclusion financière numérique.

Toutefois, Fouille et Morvant-Roux (2018, *abstract en Français*) montrent que la mobilisation des politiques d'inclusion financière a produit des effets ambivalents en Inde et au Mexique. *D'un côté, ces politiques d'inclusion financière permettent aux populations vulnérables d'accéder à de nouveaux droits et de promouvoir des formes embryonnaires de citoyenneté. D'un autre côté, ces politiques peuvent favoriser l'apparition de nouvelles formes de contrôle des comportements des populations bénéficiaires*. Par exemple, selon les deux auteurs, la politique d'inclusion financière peut être un moyen d'embrigader les populations et les maintenir dans la pauvreté par la soumission. Autrement dit, l'inclusion financière ne serait pas une condition nécessaire et suffisante de renforcement du pouvoir économique et financier des citoyens. Partant des développements présentés supra, la question à laquelle le présent chapitre tente d'apporter une réponse est la suivante : quels sont les effets de l'inclusion financière spatiale (pénétration géographique des agences bancaires notamment) sur le développement humain dans les pays africains les plus pauvres[49] ? Autrement dit, le niveau d'inclusion financière spatiale atteint par ces pays pourrait-il expliquer le niveau de leur développement humain ?

Pour répondre à cette question, le chapitre est organisé de la manière suivante. La section 1 présente le cadre conceptuel et les faits stylisés portant sur l'évolution des indicateurs de l'inclusion financière dans les pays retenus. La section 2 déroule le cadre méthodologique du travail. La section 3 expose le modèle spécifié et la technique d'estimation adoptée. La section 4 présente les résultats empiriques saillants et la section 5 conclut le chapitre.

1. L'inclusion financière : approche conceptuelle et faits stylisés

1.1 Controverses autour du concept de l'inclusion financière

La problématique de l'inclusion financière est de plus en plus abordée dans la littérature économique et sociale. De nombreux auteurs se sont penchés sur cette problématique en faisant le point sur le sujet, en recherchant et analysant les déterminants de l'inclusion financière des individus et des entreprises, notamment en Afrique (cf., par exemple, Demirgüc-Kunt et Klapper, 2012 ; Guérineau et Jacolin, 2014 ; Pelletier et Stijns, 2018 ; Coulibaly, 2019).

Mais que recouvre le concept de l'inclusion financière ? On peut affirmer d'emblée que ce concept s'oppose naturellement à celui de l'exclusion financière qui, essentiellement, signifie, *stricto sensu*, absence d'accès aux produits et services financiers offerts par les institutions monétaires et financières formelles. Les deux aspects d'une même réalité peuvent s'observer sur le plan microéconomique (au niveau des individus, des personnes physiques) ou sur le plan spatial. Au niveau microéconomique, l'inclusion et/ou l'exclusion financière se rapportent aux individus, aux personnes physiques et aux entreprises qui ont ou n'ont pas accès aux produits et aux services financiers

[49] Les pays dont il est question dans ce chapitre sont ceux que Collier (2009), classe dans un ensemble qu'il a baptisé ''The Bottom Billion''. Il s'agit des pays les plus pauvres du monde dont le niveau de vie tend à régresser et qui, en outre, sont menacés, comme États-nations, notamment par des conflits politiques internes. La liste de ces pays situés en Afrique se trouve en annexe.

proposés par les institutions formelles qui structurent le système monétaire et financier d'un État ou d'une zone d'intégration économique. On dira que tel ou tel individu est exclu du système monétaire et financier national ou local lorsqu'il n'a pas le privilège d'accéder aisément aux produits et aux services financiers formels. Tel ou tel espace territorial sera dit exclu financièrement lorsque les institutions financières formelles n'y sont pas ou sont faiblement installées.

Plus spécifiquement et selon UNCDF (2019), *l'inclusion financière signifie que les individus et les entreprises ont accès et recourent à un éventail de services financiers appropriés et fournis de manière responsable dans un environnement dûment réglementé.* Au niveau méso-économique et macroéconomique, on parlera d'exclusion lorsqu'on voudra capter le taux de couverture en institutions financières formelles ou informelles des espaces territoriaux particuliers (par exemple, au niveau d'un pays, d'une région, d'un département ou d'une commune). Il va sans dire que le degré d'accès aux différents services financiers des individus ou des organisations va dépendre essentiellement de la couverture des espaces territoriaux en établissements bancaires ou de la microfinance.

À ce propos, trois éléments constituent ce qui est peut-être considéré comme *services financiers de base*. En effet, par *« accès à des services financiers de base », on entend l'accès à un compte courant de base, au crédit, à une assurance et à un produit d'épargne. En cela, l'inclusion financière se distingue d'autres notions proches, mais plus restreintes comme bancarisation (ou inclusion bancaire), microfinance, mésofinance, microcrédit, etc.*, (IEFP, 2019).

Pour permettre les comparaisons cohérentes (dans le temps et dans l'espace) et formuler des stratégies efficaces nationales, régionales ou internationales d'inclusion financière, GPFI (2016) propose trois types d'indicateurs d'inclusion financière. Il s'agit des indicateurs d'accès, des indicateurs d'usage et des indicateurs de qualité.

- Les indicateurs d'accès permettent de mesurer le degré d'approfondissement ou de pénétration des services financiers dans une communauté nationale ou régionale. Ces types d'indicateurs sont captés notamment par le nombre d'agences des banques et/ou le nombre de points de vente d'un produit donné.

- Les indicateurs d'usage mesurent le nombre ou la proportion de clients qui utilisent tel produit ou tel service financier, la fréquence d'usage de tels produits ou services, etc. On peut ainsi s'intéresser à la régularité d'usage de services financiers, le nombre de transactions par compte, le nombre de paiements électroniques, etc.
- À travers les indicateurs de qualité, on voudrait apprécier la compatibilité des produits offerts avec les besoins ou les préférences des clients, les différentes options qui leur sont proposées, leur niveau de connaissance de ces produits et services, etc. Un ensemble d'indicateurs sont collectés et publiés annuellement par la Banque mondiale, le FMI, l'OCDE, etc.

Au-delà de ces indicateurs qui visent à capter l'inclusion ou l'exclusion financière des individus ou des organisations, il peut être pertinent d'étudier ces indicateurs au niveau spatial. En effet, certains individus et certaines organisations peuvent ne pas, par exemple, avoir accès aux services financiers parce que l'espace territorial qu'ils occupent n'est pas irrigué par le système bancaire moderne ou par les établissements de la microfinance. Ils seront donc exclus financièrement, ce qui pourrait limiter ou entraver leur productivité et leur santé. D'ailleurs, *dans de nombreux pays émergents, le manque d'inclusion financière est l'un des obstacles les plus importants au développement économique durable* (Jiranek, 2021).

Dans de nombreux pays de l'ASS, des unités administratives entières ne sont pas dotées des agences et autres guichets bancaires, et même d'établissements de microfinance. Autrement dit, le niveau d'inclusion financière des individus peut dépendre notamment de la densité du réseau bancaire, du réseau d'établissements des microfinances et des coopératives d'épargne et de crédit. C'est ce qui justifie qu'on s'intéresse dans ce travail à l'inclusion financière spatiale à travers la densité bancaire. Elle indique le nombre d'institutions financières installées dans un rayon de 1000 kilomètres carrés (réseau bancaire, réseau d'établissements de microfinance, des coopératives d'épargne et de crédit).

1.2 Inclusion financière dans les pays les plus pauvres d'Afrique : faits stylisés

Les données relativement récentes montrent que le niveau de l'inclusion financière s'est amélioré au cours des années récentes en Afrique subsaharienne (ASS) tout en demeurant faible par rapport à la moyenne des autres pays en développement. Cette tendance s'observe, par exemple, à partir des données présentées sur le tableau suivant.

Tableau 1 : Évolution comparative de quelques indicateurs d'inclusion financière en Afrique Subsaharienne et dans les autres pays en développement (en %)

Proportion de la population âgée de plus de 15 ans ayant accès aux services financiers	Afrique subsaharienne			Pays en développement		
	2011	2014	2017	2011	2014	2017
Détenant un compte auprès d'une banque ou d'une autre institution financière* ou d'un fournisseur de services mobiles	23	34	43	42	55	63
Détenant un compte auprès d'une institution financière*	23	29	33	42	54	61
Détenant une carte de débit	14	16	15	17	22	21
Détenant une carte de crédit	15	18	18	24	32	40
Détenant un compte d'épargne	3	3	3	7	10	10
Ayant contracté un emprunt auprès d'une institution financière formelle	5	6	7	8	9	9
Ayant contracté un emprunt auprès de proches /amis	40	42	31	26	29	29

*Source : Pelletier et Tijns (2018), extrait de Banque mondiale (2018). * Firmes bancaires, établissements de microfinance et coopératives de crédit reconnues formellement.*

Il ressort notamment du tableau ci-dessus qu'en 2017, en ASS, seulement 33 % de la population âgée de plus de 15 ans entretenaient un compte dans une institution financière reconnue contre 61 % dans les autres pays en développement. Mais dans les deux blocs de pays, l'accès au crédit demeure une gageure dans la mesure où moins de 10 % de la population adulte a obtenu un emprunt auprès d'une institution financière formelle sur la période en moyenne.

Pour revenir au cas des pays de l'ASS étudiés dans ce chapitre, nous avons retenu trois catégories d'indicateurs qui ont permis de présenter quelques faits stylisés en rapport avec le niveau de l'inclusion financière. Ces indicateurs proviennent des enquêtes effectuées par la

Banque mondiale, et dont les résultats sont publiés dans ‘‘The Global Findex Data base’’), rapport 2018. Ces indicateurs indiquent la proportion des populations âgées de plus de 15 ans utilisant les services bancaires, les services d’Internet et de la téléphonie mobile dans leurs transactions financières.

Indicateurs d’utilisation des services bancaires :

- Détention d’un compte (Compte) ;
- retrait de fonds à partir d’un distributeur automatique (Distributeur) ;
- retrait de fonds d’un guichet bancaire (Guichet) ;
- épargne dans une institution financière (Épargne) ;
- possession d’une carte de crédit (Carte crédit) ;
- possession d’une carte de débit (Carte débit) ;
- emprunt auprès d’une institution financière (Emprunt) ;
- envoi et réception des fonds à travers une institution financière (Envoi/Réception) ;
- paiement des factures par virement bancaire (Virement).

Indicateurs d’utilisation des services d’Internet :

- Utilisation d’Internet pour payer ses factures ;
- utilisation d’Internet pour effectuer ses achats en ligne ou pour payer ses factures ;
- utilisation d’Internet pour effectuer ses achats en ligne ;
- utilisation d’Internet pour le règlement de ses achats en ligne.

Indicateurs d’utilisation de la téléphonie mobile :

- Détention d’un compte mobile ;
- paiement des factures par téléphonie mobile ;
- envoi des fonds à l’intérieur par téléphonie mobile ;
- réception des fonds à l’intérieur à travers la téléphonie mobile ;
- envoi et réception des fonds par téléphonie mobile.

Le tableau 2 ci-dessous reprend les données sur l’utilisation des services bancaires.

Tableau 2 : Proportion des populations âgées de plus de 15 ans utilisant les services bancaires (2014)

Indicateurs **Pays**	**Compte**	**Distributeur**	**Guichet**	**Épargne**	**Carte crédit**	**Carte débit**	**Emprunt**	**Envoi/Réception**	**Virement**
Angola	29%	36%	60%	15%	4%	21%	3%	7%	5%
Benin	16%	39%	46%	7%	1%	5%	8%	4%	1%
Burkina Faso	13%	20%	67%	9%	3%	4%	11%	5%	4% (2017)
Burundi	7%	n.d	n.d	4%	0%	1%	2%	2%	n.d
Cameroun	11%	27%	68%	8%	1%	6%	2%	4%	2%
Congo Rép. Démocratique	11%	26%	66%	5%	11%	4%	2%	5%	1%
Congo République	17%	16%	66%	10%	2%	10%	4%	9%	1%
Côte d'Ivoire	15%	8%	66%	9%	1%	5%	2%	4%	4%
Éthiopie	22%	1%	83%	14%	1%	1%	7%	7% (14% en 2017)	0,17%
Ghana	35%	20%	67%	19%	1%	10%	8%	8%	2%
Guinée	6%	n.d	n.d	3%	4%	2%	2%	4%	0%
Kenya	**55%**	**53%**	**33%**	**30%**	**5%**	**35%**	**15%**	**13%**	**21%**
Lesotho	33%	n.d	n.d	9%	3%	20%	5%	16%	13% (2017)
Liberia	22%	n.d	n.d	11%	3%	4%	8%	9%	3%
Madagascar	6%	n.d	n.d	3%	n.d	2%	2%	0,39%	0,15%
Malawi	16%	14%	53%	7%	2%	12%	6%	6%	n.d
Mali	13%	18%	83%	3%	1%	4%	3%	2% (8% en 2017)	n.d
Mauritanie	20%	33%	54%	11%	5%	11%	8%	6%	4%
Mozambique	33%	n.d	n.d	11%	8%	20%	5%	17%	13%

Indicateurs Pays	Compte	Distributeur	Guichet	Épargne	Carte crédit	Carte débit	Emprunt	Envoi/Réception	Virement
Niger	3%	n.d	n.d	2%	1%	0,49%	1%	1%	n.d
Nigeria	44%	71%	21%	27%	3%	36%	5%	31%	5%
Rwanda	38%	3%	82%	26%	5%	1%	8%	9%	3%
République Centrafricaine	14%	n.d	n.d	6%	1%	4%	3%	8%	2%
Sénégal	12%	23%	66%	7%	1%	6%	4%	4%	1%
Sierra Leone	14%	11%	83%	11%	1%	5%	4%	9%	0,26%
Somalie	8%	n.d	n.d	3%	1%	2%	2%	2%	16%
Soudan	15%	61%	29%	7%	7%	10%	4%	8%	1%
Tanzanie	19%	62%	9%	9%	1%	11%	7%	6%	5%
Tchad	8%	n.d	n.d	5%	1%	3%	2%	3%	n.d
Togo	18%	8%	64%	7%	1%	2%	4%	5%	1%
Uganda	28%	60%	31%	17%	2%	18%	**16%**	8%	7%
Zambie	31%	68%	23%	17%	2%	19%	5%	13%	4%
Zimbabwe	7% (2011)	47%	51%	5%	2%	14%	4%	6%	2%

Source : Les auteurs, à partir des données de la Banque mondiale (2018)

Par souci de simplification, le commentaire du tableau va se faire en examinant uniquement trois indicateurs, à savoir, ''Compte'', ''Epargne'', ''Emprunt''. Par rapport à l'indicateur ''Compte'' (proportion de la population âgée de plus de 15 ans possédant un compte), avec 55% et 44% respectivement, le Kenya et le Nigéria apparaissent comme les pays les plus inclus financièrement. Avec 3%, le Niger occupe le tout dernier rang. Dans l'ensemble, seulement 7 pays affichent un taux d'inclusion supérieur à 30%.

Le tableau 3 reprend quelques indicateurs d'inclusion financière à travers l'utilisation d'Internet

Tableau 3 : Proportion des populations âgées de plus de 15 ans utilisant Internet (2017)

Indicateurs **Pays**	**Paiement des factures**	**Achats en ligne/ paiement factures**	**Achats de quelque chose en ligne**
Benin	3%	2%	3%
Burkina Faso	4%	5%	2%
Cameroun	4%	2%	3%
Congo, République Démocratique	2%	3%	2%
Congo République	3%	4%	2%
Côte d'Ivoire	6%	7%	3%
Éthiopie	1%	1%	0,02%
Ghana	5%	8%	4%
Guinée	3%	4%	3%
Kenya	**30%**	**26%**	**9%**
Lesotho	8%	10%	2%
Liberia	2%	2%	1%
Madagascar	1%	2%	1%
Malawi	7%	8%	2%
Mali	4%	6%	3%
Mauritanie	3%	4%	1%
Mozambique	8%	9%	4%
Niger	3%	4%	1%
Nigeria	4%	6%	4%
Rwanda	4%	5%	1%
République Centrafricaine	4%	5%	2%
Sénégal	9%	10%	3%
Sierra Leone	3%	4%	1%
Tanzanie	8%	12%	5%
Tchad	1%	3%	2%
Togo	6%	7%	2%
Uganda	8%	9%	4%
Zambie	9%	11%	5%
Zimbabwe	7%	10%	4%

Source : IDEM

Par rapport à l'utilisation de l'outil Internet, le Kenya, encore une fois, est de très loin le seul pays le plus avancé, car, en 2017, 30% d'adultes interrogés ont utilisé cet outil pour régler leurs factures. Ce taux n'est que de 1% en Éthiopie, en Mauritanie et au Tchad. Avec 1% respectivement, l'Éthiopie, Madagascar et le Tchad semblent les moins intégrés. Le tableau 4 présente les indicateurs d'inclusion financière à travers l'utilisation de la téléphonie mobile.

Tableau 4 : Proportion des individus âgés de plus de 15 ans ayant utilisé la téléphonie mobile dans leurs transactions financières (en 2017)

Indicateurs Pays	Compte mobile money	Paiement factures	Envoi espèces	Réception espèces	Envoi/réception espèces
Benin	18%	3%	14%	14%	50%
Burkina Faso	33%	3%	24%	26%	74%
Cameroun	15%	5%	12%	15%	37%
Congo Rép. Démocratique	16%	1%	9%	12%	46%
Congo République	6%	1%	4%	4%	16%
Côte d'Ivoire	34%	9%	24%	26%	69%
Éthiopie	0,31%	0%	0,10%	0,11%	1%
Ghana	39%	8%	30%	28%	74%
Guinée	14%	2%	10%	14%	51%
Kenya	**73%**	**37%**	**50%**	**52%**	**95%**
Lesotho	28%	12%	15%	17%	52%
Liberia	21%	2%	15%	17%	43%
Madagascar	12%	1%	7%	7%	36%
Malawi	20%	4%	10%	16%	65%
Mali	24%	4%	19%	19%	69%
Mauritanie	4%	1%	3%	3%	11%
Mozambique	22%	10%	16%	13%	57%
Niger	9%	2%	3%	5%	27%
Nigeria	6%	1%	5%	4%	14%
Ouganda	51%	10%	35%	35%	81%
Rwanda	31%	8%	21%	24%	72%
République Centrafricaine	n.d	2%	4%	5%	26%
Sénégal	32%	8%	14%	25%	67%
Sierra Leone	11%	3%	9%	10%	41%
Tanzanie	39%	16%	26%	32%	89%
Tchad	15%	2%	12%	13%	66%
Togo	21%	5%	17%	16%	62%
Zambie	28%	11%	18%	22%	64%
Zimbabwe	49%	12%	27%	35%	79%

Source : IDEM.

Sur la base des indicateurs présentés dans le tableau ci-dessus, on observe que le Kenya est le pays à plus forte intégration financière en 2017. En effet, 73 % d'individus interrogés ont déclaré détenir un compte ''mobile money'' et 95 % ont envoyé ou reçu des fonds à travers la téléphonie mobile. Deux autres pays sont relativement bien placés en la matière. Il s'agit de l'Ouganda et du Zimbabwe. L'Éthiopie, la Mauritanie et le Nigeria sont les pays les plus mal placés sur le classement des pays utilisant la téléphonie mobile dans les transactions financières.

En ce qui concerne les indicateurs d'intégration par les services d'Internet et de la téléphonie mobile, le Kenya domine tous les autres pays du groupe sélectionné. Mais cette domination n'est pas valable par rapport à l'utilisation des services bancaires. Par exemple, en 2014, 53 % des individus interrogés au Kenya ont déclaré avoir effectué un retrait de fonds à partir d'un guichet automatique contre 71 % au Nigeria, 68 % en Zambie, 62 %, en Tanzanie, et 61 % au Soudan.

Il est également important de relever le niveau très faible de l'épargne et de l'emprunt auprès des institutions financières. Avec 30 %, le Kenya se distingue par rapport à l'épargne, tandis que le Soudan se distingue par rapport à l'emprunt avec 16 % contre 15 % pour le Kenya, qui, dans l'ensemble, enregistre le plus fort taux d'inclusion financière.

Pour ce qui est du principal indicateur en jeu dans ce travail, c'est l'inclusion financière spatiale, mesurée par la densité bancaire, qui a été retenue. Il s'agit du nombre d'agences bancaires (banques commerciales) installées sur un espace territorial de 1000 km^2. Il va sans dire qu'une faible densité bancaire peut contribuer à une faible inclusion financière des individus et des organisations et les priver des opportunités de financement et de développement. L'évolution de cet indicateur est indiquée dans le tableau qui suit.

Tableau 5 : Évolution de la densité bancaire dans les pays africains les plus pauvres par ordre décroissant du niveau de densification bancaire

Années **Pays**	2004	2008	2012	2016	2018
Rwanda	0,810701	10,49858	14,38995	17,71382	17,26794
Gambie	3,162055	6,225296	8,399209	8,893321	9,683794
Burundi	2,336449	3,309969	5,451713	7,165109	7,165109
Ghana	1,670036	2,926958	3,889426	5,418827	6,974598
Nigeria	3,931838	5,796194	5,96089	5,411904	5,193408
Togo	0,680272	2,463688	3,199117	4,541276	4,412576
Malawi	0,700042	1,739499	2,95927	3,288078	3,288078
Ouganda	0,775737	1,606526	2,443647	2,982246	2,922402
Kenya	0,943529	1,600661	2,310504	2,733949	2,719893
Sénégal	0,633667	1,340051	1,880226	1,264582	2,628162
Côte d'Ivoire	0,437107	0,845912	1,742138	2,179245	2,314465
Djibouti	0,431406	0,69025	1,294219	1,639944	2,030751
Benin	0,363604	1,055339	1,596311	1,995388	1,915573
Lesotho	0,998142	0,922266	1,449275	1,745718	1,745718
Éthiopie	0,334	0,542	1,532	1,532	1,532
Guinée Équatoriale	0,392157	0,57041	0,891266	1,283422	1,283422
Angola	0,144381	0,429133	0,960937	1,260929	1,248095
Zimbabwe	0,524751	0,641075	2,551377	1,287321	1,178751
Guinée-Bissau	0,035562	0,355619	0,817923	1,173542	1,173542
Burkina Faso	0,296053	0,482456	0,705409	1,974561	1,125731
Liberia	0,166113	0,35299	0,903239	0,975914	0,975914
Mozambique	0,253958	0,395483	0,661258	0,845647	0,879982
Tanzanie	0,286746	0,47189	0,663807	0,819598	0,819598
Guinée	0,146508	0,24418	0,423246	0,728471	0,789516
Cameroun	0,097311	0,277126	0,469633	0,537327	0,672717
Madagascar	0,189153	0,256216	0,354077	0,553455	0,601582
Zambie	0,250205	0,330916	0,447948	0,57305	0,503101
Soudan	0,183502	0,18729	0,267677	0,32197	0,449641
Mali	0,131947	0,174563	0,329457	0,46714	0,412231
Congo, République	0,040996	0,11713	0,207906	0,307467	0,307468
Mauritanie	0,073736	0,079558	0,100902	0,207626	0,214417
Congo, République Démocratique	0,058225	0,06793	0,112922	0,185704	0,185705
Niger	0,021315	0,048946	0,089208	0,131839	0,134207
Tchad	0,015089	0,022236	0,034149	0,06115	0,062738
République Centrafricaine	0,011236	0,020867	0,038525	0,027288	0,028893

Source : Les auteurs à partir des données fournies par ''World Bank, Global Findex Database''.

Les faits stylisés présentés ci-dessus montrent clairement que, quel que soit l'indicateur utilisé, le niveau d'inclusion financière des pays africains les plus pauvres demeure relativement faible, ce qui pourrait constituer un frein au développement humain. C'est à la même conclusion que sont parvenus Migap et al. (2015) lorsqu'ils abordent le cas du Nigeria.

2. Ancrage théorique et revue de la littÉrature

Ce chapitre dont le but est de déterminer l'effet ou l'influence de la densité bancaire, un indicateur du développement financier, sur le développement humain, repose, s'appuie sur ce que Guellec et Ralle (2003) désignent par *les nouvelles théories de la croissance*, et, en particulier, *les théories de la croissance endogène*. Nous allons donc au-delà des *théories traditionnelles de la croissance* qui tendent à insister davantage sur la place du capital physique, le facteur travail et le progrès technique dans le processus de la création des richesses. Nous incluons dans le modèle, d'autres facteurs, dont l'inclusion financière et l'ouverture sur l'extérieur notamment.

Comme déjà indiqué plus haut, l'inclusion financière est de plus en plus abordée dans la littérature économique et financière, car elle constitue un enjeu majeur pour le développement. Comme le note UNCDF (2019), l'inclusion financière est un facteur essentiel de réduction de la pauvreté et de promotion de la prospérité. De manière générale, Olayiwola (2014) insiste sur le rôle du développement financier, particulièrement pour les pays émergents et en développement dont les besoins de financement sont quasi infinis. En effet, le renforcement de l'inclusion financière est manifestement un signe de vitalité du système financier des États. Elle pourrait donc contribuer à renforcer le rythme de création des richesses, l'amélioration du cadre et des conditions de vie d'une plus grande proportion de la population (World Economic Forum, 2015). C'est dans le même sens que vont Aryawan et al. (2018, p. 93) lorsqu'ils parlent de la ''finance inclusive'' définie comme étant ''*n'importe quel effort visant à éliminer toutes les formes de barrières liées aux prix ou non qui empêchent le public d'accéder aux services financiers afin d'espérer retirer des bénéfices significatifs et améliorer les niveaux de vie des communautés, spécialement dans les régions d'accès difficiles…*''.

La plupart de ces travaux reposent sur la théorie du développement financier élaborée notamment par Gurley et Shaw (1960), Shaw (1973) et Mackinnon (1973) qui soutiennent que le développement financier est un facteur robuste du développement économique. Elle repose également sur la théorie de la libéralisation financière développée par McKinnon et Shaw (1973) qui jouerait le même rôle dans le développement de l'économie réelle.

Levine (2005), par exemple, met en exergue quatre canaux à travers lesquels le développement financier affecte la croissance économique : *(i) la mise en commun de l'épargne par le biais de la diversification et de la gestion des risques ; (ii) la facilitation des échanges grâce à la réduction des coûts de transaction ; (iii) l'amélioration de la répartition du capital grâce à la production d'informations ex ante sur les opportunités d'investissement ; et (iv) l'augmentation de la propension des investisseurs à financer de nouveaux projets par le biais de contrôles ex post et d'une gouvernance d'entreprise* (Panizza, 2014, p. 36). Sur la base de la théorie qui établit un lien entre développement financier et développement économique, Kibikissa (2020) montre, à l'aide d'un *modèle Auto Regressive Distributed Lag (ARDL) et l'analyse descriptive* que l'inclusion financière exerce une influence positive et significative sur la croissance de l'économie de la République du Congo.

Sarma and Pais (2011) explorent la relation entre l'inclusion financière et le développement mesuré par l'indice du développement humain (IDH) sur un échantillon de 49 pays. Les résultats issus des Moindres Carrées Ordinaires (MCO) révèlent une relation positive et significative entre l'inclusion financière et le développement humain. Ghosh (2016) dans une étude sur l'impact de l'inclusion financière sur le développement économique dans les pays de l'Afrique de l'Est et du Nord conclut qu'une augmentation de 1 % de la proportion de la population utilisant les services financiers mobiles induirait une amélioration des revenus des ménages de 0,3 %. Kikulwe et al. (2014) estiment dans une étude réalisée sur les petits exploitants agricoles dans le milieu rural au Kenya que ceux qui utilisent les services financiers mobiles engendrent plus de profit que ceux qui ne les utilisent pas.

Toutefois, dans l'ensemble, le débat sur le rôle du développement financier (ou de la finance) sur la croissance et le développement reste assez controversé (Olayiwola et al. 2014)[50]. Les travaux de Williams (2017), par exemple, tendent à montrer que l'inclusion financière a été insuffisamment socialisée si bien qu'elle n'a pas eu un impact significatif sur les pays en développement, spécialement en termes de réduction de la pauvreté. Toutefois, l'auteur soutient, à partir des travaux empiriques, que les politiques d'inclusion financière pourraient encourager le développement à travers l'investissement si elles étaient proprement conçues et mises en œuvre. Dans ce sens, Evans et al. (2018), à l'aide de la méthode des moments généralisés, montrent que l'accroissement de l'offre de monnaie dans le cadre d'une politique monétaire active, impacte positivement et de manière significative le PIB par habitant en Afrique.

On peut relever qu'au niveau macroéconomique, par exemple, il n'est pas certain qu'un pays dont le niveau d'inclusion financière est élevé connaisse nécessairement une croissance économique forte et un niveau de développement humain élevé. En effet, le développement de l'inclusion financière peut déboucher sur l'accroissement de l'épargne dans un contexte de rareté d'opportunités d'investissements productifs (Villeroy de Galha et al, 2016). La rareté d'opportunités d'investissements productifs pourrait avoir un effet dépressif sur les activités créatrices de richesses, le revenu, l'éducation et la santé. Par ailleurs, même en présence d'opportunités d'investissements rentables, des contraintes institutionnelles ou infrastructurelles peuvent dissuader les investisseurs potentiels.

Mais dans le contexte des pays africains les plus pauvres, on peut soutenir la thèse selon laquelle les opportunités d'investissements productifs sont encore abondantes, quasi infinies au regard des défis majeurs auxquels ils font face et relevés dans l'introduction. Ces opportunités abondent dans les trois secteurs de l'économie (primaire, secondaire et tertiaire). De plus, les faits stylisés présentés ci-dessus montrent que le niveau d'inclusion financière reste très faible dans les pays étudiés. On ne saurait donc soutenir l'hypothèse de trop d'épargne dans le contexte de ces pays qui dépendent encore largement des ressources extérieures pour le financement des investissements tant publics que privés.

[50] Cette controverse pourrait se justifier davantage aujourd'hui à cause de la tendance nette à l'augmentation de l'écart entre l'évolution des variables financières et les variables de l'économie réelle au niveau global.

Par ailleurs, les faits stylisés indiquent également que la plupart des pays africains sont en train d'élaborer des stratégies d'inclusion financière dont la mise en œuvre vise la promotion de l'épargne et le financement des investissements, surtout pour les populations défavorisées.

3. Spécification du modèle empirique

En se fondant sur les théories de la croissance endogène, on va supposer que chaque pays maximise une fonction de production du développement humain qui comporte des facteurs internes (FI) et des facteurs externes (FE) que nous avons représentés par l'équation dynamique suivante :

$$IDH_{it} = F(IDH_{it-1}, FI_{it}, FE_{it}) \quad (1)$$

Dans cette fonction, IDH_{it} désigne l'indice du développement humain du pays i, l'année t. FI est l'ensemble des facteurs internes du développement humain. Ces facteurs sont constitués de la densité bancaire, la part de la formation brute du capital fixe (en pourcentage du PIB), le taux d'inflation et le taux de croissance de la population et de la gouvernance. Les facteurs externes (FE) du développement humain sont : la dette extérieure et l'appartenance à la Zone franc. Sur cette base, nous avons spécifié le modèle dynamique suivant :

$$IDH_{it} = \theta_0 + \theta_1 IDH_{it-1} + \theta_2 DB_{it} + \theta_3 Infl_{it} + \theta_4 FBCF_{it} + \theta_5 DE_{it} + \theta_6 Pop_{it} + \theta_7 ZF_{it} + \theta_8 InsP_{it} * Corr_{it} + \varepsilon_{it} \quad (2)$$

Dans l'équation 2, IDH_{it} est déjà défini. DB_{it} est la densité bancaire du pays i l'année à t (définie plus haut), $Infl$ est le taux d'inflation capturé par le déflateur du PIB, $FBCF$ est la part, en pourcentage, de la formation brute du capital fixe dans le PIB, DE est le stock de la dette extérieure en dollar US, Pop est la population et, ZF est une variable dichotomique qui prend la valeur 1 pour le pays i appartenant à la zone Franc, et 0 pour le pays i qui n'appartient pas à cette zone monétaire ; $InsP_{it} * Corr_{it}$ capte l'effet combiné de la stabilité politique et de la corruption, deux indicateurs de la gouvernance ; ε_{it} est un facteur d'erreur qui suit une loi normale centrée ; i est le nombre de pays, i = 1, 2, 3,..., 32 pays, et, t, le nombre d'années, t = 1, 2, 3, ..., 14 (2004-2018). Le schéma suivant décrit les mécanismes de transmission de la densité bancaire au développement humain.

Schéma 1 : Canaux de transmission de la densité bancaire au développement humain

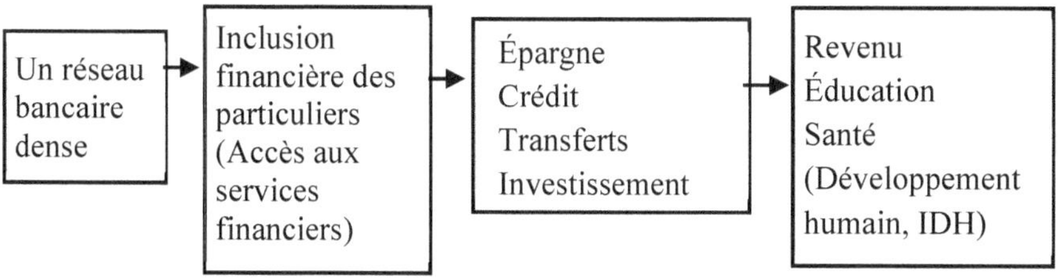

Source : Les auteurs

D'après le schéma 1 ci-dessus, lorsque le réseau bancaire national est dense et toutes les régions du pays couvertes, il y a de fortes chances que les individus soient financièrement inclus, c'est-à-dire aient aisément accès aux services financiers (épargne, crédit, transferts de fonds, etc.). À un moment donné, ces individus peuvent désépargner, obtenir un crédit et/ou recevoir des transferts qui leur permettent de financer certains investissements rentables. Ces investissements rentables dégageront des ressources qui permettent d'augmenter les revenus nécessaires au remboursement des fonds empruntés et d'effectuer des dépenses qui améliorent leur capital humain (santé et éducation). Tout cela contribuera à améliorer le niveau du développement humain du pays considéré. Ainsi, le signe espéré des coefficients a_1 et a_2 est positif et significatif (processus cumulatif de la densité bancaire).

Par ailleurs, l'inflation étant la manifestation du décalage entre l'offre et la demande des biens et services sur une période plus ou moins longue, son niveau pourrait booster les investissements, accélérer la croissance et tirer le revenu nominal vers le haut. En effet, en fonction de la conjoncture, un pays à la possibilité, s'il dispose de l'autonomie monétaire, de choisir un taux d'inflation qui stimule la croissance afin de lutter, par exemple, contre le chômage comme l'enseigne la courbe de Phillips. De cette analyse, le signe positif et significatif du coefficient a_3 était attendu.

Certes l'appartenance à la Zone franc impose aux pays africains membres *une politique monétaire restrictive* (Avom et Noumba, 2019) qui avait déjà conduit Tchundjang Pouemi (1980), à envisager l'hypothèse de la *répression monétaire de l'Afrique*. Autrement dit, le respect des accords monétaires conclus avec la France ne permet pas à ces pays d'utiliser la monnaie comme un instrument de stimulation de la croissance et du développement (Tinel, 2016). D'ailleurs, comme l'ont écrit Avom et Noumba (2019, p. 9), *Jacquemot (2018), semble aller plus loin lorsqu'il énonce que le FCFA profite d'abord aux élites rentières et qu'il faille concevoir et mettre en œuvre des mécanismes qui doivent permettre de mieux financer les économies et contribuer à réduire les facteurs d'inégalité et de pauvreté.* Sur la base de ces arguments, on peut présumer que le coefficient a_7 de l'équation (2) soit négatif et significatif.

De même, puisque la plupart des pays africains les plus pauvres financent une grande partie de leurs investissements publics et privés grâce aux ressources extérieures, le signe du coefficient lié à la dette extérieure (a_5) devrait être positif et significatif. Ce serait un résultat très important qui indiquerait que la dette extérieure finance des projets favorables au développement humain (infrastructures de base en santé et éducation notamment).

Enfin, on s'attend à ce que le coefficient a_8 soit négatif et significatif, car, dans presque tous les pays étudiés, les indicateurs de la gouvernance sont structurellement très faibles comparativement à ceux de la plupart d'autres pays en développement. En particulier, l'effet combiné de l'instabilité politique et la violence quasi chronique des pays en question avec la corruption endémique produisent un cocktail explosif qui constitue un redoutable frein au développement humain. Dans plusieurs pays de l'échantillon, on observe que l'instabilité et la violence politiques aggravent le taux de décrochage scolaire à cause des déplacements massifs de la population et/ou la destruction de nombreux établissements scolaires (République Centrafricaine, République Démocratique du Congo, Cameroun, Nigeria, Mali, Mozambique, etc.).

Par ailleurs, la corruption accroît les coûts monétaires et psychologiques d'accès aux services publics et privés d'éducation et de santé, ce qui n'incite pas les ménages à faible revenu à inscrire leurs enfants à l'école et à solliciter les services de santé dans des établissements hospitaliers formels. Notons que certaines pratiques qui se manifestent par le mauvais accueil ou la maltraitance des patients dans des centres de santé peuvent être assimilées à la corruption, car elles constituent une manière d'amener les malades à ''motiver'' illégalement les personnels soignants.

4. Les données et la méthode d'estimation

4.1 Les données

Les données utilisées dans cette étude sont de sources secondaires et extraites de différentes sources accessibles en ligne sur la période 2004-2018. Les données sur l'IDH qui reflète spécifiquement les progrès réalisés en matière de revenu, santé et éducation dans un pays sont extraites du Programme des Nations Unies pour le Développement (PNUD, 2020). Celles portant sur le nombre de guichets de banques installées dans un rayon territorial de 1000 km^2 (la densité bancaire), notre principale variable d'intérêt, sont fournies par la Banque mondiale qui publie chaque année, les données actualisées sur les indicateurs de l'inclusion financière dans plus de 140 pays dans le monde. En effet, depuis 2011 et sur un financement de la Fondation Bill et Melinda Gates, *la Banque mondiale a inauguré une ère de production de données annuelles sur la manière dont des adultes épargnent, empruntent, effectuent des paiements et gèrent le risque* et plusieurs autres indicateurs de l'inclusion financière. Au niveau de chaque pays, ces informations sont collectées auprès d'un échantillon de 150 000 adultes dont l'âge est supérieur à 15 ans.

Les données sur la densification bancaire ont été extraites du Global Findex Database (2020). Les données sur la stabilité politique/absence de violence et le contrôle de la corruption sont extraits de Wordwide Governance Indicators (WGI, 2020) et celles sur la dette extérieure, la population, la FBCF (en pourcentage du PIB) et le déflateur du PIB, de World Development Indicators (WDI, 2020) publiées chaque année par la Banque mondiale. Le Tableau 6 ci-dessous présente les statistiques descriptives de l'ensemble des variables utilisées, ainsi que leur source.

Tableau 6 : Description et sources des variables

Variable	Observations	Moyenne	Écart-type	Minimum	Maximum	Sources
IDH	480	0.459	0.069	0.274	0.63	PNUD (2020)
Densité bancaire	480	1.756	2.760	0.011	17.957	Global Findex (2020)
Déflateur PIB	480	8.126	12.452	-29.691	100.626	WDI (2020)
Instabilité politique	480	-0.745	0.759	-2.699	0.626	WGI (2020)
Corruption	480	-0.838	0.478	-1.826	0.762	WGI (2020)
FBCF/PIB	479	22.701	9.199	1.525	61.469	WDI (2020)
Dette extérieure (ln)	480	8.069	1.335	4.787	11.005	WDI (2020)
Zone franc	480	0.375	0.484	0	1	Central Intelligence Agency's World Fact book
Population	480	2.739	0.776	-0.616	4.654	WDI (2020)

Source : Les auteurs

4.2 La méthode d'estimation

Rappelons qu'il est question, dans ce chapitre, d'estimer la relation qui existerait entre la densité bancaire et le développement humain en Afrique. L'économétrie des données de panel est la méthode d'estimation adoptée à cet effet. Elle a pour avantage de combiner les données temporelles et transversales pour aborder un problème notamment économique. Ainsi, l'analyse porte sur un échantillon calibré de 32 pays africains les plus pauvres observés sur la période qui va de 2004 à 2018.

Deux méthodes spécifiques aux données de panels ont été utilisées pour estimer l'équation (2) : les Moindres Carrées Ordinaires (MCO). Toutefois, les MCO ne permettent pas de prendre en compte l'hétérogénéité des pays et la présence de la variable endogène retardée parmi les variables explicatives. Pour corriger ces limites, nous avons estimé un panel dynamique par la méthode des moments généralisés (GMM) élaborée par Anderson et Hsiao (1982). Toutefois, l'estimateur d'Anderson et Hsiao (1982) présente quelques limites. Seuls les retards de premier ordre des variables endogènes sont utilisés comme instruments. Cette technique ne prend pas en compte la structure des erreurs, ce qui conduit à des estimateurs convergents, mais biaisés (Ksantini et Boujelbène, 2014). Ces insuffisances ont été prises en compte par Arellano et Bond (1991), puis Blundell et Bond (1998) qui ont utilisé la Méthode des Moments Généralisés (MMG) ou ''Generalized Method of Moments (GMM)'' en panels dynamiques, développée par Arellano et Bover (1995). En effet, la technique des GMM système présente plusieurs avantages. Elle permet de conduire plusieurs tests importants dont le but est de vérifier la pertinence du modèle spécifié, notamment le test de significativité globale du modèle, le test de validité des instruments intégrés dans le modèle, etc. On peut consulter une présentation assez détaillée de la méthode GMM proposée par Fève et Langot (1995).

5. Résultats

Le tableau 7 ci-dessous présente les résultats des estimations du modèle économétrique par les MCO et les GMM system. Les colonnes 1 et 2 présentent les résultats avec les MCO pendant que les deux dernières montrent les résultats avec les GMM *System*. Les résultats par la méthode des GMM *system* sont robustes aux différents tests de validation, notamment le test de détection de l'autocorrélation d'ordre 2 (AR(2)) et le test de validation des instruments de Hansen (Voir Annexes).

Tableau 7 : Estimations de l'effet de la densité bancaire sur le développement humain[51]

IDH	MCO		GMM en système	
	(1)	(2)	(3)	(4)
IDH (-1)			0.942*** (0.006)	0,908*** (0,009)
Densité bancaire	0.005*** (0.001)	0.005*** (0.001)	0.0003*** (0.000)	0,0002** (0,00009)
Déflateur du PIB		0.00003 (0.000)		-0,0001** (0,00004)
Interaction		-0.023*** (0.003)		-0,001*** (0,0005)
FBCF/PIB		0.001* (0.000)		0,00003 (0,00003)
Dette extérieure		0.022*** (0.002)		0,001** (0,0005)
Zone franc		-0.006** (0.006)		-0,002* (0,0001)
Population		-0.004 (0.004)		0,0008 (0,0009)
Constance	0.450*** (0.004)	0.290*** (0.020)		0,034*** (0,003)
Observations	480	479	448	448
R-squared	0.045	0.268		

Source : Les auteurs, à l'aide du logiciel Stata 16. Note : Les valeurs entre parenthèses sont les écarts-types des coefficients, *** coefficient significatif à 1 % ; ** significatif à 5 % et * significatif à 10 %. Les résultats des calculs sortis de la machine sont reportés dans le tableau 2 en annexe.

Les résultats des estimations qui figurent dans le tableau 7 sont conformes aux prédictions théoriques et concordent avec les études empiriques précédentes sur les déterminants du bien-être dans les pays

[51] La version originale de ce tableau, telle que sortie de la machine, est reprise en annexe.

en développement. L'interprétation des coefficients des variables indépendantes est présentée ci-dessous.

Les résultats présentés dans les colonnes 3 et 4 montrent que l'inclusion financière mesurée par la densité bancaire a un impact positif et significatif sur le bien-être capté par l'indice de développement humain, ce qui confirme l'hypothèse d'une corrélation positive entre l'inclusion financière et une amélioration de la qualité de vie. Autrement dit, il y a de fortes chances que la densification du réseau bancaire soit une source d'amélioration de l'indice du développement humain dans les pays étudiés. Le schéma 1 ci-dessus est ainsi validé. Ces résultats viennent conforter ceux auxquels sont parvenus Olayiwola et al. (2014), Migap et al. (2015), Onaolapo (2015) en étudiant le cas spécifique de l'économie du Nigeria. En particulier, Onaolapo (2015) utilise l'économétrie des séries chronologiques pour montrer que l'inclusion financière peut contribuer à l'amélioration du revenu par habitant et la réduction de la pauvreté dans ce pays. En s'inspirant de la méthodologie développée par Nguyen (2020), Avom et al. (2020) construisent un indicateur composite de l'inclusion financière et aboutissement aux résultats semblables. En effet, ces auteurs montrent que l'inclusion financière est liée positivement et de manière significative à deux dimensions de l'IDH (PIB par tête et éducation).

En ce qui concerne les autres variables explicatives, l'effet combiné de la stabilité politique et la corruption (variable ''Interaction'') sur le développement humain sont négatifs et significatifs au seuil de 1 %. Ce résultat qui conforte ceux trouvés par Noumba (2018), semble tout à fait pertinent dans un contexte où la plupart des pays étudiés sont pris dans le piège de l'instabilité et la violence politique due à la contestation des élections, les menaces de sécession, de guerres civiles, de groupes terroristes (Boko Haram et d'autres groupes djihadistes, par exemple). On peut donc noter que, 15 ans après le rapport de la Commission pour l'Afrique (Commission Blair), la plupart des pays africains peinent à construire des États stables, ce qui constitue un frein important au développement humain du continent.

Le coefficient de la variable muette qui permet de capter l'effet de l'appartenance à la Zone franc est négatif et significatif dans les deux méthodes d'estimation (au seuil de 5 % et 10 %, respectivement par MCO et GMM en système), ce qui révèle qu'appartenir à la zone Franc apparaît comme une contrainte forte au développement humain des pays africains membres. Ce résultat vient conforter ceux auxquels est parvenu Agbohou (2000) qui conclut que le *Franc CFA et l'euro* [seraient] *contre l'Afrique*. Ils confortent également les travaux de Monga et Tchatchouang (1996) et Nubukpo Kako et al. (2016) qui montrent que la zone Franc a formé un *piège monétaire* ou constitue une *servitude* d'où il faut sortir.

Le coefficient de l'endettement extérieur est positif et significatif au seuil de 5 %, ce qui suggère que le recours à l'endettement extérieur pour financer les investissements publics favorables à la transformation économique et sociale améliore quantitativement et qualitativement les conditions de vie des pauvres. L'inflation capturée par le déflateur du PIB semble exercer un effet négatif sur le développement humain (coefficient négatif et significatif au seuil de 5 %). En effet, l'inflation augmente les coûts de santé et d'éducation et réduit le pouvoir d'achat des ménages.

Enfin, le coefficient relié à l'IDH retardé est positif et significatif au seuil de 1 %. Le développement humain apparaît ainsi comme un phénomène cumulatif. Ce résultat semble pertinent dans la mesure où l'amélioration du développement humain au cours d'une année se traduit par une amélioration du capital humain (éducation et santé) qui est un facteur important de croissance et du développement.

Conclusion

Depuis les années 2000, l'accès aux services financiers de base constitue une véritable préoccupation pour les communautés politiques et scientifiques nationales et internationales. Cette prise de conscience a été nourrie par le rôle joué par l'inclusion financière comme outils indispensables à une croissance inclusive, la réduction de la pauvreté et des inégalités dans les pays à faibles revenus. Le problème est d'autant plus préoccupant que le faible niveau d'inclusion financière dans les pays en développement pourrait compromettre la réalisation des objectifs de développement si les gouvernements ne prennent pas des mesures afin de rendre l'accès des services financiers de base à tous.

En Afrique, le niveau d'inclusion financière demeure en dessous de la moyenne mondiale. En 2017, 47 % de la population en ASS avait accès aux services financiers numériques (Global Findex, 2020). Pourtant, ces pays doivent faire face à des défis socioéconomiques, notamment, la réalisation d'une croissance forte et inclusive permettant d'améliorer la santé des populations, la promotion de l'éducation pour tous, le développement des infrastructures et l'élimination de l'extrême pauvreté. En effet, d'après le rapport du PNUD (2020), parmi les 33 pays classés dans la catégorie des pays à faible IDH, 30 sont des pays de l'Afrique. De ce constat, il est pertinent de s'interroger sur les effets de la pénétration géographique des agences bancaires sur le développement humain dans les pays africains les plus pauvres. Pour atteindre cet objectif, nous avons mobilisé l'économétrie des données de panel et la technique d'estimation des moments généralisés (MMG) développée Blundell et Bond (1998) afin de corriger l'éventuelle simultanéité entre une ou plusieurs variables explicatives. Les données utilisées dans cette étude sont extraites de Global Findex Database (2020), WGI (2020) et du WDI (2020) de la Banque mondiale sur la période 2004-2018.

La mobilisation de cette démarche méthodologique a permis d'aboutir à deux résultats essentiels.

i) La densité bancaire est significativement et positivement liée au développement humain. Autrement dit, la densification du réseau bancaire en Afrique pourrait permettre d'améliorer le développement humain.

ii) L'instabilité et la violence politiques, la corruption et l'appartenance à la zone Franc sont de véritables freins à l'amélioration du bien-être en Afrique. Au total, les facteurs institutionnels liés notamment à la gouvernance sont susceptibles d'annihiler les effets de la densification du réseau bancaire sur le bien-être capturé par le développement humain en Afrique. Nos résultats semblent manifestement robustes au regard des résultats des tests présentés dans l'annexe 3.

Il en résulte que les décideurs publics africains devraient améliorer le fonctionnement des institutions publiques (la gouvernance notamment) afin d'accroître l'efficacité de la densité bancaire et tirer le meilleur parti de l'inclusion financière. En particulier, les pays africains de la zone Franc devraient relire en profondeur les accords monétaires qui les lient à la France depuis bientôt trois quarts de siècle.

Références

Agbohou, N. 2000. *Le Franc CFA et l'Euro contre l'Afrique – Pour une monnaie africcaine et la coopération Sud-Sud.* Éditions Solidarité Mondiale A. S. 294 pages.

Avom, D., Chrysost, B., et Ndoya, H. 2020. Measuring financial inclusion in Africa Countries. *Economics Bulletin*, Vol. 4, pp. 1-21.

Avom, D., et Noumba, I. 2019. La résilience de la zone Franc à l'épreuve des critiques persistantes. *Revue Interventions économiques/Papers in Political Economy*, N°. 61, pp. 1-24.

Aryawan, G., Setiawina, N. D., Budiasa, G. S., et Purbadharmaja, I. B. P. 2018. The Influence of Inclusive Financial Implementation on Economic Development Performance and Changes in Economic Structure to Realize Public Welfare in Bali Province. *Journal of Economics and Finance,* Vol. 9, No. 4, pp. 93-101.

Banque de France. 2015. *Rapport annuel de la Zone franc 2014*, 280 pages.

Banque mondiale. 2019. *Doing Business*, Rapport 2019, « Training for Reform ».

Banque mondiale. 2019. Global Findex Data, base de données sur tableaux Excel (xlsx).

Banque Européenne d'Investissement (BEI). 2018. *Le secteur bancaire en Afrique : De l'inclusion financière à la stabilité financière.* Rapport 2018, 260 pages.

Collier, P. 2009. *The Bottom Billion: Why the Poorest Countries are failing and what can be done about it*? Oxford University Press, London, 209 pages.

Commission de l'Union Africaine/OCDE. 2018. *Dynamiques du développement en Afrique 2018 : Croissance, emploi et inégalités.* CUA, Addis-Ababa/Éditions OCDE, Paris, https://doi.org/10.1787/9789264302525-fr, consulté le 15 novembre 2020.

Coulibaly, S. S. 2019. Financial Inclusion through Mobile Money: An Examination of the Decision to Use Mobile Money Accounts in WAEMU Countries. *Research Gate GmbH*, 33 pages.

Demirgüç-Kunt, A., and Klapper, L. 2012. *Financial Inclusion in Africa. An Overview*, The World Bank Policy Research Working Paper 6088, 20 pages.

Evans, O., Adeniji, S. O., Nwaogwugwu, I., Kelikume, I., Dakare, O., & Oke, O. O. 2018. The relative effect of monetary and fiscal policy on economic development in Africa: a GMM approach to the St. Louis equation. *BizEcons Quarterly*, N°. 2, pp. 3-23.

Fève, P., et Langot, F. 1995. La méthode des moments généralisés et ses extensions : Théorie et applications en macroéconomie. In: *Économie & prévision*, Vol. 119, N°. 3, pp. 139-170, doi :https://doi.org/10.3406/ecop.1995.5737 https://www.persee.fr/doc/ecop_0249-4744_1995_num_119_3_5737, consulté le 27 janvier 2021.

Fouille, C., et Morvant-Roux, S. 2018. L'inclusion financière au service de l'État en Inde et au Mexique. *Revue internationale de politique de développement* (online), N°. 10, Vol. 1, https://journals.openedition.org/2504, consulté le 23 juin 2019.

Ghosh, S. 2016. *How important is mobile telephony for economic growth? Evidence from MENA countries*. Info, 18(3), 58-79.

Global Partnership for Financial Inclusion/G20. 2016. ''*G20 Financial Inclusion Indicators*''.

Guellec, D., et Ralle, R. 2003. *Les nouvelles théories de la croissance*, 5e édition, Éditions La Découverte, Paris, 127 pages.

Guérineau, S., et Jacolin, L. 2014. L'inclusion financière en Afrique Subsaharienne : Faits stylisés et déterminants. *Revue d'Économie Financière*, Vol. 4, N°. 116, pp. 57-80.

Gurley, J. G., Shaw, E. S. 1960. Financial Aspects of Economic Development. *American Economic Review*, Sept. 1955, 45(4): 515-538.

Hansen, L. 1982. Large Sample Properties of Generalized Method of Moments Estimators. *Econometrica*, Vol. 50, No.4, pp. 1029-1054.

Institut pour l'Éducation Financière du Public (IEFP). 2019. *Inclusion financière*, https://www.lafinancepourtous.com/decryptage, consulté le 9 janvier 2021.

Jacquemot, P. 2018. Le vrai-faux procès de la zone Franc, *Revue Internationale et Stratégique*, Vol. 1, N°. 109, pp. 48-58.

Jiranek, W. 2021. Craquer le code de l'inclusion financière. Allnews, La finance suisse sur l'e-media. Smartnews SA, Case postale 247, 1211 Genève 12, Suisse.

Kabikissa, F. J. D. 2020. L'incidence de l'inclusion financière sur la croissance économique au Congo. *Revue congolaise de gestion*, Vol. 1, N°. 29, pp. 14-60.

Kikulwe, E., Fischer, M., & Qaim, E. 2014. *Mobile money, smallholder farmers, and household welfare in Kenya*. PLoS One, 9(10), 13 pages.

Kpodar, K., & Andrianaivo, M. 2011. *ICT, financial inclusion, and growth evidence from African countries.* IMF Working Paper. Washington D. C : International Monetary Fund.

Levine, R. 2005. Finance and Growth: Theory and Evidence. In *Handbook of Economic Growth*, ed. P. Aghion and S. N. Durlauf, 865–934. Amsterdam : Elsevier.

Nubukpo Kako *et al.* 2016. (Sous la direction de). *Sortir l'Afrique de la servitude monétaire. À qui profite le Franc CFA ?* Paris, Éditions La Dispute.

McKinnon, R. I., E. S. Shaw. 1973. *Money and Capital in Economic Development.* Washington, DC, Brookings Institution Press.

Migap, J. P., Okwanya, I., and Ojeka, G. 2015. Financial Inclusion for Inclusive Growth: the Nigerian Perspective. *International Journal of Information Technology and Business Management*, Vol. 37, No. 1, pp. 1-8.

Monga, C., et Tchatchouang, J. C. 1996. *Sortir du piège monétaire*, Économisa, Paris, 233 pages.

Nguyen, T. T. H. 2020. Measuring financial inclusion: a composite FI index for the developing countries. *Journal of Economics and Development*, Vol. 1, pp. 77-99.

Noumba, I. 2018. *Économie politique du développement de l'Afrique centrale*. Éditions de l'Université Catholique d'Afrique Centrale (UCAC), Presses de l'UCAC, Yaoundé, 223 pages.

Olayiwola, W., Okodua, H., et Osabuohien, E. S. 2014. Finance for Growth and Policy Options for Emerging and Developing Economies: The case of Nigeria. *Asian Development Policy Review*, Vol. 2, N°. 2, pp. 20-38.

Onaolapo, A. R. 2015. Effects of Financial Inclusion on the Economic Growth of Nigeria (1982-2012). *International Journal of Business and Management Review*, Vol. 3, N°. 8, pp. 11-28.

Panizza, U. 2014. Développement financier et croissance économique : les connus connus, les inconnus connus et les inconnus inconnus. *Revue d'Économie du Développement*, Vol. 22, N°. 2, pp. 33-66. https://www.cairn.info/revue-d-economie-du developpement-2014-2-page-33.htm, consulté le 10 octobre 2020.

Pelletier, A., et Stijns, J. P. 2018. Les secteurs bancaires en Afrique subsaharienne : résultats d'une enquête auprès des groupes bancaires, in Banque Européenne d'Investissement (Ed.). *Le secteur bancaire en Afrique : de l'inclusion financière à la stabilité financière*, Rapport, octobre, pp. 13 – 50.

Roodman, D. 2009. How to do xtabond2: An introduction to difference and system GMM in Stata, *The Stata Journal*, Vol. 9, pp. 86-136.

Sarma, M., et Pais, J. 2011. ''Financial inclusion and Development'', *Journal of International Development*, 23, pp. 613-625.

Tchundjang, P. J. 1980. Monnaie, servitude et liberté : La répression monétaire de l'Afrique. Éditions Jeune Afrique, Paris, 263 pages.

The World Bank. 2015. *How to Measure Financial Inclusion*. The World Bank Brief, February, 19.

Tiémoko, M. K. 2016. *Conférence régionale de haut niveau sur l'inclusion financière*, Dakar, septembre 2016.

Tinel, B. 2016. Le fonctionnement et le rôle des Comptes d'Opérations entre la France et les pays africains, in Nubukpo Kako *et al.* (Sous la direction de). *Sortir l'Afrique de la servitude monétaire. À qui profite le Franc CFA ?* Paris, Éditions La Dispute.

United Nations Capital Development Fund (UNCDF). 2019. *Inclusive Finance : Increasing Access to Financial Services*. UN Capital Development Fund, Two United Nations Plaza New York, NY 10017, www.uncdf.org, site consulté le 14 septembre 2020.

Villeroy de Galha, F., Jaillet, P. et Pollin, J. P. 2016. Surplus d'épargne et déficit d'investissement : Quelles solutions ? *Revue d'économie financière*, N°. 123, pp. 23 30. UR : https://www.jstor.org/stable/44649638, site consulté le 07 novembre 2020.

Williams, J. G. 2017. Regional Inequality and the Process of National Development: A Description of Patterns. *Economic Development and Cultural Change*. Vol. 3, pp. 1-84.

World Economic Forum. 2015. The Inclusive Growth and Development Report 2015.

Annexes

Annexe 1 : Liste des pays de l'échantillon par ordre croissant du niveau de densification bancaire

1. Central African Republic	17. Zimbabwe
2. Chad	18. Angola
3. Niger	19. Equatorial Guinea
4. Congo Democratic Republic	20. Lesotho
5. Mauritania	21. Benin
6. Congo, Republic	22. Ivory Coast
7. Mali	23. Senegal
8. Sudan	24. Kenya
9. Cameroon	25. Uganda
10. Madagascar	26. Malawi
11. Guinea	27. Togo
12. Tanzania	28. Nigeria
13. Mozambique	29. Ghana
14. Liberia	30. Burundi
15. Burkina Faso	31. Gambia
16. Guinea-Bissau	32. Rwanda

*Source : Collier (2009, pp. 239 – 240) * Ces pays sont exclus de l'échantillon faute de données complètes. Années de Référence 2018. Le Tchad est le pays où la densité bancaire est le plus faible, et, le Rwanda, celui où elle est le plus élevée.*

Annexe 2 : Résultats des calculs sortis de la machine

Méthode des moindres carrée

Source	SS	df	MS
Model	.105633801	1	.105633801
Residual	2.22736412	478	.004659758
Total	2.33299792	479	.004870559

Number of obs	=	480
F(1, 478)	=	22.67
Prob > F	=	0.0000
R-squared	=	0.0453
Adj R-squared	=	0.0433
Root MSE	=	.06826

idh	Coef.	Std. Err.	t	P>|t|	[95% Conf.	Interval]
Densitébancaire	.0053803	.00113	4.76	0.000	.0031599	.0076007
_cons	.4500556	.003694	121.83	0.000	.442797	.4573142

Source	SS	df	MS
Model	.622963539	7	.088994791
Residual	1.70505435	471	.003620073
Total	2.32801789	478	.00487033

Number of obs	=	479
F(7, 471)	=	24.58
Prob > F	=	0.0000
R-squared	=	0.2676
Adj R-squared	=	0.2567
Root MSE	=	.06017

idh	Coef.	Std. Err.	t	P>|t|	[95% Conf.	Interval]
Densitébancaire	.0047979	.001082	4.43	0.000	.0026717	.006924
Déflateurpib	.0000346	.0002346	0.15	0.883	-.0004264	.0004956
inter	-.0229858	.0033001	-6.97	0.000	-.0294705	-.0165011
fbcfpib	.0005425	.0003285	1.65	0.099	-.0001031	.0011881
LOG_DE	.0222952	.0023087	9.66	0.000	.0177585	.0268319
zonefranc	-.0059924	.006497	-0.92	0.357	-.0187591	.0067743
pop	-.004079	.0037882	-1.08	0.282	-.0115228	.0033648
_cons	.2902629	.0201392	14.41	0.000	.250689	.3298367

Méthode des moments généralisés en système

Dynamic panel-data estimation, two-step system GMM

Group variable: Numéro	Number of obs = 448
Time variable : Année	Number of groups = 32
Number of instruments = 22	Obs per group: min = 14
F(2, 31) = 2.54e+06	avg = 14.00
Prob > F = 0.000	max = 14

idh	Coef.	Std. Err.	t	P>|t|	[95% Conf.	Interval]
idh						
L1.	.9423922	.0062456	150.89	0.000	.9296542	.9551301
Densitébancaire	.0003739	.0000926	4.04	0.000	.000185	.0005627
_cons	.031623	.0026885	11.76	0.000	.0261398	.0371063

Dynamic panel-data estimation, two-step system GMM

Group variable: Numéro	Number of obs = 448
Time variable : Année	Number of groups = 32
Number of instruments = 27	Obs per group: min = 14
F(8, 31) = 33754.61	avg = 14.00
Prob > F = 0.000	max = 14

idh	Coef.	Std. Err.	t	P>|t|	[95% Conf.	Interval]
idh						
L1.	.9084425	.0091205	99.60	0.000	.8898411	.927044
Densitébancaire	.0002359	.0000988	2.39	0.023	.0000343	.0004374
Déflateurpib	-.000108	.0000491	-2.20	0.035	-.0002081	-7.82e-06
inter	-.0017975	.0005376	-3.34	0.002	-.0028939	-.0007011
fbcfpib	.0000345	.0000385	0.90	0.377	-.000044	.0001131
LOG_DE	.0015804	.0005156	3.07	0.004	.0005289	.0026319
zonefranc	-.0023186	.0012724	-1.82	0.078	-.0049136	.0002764
pop	.0008296	.0009041	0.92	0.366	-.0010143	.0026735
_cons	.034335	.0038152	9.00	0.000	.0265538	.0421162

Annexe 3 : Tests de robustesse des résultats

- ***Test de significativité globale du modèle (Fischer)***

Le test de fischer affiche une significativité globale (p-value égale à 0.000) du modèle au seuil de 1 %. C'est-à-dire qu'au moins une variable explique valablement le modèle estimé.

Colonne3 : F (2, 31) = 2.54e+06, avec un p-value = 0.000

Colonne 4 : F (8, 31) = 33754,61, avec un p-value = 0.000.

- ***Test de Hansen***

La p-value, valeur du test de Hansen, est supérieure à 10 %. On ne peut donc pas rejeter l'hypothèse nulle que les instruments utilisés sont valides.

Colonne 3 : Chi2(19) = 19.52 ; Prob > chi2 = 0.424

Colonne 4 : Chi2 (20) = 22,04 ; prob > chi 2 = 0,585

- ***Test d'autocorrélation des erreurs***

Il s'agit du test d'autocorrélation de second ordre d'Arellano et Bond AR(2) qui affiche un p-value supérieur à 10 % (0,143) (voir les résultats ci-dessous). On ne peut donc pas rejeter l'hypothèse nulle d'absence de corrélation d'ordre deux des résidus.

Colonne 3

Arellano-Bond test for AR (1) in first differences: z = -2.06 Pr > z = 0.040

Arellano-Bond test for AR (2) in first differences: z = 1.53 Pr > z = 0.126

Colonne 4

Arellano-Bond test pour AR1 (différence première) : z = -2,08 avec Pr > z = 0,037.

Arellano-Bond test pour AR2 (différence première) : z = 1,47, avec Pr > z = 0,143.

- ***Test de Rodman***

Il faut noter que les estimations obtenues sont efficaces. En effet, le ratio r du nombre d'instruments au nombre de pays (r = 22/32 ; r = 27/32) est inférieur à l'unité pour les Colonnes 3 et 4 respectivement (Rodman, 2009). Sur la base de ce résultat, on peut présumer de la bonne qualité du modèle spécifié et estimé.

Chapitre 9 :

L'inclusion financière et le bénéfice sanitaire des ménages en milieu rural au Cameroun

Quentin Lebrun NZOUESSAH FEUNKE

Introduction

L'investissement dans le capital humain constitue un facteur clé du développement économique. Toutefois, des allocations inefficaces dans ce secteur entrainent des externalités négatives sur le bien-être, particulièrement, dans les économies caractérisées par des imperfections du marché financier (Galor et Zeira, 1993 ; Banerjee et Newman, 1993).

Les problèmes de santé apparaissent à la fois comme une conséquence et une cause de la pauvreté des ménages. Se maintenir en santé est donc un objectif fondamentalement indissociable de la recherche d'émancipation sociale et économique comme, avoir un emploi ou encore être inclus financièrement. En effet, chaque année, près de 150 millions de personnes dans le monde se retrouvent en situation de crise financière à cause des dépenses de santé, tandis que 100 millions sont précipitées sous le seuil de pauvreté (Morgan et Craig Churchill, 2018). L'exposition au stress, les conditions de vie difficiles et un environnement mal ou pas assaini sont à la fois les causes et les conséquences de la pauvreté et des facteurs majeurs de risques sanitaires divers (Adhvaryu et al. 2019 ; Baird et al. 2013 ; Lund et al. 2010 ; Miller et al. 2017). La pauvreté est également identifiée par plusieurs auteurs comme la principale cause de l'apparition de certaines pathologies, les fameuses maladies dites de pauvreté ou évitables (Ajefu et al. 2020 ; Cole et Tembo, 2011 ; Lund et al. 2011 ; Patel, 2007).

L'inclusion financière constitue un gage du bien-être. En effet, l'accès et l'utilisation des services financiers entrainent des gains sociaux et économiques ayant des externalités sur les capabilités humaines. L'inclusion financière joue un rôle capital dans l'amélioration de la santé mentale/physique/reproductive. Qu'elles soient de nature formelle ou informelle, les aptitudes financières des ménages apparaissent comme des déterminants pertinents du statut sanitaire (Singh et al. 2019 ; Aguila et al. 2016 ; Taylor et al. 2009). À travers ses effets sur le stress dû à l'incertitude des revenus, la sécurité et la résilience financière, être inclus financièrement augmente les gains sanitaires et constitue un gage de lutte contre la pauvreté (Agrigoroaei et al. 2017 ; Cheng et al. 2017 ; Aguila et al. 2016 ; Mensah et Dzokoto, 2011). Lier la santé et l'inclusion financière apparait donc comme un enjeu majeur de politique publique en matière de santé, particulièrement dans les espaces ruraux constitués principalement des groupes vulnérables et défavorisés.

Ces deux dernières décennies, le paysage financier au Cameroun s'est étoffé avec le foisonnement des établissements de la microfinance (EMF), des Institutions Financières Non Bancaires et des institutions financières classiques susceptibles de faciliter l'accès et l'utilisation des services financiers[52]. Cette montée fulgurante d'acteurs et d'opportunités est théoriquement tributaire au développement des marchés financiers, du système bancaire, des institutions de microfinance et d'assurance, du secteur de télécommunications, mais également du contexte institutionnel (CERDI, 2019). Cependant, l'embellie économique enregistrée sur la période 2001-2014 au Cameroun reste contrastée au regard des disparités importantes sur le plan socio-économique et une aggravation de la pauvreté en milieu rural. Sur cette période, le taux de croissance est passé de 4,90 à près de 6 %. La pauvreté sur le plan national a connu un recul de 2 points contre une augmentation de 4 points en milieu rural. En 2014, les 20 % des ménages les plus riches consomment 10,1 fois plus que les 20 % des ménages les plus pauvres (INS, 2016).

Face à l'importance du secteur rural dans son économie, le Cameroun a adopté en 2013, à travers sa vision de Développement à long terme à l'horizon 2035 – « Vision 2035 » – la Stratégie Nationale de la Finance Inclusive (SNFI) dont l'implémentation a donné lieu à la Stratégie de Développement du Secteur Rural (SDSR) et le Programme d'Appui à la Finance Inclusive (PAFI). L'un des axes prioritaires de

[52] Il s'agit de l'accès au crédit, à l'épargne, aux services du mobile money et d'assurance, par exemple.

cette politique est le développement de la finance rurale[53]. En 2014, moins de 20 % des hommes et 10 % des femmes avaient un compte auprès d'une institution financière formelle. De même, 51 % des personnes de plus de 15 ans étaient exclues du système financier formel et seulement 10 % des adultes avaient un compte bancaire en 2019 (CRDI, 2019). La situation est préoccupante en milieu rural au Cameroun où la pauvreté tend à augmenter et l'offre des services sociaux de base diminue, laissant craindre un cercle vicieux de la pauvreté.

Dans ce contexte, en s'appuyant sur le cadre théorique des capacités, le présent chapitre évalue l'effet de l'inclusion financière sur les bénéfices sanitaires du ménage en milieu rural au Cameroun. La contribution de l'étude du lien entre la santé et l'inclusion financière en milieu rural au Cameroun est double. D'une part, les études qui portent sur le lien entre l'inclusion financière et la santé en milieu rural au Cameroun sont quasi-inexistantes comme dans plusieurs pays en développement. En outre, les populations rurales sont confrontées à diverses formes d'exclusions qui empêchent leur épanouissement économique et social (accès limité à la technologie, à l'eau, à l'énergie, aux sources de revenus pérennes, etc. Elles constituent ainsi des groupes vulnérables et défavorisés, confrontés aux obstacles liés à la participation au secteur financier formel. Plus grave encore, ces populations sont marginalisées avec une très faible attention du Pouvoir central. Ce contexte fragilise la santé des populations rurales. Il peut sembler pertinent de se demander si une plus grande inclusion financière peut contribuer à sortir ces populations de l'ornière. D'autre part, cette étude teste l'hypothèse théorique fondamentale de la non-séparabilité des décisions au sein des ménages ruraux[54], à partir de la construction d'un indice multidimensionnel d'inclusion financière.

Le reste du chapitre est organisé comme suit. La section 1 entreprend une revue de la littérature pertinente. La section 2 décrit la méthodologie. La section 3 présente et discute les résultats. Le chapitre se termine par une conclusion et des recommandations de politique économique.

---

53 Le Programme d'Appui au Développement de la Microfinance Rurale (PADMIR).

54 Cette hypothèse est liée fondamentalement à la prévalence des défaillances de marché et l'incomplétude des marchés dans les espaces ruraux des pays en Développement.

1. Revue de la littérature pertinente

La littérature révèle que les services financiers constituent des facteurs fondamentaux de l'amélioration des capabilités financières. Ainsi, l'inclusion financière traitée également dans la littérature est un déterminant essentiel de la santé, à travers notamment la réduction du stress dû à la fragilité financière et une faible capacité de résilience. Par contre, l'exclusion financière peut soumettre les populations rurales à des chocs psychologiques du fait qu'elles ne soient pas capables d'assumer leurs responsabilités familiales comme inscrire leurs enfants à l'école, les soigner en cas de nécessité, soutenir les cadets sociaux de la famille, etc.

La théorie des capabilités développée par Sen (1999), par exemple, s'est imposée comme un cadre analytique du lien entre l'inclusion financière et la santé. En effet, cette approche permet d'analyser les capacités financières des ménages ou des individus afin d'en déterminer l'influence sur la santé, sur le bien-être. Elle analyse en particulier les opportunités et les habilités financières des personnes défavorisées ou vulnérables. Dans cette approche, la capabilité financière reflète la capacité pour un individu à maintenir une alternative financière capable de gérer au mieux les risques auxquels il peut faire face tout au long de son existence (santé, accès à l'eau, malnutrition, accident corporel, etc.). Cette approche s'intéresse également à la possibilité de lissage des revenus dans le temps afin d'améliorer la gestion des ressources économiques pour une protection financière relativement efficace (Gyasi et al. 2020).

Les travaux de Nussbaum (2009) indiquent qu'au-delà des capabilités financières qu'offre l'inclusion financière, elle constitue un facteur déterminant de la santé mentale pour des raisons énoncées ci-dessus. Ajefu et al. (2020), à partir des données microéconomiques des ménages du Nigéria analysées par la méthode des variables instrumentales, établissent une relation empirique positive entre l'inclusion financière (accès au crédit, avoir un compte bancaire et avoir une police d'assurance) et la santé mentale. Par ailleurs, ces auteurs identifient les dépenses alimentaires, les envois de fonds et les mécanismes de gestion de risques comme les principaux canaux de transmission entre l'inclusion financière et la santé mentale des ménages. (Gyasi et al. 2019 ; Aguila et al. 2016) trouvent des résultats similaires bien qu'aucun mécanisme de transmission entre l'utilisation des services de santé et l'inclusion financière n'ait été clairement décrit.

D'autres études menées à l'échelle communautaire, particulièrement en zone rurale, présentent et décrivent les stratégies novatrices d'inclusion financière basées sur la finance informelle, les coopératives, les tontines, les comptes orange et MTN money en l'occurrence dont le but est d'assurer le développement des capabilités financières des communautés. Cependant, au-delà de l'augmentation des capabilités financières des utilisateurs, les promoteurs de ces stratégies (Mullainathan & Shafir, 2011 ; Carbo et al. 2005 ; Clark & d'Ambrosio, 2003), n'ont pas encore exploré sérieusement la robustesse de la relation entre ces stratégies et le statut sanitaire des ménages et de la communauté. Comme on le voit, cette problématique reste encore pertinente et mérite qu'on l'aborde dans le contexte rural au Cameroun.

2. Méthodologie

Elle est présentée en trois temps. 1/ les données utilisées ; 2/ la spécification du modèle empirique ; 3/ la stratégie d'estimation, ses défis et enjeux.

2.1 Les données

Elles proviennent d'une enquête menée auprès de 1100 ménages ruraux sur l'étendue du territoire national entre octobre et novembre 2013, par le Ministère de l'Eau et de l'Énergie (MINEE). L'enquête avait pour objectif de comprendre les comportements, les aptitudes et les pratiques des ménages en matière d'assainissement et d'hygiène dans le but d'élaborer une stratégie nationale appropriée en milieu rural.

D'une manière générale, les bénéfices sanitaires peuvent être observés et appréciés à travers plusieurs indicateurs au rang desquels les symptômes de la maladie, la morbidité, la santé déclarée, le statut fonctionnel, les mesures psychologiques et pathologiques, la mortalité, le vieillissement, la santé mentale, etc. Dans cette étude, nous utilisons la santé déclarée ou subjective. En effet, le nombre de cas de maladies enregistrés dans un ménage, deux semaines avant l'enquête, est utilisé comme proxy des bénéfices sanitaires qui peuvent, au demeurant, avoir des effets positifs sur l'accumulation du capital humain. Un nombre réduit de cas de maladies traduirait, dans une certaine mesure, l'efficacité des stratégies et politiques de prévention (campagnes de vaccination et d'assainissement du milieu, suivi épidémiologique des pathologies endémiques et des comportements en matière d'hygiène et de santé, le lavage des mains, par exemple).

L'inclusion financière se définit comme l'inclusion des personnes[55] et l'inclusion digitale[56] (FMI, 2017). Elle est intimement liée aux dimensions d'accès et d'utilisation des services financiers ainsi que d'efficience et de pauvreté. Cependant, ces mesures restent discutables, car elles ne présentent pas encore une harmonisation. Elles intègrent un caractère multidimensionnel qui leur procure une évolution permanente et des approches variées dont les deux principales sont : l'approche désagrégée et l'approche agrégée.

Approche désagrégée des mesures d'inclusion financière.

Cette approche prend en compte des variables individuelles d'inclusion financière. Dans le cadre de cette étude, l'inclusion financière englobe les dimensions d'utilisation et d'accès aux services financiers mesurées par : Compte formel ; Crédit formel et tontine.

i) Crédit formel

Dans cette étude cette variable saisit le nombre de personnes ayant bénéficié d'un crédit dans une institution financière formelle, les douze derniers mois qui ont précédé l'enquête. Elle se rattache à la dimension utilisation des services financiers de l'inclusion financière.

ii) Compte formel

Cette variable fait référence à la dimension d'accès au crédit financier de l'inclusion financière. Elle intègre, selon ''Financial Access Survey'', les dimensions de disponibilité et de pénétration des services financiers. Il s'agit ici du nombre de personnes ayant un compte dans une institution financière formelle.

iii) La tontine

Elle concerne essentiellement la finance informelle. Les tontines font généralement référence à un groupe de personnes partageant des liens communs – région, tribu, amis, collègues – qui décident de se réunir régulièrement pour mettre en commun leurs économies afin

---

[55] C'est, par exemple, la proportion des personnes et des firmes qui ont accès ou utilisent les services financiers.

[56] Il s'agit des activités nées de l'innovation technologique dont l'une des plus répandues est le mobile money

d'apporter des financements à leurs membres ou communautés. Elles offrent des possibilités de prêts comme les banques et les EMFs, grâce aux garanties collectives et morales qu'apporte le groupe. C'est également, un outil de collecte de l'épargne grâce à ses instruments que sont les caisses d'épargne, des fonds de solidarité ainsi que les cotisations périodiques. Il est clairement remarquable que les missions d'une tontine se rapprochent de celles pratiquées dans les EMFs de première catégorie.

En milieu rural, l'imperfection du marché financier (absence des établissements de crédit classiques et d'EMFs) fait des tontines un outil d'ajustement face aux chocs socio-économiques et l'irrégularité des revenus auxquels font face les ménages. Le fait d'appartenir à une tontine offre la possibilité d'épargner et d'accéder au crédit. En outre, les tontines se constituent comme des polices d'assurance à travers leur fonds de solidarité qui permet à ces membres d'être couverts contre certains risques[57]. Par ailleurs, l'argent récolté à travers ces tontines revient généralement dans le système financier formel à travers les comptes dédiés qui sont logés dans les banques ou encore dans les EMFs.

Approche agrégée des indicateurs d'inclusion financière

Cette approche est mobilisée dans le cadre de cette étude pour des besoins de robustesse des résultats comparativement à ceux obtenus par l'approche basée sur les indicateurs désagrégés. Ce choix est opéré dans un contexte où le débat sur la mesure de l'inclusion financière fait rage (mesure désagrégée versus mesure agrégée) (Camara et Tuesta, 2014 ; Demirguc-Kunt et al, 2012 ; Sarma, 2008). La construction de l'indice composite d'inclusion utilisée est inspirée des travaux (Zhang and Posso, 2019 ; Nguyen, 2020 ; Avom et al. 2020). L'approche développée s'est appuyée principalement sur l'analyse factorielle à composantes principales et la méthode Min-Max. Les variables utilisées pour le calcul sont celles mobilisées dans le cadre de l'approche désagrégée.

À partir de l'analyse factorielle à composantes principales, nous avons déterminé les moyennes pondérées de chacune des trois composantes retenues. L'échelle et les dimensions des variables étant identiques, le même poids a été attribué à chacune des trois variables

[57] Cas de maladies, les deuils, les naissances, etc.

(1/3). Enfin, avec la méthode Min-Max, nous avons généré l'indice agrégé d'inclusion financière. Les valeurs de l'indice sont comprises entre 0 et 1. La valeur 0 représente la situation d'exclusion financière et 1 l'inclusion financière. Le tableau ci-dessous présente les statistiques descriptives des variables retenues dans l'étude.

Tableau 1 : Statistiques descriptives des variables de l'étude

	Observations	**Moyenne**	**Variance**	**Minimum**	**Maximum**
Variables de santé					
Nombre de cas de maladie non censuré	1 100	1,383	1,558	0	12
Nombre de cas de maladie censuré	743	2,048	1,494	1	12
Variables d'inclusion financière					
Compte formel (oui ou non)	1 100	0,14	0,347	0	1
Être membre d'une tontine (oui ou non)	1 100	0,322	0,467	0	1
Crédit formel (oui ou non)	1 100	0,058	0,234	0	1
Indicateur agrégé d'inclusion financière	1 100	0,220	0,415	0	1
Variables de contrôle					
Statut du chef de ménage (marié ou non	1 100	0,667	0,471	0	1
Revenu du chef de ménage en FCFA	1 100	102 585	109 151	14 249	500 000
Niveau d'éducation du chef du ménage (savoir lire et écrire)	1 100	0,645	0,47	0	1
Religion du chef de ménage (Chrétien ou pas)	1 099	0,977	0,149	0	1
Lavage des mains après les selles (oui ou non)	1 100	0,493	0,500	0	1
Taille du ménage (nombre de personnes vivant en permanence dans le ménage)	1 100	8,099	5,754	1	8,4
Type d'ouvrage d'assainissement (amélioré ou pas)	1 100	0,104	0,306	0	1

Source : L'auteur

Le tableau 1 montre qu'en moyenne, 2 cas de maladies ont été enregistrés par ménage deux semaines avant le passage des enquêteurs, contre un nombre total maximum de 12 cas pour les ménages les plus touchés. Les services financiers en milieu rural sont proposés généralement par les EMFs et les groupes associatifs tels que les groupes d'intérêts communs, les coopératives et les tontines. Ces groupements servent 60 % de la population rurale. 32 % d'entre-elles, sont membres d'une tontine. Ce résultat réaffirme le constat déjà établi par les institutions de Bretton-Wood notamment le FMI en 2015 s'agissant du poids des tontines dans l'organisation de la vie en milieu rural. Cette institution internationale considère les tontines comme un canal crucial de l'inclusion financière pour les populations pauvres. Les tontines sont devenues, au-delà d'une organisation qui rassemble en moyenne entre 10 et 150 membres, une pratique très répandue dans les habitudes financières des ménages pauvres. Les crédits octroyés par les tontines (15,8 %) sont trois fois plus élevés que ceux accordés par les banques (5,8 %). Ces chiffres révèlent une tendance forte plus au recours à la finance informelle que la finance formelle en milieu rural. D'ailleurs, les fonds rassemblés dans ces institutions informelles représentaient près de 190 milliards de CFA (CRDI, 2019).

Les données sur l'inclusion financière montrent que 14 % des chefs de ménages interrogés possèdent un compte dans une institution bancaire formelle tandis que seulement 6 % des chefs ménages ont bénéficié d'un crédit dans une institution financière formelle (banque ou EMFs). On peut aisément constater que la dimension utilisation de l'inclusion financière semble à la traine par rapport à la dimension d'accès.

L'indice d'inclusion financière montre que globalement 88 % des chefs de ménage interrogés sont exclus des services financiers en milieu rural au Cameroun. Par ailleurs, 67 % des chefs de ménages interrogés sont mariés avec une taille moyenne estimée à 8 personnes par ménage. 5 ménages sur 10 déclarent observer les règles d'hygiènes (laver les mains après les selles) et seulement 1 ménage sur 10 possède une latrine améliorée.

2.2 Spécification du modèle empirique

Pour déterminer l'effet de l'inclusion financière sur la santé des ménages en milieu rural au Cameroun, nous spécifions un modèle de comptage simple. Cette variable indique le nombre de cas maladie enregistrés dans le ménage deux semaines avant le passage de l'enquêteur. Afin d'éviter la multicolinéarité entre les indicateurs d'inclusion financière, nous estimons plusieurs équations en prenant en compte un seul indicateur à chaque fois. Nous spécifions le modèle empirique suivant.

$$H_i = \alpha + \beta IF_i + \gamma X_i + \varepsilon_i \qquad (1)$$

H_i représente le bénéfice sanitaire du ménage (nombre de cas de maladies enregistrés deux semaines avant le passage de l'enquêteur dans le ménage *i*), IF_i mesure l'inclusion financière du ménage *i*, X_i est le vecteur des variables de contrôle lié au ménage, et ε_i le terme d'erreur associé au ménage.

La variable H_i enregistre des valeurs entières non négatives qui varient de 0 à 12 et qui traduisent la santé agrégée au niveau de chaque ménage. Ainsi, un ménage qui n'a enregistré qu'un seul épisode de maladie (H_i = 1) se trouve dans une bien meilleure situation sanitaire que celui qui a enregistré plus d'un épisode. Par conséquent, il s'agit d'un phénomène dont la modélisation s'apparente à celle des modèles de comptage (modèles de poisson et binomiale négative). Le modèle de base retenu est le modèle de poisson et il s'exprime ainsi qu'il suit. La probabilité pour qu'une variable aléatoire *k* (nombre d'épisodes de maladie déclarés) prennent la valeur k_i (k_i = 0, 1, 2…12) pour un ménage *i* est donnée par :

$$P(H_i = k_i / x_i) = e^{-\lambda \frac{\lambda^{k_i}}{k_i!}} \qquad (2)$$

2.3 Technique d'estimation

La caractéristique fondamentale de la loi (2) est l'équidispersion. Elle se traduit par l'égalité entre la moyenne conditionnelle et la variance conditionnelle, et cette moyenne équivaut au paramètre de la loi. Il s'agit du nombre espéré d'épisodes de maladie pour une famille. Elle est donnée par l'équation suivante.

$$\lambda_i = E\left[k_i | x_i\right] = Var\left[k_i | x_i\right] = \exp\left(x_i' \beta\right) \qquad (3)$$

Cependant, cette hypothèse semble restrictive en raison de l'hétérogénéité des facteurs de santé, généralement non observables dans leur entièreté. En effet, certains ménages sachant qu'ils ont eu des cas de maladies très graves ou des cas de maladies fatales ont tendance à déclarer des symptômes passagers tels qu'une fatigue accompagnée des douleurs musculaires dues à des efforts au travail un peu plus élevés que les semaines précédentes (travaux de défrichage, abattage d'un arbre, par exemple). Tout ceci est de nature à augmenter la variance des épisodes des maladies enregistrées dans les ménages et à justifier la légère surdispersion enregistrée sur la variable dépendante de notre échantillon de l'ordre de 0.18 : E(H) = 2,048 et V(H) = 2,232.

En présence de surdispersion (sous dispersion), l'estimateur du Maximum de Vraisemblance (MMV) est appliqué à un modèle de comptage simple. À cet effet, deux approches sont généralement possibles. La première méthode proposée par (Cameron et Trivedi, 2013), préconise l'utilisation de l'estimateur Poisson robuste. La seconde préconise le passage à un modèle binomial négatif en gardant l'estimateur du maximum de vraisemblance (Vasechko et al. 2009). En raison de la sensibilité de la mesure de la variable expliquée liée parfois à l'unité de mesure, nous utilisons l'estimateur Poisson robuste pour ses propriétés de robustesse avérées sur les erreurs et le contrôle de la violation de l'hypothèse sous-jacente à la loi de poisson.

3. Résultats et discussions

Nous présentons les résultats sous différentes hypothèses ainsi que les analyses de robustesse.

3.1 Résultats des estimations sous l'hypothèse d'équidispersion

Le tableau ci-après présente les résultats de l'estimateur poisson avec les indicateurs désagrégés de l'inclusion. Globalement, l'inclusion financière est négativement et significativement liée au nombre de cas de maladie dans le ménage en milieu rural. En effet, les ménages au sein desquels les chefs possèdent un compte dans une institution financière ou, ont eu accès à un crédit ou encore, qui sont membre d'une tontine, enregistrent moins de cas de maladie que ceux n'ayant pas accès ou utilisé ces services financiers. Ces résultats confirment l'effet positif de l'inclusion financière sur la santé au travers de l'amélioration des capabilités financières.

On note également, un lien négatif et significatif entre le niveau d'éducation, le lavage des mains après les selles et le type d'ouvrage d'assainissement des eaux usées et excrétas avec la santé du ménage. Toute chose égale par ailleurs, ces variables réduisent le nombre de cas de maladies enregistrés au sein du ménage deux semaines avant le passage de l'enquête. Par conséquent, elles augmentent les bénéfices sanitaires au sein des ménages. Par contre, la taille du ménage, la religion et le statut matrimonial sont positivement et significativement liés au nombre de cas de maladie enregistrés deux semaines avant l'enquêteur au sein du ménage.

Tableau 2 : Santé et Indicateurs agrégés d'inclusion financière

	NCMS (1)	**NCMS (2)**	**NCMS (3)**
Compte bancaire formel	**-0,269** (0,015)**		
Crédit formel		**-0,129* (0,087)**	
Membre d'une tontine			**-0,111** (0,070)**
Éducation du chef de ménage	-0,308*** (0,000)	-0,327* (0,087)	0,279*** (0,000)
Statut matrimonial	0,270*** (0,000)	0,236 (0,001)	0,240** (0,001)
Religion du chef de ménage	0,503** (0,008)	0,510* (0,008)	0,049** (0,010)
Lavages des mains après les selles	-0,185** (0,007)	-0,192** (0,005)	-0.210** (0,003)
Taille du ménage	0,031*** (0,000)	0,032*** (0,000)	0,032*** (0,000)
Type d'ouvrage d'assainissement	-0,238** (0,035)	-0,243* (0,032)	-0,227* (0,046)
Revenu du chef de ménage	-0,0003 (0,274)	-0,00004 (0,146)	-0,0004 (0,164)
Constante	-0,278 (0,157)	-0,242 (0,224)	-0,180 (0,369)
Observations	1100	1100	1100
Observations non censurées	743	743	743
Observations censurées	357	357	357
Wald chi2(8) ; Prob > chi2	121,33*** (0,000)	120,37*** (0,000)	129,48*** (0,000)
Pseudo-R2	0,0603	0,0590	0,0605

Source : l'auteur à partir de stata 13. Les nombres entre parenthèses représentent les probabilités calculées aux seuils de significativité respectifs de 10 % pour une (*), 5 % pour deux (**) et 1 % pour (***).

Ces résultats signifient que les variables sus-évoquées tendent à faire augmenter le nombre de cas de maladies et, par conséquent, réduisent les bénéfices sanitaires au sein des ménages. Ainsi, plus la taille du ménage augmente, plus la probabilité d'enregistrer des cas de maladie augmente.

3.2 Analyse de la robustesse des résultats

Afin de valider la stabilité des résultats obtenus à partir de l'estimateur Poisson, nous prenons en compte deux hypothèses.

(i) Hypothèse de forte dispersion et hétérogénéité

Le seuil et le degré de la dispersion n'étant pas fixés, nous testons l'hypothèse d'une inflation des valeurs nulles présentes dans l'échantillon. Pour ce faire, nous estimons les modèles ''Zero-Inflated Negative Binomial (ZINB)'' et le ''Zero-Inflated Poisson (ZIP)'', car, ils produisent des estimateurs consistants en cas d'une forte dispersion. De plus, ces deux modèles permettent de prendre en compte dans l'analyse le nombre de ménages n'ayant connu aucun cas de maladies sur la période donnée et de l'hétérogénéité existant au sein de la population (Cameron and Trevidi, 2013 ; Vasecko et al, 2009). Par ailleurs, une présence assez élevée des valeurs nulles peut être source d'une troncature de l'échantillon. À cet effet, le modèle ''Truncated Poisson Regression (TPR)'' est également estimé (Wooldrige, 2002). Les différents résultats sont présentés dans le tableau ci-dessous.

Tableau 3 : Résultats sous les hypothèses de forte dispersion et d'hétérogénéité

Méthodes / Variables	ZINB			ZIP			TPR		
	(5)	(6)	(7)	(8)	(9)	(10)	(11)	(12)	(13)
Compte bancaire formel	- 0,199** (0,013)			- 0,199** (0,013)			- 0,353** (0,026)		
Crédit formel		**- 0,077 (0,179)**			**- 0,077 (0,179)**			**- 0,134 (0,755)**	
Membre d'une tontine			- 0,157** (0,004)			- 0,157** (0,004)			- 0,254** (0,005)
Variables de contrôle	**Oui**	**Oui**	**Oui**	**Oui**	**Oui**	**Oui**	**Oui**	**Oui**	**Oui**
Constante	0,027 (0,803)	0,041 (0,718)	0,134 (0,287)	0,027 (0,801)	0,131 (0,288)	0,134 (0,287)	-1,22* (0,016)	-1,2*** (0,019)	-1,06** (0,04)
Observations	1100	1100	1100	1100	1100	743	743	743	743
Observations non censurées	743	743	743	743	743	743			
Observations censurées	357	357	357	357	357	357			
Wald chi2(6) ; Prob > chi2	75,217*** (0,000)	71,34*** (0,000)	77,41*** (0,000)	77,35*** (0,000)	82,30*** (0,000)	77,42*** (0,000)	63,34*** (0,000)	60,89*** (0,000)	70,99*** (0,000)
R-Square							0,0722	0,0694	0,0742

Source : l'auteur à l'aide de stata 13. Les chiffres entre parenthèses représentent les probabilités calculées aux seuils de significativité respectifs de 10 % pour une (*), 5 % pour deux (**) et 1 % pour (***).

On observe que seuls deux indicateurs gardent leur signe et leur seuil de significativité. Il s'agit notamment de l'appartenance à une tontine et le fait d'avoir un compte dans une institution financière formelle. Le fait qu'un chef de ménage ait bénéficié d'un crédit n'a aucune influence sur le statut sanitaire du ménage sous l'hypothèse d'hétérogénéité et/ou de forte dispersion. En effet, l'hétérogénéité observée dans l'échantillon peut s'expliquer doublement.

D'une part, les mesures individuelles de l'inclusion financière sont discutables, car un indicateur peut masquer des contre-performances d'un autre. Elle questionne également le profil de ceux ayant obtenu un crédit en milieu rural. Les personnes n'ayant pas connu de cas de maladie peuvent être celles ayant bénéficié davantage des crédits. D'ailleurs, il y a de fortes chances que ce soient les ménages en bonne santé qui obtiennent un crédit, car ils sont probablement les plus ''riches'' et en mesure de présenter des garanties nécessaires.

D'autre part, ce résultat questionne l'efficacité du crédit en termes d'utilisation après l'obtention. Si l'on s'en tient au signe de la variable, l'on pourrait considérer qu'il existe un lien positif entre la santé et l'accès au crédit. Mais un ménage peut détourner le crédit reçu vers le paiement de la scolarisation d'un membre ou pour financer l'acquisition d'un article utile à tous les membres.

(ii) Hypothèse d'un indicateur d'inclusion financière agrégé

Le tableau ci-dessous présente les résultats des estimations sous l'hypothèse d'un indicateur agrégé de l'inclusion financière. La particularité de cet indicateur est qu'il prend en compte la finance formelle et la finance informelle. Les variables de contrôle et l'estimateur sont inchangés.

Tableau 4 : Indicateur composite d'inclusion financière et santé du ménage

	NCMS (4)
Inclusion financière	**- 0,3151**** **(0,009)**
Variables de contrôle	**Oui**
Constante	- 0,224 (0,265)
Observations	1100
Observations non censurées	743
Observations censurées	357
Wald chi2(8) ; Prob > chi2	123,81 (0,000)
Pseudo-R2	0,0604

Source : l'auteur à partir de stata 13. Les nombres entre parenthèses représentent les probabilités calculées aux seuils de significativité respectifs de 10 % pour une (*), 5 % pour deux (**) et 1 % pour (***).

L'indicateur agrégé de l'inclusion financière influence négativement et significativement le bénéfice sanitaire au sein du ménage. Un chef de ménage inclus financièrement enregistre moins de cas de maladie que celui qui n'est pas inclus. Ce résultat confirme celui trouvé avec les indicateurs désagrégés d'inclusion financière et des travaux antérieurs (Zhang et Posso, 2019 ; Aguila et al. 2016, Avom et al. 2020, etc.).

Toutefois, ce résultat doit être analysé avec réserve, car un indicateur agrégé peut masquer des contre-performances au niveau de certains aspects des indicateurs désagrégés. En effet, bénéficier d'un crédit dans une institution financière nécessite un compte dans cette institution. Cependant, des personnes ayant un compte peuvent se voir refuser un crédit pour une raison ou une autre[58]. Autrement dit, posséder un compte n'est pas une condition nécessaire et suffisante pour l'obtention d'un crédit bancaire.

Pris ensemble, le fait qu'un ménage ait reçu un crédit signifie qu'il possède un compte. Tout comme le fait de n'avoir pas de compte exclut un ménage du crédit. Or, d'autres mécanismes permettent d'assurer le crédit au-delà de la détention d'un compte. En outre, le coefficient de l'indicateur agrégé est supérieur à celui des trois indicateurs pris individuellement. Cela témoigne de l'importance de la finance

[58] La distance entre le ménage et l'établissement financier, absence de documentation (carte nationale d'identité, passeport, le titre de propriété), le coût du crédit, la confiance (antécédents financiers, le profil de l'emprunteur), la saisonnalité de revenu (épargne).

informelle dans le processus d'inclusion financière et, probablement, un instrument de financement de la santé en milieu rural au Cameroun.

Conclusion

L'objectif de ce chapitre était de déterminer le lien entre la santé et l'inclusion financière en milieu rural au Cameroun. À partir des données issues d'une enquête réalisée auprès de 1100 ménages ruraux et du cadre théorique des capabilités, nous avons spécifié et estimé un modèle économétrique de comptage simple et ses modèles concurrents.

Les résultats obtenus montrent que globalement l'inclusion financière améliore les bénéfices sanitaires captés par la santé subjective. Les principaux canaux de transmission de cet effet sont : (i) l'éducation du chef du ménage ; (ii) les pratiques d'hygiène et d'assainissement des eaux usées et excréta. En effet, le crédit obtenu peut être utilisé pour financer l'éducation du chef de ménage, l'acquisition d'un dispositif qui améliore les équipements d'assainissement des déchets liquides ou solides, autant de facteurs d'amélioration de la santé du ménage.

Cependant, la prise en compte de l'hypothèse d'hétérogénéité montre que, l'indicateur désagrégé d'inclusion financière (crédit formel) n'a pas d'influence sur la santé du ménage. Ce résultat peut vouloir dire que le crédit obtenu a été insuffisant pour protéger la santé, dans un contexte où les conditions d'accès au crédit posées dans le secteur de la finance formelle seraient difficiles à remplir en milieu rural où les ménages sont généralement très pauvres. Toute chose qui les exclut et les prive des gains sociaux et économiques en mesure d'avoir un effet sur la santé.

Toutefois, l'inclusion financière en milieu rural constitue une réelle opportunité de lissage des revenus pour les ménages face aux différents chocs auxquels ils sont exposés dans le monde rural. Il serait donc opportun d'encourager les politiques d'inclusion financière en milieu rural visant à : (i) reconnaître les tontines comme un instrument régulier d'inclusion financière en milieu rural comme l'a déjà fait le FMI ; (ii) favoriser l'accès au crédit dans les institutions formelles par les ménages pauvres. Au total, pour augmenter les bénéfices sanitaires dans les ménages ruraux au Cameroun, les politiques publiques de santé devraient intégrer les questions en rapport avec l'inclusion financière.

Références

Adhvaryu, A., Fenske, J., & Nyshadham, A. 2019. Early life circumstance and adult mental health. *Journal of Political Economy*, Vol. 127, N°. 4, pp. 1516–1549.

Agrigoroaei, S., Lee-Attardo, A., & Lachman, M. E. 2017. Stress and subjective Age: Those with greater financial stress look older. *Research on Aging*, 39, 1075–1099. doi :10.1177/0164027516658502.

Aguila, E., Angrisani, M., & Blanco, L. R. 2016. Ownership of a bank account and health of older Hispanics. *Economics Letters*, 144, 41– 44.

Avom, D., Chrysost, B., et Ndoya, H. 2020. Measuring financial inclusion in Africa Countries. *Economics Bulletin*, Vol. 4, pp. 1-21.

Baird, S., Hoop, J., & Ozler, B. 2013. Income shocks and adolescent mental health. *Journal of Human Resources*, 48, 370–403.

Banerjee, A., & Newman. A. 1993. Occupational Choice and the Process of Development. *Journal of Political Economy*. 101, pp. 274–98.

Camara, N., & Tuesta, D., A. 2014 (septembre). *Measuring financial inclusion: A Multidimensional Index. Working paper*, N°14/26, Madrid, BBVA Research, pp.1-41.

Cameron, C., & Trivedi, P. 2013. *Regression Analysis of Count Data: Second Edition*, Cambridge University Press.

Carbo, S., Gardener, E. P. M., & Molyneux, P. 2005. *Financial exclusion*. New York, NY : Palgrave Macmillan.

Cheng, G. H. L., Chan, A., & Lo, J. C. 2017. Importance of social Relationship in the association between sleep duration and cognitive function: Data from community-dwelling older Singaporeans. *International Psychogeriatrics*. Doi: 10.1017/ S1041610217001041.

Clark, R. L., & d'Ambrosio, M. 2003. Ignorance is not bliss: The importance of financial Education. TIAA-CRE Institute. *Research Dialogue*, 78. Retrieved from tiaacrefinstitute.org.

Cole, S. M., & Tembo, G. 2011. The effect of food insecurity on mental health: Panel evidence from Rural Zambia. *Social Science & Medicine*, 73, pp. 1071–1079.

CRDI. 2019 (September). *Advancing women financial inclusion in African francophone countries, Cameroon.* Rapport final, 72 pages.

Demirgüç-Kunt, A., & Klapper, L. 2012. *Financial inclusion in Africa: An overview.* The World Bank.

Institut National de la Statistique. 2016. *Annuaire statistique du Cameroun.*

Lisa, M., et Churchill, C. 2018. *Financial inclusion and Health.* The ILO's Impact Insurance Facility.

Lund, C., Breen, A., Flisher, A. J., Kakuma, R., Corrigall, J., Joska, J. A., et al. 2010. Poverty and Common mental disorders in low-and-middle income countries: A systematic Review. *Social Science & Medicine*, Vol. 71, N°. 3, pp. 517–528.

Lund, C., De Silva, M., Plagerson, S., Cooper, S., Chisholm, D., Das, J., Patel, V. 2011. Poverty and Mental disorders: Breaking the cycle in low-income and middle-income countries. *The Lancet*, Vol. 378, N°. 9801, pp. 1502–1514.

Mensah, E. C., & Dzokoto, V. A. 2011. *Post redenomination and Money management among Ghana's urban poor* (Technical Report). Institute for Money, Technology & Financial Inclusion (IMTFI), Irvine: University of California.

Morgan, L., and Churchill, C. 2018. *Financial inclusion and Health: How the financial services Industry is reporting to health risks.* Impact Insurance Working Paper No. 5, 62 pages.

Mullainathan, S., & Shafir, E. 2011. Savings Policy and decision making in low income households. *Banking among low-income households* (pp. 121-145) Foundation Press. In M. Barr & R. Blank (Eds.), *Insufficient funds: Savings, assets, credit and.* New York, NY :

Nguyen, T. T. H. 2020. Measuring financial inclusion: a composite FI index for the developing countries. *Journal of Economics and Development*, Vol. 1, pp. 77-99.

Nussbaum, M. C. 2009. Creating capabilities: The Human development approach and its Implementation. *Hypatia*, Vol. 24, N°. 3, pp. 211–215.

Patel, V. 2007. Mental health in low-and middle-income countries. *British Medical Bulletin*, Vol. 81, N°. 1, pp. 81–96.

Russell Sage Miller, K. E., & Rasmussen, A. 2017. The mental health of civilians displaced by armed conflicts: An Ecological model of refugee distress. *Epidemiology and Psychiatric Sciences*, Vol. 26, N°. 2, pp.129–138.

Sarma, M., & Pais, J. 2011. Financial Inclusion and Development. *Journal of International Development*, Vol. 23, N°. 5, pp. 613-628.

Singh, A., Kumar, K., McDougal, L., Silverman, J. G., Atmavilas, Y., Gupta, R., and Raj, A. 2019. *Does owning a bank account improve reproductive and maternal health services utilization and behavior in India? Evidence from the national family health.* Survey 2015–16. SSM-Population Health (7).

Taylor, M., Jenkins, S., & Sacker, A. 2009. *Financial capability and wellbeing: Evidence from the BHPS Financial Services Authority*, Occasional Paper (34).

Vasechko, A., Grun-Réhomm, M., & Benlagha, N. 2009 (Juillet-décembre). Modélisation de la Fréquence des Sinistres en assurance automobile. *Bulletin Français d'Actuariat*, Vol. 9, N°. 18, pp, 4-63.

Woodbridge, J., M. 2002. *Econometric analysis of cross section and panel data.* The MIT Press, Cambridge, Massachusetts, London, England.

Zhang, Q., & Posso, A. 2019. Thinking Inside the box: A closer look at financial inclusion and Household income. *Journal of Development Studies*, Vol. 55, N°. 7, pp. 1616-1631.

Chapitre 10 :

La politique d'inclusion financière pour la croissance en zone CEMAC : une modélisation par la méthode des moments généralisés

Gérard TCHOUASSI, Christian Parfait TOMO et Chrysleine Chantale KAMGA KAMGA

Introduction

La zone CEMAC[59] traverse depuis plus de deux décennies un épisode économique difficile caractérisé par un taux de croissance du PIB relativement faible qui est passé de -0,1 % en 2016 à +2,1 % en 2019 (BEAC, 2016 ; 2019). En outre, seulement 14 % des ménages de la zone et 30 % des entreprises ont accès aux services financiers (Mvondo, 2019). Cette évolution préoccupante et d'actualité défraie la chronique.

On note que les attentes en matière de politique d'inclusion financière continuent d'occuper de nos jours une place de choix dans les stratégies de développement aussi bien dans les pays développés que dans les pays en développement (ONU, 2006 ; Beck et al. 2008, Banque mondiale, 2012 ; Demirgüç-Kunt et al. 2018). Malheureusement, les coûts sociaux et économiques de l'exclusion financière ne cessent de croître (Servet, 2000 ; Kempson et al. 2000 ; Gloukoviezoff, 2009 ; Guérin, 2015 ; Pinos, 2015).

L'inclusion financière est la facilité d'accès et d'utilisation du système financier formel par tous les agents économiques (Sarma, 2008 ; 2012 ; Iyer, 2015). L'exclusion financière, considérée comme le non accès aux services financiers d'une partie de la population, représente une barrière au développement économique. C'est pourquoi,

---

[59]Communauté Economique et Monétaire de l'Afrique Centrale

il est indispensable de bâtir une politique d'inclusion dans un contexte fait des systèmes financiers inclusifs (Beck et al. 2008). La difficulté d'accès aux services financiers d'une partie de la population ne favorise pas la création et la densification des activités économiques. Cette difficulté fragilise et affecte la stabilité économique et l'inclusion financière. Ainsi, la promotion d'un système financier inclusif reste une priorité de politique économique dans de nombreux pays (Yorulmaz, 2018).

Les débats sur la nécessité de promouvoir l'inclusion financière en Afrique en général et en Afrique centrale en particulier (CEMAC) résultent en quelque sorte des difficultés d'accès aux services financiers des populations à faibles revenus et celles travaillant dans le secteur informel d'une part. D'autre part, ces controverses concernent les coûts de transaction élevés des crédits bancaires et l'exigence de garanties jugées hors de portée de nombreux opérateurs économiques, notamment du secteur informel et en milieu rural (titres de propriétés, par exemple).

Sous un fond de stratégie de développement, la politique d'inclusion financière est présentée comme un consensus issu de tous les débats et recherches antérieurs (Servet, 2000 ; Lelart 2007). Ces apports intéressent à la fois le domaine de la finance et celui de la microfinance formelle et informelle. Ils contribuent au développement économique et à la réduction de la pauvreté, donc à une croissance inclusive. C'est une construction riche marquant les évolutions des décisions touchant les secteurs financiers dans les pays en développement et visant à permettre aux populations d'accéder aux services financiers de base (Haning et Jansen, 2010 ; Vo et al. 2021).

De même, à l'instar des faiblesses observées dans la fourniture des services financiers aux populations, l'intérêt en faveur des politiques socioéconomiques communes et viables incite les gouvernements et les partenaires au développement à mettre sur pied un plan prévisionnel sur l'inclusion financière. De telle sorte qu'à l'échelle internationale, la politique d'inclusion financière est devenue une priorité pour les responsables de l'action publique, les autorités de régulation et de développement du secteur financier (Banque mondiale, 2012 ; Sarma, 2012). Les actions à mener visent à améliorer les conditions, les instruments, les canaux d'accès aux services financiers des personnes physiques et morales tout en contribuant au développement économique (Karlan et al, 2016 ; Demirgüç-Kunt, Klapper, et Singer, 2017).

Mieux encore, la politique de l'inclusion financière oblige toutes les institutions en charge du processus (les gouvernements, les télécommunications, les plateformes numériques et digitales, les banques, etc.) à inclure la nécessité de garantir aux populations « la citoyenneté financière » (Leyshon et Thrift, 1995). Ces populations rencontrent des difficultés à mener une activité financière et socioéconomique normale. L'élargissement de l'accès au secteur financier doit permettre aux consommateurs de se prévaloir et de s'approprier des innovations technologiques qu'apportent les nouveaux services et produits financiers (Banque mondiale, 2012).

Par exemple, le porte-monnaie électronique, également appelé portefeuille électronique (*e-wallet* en anglais), un des instruments d'inclusion financière, couvre deux réalités différentes. Le premier type de porte-monnaie est la carte bancaire prépayée. Elle permet de stocker de la monnaie sans avoir besoin d'un compte bancaire et d'effectuer directement des paiements sur des terminaux de paiement. Ce dispositif est très sécurisé, car il est impossible, à partir de la carte, de remonter au compte bancaire principal. Le transfert est dans la plupart des cas instantané et il est possible de payer également dans les boutiques physiques.

Ce dispositif et bien d'autres, fruit de l'innovation financière et technologique, agissent donc comme un substitut à la carte bancaire traditionnelle et le mot de portefeuille électronique peut ainsi être contesté, l'appareil ne contenant pas de monnaie, mais permettant simplement d'accéder à son compte bancaire de façon sûre. Ce format ne cesse de se développer, car ses avantages sont nombreux : ils permettent un transfert en ligne à la fois sécurisé, des procédés avancés étant mis en place pour détecter les fraudeurs et la plupart de ces méthodes utilisent les moyens de cryptage les plus récents. Il est rapide tant par la durée nécessaire au créditeur pour transférer l'argent que par la durée nécessaire pour arriver au bénéficiaire. De plus en plus international, il tend ainsi à réduire les taxes et à favoriser l'inclusion financière. En effet, les acteurs et institutions en jeu sont très nombreux allant du particulier aux banques en passant par les commerces, les entreprises, les industries, les régulateurs, etc. De plus, ce type d'application ne cesse d'évoluer afin de répondre au mieux aux besoins des utilisateurs de plus en plus nombreux. C'est ainsi qu'il existe une certaine concurrence entre les grandes entreprises faisant la promotion des porte-monnaie électroniques.

En outre, le service d'argent mobile (mobile money) constitue un boulevard sur lequel les différents acteurs peuvent s'appuyer pour garantir à toute la population une « citoyenneté financière ». Ce qui contribue à moyen et long terme au développement économique et à une croissance inclusive par des voies d'accès digitales (Fungáčová et Weill, 2014).

Plusieurs études ont été menées sur l'inclusion financière (Donovan, 2012 ; Tchouassi, 2012 : Fungáčová et Weill, 2014 ; Sukumaran, 2015 ; Adeola et Evans, 2017 ; Abessolo et Timbi, 2019), sans que l'accent soit toujours mis sur l'effet de l'inclusion financière sur la croissance. La plupart de ces études se sont intéressées surtout à l'importance de l'inclusion financière comme panacée pour le développement du secteur bancaire ou de la bancarisation des populations exclues des services financiers.

Par conséquent, l'objectif de cette contribution est d'évaluer les effets sur la croissance de l'inclusion financière dans la zone CEMAC et d'envisager des solutions pour la promouvoir. L'hypothèse que nous formulons est simple : l'inclusion financière contribue à améliorer la croissance. Pour la vérifier, nous utilisons la méthode des moments généralisés (MMG) en nous appuyant sur les résultats récents de la littérature existante.

La suite de cette contribution est organisée de la manière suivante. La section 1 aborde la revue de la littérature, la section 2 présente la méthodologie, la section 3 porte sur l'analyse des résultats empiriques, et la dernière section conclut le chapitre.

1. Revue de la littérature

1.1 Politique d'inclusion financière : de quoi s'agit-il ?

L'inclusion financière est un processus qui vise à réduire les entraves non seulement à l'accès, mais également à la disponibilité et à l'usage des services financiers (Ramji, 2009 ; Banque mondiale, 2012 ; Sarma, 2012 ; Yorulmaz, 2018). Ce processus fait référence à l'accès par l'ensemble des agents économiques (ménages, entreprises, etc.) à un coût raisonnable, à une gamme de services financiers à laquelle ils peuvent prétendre. Ces services financiers concernent : l'épargne, le crédit à court, moyen et long termes, le crédit-bail et l'affacturage. Ces services financiers s'élargissent aux hypothèques, à l'assurance, aux pensions, aux paiements, aux transferts nationaux (locaux) d'argent et aux envois de fonds internationaux.

Ces différents services sont délivrés par une variété d'institutions financières et bancaires, régies par des systèmes de gestion et de régulation internes et externes appropriés, des normes prudentielles de performance sectorielles et un suivi des performances par le marché. La réglementation prudentielle concerne, entre autres, une pérennité financière et institutionnelle garantissant l'accès durable aux services financiers ; une multiplication (dès que possible) des prestataires de services financiers afin de proposer aux clients une large variété de solutions rentables (ONU, 2006). La fourniture des services bancaires à un coût raisonnable et abordable aux groupes de populations désavantagées, non bancarisées et à faibles revenus (Dev, 2006) reste un des principes de la politique d'inclusion financière.

L'inclusion financière est un objectif de politique économique majeur pour les gouvernements des pays en développement et émergents. La politique d'inclusion financière emmène la population exclue du secteur financier formel à un accès durable aux produits et services financiers formels (Allen et al. 2016). Une littérature relativement récente et abondante alimente le débat sur l'inclusion financière dans les pays en développement (Ardic et al. 2011 ; Guérin, 2015 ; Abessolo et Timbi, 2019 ; Mvondo, 2019). La problématique de l'inclusion financière intéresse également les pauvres et les exclus des pays développés, car la pauvreté n'est pas seulement une affaire des pays en développement (Lelart, 2007). Ces pauvres sont victimes de l'exclusion bancaire à cause de l'instabilité des revenus, des prestations inappropriées et à des coûts de transaction élevés (Gloukoviezoff, 2009 ; Lazarus, 2009).

Dans ce sens, l'inclusion financière est un outil qui s'oriente vers le développement économique et humain en promouvant une croissance inclusive (Vo et al. 2021). Le problème essentiel qui se dégage du fonctionnement des systèmes financiers formels vient d'un processus de sélection de la clientèle qui limite l'accès et l'usage des services financiers (Eber, 2000 ; Gloukoviezoff, 2009). De même, il se pose la question de l'inégalité dans la localisation et la répartition géographique des infrastructures et des institutions bancaires et financières (Leyshon et Thrift, 1995).

De plus, les blocages psychologiques des populations sont présentés le plus souvent comme des barrières à l'accès aux services financiers (Kempson et al. 2000). En principe, tout système financier efficient contribue à produire des informations antérieures sur des investissements possibles, surveiller des investissements et l'exécution de la gouvernance d'entreprise, diversifier et gérer les risques, mobiliser et allouer l'épargne, échanger des biens et des services,..., (Levine, 1997).

Par conséquent, l'amélioration des services financiers interpelle les institutions, acteurs de la régulation financière et les intermédiaires financiers. C'est ainsi que les intermédiaires financiers, à l'instar des banques et autres établissements de crédit, sont mieux aguerris pour réduire les risques de contrepartie liés aux asymétries d'informations (Chevalier-Farat, 1992 ; Saïdana et Asma, 1999). Néanmoins, la politique d'inclusion financière propose des facilités à travers la proximité, l'accessibilité, la disponibilité et l'utilisation des services financiers (Sarma, 2008 ; 2012).

La disponibilité des services financiers a le pouvoir d'améliorer les conditions socioéconomiques des populations (ONU, 2006). L'accès aux services financiers de proximité est souvent restreint pour les populations qui résident en milieu rural. En effet, les localités les plus éloignées des centres urbains sont les plus difficiles à être desservies (Morvant-Roux et Servet, 2007). En zone CEMAC, la plus grande opportunité permettant de rapprocher les zones rurales consiste à se servir déjà de la téléphonie mobile à technologie simple et accessible. Étant donné que les téléphones portables relativement peu coûteux sont aujourd'hui accessibles à une frange importante de la population, la banque mobile par téléphone est devenue un outil important à explorer pour promouvoir l'inclusion financière. Cet outil de communication rend le processus de bancarisation plus proche des populations exclues, pauvres et non bancarisées (Tchouassi, 2012).

Selon la Banque mondiale (2012), les autorités de régulation financière d'un certain nombre de pays ont pris des engagements en faveur de la politique d'inclusion financière dans le cadre de la « Déclaration de Maya ». Dans le processus d'inclusion financière pour une croissance inclusive, cette déclaration vise au moins cinq objectifs. *i*) créer un environnement favorable qui élargit l'accès aux services financiers et en réduit les coûts de transaction notamment par le recours aux nouvelles technologies de l'information et de la communication, *ii*) mettre en place un cadre réglementaire adapté qui concilie les objectifs de la politique d'inclusion et de stabilité financières, et d'intégrité du secteur financier, *iii*) faire de la protection et de l'habilitation des consommateurs un élément central de la politique d'inclusion financière, *iv*) utiliser des données financières pour éclairer les politiques publiques d'inclusion, *v*) assurer le suivi des résultats obtenus (Banque mondiale, 2012).

En Asie et en Afrique notamment, les expériences en matière d'inclusion financière sont visibles à travers des programmes et des plateformes. C'est le cas, en Inde, avec le programme PMJDY[60], au Rwanda avec le ''Community savings and credit cooperatives''. En ce qui concerne les plateformes mobiles, nous avons le M-pesa au Kenya introduit en 2007 qui s'est répandu sous d'autres cieux tels qu'au Cameroun avec MTN Mobile money, Orange Money, au Peru avec ModeloPeru et Bim (Tchouassi, 2012).

La finance digitale et les innovations monétaires et financières sont très utilisées pour atteindre les objectifs de la politique d'inclusion financière dans une direction qui minimise l'importance des risques dus aux clients pauvres et vulnérables. Les politiques y relatives sont élaborées et doivent encourager l'innovation monétaire et financière, la digitalisation, la diversification et la concurrence dans la délivrance et la prestation des services financiers (Ozili, 2020).

Finalement, l'innovation dans la digitalisation des services financiers peut permettre de réduire les coûts de transaction dans l'envoi (transfert) des fonds, la réception d'argent, le paiement des factures, etc. Le système de télédéclaration à la Caisse Nationale de Prévoyance Sociale, et à la Direction Générale des Impôts au Cameroun, se fait désormais à distance, et les paiements en espèces, par virements bancaires et par mobile money.

Dans un programme de secours de cinq mois initié au Niger, le paiement des services mensuels des prestations sociales gouvernementales est passé des versements en espèces aux e-paiements par téléphones portables. Ce programme a permis aux bénéficiaires d'économiser vingt heures en moyenne en termes de déplacement global et de temps d'attentes pour obtenir des paiements. Pour le gouvernement, le passage des paiements en espèces aux paiements

---

[60] PradhanMantri Jan DhanYojana est un programme d'inclusion financière qui vise à doter d'un compte bancaire chaque ménage en Inde. Il a été lancé en août 2014.

électroniques et numériques permet de réduire la corruption et d'améliorer l'efficacité des transactions. Les services financiers digitalisés et numérisés permettent aux populations d'accumuler des économies et d'augmenter leurs dépenses et transactions en produits des premières nécessités (Demirgüç-Kunt et al. 2018). Ils sont donc des canaux efficaces d'inclusion financière.

1.2 Revue de la littérature empirique d'évaluation du lien inclusion financière et croissance

Sarma (2008 et 2012) propose un indice d'inclusion financière qui permet de capter les résultats de la politique d'inclusion financière dans une économie par une approche multidimensionnelle. Cet indice est utilisé pour comparer le niveau d'inclusion financière entre les régions ou les économies à un moment donné. Il peut être utilisé pour suivre les initiatives politiques qui visent l'inclusion financière sur une période donnée. Cet indice est particulier par ce qu'il permet de mettre en évidence une relation empirique entre le niveau de développement et l'inclusion financière. L'indice prend en compte l'accessibilité, la disponibilité et l'utilisation des services financiers. Dans une logique déterministe, les services dans un système financier inclusif doivent être disponibles aux utilisateurs.

Cette disponibilité des services financiers peut être indiquée par le nombre de points de vente des services bancaires (pour 1000 habitants) et/ou, par le nombre de guichets automatiques bancaires (pour 100 000 adultes), ou encore par le nombre d'employés par clients. En l'absence de ces derniers, il est fait usage du nombre de succursales bancaires commerciales (pour 100 000 adultes). Le volume de crédit et de dépôt en proportion du PIB sert à mesurer l'usage des services de base du système bancaire. Certaines recherches prennent en compte les dépositaires et les emprunteurs auprès des banques commerciales (pour 100 000 adultes) (Chuc et al. 2021).

D'autres travaux mettent en évidence les effets de l'inclusion financière sur le développement économique. Dans cette lignée, Hannig et Jansen (2010) montrent qu'une plus grande inclusion financière offre des opportunités qui améliorent la stabilité financière au Kenya. Suite aux recherches menées par ''German Gesellschaft für Technische Zusammenarbeit'' (agence de coopération technique allemande), il en ressort que des innovations technologiques centrées sur des segments pauvres de la population permettent de résorber des insuffisances en matière de services financiers. Parmi les solutions envisagées, on recense le service de banque mobile, le paiement mobile, la diversification des prestataires et la réforme des banques d'État. Dans ce cadre, la protection des consommateurs, l'identité financière (informations sur les opérations financières) et l'évaluation permanente du cadre de l'implémentation des décisions arrêtées sont possibles. C'est le cas avec les offres de transfert d'argent mobile à travers le service M-PESA en collaboration avec l'opérateur de réseau mobile Safaricom au Kenya. Ce service financier innovant s'est exporté dans d'autres pays africains particulièrement en zone CEMAC où il trouve un large écho.

Ardic et al. (2011) utilisent la base de données *Financial Access* pour recenser le nombre d'individus non bancarisés dans le monde, et analysent le changement de l'accessibilité aux services financiers dans le monde. Ces auteurs montrent que le taux de croissance exerce un effet négatif sur l'indice d'inclusion financière.

Donovan (2012) évalue l'impact de l'argent mobile pour la promotion de l'inclusion financière dans les pays en développement. Il arrive à la conclusion que l'une des raisons pour lesquelles les gouvernements, les partenaires au développement et les entreprises (industries) devraient supporter la création des services d'argent mobile, repose sur la téléphonie mobile. C'est un service qui favorise l'accès des pauvres aux marchés financiers par la création, l'utilisation et la gestion des circuits monétaires spécifiques. Cette offre prend en compte la finance mobile (micro-crédits, micro-épargnes, micro-assurances et micro-transferts), la banque mobile (comptes mobiles, transactions mobiles et informations), et le paiement mobile (personne à personne, gouvernement à personne, affaire à affaire, personne à entreprise, entreprise à gouvernement, etc.).

Fungáčová et Weill (2014) montrent qu'en Chine, un niveau élevé d'inclusion financière résulte d'un plus grand usage de comptes d'épargne formels que dans les autres BRICS[61]. En outre, ces auteurs montrent également qu'un revenu élevé, une meilleure éducation, le genre et l'âge sont associés à une grande utilisation des comptes bancaires et de crédits formels. Le niveau du revenu et l'éducation influencent significativement l'usage des sources alternatives

[61]Brésil, Russie, Inde, Chine et Afrique du Sud

d'emprunts. Ces auteurs arrivent à la conclusion que la politique d'inclusion financière ne constitue pas un problème majeur en Chine, mais l'usage limité des crédits formels constitue un challenge pour le développement économique.

Sukumaran (2015) met en exergue l'importance de l'accès aux services financiers dans le développement du secteur financier de l'économie. Il arrive à la conclusion que l'éducation financière ou l'alphabétisation est identifiée comme un facteur clé influençant le côté de la demande de l'inclusion financière. Adeola et Evans (2017) évaluent l'impact du développement financier et de l'inclusion financière sur la diversification de l'économie au Nigéria en utilisant la méthode des moindres carrés entièrement modifiée. Leur étude montre que l'inclusion financière a des effets significatifs plus élevés sur la diversification de l'économie que le développement financier. Ainsi, l'inclusion financière est un puissant accélérateur de diversification économique, car elle aide à réaliser les objectifs nationaux de transformation économique pour une croissance partagée et la réduction de la pauvreté.

Abessolo et Timbi (2019) examinent la relation entre les facteurs institutionnels et l'inclusion financière dans la CEMAC sur la période de 2004 à 2017. La méthodologie utilisée s'appuie sur l'estimateur des moindres carrés généralisés à partir des données de panel et la mobilisation du modèle de Reinhart et al. (2010). Les résultats empiriques montrent que la liberté monétaire et la responsabilisation financière affectent négativement l'inclusion financière. Par ailleurs, la qualité de la réglementation affecte positivement et significativement l'inclusion financière.

2. Approche méthodologique

Deux tâches sont effectuées pour atteindre l'objectif de cette recherche. Premièrement, nous construisons un indice d'inclusion financière en utilisant la méthodologie de Sarma (2008). Les détails de la méthodologie de construction de cet indice se trouvent en annexe. Deuxièmement, la méthode des moments généralisés (GMM) est mobilisée pour évaluer les effets de l'inclusion financière sur la croissance.

2.1 Construction de l'indice d'inclusion financière

Cette étape passe par la sélection des variables d'intérêt que nous présentons dans le tableau 1 ci-dessous.

Tableau 1 : Liste des variables d'intérêt

Variables	Abréviation	Définition	Sources
Produit intérieur brut	PIB	Croissance annuelle du PIB (%).	Banque mondiale
Indice d'inclusion financière	IIF	Guichets automatiques des banques (pour 100 000 adultes)	Les auteurs Banque mondiale
		Succursales bancaires commerciales (pour 100 000 adultes)	Banque mondiale
		Dépôts auprès des banques commerciales (pour 100 000 adultes)	Banque mondiale
		Emprunteurs auprès des banques commerciales (pour 100 000 adultes)	Banque mondiale
Inflation	INFL	Variation de l'indice des prix à la consommation	Banque mondiale
Investissement	INVEST	Formation brute de capital fixe (% PIB)	Banque mondiale
Commerce (Échange)	C	Exportations et importations de marchandises (% PIB)	Banque mondiale
Dépenses publiques	DEP	Dépenses de consommation finale des administrations publiques (% du PIB)	Banque mondiale

Source : Les auteurs

La période s'étend de 2004 à 2018. Les informations contenues dans le tableau portent sur le Cameroun, la République Centrafricaine, la République du Congo, le Gabon, la Guinée Équatoriale et le Tchad qui forment les six pays de la CEMAC. Notre échantillon est cylindré, toutes les données ayant été collectées sur tous les pays et sur toute la période.

Le tableau 2 qui suit présente les statistiques descriptives des variables en présence.

Tableau 2 : Statistiques descriptives

Variables (%)	Observations	Moyenne	Écart type	Minimum	Maximum
PIB réel	90	3,58	8,51	-36,39	37,99
IIF	90	0,77	0,62	0	0,429
INFL	90	2,74	2,86	-8,97	10,30
INVEST	90	27,32	12,24	6,81	77,89
C	90	64,81	34,68	18,94	185,49
DEP	90	11,70	4,75	2,74	25,33

***Source** : Les auteurs, sous STATA*

Deux informations essentielles méritent d'être relevées. Il s'agit de la très forte variabilité du taux de croissance et du coefficient de dépendance extérieure dont la moyenne est d'environ 65 %. La méthodologie de calcul de l'indice d'inclusion financière (variable IIF) est reprise en annexe.

2.2 Spécification du modèle empirique

Nous analysons l'effet de l'inclusion financière sur la croissance dans la CEMAC. L'analyse théorique conduite à estimer une équation dans laquelle on régresse le taux de croissance du PIB réel sur l'indice d'inclusion financière et d'autres variables de contrôle. Considérons le modèle de base suivant :

$$G_{it} = \alpha_i + \beta F_{it} + \gamma X_{it} + \varepsilon_{it} \quad (1)$$

Dans cette formule, G_{it} est le taux de croissance du PIB réel ; F_{it} l'inclusion financière ; X_{it} est la matrice des variables de contrôle ; *it* représente les données du pays *i*, l'année *t*.

La formule (1) est modifiée pour intégrer toutes les variables de contrôles contenues dans le vecteur *X*. On obtient ainsi la spécification empirique suivante.

$$G_{it} = \beta_0 + \beta_1 IIF_{it} + \beta_2 INFL_{it} + \beta_3 INVEST_{it} + \beta_4 C_{it} + \beta_5 DEP_{it} + \psi_{it} \quad (2)$$

Avec *IIF* l'indice d'inclusion financière, la variable d'intérêt au cœur de ce travail ; *INFL* est l'inflation ; *C*, le commerce extérieur ; *DEP*, les dépenses de consommation finale des administrations publiques ; *INVEST*, les investissements, et ψ, un terme d'erreur de moyenne nulle.

La méthode des moments généralisés (MMG) est utilisée pour estimer les paramètres du modèle (2). Nous utilisons les variables instrumentales dont la formalisation proposée par Hansen (1982) est largement utilisée en économie et en finance (Aït-Sahalia et Hansen, 2009). Nous nous inspirons du travail de Levine (1997) qui est basé effectivement sur l'utilisation des variables instrumentales. En effet, la MMG est largement utilisée pour les raisons bien connues. En particulier, la MMG fournit une alternative simple aux autres estimateurs (Johnston et Dinardo, 1997). De même, dans la pratique, les estimateurs MMG sont construits sans qu'on ait à spécifier le processus complet de génération de données qui serait nécessaire pour réécrire l'estimateur du maximum de vraisemblance (Hansen, 2007).

3. Résultats des estimations

Le tableau 3 ci-contre présente les résultats de l'estimation par la méthode des moments généralisés à partir des données annuelles de l'ensemble des pays de la CEMAC.

Tableau 3 : Estimations de l'effet de l'IIF sur la croissance

Variables explicatives (de droite)	PIB réel, variable expliquée (de gauche)
IIF	-1,000
	(0,945)
INFL	-0,321
	(0,401)
INVEST	-0,238
	(0,229)
C	0,131*
	(0,0783)
DEP	-1,152***
	(0,261)
CONST	16,73***
	(4,473)
Wald chi2(5)	28,90
Prob> chi2	0,0000
Root MSE	7,0496
Observations	90
R^2	0,307
Notes : Les écarts-types sont entre parenthèses. 1 % (*), 5 % (**) et 10 % (***) représentent les seuils de significativité des paramètres.	

Source : Les auteurs, à l'aide du logiciel STATA

Par rapport à la question de départ, le tableau 3 montre que l'IIF n'a pas d'effet significatif sur la croissance, même pas au seuil de 10 %. Ce résultat est confirmé par les données du tableau 4 qui montre un très faible coefficient de corrélation linéaire entre l'inclusion financière et le PIB réel (20 % environ). Tout cela s'explique sans doute par le faible niveau d'inclusion financière dans la CEMAC où le taux de bancarisation reste encore très faible. Mais on peut aussi expliquer ce résultat par l'indicateur composite utilisé pour capter l'inclusion financière. En effet, cet indicateur est une combinaison de plusieurs variables dont le lien direct avec la croissance n'est pas facile à établir. Par exemple, la relation entre "Nombre de guichets automatiques des banques pour 100 000 adultes" et la croissance n'est pas évidente dans la mesure où ce produit n'est pas accessible aux opérateurs ne disposant ni carte de crédit ni carte de débit. Autrement dit, la densité des guichets automatiques n'est pas un indicateur suffisant pour mesurer l'inclusion financière des individus ou des organisations.

Tableau 4 : Matrice des corrélations entre variables

	PIB	**IIF**	**INF**	**INVEST**	**C**	**DEP**
PIB	1,0000					
IIF	0,1989	1,0000				
INF	0,0425	0,1072	1,0000			
INVEST	0,0274	-0,0161	0,0754	1,0000		
C	0,0713	-0,0245	0,1379	0,7825	1,0000	
DEP	-0,5295	-0,4529	-0,1718	0,2596	0,2822	1,0000

Source : Les auteurs, sous STATA

Les résultats empiriques contenus dans le tableau 3 montrent que le coefficient attaché au commerce extérieur des marchandises est positif et significatif au seuil de 1 %. Le commerce extérieur apparaît donc comme la locomotive qui tire la croissance du PIB réel en zone CEMAC.

Contrairement aux enseignements de la théorie du multiplicateur, les dépenses finales de consommation de l'Administration semblent négativement liées au PIB réel. Le coefficient attaché à cette variable est négatif et significatif au seuil de 10 %. Ce résultat est conforme à l'observation empirique qui laisse voir qu'en zone CEMAC, les dépenses publiques exercent un effet multiplicateur plutôt à l'extérieur, d'où viennent la plupart des biens et services consommés par les opérateurs locaux. Par exemple, les biens de consommation courante des administrations publiques (ordinateurs et consommables, matériel et équipement de bureau, etc.) sont généralement importés. Toutefois, une politique efficace d'inclusion financière pourrait permettre de produire une partie de ces biens, booster la croissance et créer les emplois.

Conclusion

Cette contribution a permis d'évaluer l'impact de l'inclusion financière sur la croissance dans la zone CEMAC. Deux étapes ont permis d'y parvenir. Premièrement, nous avons construit un indice d'inclusion financière (IIF). Deuxièmement, la méthode des moments généralisés a été utilisée pour mesurer ces effets à partir des données de panel issues de la Banque mondiale sur la période de 2004 à 2018. Les résultats empiriques montrent que le commerce international des marchandises apparaît comme un déterminant important de la croissance, traduisant l'extraversion des économies et la dépendance de ces pays vis-à-vis de l'extérieur.

Par contre, l'indice d'inclusion financière n'a pas d'effet significatif sur la croissance, probablement à cause de l'effet de seuil. Le niveau d'inclusion financière en zone CEMAC demeure très faible pour stimuler la demande des services financiers et financer les projets qui favorisent la croissance économique. Le niveau d'inclusion financière devra atteindre un certain seuil pour avoir un effet positif sur la croissance.

Il en résulte que, dans leur stratégie de développement communautaire, les autorités publiques gagneraient à concevoir et mettre en œuvre des politiques d'inclusion financière efficaces. Cela passe par la densification des institutions et des services bancaires et financiers. Pour ce faire, les nouveaux outils basés sur l'exploitation de la téléphonie mobile et les TIC, technologies de l'information et de la communication (la digitalisation des services financiers), seraient quelques pistes à explorer à court et moyen termes.

Références

Abessolo, Y. A., et Timbi, S. 2019. Institutions et inclusion financière dans la CEMAC. *Finance & Finance Internationale*, N°. 15, pp. 2489-1290.

Adeola, O., and Evans, O. 2017. Financial inclusion, financial development and economic diversification in Nigeria. *The journal of Developing Areas*, vol. 51, N°. 3, pp. 1-15.

Aït-Sahalia, Y., and Hansen, L. P. 2009. *Handbook of financial econometrics: Tools and techniques.* Volume 1. Elsevier.

Allen, F, Demirgüc-Kunt, A, Klapper, L and Martinez Peria, M. S. 2016. The foundations of financial inclusion: understanding ownership and use of formal accounts. *Journal of Financial Intermediation*, Vol. 27, N°. pp. 1-30.

Ardic, O. P., Heimann, M., Mylenko, N. 2011. *Access to financial services and the financial inclusion agenda around the world: a cross-country analysis with a new data set.* Policy Research Working Paper N°. 5537.

Banque mondiale. 2012. *Cadre de référence des stratégies d'inclusion financière.* Washington DC.

BEAC (Banque des États de l'Afrique centrale). 2016. *Rapport annuel.* Yaoundé, Cameroun.

BEAC. 2019. *Rapport annuel.* Yaoundé, Cameroun.

Beck, T., Demirgüç-Kunt, A., and Martinez Peria, M. S. 2008. Banking Services for Everyone? Barriers to Bank Access and Use around the World. *The World Bank Economic Review,* Vol. 22, N°. 3, pp.397-430.

Chevalier-Farat, T. 1992. Pourquoi des banques ?. *Revue d'Économie Politique*, Vol. 102, N°. 5, pp. 633-685.

Chuc, A.T., Li, W., Phi, N.T. M.T., Tuan LE, Q. T., Yoshino, N., Taghizadeh-Hesary, F. 2021. «The necessity of financial inclusion for enhancing the economic impacts of remittances». *Borsa Istanbul Review*. pp. 2214-8450.

Demirgüç-Kunt, A., Klapper, L., and Singer, D. 2017. *Financial inclusion and inclusive growth: a review of recent empirical evidence*. Policy Research Working Paper N°. 8040, World Bank.

Demirgüç-kunt, A., Klapper, L., Singer, D., Ansar, S, Hess, J. 2018. *The Global findex database 2017 Measuring financial inclusion and the fintech revolution.* World Bank.

Dev, S. M. 2006. Financial inclusion: issues and challenges. *Economic and Political Weekly*, pp. 4310-4313.

Donovan, K. 2012. Mobile money for financial inclusion. *Information and Communication for Development*, Vol. 61, N°.1, pp. 61-73.

Gloukoviezoff, G. 2009. L'exclusion bancaire : de quoi parle-t-on ? Une perspective française. *Vie & Sciences de l'Entreprise,* Vol. 2, N° 182, 9-20.

Guerin, I. 2015. *La microfinance et ses dérives. Émanciper, discipliner ou exploiter* ? Éditions Demopolis.

Hannig, A., and Jansen, S. 2010. *Financial inclusion and financial stability: Current policy issues*. ADBI Working Paper N° 259.

Hansen, L. P. 2007. *Generalized method of moments estimation*. Department of Economics. University of Chicago, pp. 1-14.

Hansen, P. L. 1982. Inclusion : need for differentiation between access and use large sample properties of generalized method of moments estimators. *Econometrica*, Vol. 50, N°. 4, pp. 1029-1054.

Iyer, I. 2015. Financial. *Economic & Political Weekly*, Vol. 50, N°. 7, p. 19.

Johnston, J., and Dinardo, J. 1997. *Economtrics Methods*. Four Edition.

Karlan, D., Kendall, J., Mann, R., Pande, R., Suri, T., and Zinman, J. 2016. *Research and Impacts of Digital Financial Services*. NBER Working Paper N° W22633.

Kempson, E., Whyley, C., Caskey, J., and Collard, S. 2000. *In or out? Financial exclusion: a literature and research review*. Londres : Financial Services Authority.

Lazarus, J. 2009. L'épreuve du crédit. *Sociétés Contemporaines,* Vol. 4, N°. 76, pp. 17-39.

Lelart, M. 2007. Le père du microcrédit honoré par le prix Nobel… de la paix ». *Revue d'Économie Politique*, Vol. 117, N°. 2, pp. 197-208.

Levine, R. 1997. Financial development and economic growth: views and agenda. *Journal of Economic Literature*, Vol. 35, N°. 2, pp. 688-726.

Leyshon, A., and Thrift, N. 1995. Geographies of financial exclusion: financial abandonment in Britain and the United States. *Transactions of the Institute of British Geographers*, Vol. 20, N°. 3, pp. 312-341.

Morvant-Roux, S., et Servet, J.-M. 2007. De l'exclusion financière à l'inclusion par la microfinance. *Horizons Bancaires*, N°. 334, pp. 55-66.

ONU. 2006. *Construire des secteurs financiers accessibles à tous*. Washington, DC.

Ozili, P. K. 2020. *Theories of financial inclusion*. MPRA Paper N°104257.

Pinos, F. 2015. *Inclusion financière et populations précarisées : effets des business models des services financiers en France*. Thèse de Doctorat, Université de Bordeaux.

Ramji, M. 2009. *Financial inclusion financial inclusion in Gulbarga: Finding Usage in Access*. Centre for Micro Finance Working Paper Series, N°. 26.

Reinhart, C., Rojas-Suarez, E., and Vazquez, F. 2010. *Financial access and the poor: the cross-country evidence*. Center for Global Development, Organization for Economic Co-operation and Development, Paris.

Saïdana, D., et Asma, B. 1999. Raison d'être et spécificité de la firme bancaire : pourquoi la banque n'est-elle pas une entreprise comme les autres ? *Les Cahiers du Gratice*, N°. 16, pp. 171-190.

Sarma, M. 2008. *Index of financial inclusion*. ICRIER Working Paper N° 215.

Sarma, M. 2012. *Index of financial inclusion. A measure of financial sector inclusiveness*. CITD Working Paper N° 07.

Servet, J.-M. 2000. L'exclusion, un paradoxe de la finance. *Revue d'Économie Financière*, Vol. 58, N°. 3, pp. 17-28.

Sukumaran, K. 2015. Financial access: inclusion and literacy. *Annual Research Journal of Symbiosis Centre for Management Studies*, Vol. 3, N°. 1, pp.188-207.

Tchouassi, G. 2012. Can mobile phones really work to extend banking services to the unbanked? Empirical lessons from selected Sub-

Saharan Africa countries. *International Journal of Developing Societies*, Vol. 1, N°. 2, pp. 70-81,

Vo, D. H., Nguyen, N. T., and Van, L. T. H. 2021. Financial inclusion and stability in the Asian region using bank-level data. *Borsa Istanbul Review*, Vol. 21, N°. 1, pp. 36-43

Yorulmaz, R. 2018. An analysis of constructing global financial inclusion indices. *Borsa Istanbul Review*, Vol. 18, N°. 3, pp. 248-258.

Annexe

Méthodologie de calcul de l'indice composite d'inclusion financière

Elle est basée sur le travail de Sarma (2008) et comporte trois étapes.

a) Choix des dimensions de l'inclusion financière

On en a retenu trois groupes :

- D1[62] : Pénétration bancaire : nombre de comptes bancaires par individu et nombre de comptes bancaires ouverts par la population totale ;
- D2 : Disponibilité des services bancaires : nombre d'agences bancaires pour 1000 adultes. Guichets automatiques bancaires (pour 100 000 adultes), succursales des banques commerciales (pour 100 000 adultes) d'après la Banque mondiale ;
- D3 : Usage des services financiers : l'encours de prêts des banques commerciales (% PIB), l'encours des dépôts auprès des banques commerciales (% PIB). Dépositaires auprès des banques commerciales (% PIB), emprunteurs auprès des banques commerciales (pour 100 000 adultes) d'après la Banque mondiale.

b) Calcul de l'indice de chaque dimension

$$d_i = \omega i * \frac{Ai - mi}{Mi - mi} \qquad (1)$$

[62]Compte tenu des difficultés d'accès au taux de bancarisation de la population totale pour l'ensemble des six pays qui composent la zone CEMAC, cette dimension ne sera pas prise en compte dans le calcul de l'IIF.

Où ωi est le poids attaché à la dimension i, $0 \leq \omega i \leq 1$;

A_i = valeur actuelle de la dimension i ;

m_i = la valeur minimale de la dimension i ;

M_i = la valeur maximale de la dimension i

d_i = la dimension de l'inclusion financière.

c) Calcul de l'indice proprement dit

En considérant la dimension n de l'inclusion financière, le pays i serait représenté par le point $D_i = (d_1, d_2, d_3, \ldots d_n)$ dans l'espace cartésien dimensionnel.

$$IIFi = 1 - \sqrt{\frac{(1-d1)^2+(1-d2)^2+\ldots+(1-dn)^2}{n}} \qquad (2)$$

En prenant en compte les trois dimensions, Pi (pénétration), a_i (disponibilité) et u_i (usage), la formule de calcul de l'indice d'inclusion financière devient :

$$IIFi = 1 - \sqrt{\frac{(\mathbf{1}-\boldsymbol{pi})^2+(\mathbf{1}-\boldsymbol{ai})^2+(\mathbf{1}-\boldsymbol{ui})^2}{\mathbf{3}}} \qquad (3)$$

Si $0{,}3 \leq$ IIF $< 0{,}5$, l'indice est moyen ;

Si $0{,}5 <$ IIF ≤ 1, on parlera de l'indice d'inclusion financière élevé ;

Si $0 \leq$ IIF $< 0{,}3$, l'indice d'inclusion financière est faible.

Chapitre 11 :

L'inclusion financière et le développement du secteur privé dans la Communauté économique des États de l'Afrique centrale

Adine NGAMTEBAYE

Introduction

L'inclusion financière ou l'accès aux services financiers (crédit, épargne, transferts, paiements, assurance, etc.) est devenu un sujet très important auquel les institutions internationales et nationales attachent une attention particulière. Dans les pays en développement, l'importance de la mobilisation des ressources par un système financier efficace pour le financement des activités économiques en vue du développement des secteurs de production n'est plus à démontrer.

En effet, l'inclusion financière est considérée comme un bon moyen de réduire les inégalités et la pauvreté. Elle reste un sujet davantage préoccupant dans la Communauté Economique des États de l'Afrique Centrale (CEEAC) où seulement 50 % des adultes ont accès aux services financiers. La nécessité d'améliorer l'accès aux services financiers des individus, même les plus démunis, reste ainsi un impératif des bailleurs de fonds et des gouvernements.

Le secteur privé en particulier, placé au centre des modèles de développement économique actuels, considéré comme le pourvoyeur d'emplois et le créateur de la richesse, est mal cerné dans certaines régions économiques, particulièrement en Afrique Centrale. Son développement est généralement limité par des contraintes liées aux difficultés d'accès au financement, à l'environnement des affaires non favorable et aux contraintes institutionnelles.

Des études ont montré l'importance de l'inclusion financière et d'un secteur privé dynamique comme facteurs d'une croissance inclusive et de réduction de la pauvreté dans le monde. Cependant, il s'agit ici de mettre en relation l'inclusion financière et le développement du secteur privé et d'évaluer l'importance de l'accès aux services financiers pour le développement du secteur privé dans la CEEAC. Ceci se fait en considérant deux dimensions de l'inclusion financière à savoir l'accès au crédit et l'utilisation de l'épargne et en approximant le secteur privé par l'investissement privé mesuré par la formation brute de capital fixe privé dans les pays de la CEEAC.

L'objectif global est de montrer que l'inclusion financière contribue à développer le secteur privé dans les pays de la CEEAC. De façon spécifique, l'étude vise à :

- montrer que l'accès au crédit améliore la formation brute de capital fixe du secteur privé ;
- montrer que la mobilisation de l'épargne accroît le niveau de la formation brute de capital fixe du secteur privé.

À partir de ces objectifs spécifiques, deux hypothèses sont formulées :

i) le crédit au secteur privé entraîne l'augmentation de la formation brute de capital fixe privé ;

ii) la mobilisation de l'épargne disponible entraîne l'accroissement de la formation brute de capital fixe privé.

Le chapitre est organisé autour de quatre points. Le premier point décrit le contexte général et la problématique de l'étude. Le deuxième point aborde la revue de la littérature et les points trois et quatre exposent respectivement la méthodologie et les résultats de l'étude.

1. Contexte et problématique

La CEEAC, créée en octobre 1983 et son Secrétariat Général mis en place en janvier 1985, compte actuellement onze (11) pays membres. Elle est l'une des sous-régions les plus riches du continent africain, au regard de sa forte dotation en ressources naturelles (CEEAC, 2014). Paradoxalement, cette richesse contraste avec le niveau de développement économique, résultat de la faible diversification économique due en particulier à la prédominance du secteur pétrolier (cf. Syndrome hollandais[2]). L'économie de ces pays est donc appelée à se transformer structurellement pour libérer son potentiel et créer les conditions d'une base productive diversifiée, permettant une croissance forte et bien redistribuée, processus nécessitant la mise en œuvre de réformes structurelles qui favorisent l'investissement privé orienté vers les secteurs porteurs de diversification (BAD, 2013).

Dans les économies de marché, le secteur privé est le principal moteur de la création des richesses et de la croissance économique. Il se définit, selon le lexique économique de « Andlil Trader Inside », comme étant le secteur économique où l'État n'intervient pas ou du moins intervient peu. Il est constitué principalement des entreprises privées n'appartenant pas à l'État et qui sont gérées par des particuliers et dont la raison d'être est le profit. C'est le lieu par excellence de stimulation de l'innovation.

En zone CEEAC, le secteur privé est relativement peu visible du fait des difficultés qui ne permettent pas son expansion. Son caractère essentiellement informel, le climat des affaires morose, les problèmes de gouvernance et d'énergie sont autant de contraintes qu'il faut lever pour faire des entreprises de ce secteur les créateurs efficaces de richesses déclarés auprès des autorités (Nations Unies, 2014).

Même si l'Afrique a accompli d'importants progrès dans la financiarisation de son économie, le secteur privé reste sous-desservi en termes d'accès au financement, une condition nécessaire de son développement. En effet, en l'absence d'un financement adéquat, il n'est pas aisé de créer de nouvelles entreprises privées et celles qui existent déjà peinent à développer leurs activités et contribuer efficacement à la croissance économique (BAD, 2011). On peut parler alors d'une situation de faible inclusion financière (ou des difficultés d'accès et d'utilisation des services financiers) constituant un défi majeur à relever dans la zone CEEAC. Pourtant, l'inclusion financière est considérée comme un facteur essentiel de développement et de réduction de la pauvreté.

Selon la Banque mondiale (2008), l'inclusion financière se définit comme étant la possibilité pour les individus et les entreprises d'accéder à moindre coût à toute une gamme de produits et de services financiers utiles et adaptés à leurs besoins (transactions, paiements, assurance, épargne et crédit) proposés par des prestataires fiables et responsables. Ainsi, l'accès à ces produits et services facilite le quotidien et aide les ménages et les entreprises à lancer des projets à long terme, faire face à des imprévus, créer une entreprise ou développer leurs activités. L'inclusion financière favorise le développement économique en permettant à une part croissante des ménages et des PME d'accéder à une large palette de services financiers pour un coût raisonnable (Guérineau, 2014). Elle serait un instrument de réduction de la pauvreté.

Cependant, d'après le rapport de la Banque de France (2013), l'accès aux services financiers dans les pays en voie de développement est limité par plusieurs contraintes particulières (faible densité de la population et des institutions financières, manque d'infrastructures de transport et de communication, coûts élevés des services financiers, capacité limitée des ménages à fournir des garanties) qui nécessitent des réponses innovantes et adaptées au contexte spécifique de ces régions. Il demeure une préoccupation majeure en Afrique, en particulier où moins de 20 % des ménages ont accès aux services financiers formels et où les ménages les plus pauvres n'y ont pas accès.

Or ces populations sont les plus vulnérables face aux chocs (aléas climatiques, décès, maladies, etc.) qui affectent directement leurs revenus et leur capacité à investir pour augmenter leurs richesses. Selon Guérineau (2014), l'inclusion financière apparaît la plus faible en Afrique au sud du Sahara (ASS) et, en particulier, en Zone franc, en termes de bancarisation, d'intensité d'utilisation des comptes bancaires et surtout d'accès au crédit. En Afrique centrale, l'accès aux services financiers reste l'un des plus faibles au monde. Les entreprises font état des difficultés qu'elles ont pour obtenir des financements auprès des banques alors que celles-ci sont en situation dite de « surliquidité ». Ces difficultés sont aggravées par un environnement juridique qui n'encourage pas les banques à augmenter leur portefeuille de prêts en raison de la difficulté à réaliser les suretés. D'ailleurs, les PME, ces organisations qui ont le plus besoin du soutien des banques, sont considérées, à tort ou à raison, comme une clientèle à risque (CEEAC, 2014). Dans un tel contexte, il est utile de concevoir et mettre en œuvre des stratégies efficaces qui permettent de remédier à cette situation afin d'encourager l'initiative privée dans cette sous-région.

Cela est manifestement une nécessité, car l'accès aux services financiers est considéré comme un aspect important du développement (Beck et al. 2004 ; Honohan, 2004 ; Levine, 2005 ; Claessens, 2006 ; Honohan et King, 2009). D'ailleurs, le niveau d'inclusion financière dans la CEEAC est largement inférieur à celui de l'Afrique sub-saharienne et des pays comparables dans d'autres régions du monde. Cette insuffisance limite la participation de larges couches de la population à l'activité économique et restreint l'accès des petites et moyennes entreprises au crédit nécessaire à leur développement. Elle favorise également le confinement des PME dans le secteur informel, avec tous les inconvénients que cela entraîne (CEEAC, 2015).

En outre, le système financier (les établissements de crédit et les marchés boursiers) joue un rôle déterminant dans la mobilisation de ressources venant des agents excédentaires. Il joue ainsi un rôle central dans la coordination des décisions d'épargne et d'investissement des ménages et des investisseurs, respectivement (Wicksell, 1935). Cette intermédiation financière directe et indirecte devrait permettre aux ménages d'épargner efficacement, d'un côté, et de l'autre, permettre aux entreprises de trouver les fonds suffisants dont elles ont besoin. Le développement financier se traduit donc par une mobilisation accrue de l'épargne pour un financement conséquent de l'économie, mais particulièrement et malheureusement en Afrique Centrale, il reste peu développé, avec une offre des produits financiers très limitée.

Schumpeter (1911) précise que le crédit sert le développement industriel et qu'il est une condition préalable à la création et au développement de l'innovation et donc de la croissance économique. Le ratio du crédit au secteur privé rapporté au PIB est faible au sein de la CEEAC, même s'il a progressé au cours des dernières années. Ce ratio traduit le faible accès des entreprises au financement formel. À Sao Tomé et Principe, il est passé de 4 % en 2000 à 38 % en 2011. En Angola, il augmente de 1,2 % à 21,8 % sur la même période. Par contre, ce ratio demeure relativement faible au Tchad (6,2 %), en RDC et au Congo (moins de 8 % en 2011) ou en Guinée Équatoriale (7,5 %). Cette situation s'explique essentiellement par une faible culture de l'épargne et la mobilisation de celle-ci pour le financement des activités économiques.

Selon la Banque Mondiale (2008), la moitié de la population adulte de la planète n'a pas accès aux services financiers de base. Pour Claessens (2006), le taux moyen d'utilisation des services financiers n'est que de 26 % dans les pays en développement, loin derrière celui des pays les plus développés, où il s'élève à 90 %. En fait, moins d'un foyer sur cinq en Afrique détient un compte dans une institution financière formelle (Ashcroft, 2008 ; Banque Mondiale, 2008). Selon Christen et al. (2004), sur les 500 millions de micro-entrepreneurs qui se trouvent dans le monde, il n'y aurait, dans les meilleurs des cas, que 85 millions qui ont été desservis en services financiers. En Afrique centrale, les banques participent peu au financement de l'investissement privé, 15 %, dans le meilleur des cas. Au Burundi, par exemple, pas plus de 35 % des entreprises disposent d'une ligne de crédit bancaire. Par conséquent, les entreprises s'en remettent généralement à l'autofinancement. La partie non couverte par le financement interne, celle qui implique notamment la présence des banques, requiert des garanties très importantes. Au Burundi comme en RDC ou au Cameroun, la valeur des garanties requises est supérieure à 200 % de la valeur du prêt sollicité et obtenu (BAD, 2012).

Sur tout un autre plan, la situation de l'emploi est caractérisée par un fort taux de chômage des jeunes de 18 à 29 ans, environ 31 % et une forte inadéquation entre l'offre et la demande (CEEAC, 2015). La corruption, les lourdeurs administratives et les inefficiences dans l'application des contrats entravent aussi l'intermédiation financière et réduisent la capacité des entreprises à accéder à un financement. En outre, dans nombre de pays africains, le système judiciaire ne fonctionne pas bien et les établissements financiers sont réticents à accorder des prêts en raison de l'inefficacité, de la lenteur et du coût des procédures de recouvrement des actifs (BAD, 2011). Les politiques menées jusqu'ici en matière de promotion des investissements manquent souvent de fiabilité. Elles ne réussissent pas à capter la confiance des investisseurs, nationaux ou étrangers. Très souvent, les entreprises et les investisseurs sont confrontés, dans la sous-région, au non-respect des engagements pris par les institutions publiques : des exonérations accordées, par exemple, sur une base contractuelle, dans le cadre de la loi de finances pour une année donnée, sont parfois annulées sans explication l'année suivante. Certaines dispositions des textes réglementaires ne sont parfois pas mises en œuvre, ou le sont de manière sélective (par clientélisme ou tout simplement par manque d'information ou de formation des administrations responsables). Un tel environnement facilite, voire, participe de diverses formes de discrimination, au détriment des opérateurs économiques privés les plus fragiles et/ou les moins bien introduits dans les réseaux de décisions (CEEAC, 2014).

Au total, on peut se poser la question de savoir si *l'inclusion financière peut contribuer à développer le secteur privé des pays de la CEEAC ?* De façon spécifique, promouvoir *l'accès au crédit, améliore-t-il le niveau de la formation brute de capital fixe privé des pays de la CEEAC ? La mobilisation de l'épargne, accroit-elle le niveau de la formation brute de capital fixe privé des pays de la CEEAC ?* Telles sont les questions auxquelles nous tentons d'apporter des éléments de réponses le long de ce chapitre.

2. Cadre conceptuel et revue de la littérature

Pour mieux comprendre et bien aborder les questions posées ci-haut, il semble important de les appréhender à partir des études théoriques et empiriques déjà menées sur les concepts en jeu, en convoquant différents travaux susceptibles de mettre en évidence la pertinence de l'étude. Cette section aborde successivement l'approche théorique des concepts clés, la relation théorique entre les variables de l'étude ainsi que quelques résultats empiriques obtenus jusque-là.

2.1 Les concepts clés

Les concepts clés de cette étude sont le système financier, l'inclusion financière, le crédit, l'épargne, le secteur privé et l'investissement privé dont nous montrons l'importance théorique telle que mise en exergue par différents courants de pensée.

Le « système financier », d'après Ledgerwood (1999), comprend les institutions financières, les services financiers, mais aussi les normes prudentielles qui visent à assurer son bon fonctionnement. La théorie de l'économie financière a mis en évidence l'importance d'un système financier efficace dans le financement de l'économie à travers l'offre des services financiers adaptés aux besoins des agents économiques.

Ainsi, Gurley et Shaw (1955), ont montré qu'un système financier efficient active la croissance économique. Selon eux, la principale contribution du système financier à la croissance économique repose sur le fait que ce dernier permet d'assurer le fonctionnement d'un système de paiement efficace et évolutif qui mobilise l'épargne et améliore son affectation à l'investissement grâce aux taux d'intérêt réels positifs. Selon Diamond et Dybvig (1983), sans un système financier efficace, le risque de liquidité inciterait des agents à financer des projets moins rentables, mais qui requièrent une immobilisation plus courte des fonds. En fournissant un service de dépôt à l'épargnant et en réalisant un mixage judicieux entre actifs liquides et non liquides, la banque améliore le bien-être des déposants en leur garantissant un rendement indépendant de l'état du monde connu par l'emprunteur (Bencivega et Smith, 1991). Pagano (1993) suggère que le développement du secteur financier affecte la croissance à long terme parce qu'il augmente le montant d'épargne destinée à l'investissement. Selon Levine (2005), le secteur financier remplirait cinq fonctions : i) produire de l'information sur les possibilités d'investissement et l'allocation de capital ; ii) surveiller la qualité des investissements ; iii) faciliter la négociation, la diversification et la gestion des risques ; iv) mobiliser et mettre en commun l'épargne ; et, v), faciliter l'échange des biens et services.

L'inclusion financière, à savoir une situation où les particuliers et les entreprises ont l'opportunité d'accéder et la capacité d'utiliser une gamme diversifiée de services financiers (épargne, crédit,...) adaptés qui sont fournis de manière responsable et durable par des institutions financières formelles, permet de saisir les opportunités, réduire les inégalités et la pauvreté au sein de la population (Honohan, 2006). L'élargissement de l'accès aux pauvres et aux habitants des régions rurales d'Afrique aux services financiers aurait aussi directement pour effet d'améliorer la situation de ces derniers et à inverser la tendance observée sur le continent du moins jusqu'à récemment, à l'augmentation des inégalités et des taux de pauvreté (Honohan et Beck, 2007). Une meilleure accessibilité aux services financiers améliore les conditions et le cadre de vie des individus sur plusieurs plans à savoir : la santé, l'habitat, la nutrition, l'éducation, etc. (Ashcroft, 2008). L'inclusion financière permet aux plus démunis d'accroître et de diversifier leurs revenus, de construire et d'accumuler des actifs financiers et d'élargir leurs opportunités économiques (Beck et De la Torre, 2004 ; Ashcroft, 2008).

Les deux services financiers les plus courants à savoir, l'épargne et le crédit ont fait l'objet de nombreuses études. En ce qui concerne l'épargne, les courants de pensée se sont opposés sur sa conception et son rôle économique.

D'après les classiques dont le chef de fil est Adam Smith (1776), l'épargne est une simple renonciation à la consommation présente en vue d'accumuler du capital pour une consommation future. Le courant classique place l'épargne au centre de l'analyse et la considère comme un facteur important de la croissance économique. Selon le modèle de croissance de Solow (1956) le plus généralement utilisé dans les analyses empiriques, il est montré que le taux d'épargne est le déterminant clé du stock de capital, un taux d'épargne élevé présumant que l'économie se dote d'un stock de capital important qui lui permet de produire un volume élevé des biens et services. Un faible taux d'épargne marque aussi un faible taux de stock de capital et donc une faible production. D'après ce modèle, une économie dans laquelle l'épargne est insuffisante d'épargne ne peut pas produire suffisamment des biens et services.

Keynes (1936) et les keynésiens s'opposent à cette vision de l'épargne. Pour eux, il s'agit d'un résidu qui est fonction du revenu puisque l'épargne n'est rien d'autre que la partie du revenu non consommée. En période économique défavorable, de basse conjoncture, les ménages sont incités à épargner pour affronter les risques futurs, ce qui a pour conséquence macroéconomique de restreindre d'autant la demande et donc d'affaiblir davantage l'économie. Certes, cette épargne pourrait alimenter le besoin de financement des entreprises qui désireraient investir. Mais, toujours dans la perspective de la vision keynésienne, en cas d'anticipations pessimistes sur l'évolution de la demande effective, les entreprises peuvent s'abstenir d'investir. Keynes ajoute que « l'expansion se caractérise par un excès de l'investissement sur l'épargne et que la récession se caractérise par un excès de l'épargne sur l'investissement ».

S'agissant du crédit, selon Berkal (2012), sans ressources appropriées, l'entreprise ne produit pas, ne vend pas, et donc ne peut survivre que si elle a réussi à mobiliser les ressources nécessaires au maintien de son cycle d'exploitation et au financement de ses investissements. Le financement externe des entreprises revêt une grande importance pour le financement des besoins d'investissement et d'exploitation, d'où la nécessité d'accès au crédit. Comme dans le cadre d'analyse fixée par Stiglitz et Weiss (1981), des entreprises sans fonds propres ont besoin d'emprunter auprès d'une banque un certain montant de ressources pour financer un projet risqué.

Le principal emploi des banques est la distribution de crédits à l'économie ou à l'État. Un crédit est une créance de la banque, et donc une dette que l'emprunteur est tenu de rembourser. Il permet à l'entreprise de booster ses investissements et donc sa production (Ginglinger, 1991). Le crédit apparait ainsi comme une activité très importante dans le financement des entreprises et des économies nationales.

Le secteur privé correspond au secteur d'activité de l'économie où l'État n'intervient pas ou du moins intervient peu. Il est constitué principalement des entreprises privées n'appartenant pas à l'État et étant gérées par des particuliers (entrepreneurs) et dont la raison d'être est le profit. L'analyse est essentiellement centrée sur l'entrepreneur dont la recherche du profit débouche sur la promotion de l'activité économique. Smith (1991) pense que l'accumulation du capital est la fonction principale de l'entrepreneur et la bonne marche de son affaire comme seul objectif. Pour Ricardo (1933), la détention du capital permet l'exercice du rôle d'investisseur. L'entrepreneur est propriétaire du capital, du fait qu'il accepte et supporte le risque, il lui revient le droit de prendre des décisions essentielles. L'entrepreneur selon Say (1972), est l'agriculteur, le manufacturier, le commerçant, ou en général, l'entrepreneur d'industrie dont l'objectif est de créer, pour son compte, à son profit et à ses risques, un produit ou un service quelconque. Say (1972) place ainsi l'entrepreneur au centre de la dynamique économique. Pour Schumpeter (1911), l'entrepreneur acquiert une dimension héroïque : il s'agit d'un « capitaine d'industrie » dont les trois mobiles sont « le rêve et la volonté de fonder un royaume privé », « la volonté du vainqueur », mais également « la joie enfin de créer une forme économique nouvelle ». Par cette volonté personnelle de prospérer, l'entrepreneur apparait comme le vecteur du développement économique.

L'investissement est l'acte qui permet d'accroître ou de renouveler l'outil de production ou d'acquérir de nouveaux procédés. Il intègre ainsi l'investissement immatériel (Beitone, Cazorla, Dollo et Drai, 2007). La comptabilité nationale définit un agrégat, la FBCF, qui permet de quantifier l'effort d'investissement des différents secteurs institutionnels. Dans le SEC 95, la FBCF correspond à la valeur des biens durables neufs acquis par les unités de production pour être utilisés pendant au moins un an dans leur processus de production.

La FBCF comprend aussi l'acquisition de logements et les grosses réparations y relatives par les ménages et des administrations. Selon Fisher (1930), la décision d'investir résulte d'un arbitrage inter temporel. La valeur du temps (renoncement à une satisfaction immédiate pour une satisfaction future plus élevée) joue un rôle donc essentiel dans le choix des investissements. Pour cet auteur, le producteur choisit d'investir s'il peut obtenir, avec un taux d'actualisation au moins égal au taux d'intérêt, une valeur actualisée nette positive. Plus le taux d'intérêt réel et élevé, plus le producteur est sélectif dans ses projets. En conséquence, la décision d'investir est assimilée à un arbitrage entre plusieurs projets (entre deux investissements, entre un investissement et un placement, entre un investissement et la distribution de dividendes). Pour Keynes (1936), le niveau de l'investissement dépend de l'incitation à investir qui est déterminée par l'efficacité marginale du capital et le taux d'intérêt. Selon lui, l'investissement a lieu si le taux d'intérêt réel est inférieur à l'efficacité marginale du capital. Dans le cas contraire, il est plus rentable d'effectuer un placement financier. Il adopte une analyse marginaliste pour construire la fonction d'investissement. Le calcul de l'efficacité marginale du capital est en partie fondé sur des faits présents et notamment sur le volume et le taux d'utilisation des capacités de production existantes.

Le rôle de l'épargne a toujours été au cœur de l'analyse économique. En effet, l'épargne a toujours été pensée en relation avec l'accumulation du capital qui est elle-même au cœur de la dynamique économique. Toutefois, des points de vue s'opposent sur le rôle de l'épargne dans l'économie.

L'insuffisance de l'épargne est dans l'analyse libérale l'un des facteurs explicatifs de la faiblesse de l'investissement. L'épargne constitue une offre de fonds prêtables qui est confrontée à la demande de fonds que les entreprises désirent investir. Elle est indispensable à un financement sain de l'investissement (Beitone, Cazorla, Dollo et Drai, 2007).

Selon la loi de Say, l'épargne est automatiquement investie et les « produits s'échangent contre les produits », la monnaie est ainsi neutre, comme le soutiennent également les monétaristes. Une hausse de l'épargne a un effet positif, car elle fait baisser le taux d'intérêt, ce qui est favorable à l'investissement.

Les modèles néoclassiques de croissance (modèle de Solow notamment) font référence à un taux d'épargne optimal correspondant à une variation du produit par tête qui compense exactement la dépréciation globale du capital par tête. Grâce à ce taux d'épargne, l'économie évolue sur un sentier de croissance équilibré qui maximise la consommation par tête et le bien-être social (règle d'or de l'accumulation).

Dans les années 1930, Hayek (1899-1992), reprenant la thèse de l'école autrichienne sur le capital, montre que l'investissement doit être financé par une épargne spontanée des agents qui renoncent à une consommation immédiate. Contrairement à Hayek, Keynes (1883-1946) soutient que l'épargne et l'investissement s'ajustent nécessairement. Une hausse de l'épargne ne peut pas être considérée comme la promesse d'une dépense future puisqu'elle réduit la consommation et donc la production et les revenus, d'où une nouvelle baisse de la consommation. L'égalité entre épargne et investissement est donc compatible avec le sous-emploi, ce qui est une conclusion opposée à la loi des débouchés.

Mac Kinnon et Shaw (1973) défendent la hausse des taux d'intérêt, l'ouverture du compte du capital, la dérégulation du système bancaire et financier et le retrait de l'intervention publique. Leur objectif est la mobilisation de l'épargne domestique et l'amélioration de son affectation dans des projets d'investissement les plus rentables et par conséquent une stimulation de la croissance.

Les crédits occupent une place prépondérante dans le financement des sociétés n'ayant pas accès aux marchés financiers au premier rang desquelles figurent naturellement l'immense majorité des PME. L'accès au crédit par l'entreprise lui permet de booster son investissement et donc sa production (Ginglinger, 1991). Friedman et Kuttner (1993) suggèrent qu'en début de récession, les entreprises peuvent être confrontées à des contraintes de liquidité. En raison d'une insuffisance de cash-flow, l'accroissement du besoin en fonds de roulement lié au gonflement des stocks ne peut être financé sur ressources propres. Les entreprises ont alors recours à des crédits de trésorerie supplémentaires.

Bancel (1995), montre que le crédit bancaire lié au besoin d'investissement influence la performance de l'entreprise, car comme déjà indiqué plus haut, il est considéré comme un sacrifice de ressources économiques aujourd'hui dans l'espoir d'obtenir dans le futur des recettes supérieures. Selon Guigou et Vilanova (1999), les financements contractés par les entreprises auprès des banques doivent être analysés en termes d'enjeux. L'objectif du crédit bancaire est de rendre l'entreprise bénéficiaire plus performante. Ainsi, il joue un rôle de promotion de l'investissement productif, de soutien à l'activité des entreprises de l'économie dans son ensemble. En promouvant l'investissement et en protégeant les détenteurs contre les aléas de la vie, le crédit est un outil indispensable au développement économique (Coetzee et Yepes, 2014).

2.2 Littérature empirique

Elle porte sur le lien entre l'épargne et l'investissement d'une part, et, d'autre part, sur le lien entre crédit et investissement.

2.2.1 Épargne et investissement

Plusieurs études empiriques ont mis en exergue la relation épargne-investissement. Ces travaux économiques ont montré que le bas niveau de l'épargne est l'une des causes de la faiblesse de l'investissement et donc de la baisse de la croissance (Sodokin, 2000). Certains travaux ont pris en compte le rôle de l'hétérogénéité pour expliquer la forte corrélation épargne-investissement et d'autres, à l'aide d'un modèle inter temporel, ont montré en quoi le degré d'hétérogénéité de cette relation pourrait s'expliquer par la dynamique d'intégration économique.

À partir des données de panel, Feldstein et Horioka (1980) ont effectué la régression du taux d'investissement sur le taux d'épargne par l'estimateur ''between''. Le coefficient de la régression est appelé coefficient de rétention de l'épargne nationale représentant la part d'épargne disponible à l'intérieur des frontières nationales pour le financement de l'investissement national. Lorsque ce coefficient est proche de zéro, l'investissement national est moins financé par l'épargne nationale. Il est beaucoup plus financé par l'épargne étrangère : il y'a donc une forte mobilité des capitaux. Dans leur étude, le coefficient est très proche de 1 pour seize pays de l'OCDE considérés entre 1960 et 1974, ce qui suggère paradoxalement l'absence d'intégration économique. Ce paradoxe pourrait s'expliquer en partie par la spécification du modèle ''Between'' qui suppose que les pays sont homogènes et qu'il n'y a pas de variabilité temporelle. On peut donc déduire de cette analyse que l'investissement national est financé par l'épargne nationale.

Tesar (1991) montre que la corrélation positive élevée entre épargne et investissement est un résultat robuste sur des échantillons plus ou moins larges concernant les pays de l'OCDE. Le modèle néoclassique à deux pays de Baxter et Crucini (1993) fait exception en ce qu'il cherche à prendre en compte les interdépendances internationales. Ils montrent, dans un contexte de parfaite mobilité des capitaux réels et financiers, qu'il existe une corrélation positive entre les taux d'investissement et d'épargne et que les corrélations observées ne sont pas contradictoires avec les prédictions du modèle. De plus, le modèle permet de prédire que les corrélations doivent être plus élevées pour les grands pays que les petits pays, conformément à l'observation empirique déjà signalée.

Maveyraud-Tricoire (2006), par son étude de « l'hétérogénéité de la relation épargne-investissement comme indicateur de la dynamique d'intégration économique » appliquée au cas européen, approuve cette relation. Il propose une méthode robuste à l'hétéroscédasticité des résidus de la régression du taux d'investissement sur le taux d'épargne et à l'aide d'un modèle macroéconomique inter temporel en choisissant les échantillons selon le critère institutionnel. Trois échantillons sont pris en compte (un groupe OCDE, un groupe zone Euro et un groupe rassemblant les pays « signataires du traité » 1975). Il parvient au résultat que la relation épargne-investissement pour les pays considérés dans l'étude répond encore à des spécificités nationales masquées.

Gouëdard et Vaillancourt (2011), en reprenant le modèle de Feldstein et Horioka (1980), parviennent à montrer qu'il existe une relation entre le taux d'épargne et le taux d'investissement, mais d'une importance minime. Ils utilisent à cet effet les données de panel hétérogène sur une période allant de 1990-2009 à partir du modèle à effets fixes sur les ménages des provinces canadiennes. Il en ressort qu'une variation de 1 % de la première différence du taux d'épargne des ménages se répercute à hauteur de 8,5 % sur la différence première du taux d'investissement.

2.2.2 Crédit et investissement

L'école du « canal du crédit » défend l'idée selon laquelle les évolutions de l'offre de crédit et de l'activité seraient étroitement corrélées, sans en fournir une validation empirique irréfutable. Toutefois, certains travaux empiriques ont trouvé une relation positive entre l'accès au crédit et le financement des investissements privés et donc de la performance du secteur privé, tandis que d'autres ont trouvé le contraire en ce qui concerne les PME.

Kashyap, Stein et Wilcox (1993) ont observé, à partir de données américaines, que l'évolution du ratio crédits bancaires/(crédits bancaires + billets de trésorerie) est corrélée avec le cycle économique. Ce ratio, qu'ils dénomment ratio « mix », se replie dans les périodes de ralentissement de l'activité et s'accroît en phase de reprise. Jõeveer et al. (2006) ont mis en exergue la relation entre le crédit bancaire et les indicateurs de performance des PME des pays en transition de l'Europe de l'Est (Bulgarie, Georgie, Russie et l'Ukraine). De façon générale, sept indicateurs de performance sont utilisés. Il s'agit du taux d'investissement, du taux de survie, les recettes, le bénéfice, le coût du travail, l'emploi et la part de marché. Ils arrivent à la conclusion selon laquelle le crédit bancaire a un effet positif et significatif sur la plupart des indicateurs de performance des PME, notamment l'investissement, les recettes, l'emploi et la part des marchés. Niyonsaba et Ngoa Tabi (2012) ont montré dans une étude portant sur un échantillon de 413 PME, à l'aide d'un modèle logit multinominal, que les PME ayant accès au crédit bancaire survivent plus longtemps que les autres au Cameroun.

En utilisant les modèles à effets aléatoires et les variables instrumentales pour capter l'influence des dettes bancaires sur les entreprises, Tioumagneng (2011) parvient au résultat selon lequel les dettes bancaires défavorisent la performance des PME camerounaises.

3. Méthodologie

L'étude porte sur un panel de huit (8) pays des onze (11) de la CEEAC dont la liste est reprise à l'annexe du chapitre. L'étude couvre la période 2003-2015, soit treize ans d'observation. Le choix de la taille de l'échantillon repose sur les données disponibles en ce qui concerne les principales variables qui revêtent un intérêt pour l'étude. La longueur des données a été dictée par les données disponibles sur la période retenue. Les données utilisées viennent de la Banque mondiale qui publie chaque année les indicateurs de développement dans le monde (WDI) et les indicateurs de la gouvernance (WGI). Nous faisons usage du modèle des données de panel statique dans le cadre de cette étude compte tenu des avantages de ce modèle cylindré. Ces données sont traitées des logiciels Excel, STATA 12 et Eviews 8.

En effet, les données de panel concernent les données portant sur un ensemble d'individus, observés sur une longue période. En fait, il s'agit d'un ensemble des données temporelles portant sur un groupe d'individus observés à plusieurs dates. Par la plus grande quantité d'informations qu'elles contiennent, les données de panel pourraient permettre de mieux estimer les relations de long terme des phénomènes de l'économie. Les avantages de tels modèles sont nombreux et citons-en trois :

i) Elles permettent de mieux cerner l'impact des variables manquantes et elles sont plus efficaces pour découvrir les relations dynamiques, avec la forte capacité à fournir des estimateurs convergents en dépit des informations manquantes (Hsiao, 2007) ;

ii) les données de panel ont une inférence plus précise des paramètres du modèle puisqu'elles ont plus de degrés de liberté et plus de variabilité de l'échantillon que les données transversales ou des séries temporelles (Hsiao, 2007) ;

iii) l'avantage le plus important se porte sur le caractère "double dimension qu'ont les données de panel (Baltagi et al. 2008).

On peut distinguer trois types de modèles des données de panel : panel statique, panel dynamique et panel à seuil. Notre analyse est menée à partir du modèle des données de panel statique.

Il considère N individus (i = 1,…, N) et T observations temporelles (t = 1,…, T), soit n = N × T observations totales et peut s'écrire de la manière suivante :

$$y_{it} = \alpha_i + \alpha'_i x_{it} + \varepsilon_{it} \; Avec \; \varepsilon_{it} = \alpha_i + \delta_t + v_{it} \qquad (1)$$

Avec y_{it} = Variable endogène observée pour le pays i à la date t ;

x_{it} = Vecteur des variables exogènes ;

α_i = L'effet spécifique individuel qui est fixe dans le temps. Il correspond à l'hétérogénéité non observée ;

α'_i = vecteur des coefficients des k variables exogènes $\alpha'_i = (\alpha'_{1i}, \alpha'_{2i}, \ldots\ldots, \alpha'_{ki})$;

ε_{it} = Terme d'erreur δ_t = une composante temporelle (ou hétérogénéité inter-temporelle) ;

v_{it} = une erreur idiosyncratique, c'est-à-dire une composante spécifique à l'individu qui varie dans le temps et à travers les individus, avec v_{it} i.i.d.

Dans la forme générale du modèle à erreur composée, on inclut dans la perturbation un effet spécifique temporel δ_t. La décomposition de la variance permet de voir ce qui explique la différence entre les observations : est-ce que cette différence est due à la variance entre les individus ou entre les dates ? Est-ce que c'est un effet permanent (between) ou transitoire (within) ? S'agit-il d'un estimateur inter individuel ? Le terme fixe est-il conservé ?

Nous nous intéressons aux variations de la moyenne des groupes autour de la moyenne totale de l'échantillon. Avons-nous à faire à l'estimateur intra individuel ? Dans ce travail, nous allons prendre la différence entre la variable observée pour un individu à une certaine date et la moyenne des observations pour cet individu (estimateur within). Comme conséquence, le terme fixe disparaît (puisque l'on s'intéresse à une différence). On ne s'intéresse alors qu'aux variations des observations autour des moyennes des groupes.

Dans le cas des modèles statiques, on distingue le modèle à effets fixes et le modèle à effets aléatoires. La principale distinction entre les deux types de modèles repose sur la corrélation (ou non) des effets individuels non observés avec les variables explicatives (et non pas de savoir si ces effets sont stochastiques ou pas). Autrement dit, le modèle à effets fixes est un modèle within (intra individuel) et le modèle à effets aléatoires est le modèle between (inter individuel).

Dans ce travail, nous nous inspirons des travaux de Feldstein et Horioka (1980) pour spécifier le modèle empirique qui sera estimé. En effet, les deux auteurs se proposent d'expliquer la forte corrélation qui existe entre l'épargne et l'investissement dans 16 pays de l'OCDE sur un intervalle de temps. L'objectif est de montrer que cette forte corrélation est expliquée par l'intégration économique entre ces pays. Ils utilisent alors le modèle suivant :

$$\frac{I}{Y}(t) = \alpha + \beta \frac{S}{Y}(t) + \varepsilon(t) \qquad (2)$$

On pose que, $i_t = \alpha + \beta s_t + \varepsilon_t$ où i_t est le taux d'investissement national (rapport entre investissement national et revenu national), s_t est le taux d'épargne nationale (rapport entre épargne nationale et revenu national), α la constante, β le coefficient d'estimation et ε_t l'erreur de spécification du modèle, t, le temps.

Ces deux auteurs font l'hypothèse que si :

$\beta = 1$, il n'y a pas intégration, et donc l'investissement national est exclusivement financé par l'épargne nationale (vision classique : I = S).

$\beta = 0$, il y a intégration et donc l'investissement national est financé par des capitaux étrangers.

Ils arrivent au résultat que le coefficient β est proche de 1 ($\beta = 0{,}89$) et donc rejettent l'hypothèse $\beta = 0$, ce qui justifie l'absence d'intégration économique entre les 16 pays de l'OCDE considérés par leur étude, situation qui est qualifiée de « paradoxe » de Feldstein-Horioka. L'investissement national est financé par l'épargne nationale en ce qui concerne les 16 pays de l'OCDE considérés.

En s'inspirant de ce modèle, notre équation empirique prend la forme suivante :

$$tfbcfp_{it} = \alpha_i + \lambda_t + \beta_1 tepdispo_{it} + \beta_2 tcresp_{it} + \beta_3 tide_{it} + \beta_4 npadm_{it} + \beta_5 tnec_{it} + \beta_6 corrup_{it} + \beta_7 effigouv_{it} + \beta_8 tcpib_{it} + \varepsilon_{it} \qquad (3)$$

Dans cette équation, $tfbcfp_{it}$ représente le taux d'investissement privé approximé par la FBCF en pourcentage du PIB du pays *i,* l'année *t* ;

tepdispo, l'épargne brute disponible en pourcentage du PIB ;

tcresp, le crédit intérieur au secteur privé en pourcentage du PIB ;

tide, les IDE en pourcentage du PIB ;

npadm, le nombre de procédures administratives requises pour créer une entreprise ;

tnec, le temps nécessaire, exprimé en nombre de jours, pour créer une entreprise ;

corrup, l'indicateur de gouvernance ''contrôle de la corruption'' ;

effigouv, l'indicateur de gouvernance ''efficacité du gouvernement'' ;

tcpib, le taux de croissance du produit intérieur brut mesurant la taille de l'économie ;

α_i est une constante qui rend compte des effets individuels et λ_t la constante qui rend compte des effets temporels et les $\beta_1, \ldots, \beta_8$ sont des coefficients à estimer ;

ε désigne le traditionnel bruit blanc ou l'erreur de spécification du modèle.

Les signes des coefficients β de chaque variable renseignent sur l'influence des variables exogènes sur l'investissement privé dans les pays considérés.

Pour éviter une régression fallacieuse, nous allons nous rassurer de la stationnarité de chaque série en effectuant les tests de racine unitaire les plus courants. Il s'agit du Test de Levin Lin et Chu (2002), le Test de Im, Pesaran et Shin (2003). Les résultats de ces tests sont récapitulés dans le tableau qui se trouve dans le tableau 1 situé à l'annexe.

La méthode d'estimation du modèle des données de panel n'est choisie qu'après avoir effectué le test de spécification de Hausman (1978) qui permet d'éviter des estimateurs biaisés. En effet, l'on peut, soit s'attendre à l'estimation within si l'effet fixe (FE) individuel est retenu puisque ce dernier est sans biais et de variance minimale, soit l'on peut s'attendre à l'estimation par les Moindres carrés généralisés (MCG) si l'effet individuel aléatoire (RE) est retenu, dans ce cas l'estimateur MCG est sans biais et de variance minimale. Toutefois l'estimateur within se confond avec l'estimateur MCG lorsque T tend vers l'infini. Les résultats du test de spécification de Hausman sont à l'annexe.

4. Résultats

Cette section présente quelques faits stylisés en rapport avec les variables du modèle spécifié, la matrice de corrélation des variables, les résultats des tests de racine unitaire et des estimations économétriques du modèle.

4.1 Quelques faits stylisés

Ces faits sont décrits dans le tableau 1 placé en annexe d'où il ressort quelques informations importantes.

i) Le taux d'investissement moyen du secteur privé dans la sous-région, qui est de 14.38 %, semble particulièrement faible. Ce niveau de taux moyen d'investissement du secteur privé traduit sans doute les difficultés de la sous-région à encourager le développement et la promotion de l'investissement privé.

On note cependant une grande variabilité de ce taux d'un État à l'autre. En effet, en 2003, par exemple, le taux minimum enregistré au Burundi est de -1,90 % (désinvestissement), contre 61.72 % en Guinée Équatoriale.

ii) le taux moyen de l'épargne semble tout aussi modeste (24.77 %). Le taux minimum atteint en 2006 est de -17,63 % au Burundi et le taux maximum de 83,28 % en Guinée Équatoriale en 2005. Dans l'ensemble, on peut soutenir, au regard de ces données, que le niveau de l'épargne est faible, ce qui pourrait se justifier le fait qu'une grande partie de la population n'utilise pas les services financiers modernes.

iii) le taux de crédit intérieur au secteur privé s'élève en moyenne à 10,48 %, avec un taux minimum 0,79 % enregistré en RDC en 2003, contre 27,22 % enregistré en Angola en 2015. Ces statistiques traduisent sans doute les difficultés d'accès au crédit par le secteur privé dans la sous-région où le taux moyen demeure relativement faible.

iv) Le taux moyen des IDE n'est que de 3,51 % dans la sous-région. Le taux minimum de -5,97 % est enregistré en Angola en 2012 et le taux maximum (27,76 %) enregistré en Guinée Équatoriale en 2003. Au regard de ces niveaux relativement bas, on pourrait parler, dans une certaine mesure, de paradoxe dans la mesure où la plupart des pays de cette sous-région sont caractérisés par la présence des firmes multinationales qui exploitent les ressources du sol et du sous-sol.

v) Il faut effectuer en moyenne 10 procédures administratives pour créer une entreprise dans la sous-région. Le minimum du nombre des procédures est de 3 au Burundi sur les trois dernières années de l'étude. Cette information semble cohérente dans la mesure où c'est également dans ce pays que le taux moyen des IDE est le plus élevé. Le paradoxe s'observe également au niveau du nombre de procédures administratives nécessaires pour créer une entreprise. En effet, de 2003 à 2015, ce nombre s'élève à 18 en Guinée Équatoriale (largement supérieur à la moyenne de la sous-région qui est de 10).

vi) le temps moyen nécessaire pour créer une entreprise est de 60 jours dans la sous-région. Le temps nécessaire minimum de 4 jours est enregistré au Burundi en 2015. Le maximum de temps nécessaire est de 177 jours en Guinée Équatoriale en 2005 !

Ces deux informations montrent que le climat n'est pas vraiment favorable à la création des entreprises et au développement du secteur privé dans les pays de la zone CEEAC sélectionnés.

vii) le contrôle de corruption a atteint un niveau moyen de -1.04 dans la sous-région. C'est en Guinée Équatoriale qu'on enregistre la plus mauvaise performance qui se situe à -1.83 en 2015. Cette information est parfaitement cohérente lorsqu'on la met en relation avec le temps mis pour créer une entreprise dans ce pays. Le Rwanda, avec un indice de 0,82 en 2014, se positionne comme le pays le moins corrompu de la sous-région. Mais le phénomène reste très préoccupant dans les autres pays de la CEEAC.

viii) l'indice moyen de l'efficacité du gouvernement est très élevé car il se situe à -1.09 dans la sous-région, avec un indice minimum qui s'élève à -1.77. Le niveau d'efficacité maximum est de 0,07 et correspond au niveau atteint par le Rwanda en 2011. Ces données semblent indiquer que c'est au Rwanda seul que, par rapport à ces deux indices, la gouvernance est de bonne qualité. Mais elle reste très mauvaise dans les autres pays de cette sous-région où l'état de la gouvernance est réellement préoccupant. Ces résultats confortent ceux trouvés auparavant par Noumba (2018).

ix) Le taux de croissance du PIB est de 6,11 % en moyenne dans la sous-région, tandis que le taux minimum s'élève à -9,12 % et correspond au taux enregistré en Guinée Équatoriale en 2015. Le taux maximum est celui atteint également dans ce même pays en 2004, soit 37,99 %.

4.2 Matrice de corrélation entre les variables

La matrice de corrélation, entre les variables présentées dans le tableau 2 placé à l'annexe, nous permet d'examiner éventuellement le problème de multi colinéarité entre les variables explicatives de l'étude. Il en ressort, comme nous pouvons l'observer, que la corrélation est très forte entre les variables de la qualité des institutions (contrôle de la corruption et l'efficacité du gouvernement) et entre les variables du climat des affaires (nombre des procédures administratives et le temps nécessaire à créer une entreprise). Cette forte corrélation (0.877) entre l'efficacité gouvernementale et le contrôle de la corruption voudrait dire que l'efficacité gouvernementale en elle-même contrôle la corruption. Cela revient à dire qu'un gouvernement efficace maitrise également la corruption. Ceci nous amènera à abandonner la variable ''contrôle de la corruption'' du modèle empirique à estimer en vue d'éviter le problème de multi colinéarité dans la régression. La même procédure sera aussi suivie en ce qui concerne la forte corrélation (0,88) entre le nombre des procédures administratives et le temps nécessaire pour créer une entreprise, nous omettrons la variable ''temps nécessaire pour créer une entreprise'' de la régression en supposant que le nombre de procédures administratives suffit pour expliquer le climat des affaires dans la sous-région.

4.3 Résultats des tests de racine unitaire

Pour ne pas effectuer des régressions fallacieuses, il est nécessaire de s'assurer de la stationnarité des séries en procédant aux tests de racine unitaire en données de panels les plus courants proposés par Levin, Lin et Chu (LLC) et I, Pesaran et Shin (IPS). Les résultats sont récapitulés dans le tableau 3 placé à l'annexe.

Les p-values associées aux différentes statistiques sont placées entre les parenthèses. Elles peuvent être significatives à 1 %, 5 % ou 10 %. Les variables ''épargne disponible en pourcentage du PIB'', ''IDE en pourcentage du PIB'', ''efficacité gouvernementale'' et ''taux de croissance du PIB'' sont stationnaires à niveau. Les autres devraient être différenciées une fois pour être stationnaires.

Les données du tableau permettent d'affirmer qu'il ne peut y avoir une relation de long terme entre ces variables puisqu'elles ne sont pas intégrées de même ordre. Toutefois, les variables ''crédit intérieur au secteur privé en pourcentage du PIB'' et ''la formation brute de capital fixe privé en pourcentage du PIB'' peuvent avoir une relation de long terme entre eux du fait de leur ordre d'intégration (I(1)).

4.4 Résultats des estimations économétriques et interprétations

Les résultats du test de Hausman (Tableau 4 à l'annexe) nous ont permis de ne considérer que le modèle à effet fixe (FE) pour lequel l'estimateur Within (intra) est meilleur, puisque sans biais. Les résultats sont présentés dans le tableau 5 placé en annexe d'où il ressort que quatre variables ont un effet significatif sur l'investissement dans le secteur privé.

i) La part de l'épargne dans le PIB (*tepdispo*) aurait un effet positif et significatif sur la FBCF du secteur privé. Le coefficient attaché à cette variable est significatif au seuil de 10 %. Un tel résultat a été également obtenu par Gouëdard et Vaillancourt (2011) en reprenant le modèle de Feldstein et Horioka (1980).

ii) la part du crédit au secteur privé dans le PIB (*tcresp*) semble également avoir un effet positif et significatif sur la FBCF du secteur privé, au seuil de 5 %. Ce résultat corrobore ceux obtenus par Ngoa et Niyonsaba (2012) dans leur étude sur la performance et la survie des PME camerounaises.

iii) l'indicateur de gouvernance ''efficacité du gouvernement'' (*effigouv*) semble lié négativement et significativement à la formation brute de capital fixe dans le secteur privé au seuil de 5 %. Autrement dit, la qualité de la gouvernance serait une menace pour les investissements dans le secteur privé dans les pays de la CEEAC étudiés. Ce résultat trouvé également par Noumba (2018), pourrait s'expliquer notamment par les longues procédures administratives auxquelles sont soumises les entreprises privées ou alors des textes de loi qui ne sont pas toujours appliqués rigoureusement.

iv) Le coefficient attaché à la variable ''taux de croissance du PIB'' (*tcPIB*) est significatif, mais négatif au seuil de 1 %. Autrement dit, le taux de croissance du PIB affecterait négativement les investissements dans le secteur privé. Ce résultat inattendu pourrait s'expliquer par le fait que, en zone CEEAC, la richesse nationale serait créée davantage par le secteur public et/ou le secteur informel. La deuxième explication possible serait que la part de la FBCF du secteur privé diminuerait avec l'augmentation du PIB au profit du secteur public, par exemple. On parlerait dans ce cas de l'éviction du secteur privé par le secteur public, producteur de biens et services publics de grande envergure comme les infrastructures routières, portuaires et aéroportuaires, les bâtiments publics, etc.

Paradoxalement, le taux d'épargne nationale n'influencerait pas de manière significative les investissements dans le secteur privé. Il en est de même pour l'effet des IDE que l'on peut considérer comme l'épargne extérieure. Ce résultat contredit notamment ceux trouvés par Horioka (1980) qui a pu montrer que l'investissement et l'épargne sont fortement liés. On peut aussi se demander si l'effet d'éviction relevé plus jouerait également ici pour les mêmes ou pour d'autres raisons !

En fin de compte, et par rapport aux hypothèses émises au départ, on relèvera que l'accès au crédit intérieur par les opérateurs du secteur privé aurait affecté significativement et positivement les investissements privés des huit pays de la CEEAC sur la période d'étude. L'hypothèse une est ainsi vérifiée. On peut donc affirmer que l'accès au crédit permet aux entreprises du secteur privé de booster leurs investissements et, par conséquent, de renforcer leur performance et contribuer ainsi au développement du secteur privé.

Il serait donc pertinent de favoriser l'accès au crédit, un indicateur de l'inclusion financière, dans les pays de la CEEAC pour promouvoir le développement du secteur. On peut donc comprendre le prix que la Banque Mondiale attache à l'accès et l'utilisation des services financiers dans son programme de lutte contre la pauvreté par la création de la valeur. En effet, selon cette institution multilatérale, l'inclusion financière permet aux plus démunis d'améliorer leur condition de vie (Banque Mondiale, 2008). En favorisant les investissements dans le secteur privé, elle peut également permettre de créer des opportunités qui débouchent sur la réduction des inégalités (Honohan, 2006 ; Honohan et Beck, 2007). Ces résultats justifient aussi l'engagement pris par les gouvernements de plus de 50 pays vis-à-vis de l'inclusion financière lors du sommet du G20 en septembre 2011.

Par contre, la deuxième hypothèse formulée au départ n'est pas vérifiée. En effet, la mobilisation de l'épargne nationale n'aurait pas d'effet positif et significatif sur la formation brute de capital fixe dans les pays de la CEEAC étudiés dans ce travail.

En ce qui concerne la variable qui capte la qualité des institutions, son effet sur la FBCF en zone CEEAC est négatif et significatif. Ce résultat vient contredire celui obtenu par Fiodendji (2006) lorsqu'il évalue l'impact de la qualité des institutions sur le mouvement des capitaux. Il vient contredire également celui obtenu par Emery (2003) qui soutenait que la nature et le niveau de l'investissement privé sont déterminés par la qualité de la gouvernance et donc des institutions.

Conclusion

L'inclusion financière et le développement du secteur privé sont deux phénomènes de grande importance dans le contexte économique actuel, surtout en zone CEEAC secouée de plus en plus par de nombreux conflits d'origine interne et externe. De telle sorte que les institutions internationales et la plupart des gouvernements au monde en font une priorité, particulièrement en rapport avec les objectifs de lutte contre l'extrême pauvreté, la promotion de l'emploi et la réduction des inégalités.

Cette étude qui se situe dans la lignée des travaux empiriques portant sur le lien entre inclusion financière et création des richesses, avait pour objectif de mettre en évidence l'effet de l'inclusion financière par l'accès au crédit et à l'épargne sur la formation brute de capital fixe du secteur privé dans 8 pays de la CEEAC. Pour atteindre ces objectifs, nous avons émis deux hypothèses que nous avons vérifiées en estimant un modèle linéaire sur un panel de 8 pays de la CEEAC en utilisant les outils statistiques et économétriques.

À partir d'un modèle à effets fixes et utilisant des données de panels, on a pu mettre en évidence que l'accès au crédit influencerait positivement et de manière significative le niveau de la formation brute de capital fixe du secteur privé dans les pays étudiés.

Ce résultat justifie, dans une certaine mesure, l'importance que les institutions internationales et la plupart des gouvernements attachent à l'accès au crédit dans la stratégie de création des richesses et de lutte contre la pauvreté et des inégalités. Toutefois, les statistiques disponibles montrent que les niveaux de ces produits financiers restent faibles dans la région.

Il en résulte que développer des plans, des stratégies d'encouragement, de promotion, d'accès et d'utilisation de ces produits augmenterait la formation brute de capital, ce qui est de nature à booster le développement du secteur privé, la croissance, le développement et attaquer la problématique des inégalités de revenus et de la pauvreté avec quelque chance de succès.

Références

Ashcroft, M. O. 2008. Microfinance in Africa-Challenges, Realities and Success Stories. Microfinance Information Exchange and Women's World Banking'. *Microbanking Bulletin*, N°. 17, pp. 5-11.

Banque Africaine de Développement (BAfD). 2011. *Le Financement du Secteur Privé en Afrique*, Rapport sur le Développement en Afrique.

______. 2012. *Environnement de l'Investissement Privé dans les Pays de la CEEAC, Contraintes et Perspectives*, Rapport Régional.

_____. 2013. *Promouvoir l'Investissement Privé dans les Pays de la CEEAC*. Revue thématique trimestrielle Afrique Centrale.

Baltagi, B. H., Matyas, L., et Sevestre, P. 2008. Error Components Models, in L., Matyas L. et Sevestre, P. (Eds.) "*The Econometrics of Panel Data: Fundamentals and Recent Developments in Theory and Practice*", Third Edition, Springer, Verlag Berlin Heidelberg, pp. 49–87.

Bancel, F. 1995. *La gouvernance des entreprises*, Economica, Edition de Poche.

Banque de la France. 2013. *Rapport Annuel de la Zone Franc*, FERDI (Fondation pour les Études et Recherches sur le Développement International).

Banque Mondiale. 2008. *Finance for all? Policies and Pitfalls in Expanding Access*. A World Bank Policy Research Rapport, Washington, DC, 256 pages.

Banque, Seminar Bancarization-Una Herramienta Para El Desarrollo, Cartagena, Colombia, 17 pages.

Baxter, M., et Crucini, M. 1993. Explaining Saving-investment correlations. *The American Economic Review,* Vol. 83, N°. 3, pp. 416-436.

Beck, T., et De la Torre, A. 2004. *Broadening Access to Financial Services: Risks and Costs*. The World

Beck, T., et Honohan, P. 2007. *Finance au service de l'Afrique*, BIRD et Banque Mondiale, Washington, D.C, 264 pages.

Beitone, A., Cazorla, A., Dollo, C., et Drai, A. M. 2007. *Dictionnaire des Sciences Economiques*, 2e édition, Armand Colin.

Bencivenga, V., et Smith, B. 1991. Financial Intermediation and Endogenous Growth, *Review of Economic Studies*, Vol. 58, pp. 195-209.

Berkal, S. 2012. *Les relations Banques-Entreprises publiques, portées et limites : cas de la Banque Nationale d'Algérie et l'Entreprise Leader Meuble Taboukert*, Mémoire de Magister en Sciences Economiques, Université Mouloud Mammeri de Tizi-Ouzou.

Bourbonnais, R. 2015. *Économétrie : cours et exercices corrigés*, 9e éd., Dunod, 75005 Paris.

CEEAC. 2013. *Revue thématique trimestrielle, Afrique Centrale-Edition*, N°. 1, mars.

CEEAC. 2014. *Projet Régional de Facilitation des Affaires*., Conférence de validation, Yaoundé- Cameroun, Brochure Pré-événement.

CEEAC. 2015. *Promouvoir l'inclusion financière en Afrique centrale*, Conférence régionale, Brazzaville, Congo, mars.

Claessens, T. 2006. Access to financial services: A review of the issues and public policy objectives, *The World Bank Research Observer*, Vol. 21, N°2, pp. 207-240.

Coetzee, G., et Yepes, C. R. 2014. Inclusion financière, *Revue Banque*, N°. 775.

Christen, R. P, Rosenberg, R., et Jayadeva, V. 2004. Financial institutions with a double bottom line: Implications for the future of microfinance, Consultative Group to Assist the Poor (CGAP), *Occasional Paper*, No. 8, 20 pages.

Diamond, D. W., et Dybvig, P. H. 1983. Bank runs, deposit insurance and liquidity, *Journal of Political Economy*, Vol. 19, pp. 1-24.

Emery, J. J. 2003. *Governance, transparency and private investment in Africa*, OECD Global Forum on International Investment, Johannesburg, 17-18 November 2003, 16 pages.

Feldstein, M., et Horioka, C. 1980. Domestic saving and international capital flows, *The Economic Journal,* Vol. 90, No. 358, pp. 314-329.

Fiodendji, K. 2006. *La qualité des institutions et les investissements directs étrangers en Afrique Subsaharienne : une estimation par la Méthode des Moments Généralisés en Système*, AUF, Paris.

Ginglinger, E. 1991. *Gestion Economique de l'Entreprise, Ed. Dalloz.*

Gouëdard, P., et Vaillancourt, F. 2011. *Taux d'investissement privé et épargne des ménages des provinces canadiennes, 1990-2008, y'a-t-il une relation* ? Rapport de projet-CIRANO.

Guérineau, S. 2014. L'inclusion financière en Afrique Subsaharienne : faits stylisés et déterminants, *Revue d'Économie Financière*, Vol. 2014/4, pp. 57-80.

Gurley, J. G., et Shaw, E. S. 1955. Financial aspect of economic development, *American Economic Review,* Vol. 45, pp. 515-558.

Honohan, P. 2004. *Financial development, growth and poverty: how close are the links?*'' Document de travail, N°. 3203, Washington, D.C, Banque Mondiale, 31 pages.

Honohan, P. 2006. *Household Financial Assets in the Process of Development*, Document de travail N°. 3965, Banque Mondiale, Washington, D.C, 50 pages.

Honohan, P. 2008. Cross-Country variation in household access to financial services, *Journal of Banking and Finance,* Vol. 32, N°. 32, pp. 2493-2500.

Honohan, P., et King, M. 2009. *Cause and effect of financial inclusion: Cross-country evidence from the Finscope Surveys*, Document préparé pour la Conférence: "Meaurement, promoting, and Impact of Access to Financial Services, Washington, DC, 12-13 mars, Banque Mondiale, 28 pages.

Hsiao, C. 2007. Panel data analysis-advantages and challenges, *Econometric Society Monographs*, Cambridge University Press, Vol. 16, pp. 1–22.

Im, K. S., et Pesaran, M. H., et Shin, Y. 2003. Testing for Unit Roots in Heterogeneous Panels, *Journal of Econometrics* (115), pp. 53–74.

Keynes, J. M. 1936. *The General Theory of Employment, Interest and Money.*

Kumar, A., Mukta J., Ronchi L., et Tzioumis, K. 2007. Measuring Financial Access, in Barr, Michael S., Anjali Kumar et Robert E. Litan (eds.), *Building inclusive financial systems: A framework for Financial Access*, The World Bank Group, Brookings Institution Press, Washington, D.C., pp. 7-32.

Ledgerwood, J. 1999. Microfinance Handbook : an Institutional and Financial perspective, Washington, DC, BIRD, *World Bank, Sustainable Banking With the Poor*, 286 pages.

Levin, A., Lin, C. F., et Chu, J. 2002. Unit root tests in panel data : Asymptotic and finite sample properties. *Journal of Econometrics* (108), pp. 1-24.

Levine, R. 2005. Finance and Growth: Theory and Evidence, in *Handbook of Economic Growth*, Aghion P., Durlauf S., Netherland, Elsevier Science.

Maveyraud-Tricoire, S. 2006. L'Hétérogénéité de la relation épargne investissement : un indicateur de la dynamique d'intégration économique ? *Économie internationale* (105), pp. 41-62.

McKinnon, R. 1973. *Money and capital in economic development*, The Brookings Institution, Washington, D.C.

Meh, C. 2011. Bilans des banques, réduction du levier et mécanisme de transmission, *Revue de la Banque du Canada*, Vol. 12, N°. 4, pp. 25-35.

Meh, C., et Moran, K. 2011. Role of bank capital in the propagation of shocks, *Journal of Economic Dynamics and Control*, Vol. 34, N°.3, pp. 555-576.

Nations unies. 2014. *Rapport sur l'amélioration du climat des affaires en Afrique Centrale*, Commission Économique pour l'Afrique, Bureau sous régional pour l'Afrique.

Ngoa, T. H., et Niyonsaba, S. E. 2012. Accès au crédit bancaire et survie des PME camerounaises : le rôle du capital social, *Revue Africaine des Sciences Economiques et de Gestion,* Vol. 19.

Noumba, I. 2018. *Économie politique du développement de l'Afrique centrale*. Presses de l'Université Catholique d'Afrique Centrale (PUCAC), Yaoundé, www.pucac.com, 223 pages.

OCDE. 2005. *Perspectives de l'OCDE sur les PME*, Paris.

Pagano, M. 1993. Financial market and growth: An overview, *European Economic Review*, Vol. 37, pp. 613-622.

Say, J-B. (1803, 1972). *Traité d'économie politique*, Calman Levy, Paris.

Shaw, E. 1973. Financial deepening in economic development, New York: Oxford University Press.

Schumpeter, J. A. 1911. The theory of economic development, Cambridge, Mass.

Sodokin, K. 2000. *Épargne, système de financement et développement économique en Afrique : une alternative postkeynésienne.*

Laboratoire d'Économie et de Gestion, Université de Bourgogne (France), pp. 191-196.

Solow, R. M. 1956. A Contribution to the theory of economic growth, *Quarterly Journal of Economics*, Vol.70, No.1, pp.65-94.

Stiglitz, J. E., et Weiss, A. 1981. Credit rationing in markets with imperfect information, *The American Economic Review,* Vol. 71, N°. 3.

Tesar, L. 1991. " Savings, investment and international capital flows", *Journal of International Economics,* Vol. 31, No. 1-2, pp. 55-78.

Tioumagneng, A. T. 2011. Maturité des crédits et performance des entreprises : cas du Cameroun, *Monde en Développement*, De Boeck Université, N°. 153, pp. 71-86.

Annexe

Graphique 1 : Évolution tendancielle du taux de FBCF du secteur privé, du taux de l'épargne brute et du taux de crédit intérieur au secteur privé des 8 pays de la CEEAC de 2003 à 2015

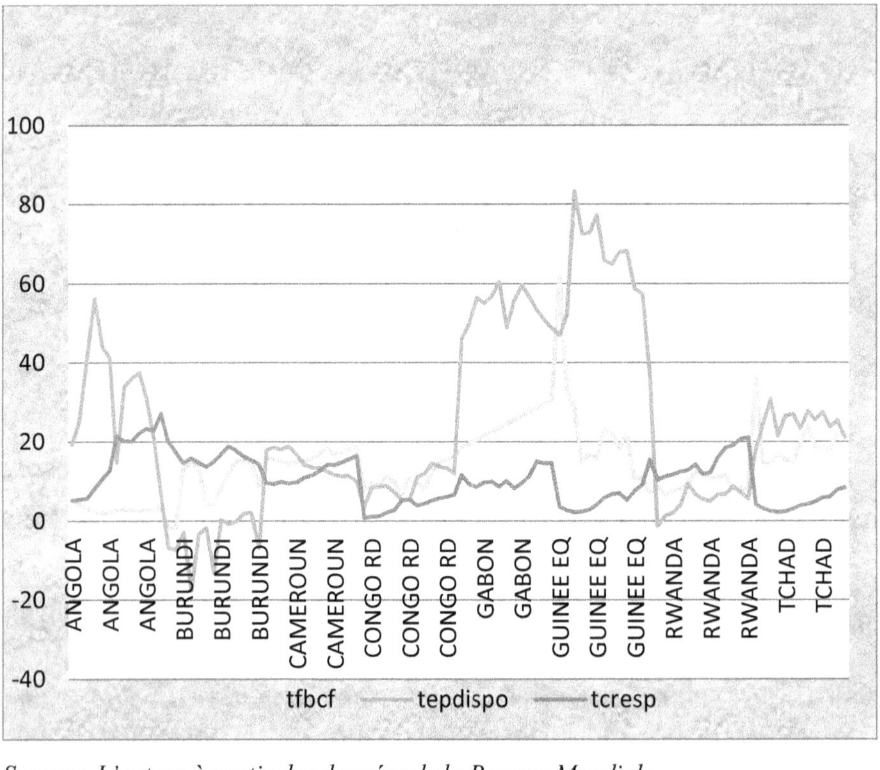

Source : L'auteur à partir des données de la Banque Mondiale

Graphique 2 : Évolution du taux de FBCF du secteur privé et du taux de croissance du PIB des 8 pays de la CEEAC de 2003 à 2015

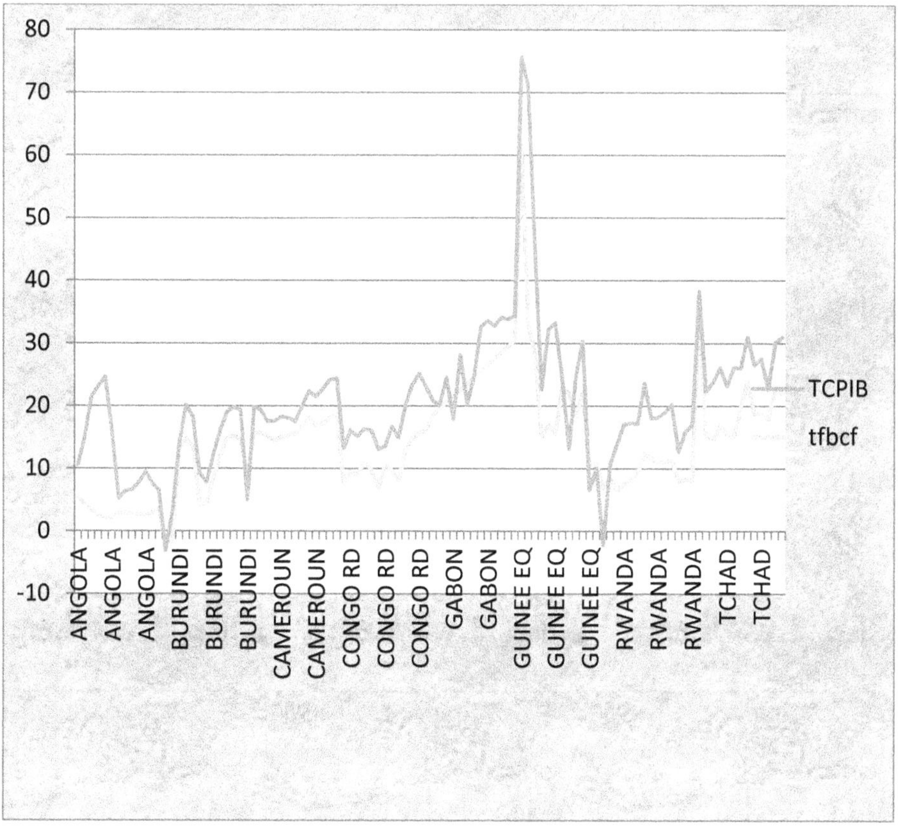

Source : L'auteur à partir des données de la Banque Mondiale

Tableau 1 : Statistiques descriptives

. xtsum tfbcf tepdispo tcresp tide NPADM TNEC CORRUP EFFIGOUV TCPIB

Variable		Mean	Std. Dev.	Min	Max	Observations	
tfbcf	overall	14.38521	9.123393	-1.902553	61.72806	N =	104
	between		7.395906	3.056076	24.53687	n =	8
	within		5.908437	-.5786848	54.23215	T =	13
tepdispo	overall	24.77075	23.45271	-17.63227	83.28704	N =	104
	between		23.73996	-4.325421	63.42145	n =	8
	within		7.218316	-2.313555	49.53693	T =	13
tcresp	overall	10.48767	6.0728	.7959868	27.22423	N =	104
	between		5.133373	3.861239	16.21008	n =	8
	within		3.687474	-.1721896	21.91952	T =	13
tide	overall	3.514918	5.644629	-5.977515	27.76058	N =	104
	between		2.432715	.7587107	7.820903	n =	8
	within		5.160738	-8.325614	26.63507	T =	13
NPADM	overall	10.3326	3.964924	3	18	N =	104
	between		3.72142	6.538462	18	n =	8
	within		1.86685	4.640297	13.48645	T =	13
TNEC	overall	60.24869	47.6781	4	177	N =	104
	between		46.19435	10.61538	149.028	n =	8
	within		19.69505	-22.59747	132.4025	T =	13
CORRUP	overall	-1.044255	.5544159	-1.836509	.8298016	N =	104
	between		.5460102	-1.609308	.1531215	n =	8
	within		.2097215	-1.934778	-.3675746	T =	13
EFFIGOUV	overall	-1.091345	.4642624	-1.777609	.0748049	N =	104
	between		.4675311	-1.632248	-.2320754	n =	8
	within		.1497348	-1.747652	-.7565274	T =	13
TCPIB	overall	6.11557	5.905338	-9.128754	37.99873	N =	104
	between		2.436014	2.996082	9.311804	n =	8
	within		5.443364	-10.91998	36.2075	T =	13

Source : L'auteur, à l'aide du logiciel Eview 8.

Tableau 2 : Matrice de corrélation entre les variables

```
. correlate tfbcf tepdispo tcresp tide NPADM TNEC CORRUP EFFIGOUV TCPIB
(obs=104)

             |   tfbcf tepdispo   tcresp     tide    NPADM     TNEC   CORRUP
-------------+---------------------------------------------------------------
       tfbcf |  1.0000
    tepdispo |  0.4489   1.0000
      tcresp | -0.3664  -0.3368   1.0000
        tide |  0.4685   0.1683  -0.3600   1.0000
       NPADM |  0.1785   0.4886  -0.6740   0.3297   1.0000
        TNEC |  0.2097   0.6322  -0.6038   0.3258   0.8853   1.0000
      CORRUP | -0.0870  -0.2897   0.4069  -0.1505  -0.5114  -0.5823   1.0000
    EFFIGOUV | -0.0204  -0.2253   0.5489  -0.1771  -0.5985  -0.6326   0.8777
       TCPIB |  0.0885   0.1723  -0.2833   0.0046   0.2078   0.2001  -0.0284

             | EFFIGOUV    TCPIB
-------------+------------------
    EFFIGOUV |  1.0000
       TCPIB | -0.0853   1.0000
```

Source : L'auteur, à l'aide du logiciel Eview 8.

Tableau 3 : Résultats des tests de racine unitaire

		Levin, Lin et Chu (LLC)	**Im, Pesaran et Shin (IPS)**
Tfbcf	Niveau	-0.6936 (0.2440)	
	Difference 1	-1,77205 (0,0382)	-1,27364 (0,1014)
Tepdispo	Niveau	-1.4343 (0.0757)***	-1.7697 (0.0384)**
Tcressp	Niveau	1.5407 (0.9383)	4.8288 (1.0000)
	Difference 1	-2,28048 (0,0020)**	-1,84802 (0,0323)**
Tide	Niveau	-2.1011 (0.0178)***	-3.2832 (0.0005)*
NPADM	Niveau	-0.1488 (0.4409)	
	Difference 1	-3,31937 (0,0005)*	-1,69721 (0,0448)**
EFFIGOUV	Niveau	-3.9798 (0.0000)*	-3.2412 (0.0006)*
TCPIB	Niveau	-1.7154 (0.0431)**	-2.3792 (0.0087)*

*Source : L'auteur, à l'aide du logiciel Eviews 8. Notes : Les p-values associées aux différentes statistiques sont placées entre parenthèses ; * significatives à 1 %, ** à 5 % et ***, à 10 %.*

Tableau 4 : Résultats du test de Hausman (1978)

```
. hausman fe

                 ---- Coefficients ----
             |      (b)          (B)            (b-B)     sqrt(diag(V_b-V_B))
             |      fe            .          Difference          S.E.
-------------+----------------------------------------------------------------
    tepdispo |   .1847763    -.0071678        .1919441         .066124
   D.tcresp  |   .5358281     .1308274        .4050006        .0932277
        tide |  -.1348869    -.2296848         .094798        .0254598
     D.NPADM |  -.0368485    -.2940526        .2572041               .
    EFFIGOUV |  -9.008189    -.6308807       -8.377308        3.176281
       TCPIB |  -.3406618    -.2705014       -.0701604        .0222211
-------------+----------------------------------------------------------------
                           b = consistent under Ho and Ha; obtained from xtreg
            B = inconsistent under Ha, efficient under Ho; obtained from xtreg

    Test:  Ho:  difference in coefficients not systematic

                  chi2(6) = (b-B)'[(V_b-V_B)^(-1)](b-B)
                          =       15.31
                Prob>chi2 =      0.0180
                (V_b-V_B is not positive definite)
```

Source : L'auteur, à l'aide du logiciel Eview 8.

Tableau 5 : Résultats de l'estimation du modèle à effet fixe

```
. xtreg D.tfbcf tepdispo D.tcresp tide D.NPADM EFFIGOUV TCPIB, fe

Fixed-effects (within) regression               Number of obs      =        96
Group variable: CODE                            Number of groups   =         8

R-sq:  within  = 0.2573                         Obs per group: min =        12
       between = 0.3811                                        avg =      12.0
       overall = 0.0016                                        max =        12

                                                F(6,82)            =      4.73
corr(u_i, Xb)  = -0.9238                        Prob > F           =    0.0003

------------------------------------------------------------------------------
     D.tfbcf |      Coef.   Std. Err.      t    P>|t|     [95% Conf. Interval]
-------------+----------------------------------------------------------------
    tepdispo |   .1847763   .0718712     2.57   0.012     .0418017     .327751
             |
      tcresp |
         D1. |   .5358281   .3064251     1.75   0.084     -.073749    1.145405
             |
        tide |  -.1348869   .1261418    -1.07   0.288    -.3858231    .1160494
             |
       NPADM |
         D1. |  -.0368485   .4566808    -0.08   0.936    -.9453322    .8716351
             |
    EFFIGOUV |  -9.008189   3.475656    -2.59   0.011    -15.92238   -2.094003
       TCPIB |  -.3406618   .0860365    -3.96   0.000    -.5118158   -.1695078
       _cons |  -12.74249   4.179805    -3.05   0.003    -21.05746   -4.427529
-------------+----------------------------------------------------------------
     sigma_u |  8.0258172
     sigma_e |  4.2607542
         rho |   .7801318   (fraction of variance due to u_i)
------------------------------------------------------------------------------
F test that all u_i=0:     F(7, 82) =     3.32               Prob > F = 0.0037
```

Source : L'auteur à l'aide du logiciel Eview 8.

Liste des pays considérés dans l'étude

1	Angola
2	Burundi
3	Cameroun
4	République Démocratique du Congo
5	Gabon
6	Guinée Équatoriale
7	Rwanda
8	Tchad

Source : L'auteur

CONCLUSION GÉNÉRALE

Issidor NOUMBA et Stéphane MBIANKEU NGUÉA

Suite à la double crise d'endettement et bancaire des années quatre-vingt, la plupart des pays africains ont expérimenté les fameux plans d'ajustement structurel proposés par le FMI qui n'ont cependant pas réussi à les sortir de la pauvreté, de la précarité, du sous-emploi, etc. En effet, plus de trois décennies après cette expérience franchement douloureuse, l'Afrique, berceau de l'humanité, est aujourd'hui à la croisée des chemins. Doté pourtant de nombreuses ressources naturelles et humaines, le continent demeure à la traine par rapport à l'indice de développement humain. La plupart des pays du continent continuent de faire face à de nombreux défis qui entravent leur trajectoire vers la transformation structurelle, vers le développement.

Depuis quelque temps, l'inclusion financière est présentée comme une arme (l'arme fatale ?) qui permettra finalement aux pays africains en particulier de vaincre la pauvreté et même les inégalités. C'est dans cette perspective que se situe notamment le Nouvel Agenda de la Communauté Internationale adopté lors du sommet des chefs d'État et de gouvernement du G20 tenu à Cannes (France) le 07 novembre 2011. En effet, cet autre agenda a conduit plusieurs pays notamment africains à élaborer des stratégies d'inclusion financière qu'ils tentent de mettre en œuvre. C'est dans ce contexte que cet ouvrage aborde la problématique de l'inclusion financière dans plusieurs pays du continent. Les différentes contributions tentent essentiellement de répondre à quatre séries de questions :

1/ Que recouvre le concept d'inclusion financière et où en-est-on sur le continent africain ?

2/ quels sont les déterminants de l'inclusion financière ?

3/ la croissance est-elle inclusive en Afrique ?

4/ l'inclusion financière influencerait-elle la croissance et le développement dans les pays en présence ?

Pour répondre à ces questions, les contributeurs adoptent l'analyse documentaire pour indiquer que l'inclusion financière est un concept multidimensionnel en mouvement qu'on peut capter à l'aide des indicateurs et à un triple niveau macroéconomique, méso-économique et microéconomique.

Au niveau macroéconomique, on appréciera le niveau d'inclusion financière à partir des variables agrégées qui captent la répartition nationale des éléments constitutifs de l'offre des services financiers. On s'intéressera alors à la couverture nationale en établissements de crédit, guichets de banques, distributeurs automatiques, établissements de la microfinance (EMF), etc. Les variables agrégées d'accès (demande) concernent la proportion de la population qui utilise les services financiers comme la détention d'un compte dans une firme bancaire, l'obtention d'un crédit, les transferts de fonds et les virements bancaires, l'utilisation de la téléphonie mobile ou des TICs dans les transactions financières, etc. Le champ spatial d'étude peut déborder au niveau sous régional, régional et même global.

Si ces mêmes indicateurs peuvent être considérés et étudiés au niveau méso-économique, ce sont les individus et les organisations qui apparaissent au niveau microéconomique. Dans cette dernière perspective, on voudrait savoir si tel individu ou telle organisation est inclus ou exclu financièrement.

Après ces précisions d'ordre conceptuel, l'ouvrage montre que, quel que soit l'indicateur utilisé, le degré d'inclusion financière reste encore relativement faible dans la plupart des pays de l'Afrique subsaharienne. En 2017, seulement 3 % d'adultes détenaient un compte d'épargne dans un établissement de crédit en Afrique subsaharienne, contre 10 % dans d'autres pays en développement. Cependant, on note une forte hétérogénéité de situations. Le Rwanda est le pays où la densité bancaire est le plus élevée, tandis que le Kenya excelle dans l'inclusion financière par TICs, l'inclusion financière numérique.

Par rapport à la deuxième série de questions, l'ouvrage montre que la concentration et la densité bancaires constituent deux sources importantes d'exclusion ou d'inclusion financière des individus et de certaines organisations opérant dans le secteur informel. En d'autres termes, l'inclusion ou l'exclusion financière des individus et des organisations dépend aussi de la répartition territoriale ou spatiale des opérateurs dont le but est d'offrir, à titre onéreux, les services financiers. Par exemple, les populations rurales sont généralement les plus exposées au risque d'exclusion des services financiers parce que l'offre des services financiers est faible ou inexistante.

Par ailleurs, la réalisation à la fois du risque de crédit et de liquidité, en exerçant un effet négatif et significatif sur la performance et la stabilité du système bancaire, peut affecter l'accès des individus et des organisations aux services financiers, notamment au crédit et à l'utilisation d'autres services proposés par les établissements de crédit. La réglementation bancaire peut produire les mêmes effets. Le revenu des individus est également un déterminant significatif de l'accès au crédit et à d'autres services bancaires tel que détenir un compte.

Par rapport à la troisième et à la quatrième série de questions, l'ouvrage montre que l'inclusion financière est positivement liée à la santé des ménages et au développement humain en général. Elle semble positivement et significativement liée au développement du secteur privé à travers le financement des investissements dans les pays de la Communauté Economique des États de l'Afrique Centrale (CEEAC). Au niveau du Cameroun, l'inclusion financière apparaît comme un catalyseur de la croissance inclusive qui, toutefois, n'est véritablement pas une réalité en Afrique où seuls quelques pays s'en sortent. Au Cameroun, par exemple, il semble que le seuil à partir duquel l'inclusion financière pourrait permettre d'accélérer la croissance économique ne soit pas encore atteint.

Au total, nous pouvons conclure que, si les autorités publiques et les partenaires au développement concevaient et mettaient en œuvre des politiques efficaces d'inclusion financière, cela contribuerait à booster l'expansion du secteur privé, la croissance économique et le développement du continent africain. Mais des études minutieuses devraient être menées sur chaque pays pour éviter des recommandations trop générales et même fallacieuses.

Liste des contributeurs

Adine NGAMTEBAYE, Université de Yaoundé II-Soa, CAMEROUN ;

André Arnauld ENGUÉNÉ, Université de Yaoundé II-Soa, CAMEROUN ;

Chrysleine Chantale KAMGA KAMGA, Université de Yaoundé II-Soa, CAMEROUN ;

Stéphane MBIANKEU NGUÉA, Université de Dschang, CAMEROUN ;

Herman NDOYA HEGUEU, Université de Dschang, CAMEROUN ;

Luc NDEFFO NEMBOT, Université de Dschang, CAMEROUN ;

André MELACHIO TAMEKO, Université de Dschang, CAMEROUN,

Eric Brice NGATSI FOTSO, Université de Dschang, CAMEROUN ;

Paul NINGAYE, Université de Dschang, CAMEROUN ;

Issidor NOUMBA, Université de Yaoundé II-Soa, CAMEROUN ;

Dimitri Quentin NOUMBA NOUMBA, Université Libre de Tunis, TUNISIE ;

Quentin Lebrun NZOUESSAH FEUNKE, Université de Yaoundé II-Soa, CAMEROUN ;

Laurent SINO, Université de Yaoundé II-Soa, CAMEROUN ;

Jean TCHITCHOUA, Université de Yaoundé II-Soa, CAMEROUN ;

Gautier TCHOFFO TAMEKO, Université de Dschang, CAMEROUN ;

Gérard TCHOUASSI, Université de Yaoundé II-Soa, CAMEROUN ;

Parfait Christian TOMO, Université de Dschang, CAMEROUN ;

Charly TSALA ONDOBO, Université de Ngaoundéré, CAMEROUN.

Table des matières

Structures éditoriales du groupe L'Harmattan

L'Harmattan Italie
Via degli Artisti, 15
10124 Torino
harmattan.italia@gmail.com

L'Harmattan Hongrie
Kossuth l. u. 14-16.
1053 Budapest
harmattan@harmattan.hu

L'Harmattan Sénégal
10 VDN en face Mermoz
BP 45034 Dakar-Fann
senharmattan@gmail.com

L'Harmattan Cameroun
TSINGA/FECAFOOT
BP 11486 Yaoundé
inkoukam@gmail.com

L'Harmattan Burkina Faso
Achille Somé – tengnule@hotmail.fr

L'Harmattan Guinée
Almamya, rue KA 028 OKB Agency
BP 3470 Conakry
harmattanguinee@yahoo.fr

L'Harmattan RDC
185, avenue Nyangwe
Commune de Lingwala – Kinshasa
matangilamusadila@yahoo.fr

L'Harmattan Congo
219, avenue Nelson Mandela
BP 2874 Brazzaville
harmattan.congo@yahoo.fr

L'Harmattan Mali
ACI 2000 - Immeuble Mgr Jean Marie Cisse
Bureau 10
BP 145 Bamako-Mali
mali@harmattan.fr

L'Harmattan Togo
Djidjole – Lomé
Maison Amela
face EPP BATOME
ddamela@aol.com

L'Harmattan Côte d'Ivoire
Résidence Karl – Cité des Arts
Abidjan-Cocody
03 BP 1588 Abidjan
espace_harmattan.ci@hotmail.fr

Nos librairies en France

Librairie internationale
16, rue des Écoles
75005 Paris
librairie.internationale@harmattan.fr
01 40 46 79 11
www.librairieharmattan.com

Librairie des savoirs
21, rue des Écoles
75005 Paris
librairie.sh@harmattan.fr
01 46 34 13 71
www.librairieharmattansh.com

Librairie Le Lucernaire
53, rue Notre-Dame-des-Champs
75006 Paris
librairie@lucernaire.fr
01 42 22 67 13

www.ingramcontent.com/pod-product-compliance
Lightning Source LLC
LaVergne TN
LVHW011146061026
849535LV00003B/621
* 9 7 8 2 1 4 0 2 8 5 9 1 2 *